タイの夜を知りつくせ
ジェントルマンズマップ
性の文化人類学入門
ミャンマー
イケるか——!?
タイ
VS
へこたれない女たち
バカ大将
ごあいさつしております バカ大将です
すごーい♪ 縁日が たくさーん!
雑貨を売って儲けよう!
インド買い出し紀行
バンコク最強マップ

バンコクドリーム

「Gダイアリー」編集部青春記

ソイ・カウボーイ

タニヤ

ナナプラザ

室橋裕和
Hirokazu MUROHASHI

偏執的に情報を詰め込んだ「バンコク最強マップ」。読者からも最新のネタが寄せられた（第94号より）

コストパフォーマンス最高!!
ENTERTAINMENT
ソイ20
サトゥプラディット通り
ラマ3世通り
セントラルラマ3
ソイ106
ラムカムヘン通り(スカピバン3)
ハズレ少なし。遠くまで来た甲斐あり
フーイン
Viva Dance(ディスコ)
至バンコク
パタナカーン通り
ソイ44
ソイ46
シーナカリン通り
JARIN Massage
MAP の見方
マッサージパーラー
古式マッサージ
日本人クラブ
パブ、ナイトクラブ
レストラン、居酒屋
その他
ホテル
ゲストハウス
大使館、領事館
ナイトスポ
ショッピングビル
ゲストハウス
立ちんぼゾー
高速道路
BTS(高架鉄
MRT(地下
ボート船着
G-Diary 取
※この他にシーロム
ビット通りのコンビ
などでも取り扱って
TARAWADEE RESORT
老舗 大阪がリニューアル。無線LANサービスなど新機軸を打ち出して好評
タクシン大王通り
スノーホワイト2
The Mall
グルントンコンプレックス
チャルンナコン通り
チャオプラヤー川
ラ世通り
サイドラインにはHな娘多し
J-ONE
ソープとお笑いカフェー。ロリ娘も多い
戦勝記念塔
女子大生がワンサカいるショッピングエリア
ローカルカラオケが点在する
アヌサワリーチャイ駅
スカイトレイン・バー
ウォーターバー
ソイ・ランナム
おいしいイサーン料理屋がたくさん
レインツリー(フォークソングパブ)
ラチャプラロップ通り
チャオプラヤー2
巨大ヒ
OHMI
サイアムシティ
スリアユタヤ通り
パヤタイ駅
テウィー・タイマッサージ
スラット
ボタン
ローカルなノーハンドレストラン。少数民族が多い
チャワラー
お風呂の後、口または手ヌキ
2F プラザはハズレなし。マットプレイは陰毛の擦り合い真剣勝負
プラザ
キュービ
プラザ
ディライ
早漏治療も行なう手コキ施術院
おいしいイサーン料理屋台街
マウンテンバイク
マッカサン駅
ラマ6世通り
アジア
ナコンセンター
インドラ
リージェント
バイヨークスカイ
プラトゥナム市場
衣料問屋街は巨大な迷路
カリプソ(オカマショー)
ラーチャテウィ駅
インドネシア
魔境。初心者は近づかないのが無難
Diamond City Hotel
ソイ・カセムセンゲストハウス街
バンコク最大の電脳ゾーン
パンティッププラザ
アマリウォーターゲート
プラトゥナムセンター
ペチャブリー通り
インターナショナルクラブ
旧ハーレム。経営者が変わり、微妙にレベルアップ
ジム・トンプソンの家
Siam@Siam
ラマ1世通り
東京堂書店(サイアムパラゴン2F)
サイアムディスカバリー
サイアムセンター
サイアムパラゴン
伊勢丹
セントラルワールドプラザ
ZEN
BIG-C
茜マッサージ
ナイラートパーク
イギリス
ゲイソン
インターコンチネンタル
チットロム駅
ツインタワー
バンコク中の女の子が集まる一大ショッピングゾーン。タニヤ娘も多し
ナショナルスタジアム駅
東急
MBK
サイアム駅
サイアムスクエア
モスバーガーが大人気
スクンビット1プラザ(バービア群)
東京堂書店(アマリンプラザ3F)
プルンチット駅
ノボテル
パトムワンプリンセス
地下のディスコにはアヤシい女の子がいっぱい
スタジオカンサイ
民族衣装で記念撮影
エラワンハイアット
ワインとイタリアンならココ
バッカス
ベトナム
スパッツ(ディスコ)
アニーズ
アメリカ
フォーシーズンズ
安いが、レベルもそれなり
ラーメン大毅
レオパトラ
ホワランポーン駅
マーブンクロン
サイアムスクエア
泰文堂書店(エラワンB1)
ロイヤルバンコクスポーツクラブ
アンリデュナン通り
ラチャダムリ駅
ランスアン通り
列車の旅はココから。切符予約を忘れずに
バンコクの原宿は10代の美少女たちがいっぱい。タイの芸能人にも会える。メイド喫茶もココ!
夜7時過ぎから天秤棒のソムタム屋のおねえさんたちが営業開始。タイ語で交渉のこと
ホアランポーン駅
チュラロンコーン大学
オシャレパブ密集地
ナナプラザ
テーメー
サムヤーン市場の2階は食堂街。安いのでいつも学生でにぎわっている
熟女の殿堂
マングリン
サムヤーン駅
ベルサイユ
ルンピニー公園
ゴーゴーバーがひしめくビル。バンコク初心者はまずここに来ること
有名になり喫茶。連休にいっぱいで、の女の子が多
81Pのパンラップ、84Pのマップ、86Pのマップを参照
パシフィック
シーロム駅
夜は立ちんぼゾーン。相場ショート600B
ルンピニー警察署
日本大使館
スクンビ
Jack's G
ドゥレー
カンガルー
開催は火、金、土
ルンピニースタジアム
タイムズ
プログラ
K2 テー
メイド喫茶
サラデーン駅
サトーンサウナ
スワンルムサウナ
ナイトバザール
ルンピニー駅
おいしくて安い餃子屋
m Place
おごとマッサージ
スコータイ
バンヤンツリー
オーストラリア
バビロンサウナ
マレーシア
ピナクルルンピニー
スアンプルー警察署
ホモの楽園
マレーシアホテル周辺のゲストハウス街
タイの夜を知りつくせ
ジェントルマンズマップ
こんなマップ今まで無かった!バンコクの夜を特徴に遊び尽くすための最強マップ。
創刊号の最強マップ
の取得や延長に関することはすべてココ!
りから子供までみんな楽しめる

左上／第2位のエンちゃん（第66号）はファッションを勉強する大学生
左下／第3位のメーオちゃん（第72号）は女子高生だった

「Gガールコンテスト」で、歴代Gガール134名のなかから見事1位に輝いた第88号のニンちゃん（100号記念永久保存版より）

右上／第77号（2006年4月号）　中上／第84号（2006年11月号）　左上／第96号（2007年11月号）　右下／100号記念永久保存版（2008年10月号別冊）　中下／第123号（2010年1月号）　左下／第124号（2010年2月号）

創刊号（1999年1月-2月号）

右／入社後、初となるGガール撮影は第77号のインちゃん
左／第84号「パタヤ特集」のポーちゃん。Gダイ初のビキニ着用での撮影

バンコクドリーム
BANGKOK DREAM

「Gダイアリー」編集部青春記

G-DIARY

タイ発アジアGOGOマガジン

室橋裕和
Hirokazu MUROHASHI

イースト・プレス

はじめに――夢と冒険の書Gダイ

21世紀の初頭。旅行で、仕事でタイを訪れる男たちが密かに愛した雑誌があった。

南国の美女が微笑む表紙をめくり、ページを繰ってみれば、毒々しい風俗店の広告が踊る。どれもこれも、バンコクにある日本人相手のカラオケクラブやマッサージやソープランドのものであった。エロ物件をポインティングした詳細なマップまでついている。きわめてお下劣であった。

しかし、よく見てみれば、シリアスな記事も満載なのである。山岳部の少数民族を訪ね、バンコクのスラムの実情を取材し、戦火のアフガンに飛び込む。ベトナムをバイクで縦断し、カンボジアの政変をルポし、中国やインドの秘境を旅する。

かと思えば、編集部員らしき連中が、リゾート地のプーケットでカレーを作ってみたり、バンコクの釣り堀で遊んでくるといった、ヌルいネタも混じる。

めちゃくちゃであった。歓楽街のガイドでもあり、旅行雑誌でもあり、アジアのルポルタージュ誌でもあった。まるでおもちゃ箱のようだと思った。男たちが夢想する冒険を詰めこんだかのようだった。そして、そのごった煮の誌面からは、異様な熱気が放たれていたのだ。

雑誌の名を「Gダイアリー」といった。1999年に創刊され、編集部はバンコクにあった。

僕はそんな〝Ｇダイ〟のスタッフだった。

はじめは多くの読者と同じように、熱狂的なＧダイファンのひとりだったのだ。やがて、２００２年頃からは外部ライターとなり、さらにはタイに移住して、２００６年にはＧダイ編集部に就職を果たした。編集記者として、タイの屋台街を思わせるごちゃごちゃな雑誌をつくり続けた。

それはまさに、夢のような時間だった。

熱気と混沌の渦巻くバンコクの街で、奇人変人ぞろいのライターたちと格闘し、歓楽街をめぐって美女たちに癒され、ときに政変に巻き込まれ、締め切りに追われる日々。夢中で走り続けた。

読者もまたＧダイに熱中し、Ｇダイを片手にバンコクやほかのアジアの街を冒険した。

あの時代、タイやアジアに関わった男たちにとって、Ｇダイはバイブルだった。

本書はそんな雑誌が存在していたことを確かに伝える、記念碑のようなものである。

バンコクドリーム 「Gダイアリー」編集部青春記◉目次

1バーツ＝約3円（本書執筆時）

［第1章］

GダイのGは「ジェントルマン」のG!?

編集部のあったRSタワーから見たラチャダーピセーク通り（撮影：嶋健雄）

初仕事は7P

地下鉄タイ・カルチャーセンター駅を出ると、眩しい陽光に射抜かれた。日陰ではカットフルーツや焼き鳥を売る屋台がいくつか並んでいる。サンダル履きで日傘をさしたOLたちが群がり買い求めている姿は、いかにもタイだった。

僕は振り返って、駅の裏手にそびえ立つ高層ビルを見上げた。この19階が、新しい職場なのだ。およそ1年におよぶバンコクでの国際ニート期間を経て、ようやくの社会復帰である。失敗してはならない。そばにあるセブンイレブンで男のパワー飲料M150をイッキ飲みして気合いを入れると、僕はビルのロビーに踊りこんだ。

なぜだかOLばかりのエレベーターは快適に上昇していく。シャンプーや化粧のかぐわしさに我を忘れそうになる。なぜ男の姿が少ないのだろう……そんな疑問がよぎったが、19階に到着すると気持ちを入れ換えた。よし。

「コートーナカー（すみませーん）」

重いガラス戸を引いてオフィスを覗き込む。意外なほど広い。20人以上のタイ人や日本人が働いていた。パソコンやOA機器が並ぶ現代的な職場の姿は、僕が1年前まで在籍していた日本の週刊誌編集部よりもむしろキレイで整っているのだった。

「サワディーカー（こんにちわ）」

声をかけてきたのは受付のおばちゃんだ。ピグモン的な顔立ちがなんだか愛らしい。

「あの、スギヤマさん、いますか」

カタコトのタイ語で訪ねてみると、おばちゃんはすぐに立ち上がって、優雅にオフィスの奥へと去っていく。そして次に現れたときは、傍らにムッスリした顔の巨漢を連れているのだった。

「おう、ムロハシくん。来たか」

すでにアジアの伝説となっていた雑誌「Gダイアリー」の編集長、スギヤマ氏である。もう何度も会い、見知った間柄ではある。しかし今日からは同僚なのだ。スギヤマさんを上司として、僕はGダイ編集部員として働くのである。

「まあ、当面は10時とか早めに出社して、ちゃんとやってるってところ見せたほうがいいかもね。あとは適当でいいよ。日本も編集なんて昼からだもんな」

いきなりヌルいことを言う編集長。その前の席を、僕は与えられた。異様に古めかしいデスクトップだが、ちゃんとパソコンだって用意されている。マイ・デスクだ……自分の場所があるという喜び。無職からの脱却である。やる気が沸いてくる。

それともうひとつ、僕の横に予備の机。本棚と資料棚。広いオフィスの中でこのわずかなスペースが「Gダイアリー編集部」なのであった。フロアの半分ほどを占めているのは、会社の母体となっている新聞「バンコク週報」の編集部だ。そして営業部、総務や経理、IT、デザイン、配送などがそれぞれシマをつくっている。日本人は10人ほどだろうか。タイ人は少なくとも20人以上はいる。けっこうでかい会社なんだ、と思った。

そして、Gダイアリーなんていかがわしい媒体を制作・販売しているとはとても思えない、きわめて健全な雰囲気なんである。とりわけタイ人たちはさわやかであった。広告営業部のエリアを見渡せば、美女も多い。あんなコたちがソープランドやエロ按摩の広告を売っているのだろうか……。

「スギヤマさん、なんというか、普通の会社っぽいですね」

「まあ、そのうちわかるから。いろいろと」

編集長はそう言って笑うのだった。

僕の仕事はもちろん、Gダイアリーの編集である。毎月刊行されているこの雑誌を滞りなく発行していく。担当するライターたちとやりとりをして記事をつくり、また自分でも取材、執筆する。全146ページ（僕が編集部に入った2005年当時）に魂を込めていかねばならない。Gダイアリーは熱狂的・偏執的な読者も多いカルト雑誌である。手抜きは許されない。僕もそんな読者のひとりとして、隅から隅まで舐めるようにGダイを読みつくしていたのだ。こういうマニアを相手にしていくと思うと震えた。

前任者から引き継いだデスクの中には、読者たちから送られてきたラブレターがまさに山となっていた。賞賛、非難、誹謗中傷、怪文書、毒電波、旅行記や風俗体験記、ミスの指摘、飲みの誘い……なんというエネルギー、そしてなんという距離の近さなのか。Gダイの読者はGダイスタッフを友だちかなにかと思っているフシがある。誌面の最後に「お便り&原稿募集」「いつでも遊びに来てね♡」とか書いてあること、さらにはスタッフが誌面に堂々ツラを晒してタイやアジア各地の楽しげな様子をリポートすることが「伝統芸」となっていたので、親しみやすかったのだと思う。

そして……あれに見えるはツルピカ頭、誌面にもっとも顔出しで挑んでいるGダイスタッフの雄、

M字ハゲがトレードマークの嶋健雄《しまたけお》が編集部にやってきた。おおー、Gダイでよく見る顔だあ……スターに会えたかのような感動を覚えていると、

「ムロハシ君だよね。編集長から聞いてるよ。さ、取材いこ」

「えっ……まだなんの準備もしていないんだけど」

「大丈夫だいじょーぶ。広告主の店だから」

シマ君はGダイの誌面を埋める広告の営業マンであり、カメラマンでもある。表紙・巻頭のグラビア撮影もするし、日本食レストランやエッチなマッサージ店を回って広告も取ってくる。ときにはバンコクの歓楽街やプノンペンの危険地帯に飛び込み、体当たり取材も敢行する。Gダイイズムを体現しているようなこの男を相棒として、僕はその後の日々を過ごすこととなる。

地下鉄と高架鉄道BTSを乗り継いで、やってきたのはバンコクの目抜き通りスクンビット、そのソイ（小路）33。道の左右には日本語や英語のいやらしい看板が踊り、実に恥ずかしい。夜になればきっと猥褻なネオンに彩られるに違いない。日本人やファラン（欧米人）向けの歓楽街のひとつだが、昼間は屋台が並びノラ犬が寝そべり、バイクタクシーがタイ将棋の盤を囲んでいるのどかな通り。このソイが僕のGダイデビューの地か……。

「こっちこっち」

シマ君が手招きしているのは、とあるエロマッサージ店であった。知ってる。Gダイの広告に載っている店だ。確か経営は日本人だ。

この時代、スクンビット通りを中心に日本人がマッサージ店を開くケースが増えていた。タイにももちろん伝統的なマッサージから派生した「抜きアリ」の店がたくさんあるが、極めてオーソドック

ス&スタンダードな正統派。それでは飽き足りない在住者や観光客のために、例えば特殊ローションだとか、コスプレ、ミラールーム完備……といった、いわゆるフェチ系のマッサージを持ち込む日本人が現れたのだ。エロは海を渡る。国を越えて文化は伝道していくのである。

「で、この店は複数プレイをウリにしはじめたんだけど、どんな内容か記事で紹介することになったんだよね。そこでムロハシ君がモデルになって体験プレイってわけ」

「えぇっ!」

「7Pね」

「えええええっ⁉」

あれよあれよという間に僕は6人のギャルが待ち構えるプレイルームに引きずりこまれた。下着姿のギャルたちがキャイキャイ騒ぎながら半ばレイプのように僕の服を剥ぎ取り、マッパにされてしまう。

「オネガイシマース」

舌ったらずな日本語×6の合唱とともにはじまる12本の手によるマッサージ。全身を這い回る快感。シマ君が構える一眼レフからバシャバシャとシャッター音が響き、ストロボの雨が降るたびに、僕は羞恥心を失っていった。

なんという職場に来てしまったんだろう。

クセモノぞろいのライター陣

「あーっ！　アンタでしょ新しい編集って！」

のしのしとGダイ編集部に乗り込んでくる、日に焼けたダイナマイトバディ。タンクトップからこぼれんばかりの巨乳。おお〜、イヌマキだ。犬巻カオルだ。Gダイの誇る女帝、創刊時から書き続けている看板ライターのひとり。

彼女の本業はズバリ、女衒《ぜげん》。日本からはるばる買春のためにやってくるオジサンたちを引きつれて、夜のバンコクを案内する斯界《しかい》のガイド。女だてらにバンコク各地の風俗店と懇意にしており、一般女子ならドン引きする下品な店構えのマッサージパーラー（ソープランド）やらカラオケ屋に堂々乗り込んでいく。

Gダイで彼女が持っている連載「イヌが吠える！」は、その女衒稼業で出会った変質者、ヤク中、犯罪者などなど、タイの夜でこそ輝きを増す個性豊かな人々との騒動を描いたものである。ライターはあくまでサイドビジネスに過ぎないのだが、とてもそうとは思えない、走るような筆致。たたみかける勢いの文章そのままの、ダイナミックな女傑であった。

「なになに、どうしてタイに来たのよ。なんでGダイなの？　オンナにハマッた？　Gダイの編集だもんね。スキモノだよね。日本でもエロ本つくってたの？」

一方的にまくしたててくる。しかもフロアに響き渡る大声なのである。

「……でさあ、あたしこの前ちょっと日本に帰ったときにね、ハプバー行ったのよハプバー。チンコでかい男いないかなあって思って。いちおうチェックするじゃん、一本一本。でもどいつもこーんなショッボいサイズでさあ。あ、ムロハシ君あんたチンコでかいでしょ。その鼻はチンコでかい鼻だわ」

「あ、あのイヌマキさん。ここ、日本語わかる女性もいるので……」

事実、おとなりバンコク週報のフロアには、日本人の女性デザイナーもいるのだ。いちおう外資系、日系企業なので、日本語堪能なタイ人の才媛だって働いている。しかし彼女たちはGダイゾーンから響いてくる猥談には慣れっこなのか、しれっとした顔でマックに向かっているのだった。どうも僕たちがいるこの空間だけ、社内で浮いているような気がしてきた。

「じゃ、そろそろ」

ひとしきり下ネタを話し終えると、女史は無言で仕事をしていた編集長に告げた。ひとつ頷いて、編集長は机の引き出しから小切手を出すと、女史に手渡した。数号分の原稿料である。

「おつかれさん」

Gダイ編集部では、原稿料の支払い方にはいくつかのパターンがあった。タイ在住者にはタイ国内の銀行口座への振込み、もしくはこうして小切手での支払い。会社は日本側にも窓口があるので、日本在住者にはそこから日本の銀行口座へと振り込んでいた。

「Gダイは原稿料なんぞ払わない。せいぜい広告主からバーターでガメたお食事券を渡す程度」。巷やネットではそんなウワサをされていたものだ。しかし多少の遅れはあろうと、キッチリ支払っていたのである。それも決して激安というわけではなかった。日本のB級雑誌のなかには、Gダイよりもはるかに原稿料の安いところはいくらでもあった。雑誌の規模を考えれば、Gダイはがんばって払っているほうだったと思う。

Gダイ編集部で働きはじめて、7Pの次に行ったことは、前任者からのライターの引継ぎであった。その当時は、連載・常連・レアモノ含めて20~30人ほどのライターが出入りしていた。どの人物も一筋ナワではいかないメンツだった。世間に名前は知られていなくとも、アジアなら、タイなら任せておけ、マッサージパーラーなら俺にかなうやつはいない、ハメ撮りは俺が一番だ、俺はマリファナを吸い続けて死んでやる……なんて人々だ。偏執的に細かい風俗地図をつくってくる人、「旅行人」に持っていったほうがいいんじゃないかというようなハードな秘境寄稿を書く人、硬派な戦場ルポで鳴らす人……一芸に長けたその道のプロが集結していた。すべて編集長と僕の前任者が発掘してきた人々である。

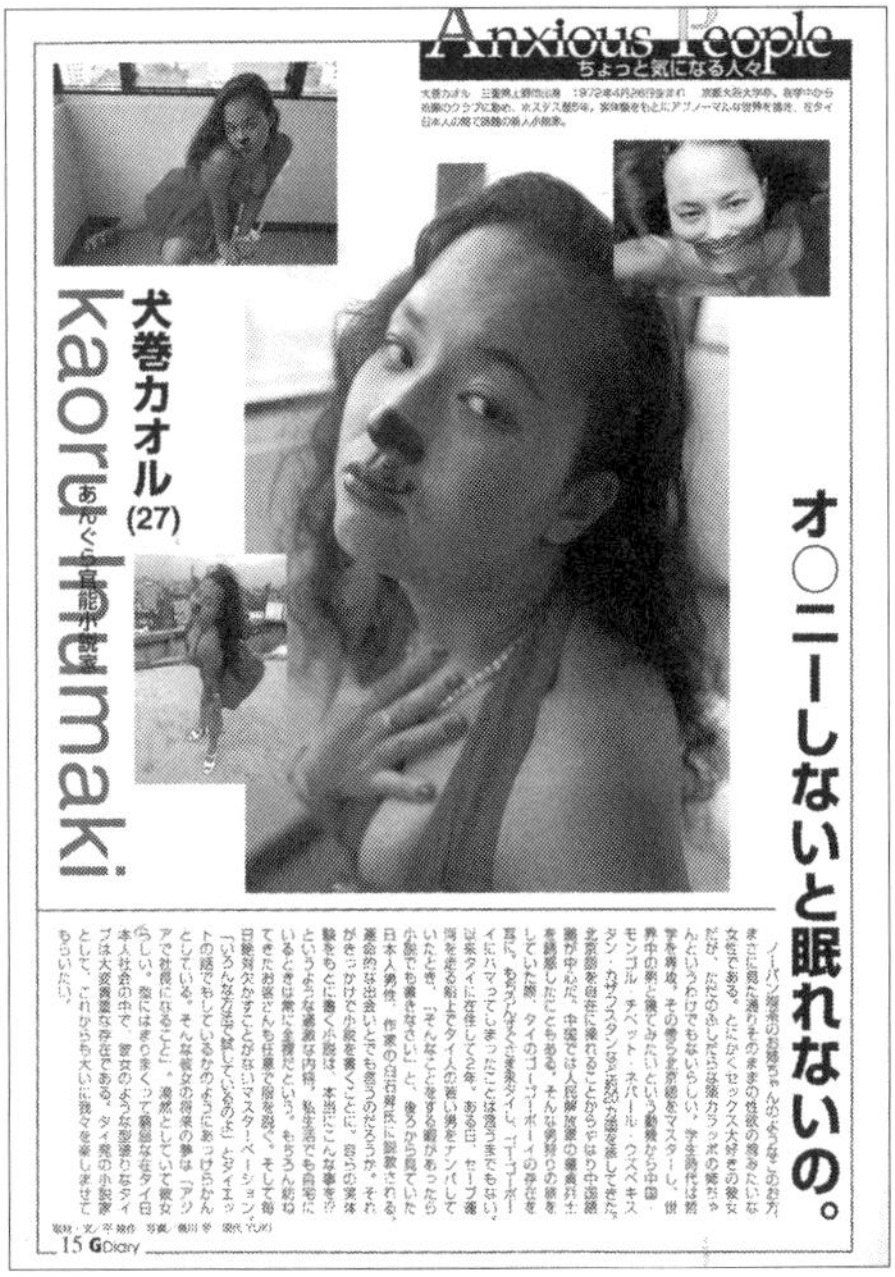
Anxious People
ちょっと気になる人々
オ○ニーしないと眠れないの。
犬巻カオル(27)
あんぐら官能小説家
kaoru inumaki
15 GDiary

常連執筆者・犬巻カオル「ちょっと気になる人々」（第3号より）

このうち10人ほどが僕の担当とな

った。僕はシマくんと組んで、現場取材に当たるのだ。

僕が受け持ったライターは、タイ在住者が多かった。そしてみな、本業を持っていた。ここではゼッタイに詳しくは言えないが、昼はアユタヤにある某大手日系製造業の駐在員という顔を持つ人もいた。

18世紀まで栄えたアユタヤ朝の遺跡が数多く残るアユタヤは世界遺産の街として知られており、日本人観光客にも人気だ。バンコクから日帰りで行き来できるので、短期旅行でも訪れやすいし、都市部とはだいぶ違ったタイの田舎の風情を感じることもできる。

堀に囲まれた旧市街に広がる遺跡公園を象に乗って巡るアクティビティが人気で、日本人女子が「きゃーっ、ゾウさんかわいい！」とか嬌声を上げているのだが、そこから10キロほど南東には無数の日系企業が操業する巨大工場団地がいくつも並んでいるのだ。

その中心部には日本人工場マン御用達の歓楽街があり、夜になると駐在や出張のお父さんたちは社名の入った作業着姿のままカラオケ屋に突撃し、股間のゾウさんを天高く屹立させているのである。

「でもさあ、ブスばっかなんだよアユタヤは」

スクンビットの薄暗い裏道を歩きながら、春原承《すのはらしょう》氏は言う。

「結局かわいいのは、みんなバンコクに流れちゃうでしょ。アユタヤはババアと、バンコクなんか怖くていやだって田舎者ばっかで……」

話の途中でいきなり立ち止まる。道端の立ちんぼに引っかかったのだ。バンコク都心部のスクンビット通りでは、ＢＴＳアソーク駅からナナ駅のあたりまで無数の立ちんぼがたむろし、視線を送ってくる。しかしミニスカ・タンクトップ姿に近づき、上から下まで、じっとり舐めるようなガン見をカマしているのは春原氏のほうであった。立ちんぼはドン引きしているが、構わず、

「ムロハシさん、ボク今日この子とマンコするわ。原稿の話はまた今度」

唐突に「打ち合わせ」は終わった。日本の誇るものづくりの最先端・大手メーカー工場を管理する駐在員は、バンコク最底辺の売春婦となにやら話すと、値段交渉がまとまったのか、手を引いて夜の闇に消えていった。毎日ハメないと気がすまないという異常性欲の持ち主であった。

だが春原氏の書くエッセイ「へこたれない女たち」は好評だった。タイの夜でしか居場所を見つけられない、娼婦と男の物語だ。オムニバス形式で、毎回さまざまな娼婦が登場して、これまでの半生を語る。日本食レストランのウエイトレスからゴーゴーバーのダンサーになった女、マッサージパーラーの子持ち泡姫、スクンビットにたむろする黒人の立ちんぼ……。彼女たちの呟きは実に生々しく、リアリティにあふれていた。それは春原氏がこうして夜ごと娼婦を買って、寝物語を聞き続けてきたからなのだと知った。

ふつう駐在員というのはロクにタイ語を話せない。2、3年の任期で帰国するし、日本語のわかるタイ人スタッフ、あるいはタイ語のわかる日本人スタッフがいるから必要がないのである。ところが春原氏は駐在も長く、奥さんはタイ人だ。だから例外的にタイ語が堪能な駐在員だった。

かわいい女房子どもがいるのに、アユタヤから社用車をぶっ飛ばしてバンコクの歓楽街に直行する日々。そして、タイ語力を駆使して、女の苦労話に耳を傾ける。シンガポールに出稼ぎに行きたいというマッサージパーラーの女から、男の子がひとりいるのだが父親は客の日本人だと思う、でもはっきりわからないし田舎の母親が面倒を見ているなんて話だとか、カラオケ嬢の初体験や初恋の思い出

を聞き込んでくる。そして、そんな話を原稿にしたためる……そのループが春原氏の生きがいであるかのようだった。

ちなみに我がGダイ編集部やバンコク週報はタイで立ちあげた日系企業なので、「日本から派遣されてくる人」つまり駐在員がいない。日本人社員は全員、バンコクで就職活動をしてこの会社に雇われた、いわゆる「現地採用」である。僕もそのひとりだ。

書き手にはふだんは日本に住んでおり、取材でアジアを回っているプロもいた。代表的な方が、辺境作家の高野秀行《たかのひでゆき》さんや、旅行作家の下川裕治《しもかわゆうじ》さん（連載「どこかへ行きたい」など）、ライター&イラストレーターのなかあき子さん（連載「女だってアジアが好き」）だ。ほかのアジア諸国に住んでいる書き手もいれば、一年中ずっとアジアを回遊している「非居住者」麗仁氏（連載「旅のカラクリ」）もいた。

皆、アクが強く、強烈な個性なのである。一読者だったころからわかってはいたが、実際にライターたちと対峙すると、こっちのエネルギーを持っていかれそうな謎の磁力を誰もが持っていた。

そしてパソコンを見てみれば、前任者から転送されたメールが届いていた。「ゴーゴーバーマップinバンコク」を担当しているライター、羽井根健太郎《はいねけんたろう》氏からの原稿が添付されている。

ゴーゴーバーとはタイ風俗を代表する業態のひとつである。ディスコミュージックが鳴り響きカクテル光線が乱舞する薄暗いクラブ的な店内のステージで、水着や下着、ときにはマッパのお姉ちゃんが踊る。客はその様子を見ながら酒を飲み、これぞというダンサーを同席させ、気に入ればお持ち帰りできるというシステムだ。日本人観光客にも人気で、店によっては客のほぼすべてが日本人という

羽井根健太郎「ゴーゴーバー最強マップinバンコク」（第94号より）。毎号読むと、バンコクの3大ゴーゴーの盛衰も知ることができる

恥ずかしい状況になることもある。

恐る恐るワードファイルを開いてみる。

改行いっさいなし、数字や英字やカッコは半角全角入り乱れ、三点リーダーとナカグロがごっちゃになった、サイコな感じの文章がダーッと続いているのであった。だがその情報量は圧倒的であった。

ナナプラザの「レインボー2」の○番の番号札をつけた女がいいケツをしている、○番はファラン（欧米人）に連れ出されてサメット島に長期ハメ旅行に行ってたが復帰したらしい、ソイ・カウボーイの「ロングガン」はショータイムのノーパン大開脚がおすすめ、「ドールハウス」の○番プイちゃんは田舎から出てきて間もなく、まだ店の2階に住み込んでいてウブ、パッポンだったら「キングス・コーナー」の○番のオカマがそそる、○番茶髪ロリ系は淫乱、○番井川遥似はシリコン入れたての乳がいい形で◎、「キングス・キャッスル3」は移籍してきた安達祐美似○番がエース……。

フェミ団体が発狂しそうな情報が、ねっちりびっしりと書き込まれている。なんという取材力と執念であろうか。

実際、バンコクにある3大ゴーゴーバー地帯、ナナプラザ、ソイ・カウボーイ、パッポン通りを歩けば、Gダイのこのページを破り取り、握り締めて店を探している読者の姿をよく見た。羽井根氏の情報をもとに、どこで遊ぼうか決めているのだ。たいへんな影響力だと思った。

そしてゴーゴーをのぞいてみると、確かに「レインボー2」の○番はいいケツをしており、「キングス・キャッスル3」の○番は安達祐美に似ているのだ。ガセではないのである。

よおし！

僕は腕をまくった。これをいかにアレンジし、読みやすく編集して読者に届けるかが僕の仕事だ。

羽井根氏の苦労に報いなければならない。彼もまた本業ライターではない以上、しっかりした文章に仕上げるのは編集者の役目だ。

　こうしてさまざまなライターたちとのつきあいがはじまった。

ヘンタイ曼荼羅「最強マップ」

　社内のタイ人スタッフは夕方5時か6時になるとさっさと帰っていく。残業はほとんどしない。会社なんぞよりも、家族や友人とのつきあいや趣味を大切にするのがタイ人のようだ。

　その家族がオフィスまで迎えに来て、一緒に帰っていくことすらあった。夕方ごろに授業を終えた小学生がオフィスにやってきて、接客フロアのソファーで広告営業部の母親の仕事が終わるのを待っているのも珍しくはなかった。

　しかしGダイ編集部は日が暮れてからが本番なのである。会社が入居するRSタワー19階から見下ろすラチャダーピセーク通りが、大渋滞の赤いテールランプに満たされるころ、僕とシマくんは出動する。

「今日はトンローあたり流そうか」

　会社を出て地下鉄に乗り込み、アソーク駅でBTSに乗り換える。この時間帯はバンコクも東京ほどではないが車内はかなりの混雑となる。タイの経済発展の象徴でもある都市交通システムは、いまではストレス社会の象徴とも捉えられつつあった。

それでもタイ人は、東京の社蓄トロッコよりはずっと人間味を持っており、混んでいたら無理に乗り込まないのだ。他人同士がべっとり密着するような乗り方はしない。次の電車を待つ。BTSと地下鉄が交差する主要駅のアソークもごった返すが、人々の歩くペースはゆったりだ。しかし東京の急かすようなスピードに慣れた身からすると、もどかしさも感じてしまうのだった。

降り立ったトンロー駅は、日本人居住者の多いエリアでもある。高級コンドミニアムが摩天楼をなし、おしゃれなレストランやらクラブも並ぶ。タイ人のハイソな若者やときどき芸能人の姿も見る。そして「Gスポット」もまた点在している。日本人エリアのため、日本語のいやらしい看板を掲げた店も点在するが、

「おっ、このマッサージ屋つぶれたんだ。アカスリ人気だったのに」

シマくんがつぶやく。バンコクの夜の店は移り変わりが激しい。とくに新しく進出してきた日系の店が苦戦しているように思えた。新しい店ができては消え、いつの間にか店名が変わっていることもザラだ。それでも、次々に挑戦者が現れる。

マッサージ、カラオケ、居酒屋や和食レストラン、さらにはゲストハウスなどの経営に挑む日本人も増えている。

外国に住む日本人といえば大企業の駐在員がほとんどだった時代はタイでは完全に終わり、中小零細の社員や、さまざまな商売人、僕のような出自不明の現地採用まで、実に多彩な日本人が暮らすようになっていた。そんな人々を相手にする日本人向けのサービス業は、風俗に限らず拡大を続けていた。

そんな情報をひとつひとつ、地図に落とし込む。

Gダイの売りのひとつである「最強マップ」はこうして、僕たちの足でつくっていた。バンコク都内の、風俗・ホテル・メシ・観光スポットを中心とした紳士の地図である。これが読者の圧倒的な支持を得ていた。

ネットの発達していなかった時代、「バンコクの夜はスゴい」とウワサされてはいても、具体的に遊び方を紹介したメディアはほとんどなかった。個人的な体験記や風俗ルポの類は豊富だったが、そうではなく、実際にどうやって行けばいいのかまとめ、システムや料金の目安も添えて提供した「最強マップ」とGダイは、男たちの冒険心を煽った。マニアと駐在員だけの世界だったタイ風俗が、ぐっと近くなったのだ。

僕はGダイスタッフのくせに風俗好きというわけではないのだが、中学校の地理の時間に地図帳を見て以来の地図マニアである。しかも細かいやつをじっくり丹念に眺めるのが好きだった。いまでもグーグルマップで酒が飲めるくらいだから、Gダイが創刊された頃から最強マップは毎号、舐めるようにチェックしていた。そうやって見ていると、こと細かに毎号、情報が変わっていることに気がつく。よく調べているのだ。

物件ひとつひとつがポインティングされているだけではない。「気立てのいい泡姫が揃う」「このあたりオカマのスリに注意」「あやしい置屋が点在」「夜9時を過ぎるとフリーの姉ちゃんが集まってくる」「ここの肉骨茶《バクテー》はうまい」などなど、取材者のきわめて主観的なコメントが添えられ、地図をみっしりと埋め尽くしているのだ。このコメントがやけに妙味があって好きだった。

その「最強マップ」を、これからは僕がつくるのだ。

異様な執念を燃やした。根が凝り性ということもあってか、とにかく賑やかで楽しげな地図を作りたいと思うあまり、情報を入れ込みすぎてデザイナーがブチ切れることしばしばであった。僕がGダイ編集部員となってから、少しずつ確実に最強マップはその密度と濃度を増し、「見づらい」「やりすぎ」との声もあった。しかし一方で「見事な細密画」「ヘンタイ曼荼羅」とのお褒めの言葉ものちにいただいた。

「最強マップ」は当初バンコクだけだったが、号を重ねるにつれて地方都市や東南アジア各国も網羅するようになっていく。

こうして夜の街を調査する毎夜の活動を「パトロール」と称し、バンコクの各地を徘徊することが僕の重要な任務となった。「最強マップ」は読者の需要が高いのだ。他国や地方都市の地図はなかなか更新が難しいが、せめてバンコクは最新ホカホカのものをお届けしたい。それは読者のためというより、自らのこだわりを満たすためであったと思う。

毎晩コツコツと歩いては、おもしろそうな店があれば突撃して、飲んで遊んでその体感を記事にする。シマくんは感触がよければ広告営業のターゲットにもする。「最強マップ」をつくりながら誌面のほかの部分にも役立てていく。遊んでいるように見えて僕たちはとってもマジメなのであった。

マップ制作は社内のスタッフも手伝ってくれることがよくあった。とくに日本人デザイナーのミネタさんは「どう考えたって日本人は行かないだろう」というようなアヤしいサウナや按摩を熱心にパトロールしていた。が、そういうマニアックな情報がときどき混じっているからこの地図は最強なのだ。

ミネタさんは、僕がびっしり赤を入れたマップに激怒しながらも、そのすき間にうまいこと自分で

最強マップは号を重ねるごとに進化していった。こちらは第123号の「ラチャダーピセーク最強マップ」。
ピンクラオ、スティサンなんていうマニアックなスポットも紹介

発掘してきた店の情報を入れ込み、細密画をつくりあげてくれた。

営業スタッフや、またバンコク週報の人々からも、風俗店に限らず和食店や飲み屋など「こんな店ができてたよ」なんてタレコミが寄せられる。加えて読者からのメールやお手紙も参考に「最強マップ」はその完成度を高めていったのである。

パトロールの後は、たいていシマくんと飲みに出かけた。日本人向けの歓楽街タニヤを歩けば、さかんに声がかかる。

「シマちゃん、今度飲みに来てよ！」

「シマー、パイナーイ？（どこ行くの？）」

カラオケの関係者やらママさんたちに手を振ってタニヤをゆくM字ハゲ。ほとんどアイドルである。ふだんから広告営業や撮影、取材、そして飲みにと、Gダイスタッフの生活の中心のひとつがこのタニヤであった。その容貌からとりわけ目立つシマくんは、タニヤの名物、ゆるキャラ的な存在として愛されていた。僕はおとものジャーマネのようであった。

この通りもまた店の入れ代わりがひんぱんだが、その咲き乱れるネオンの下を、ほろ酔いの日本人おじさん軍団が闊歩する。日本からやってきた出張者の一団や、観光客が多い。

「イラッサイマセー！」「アナター！」「ミルダケ！」

軒先に陣取った女たちは嬌声を上げておじさんたちに駆け寄って腕を取る。チーママが飲み代の料金表を手に、流暢な日本語でシステムの説明をしている。毎夜毎夜の光景だ。

このネオン街が僕の主戦場になったのだ……と感慨を新たにしている僕の横を、低いエンジン音を轟かせ、低速で威圧的に走っていくのはクジラのごときリムジンであった。タニヤを行き交うおじさんたちも何ごとかと足を留め、巨大なリムジンを目で追う。あのクルマの主も、いずれ取材しなくてはなるまい。

長期滞在用ビザを取得

僕はオーチャード・ロードの摩天楼を見上げ、目を細めた。思わず、ほくそ笑んでしまう。ごちゃごちゃ雑然としたバンコクとは違う、清潔で整った街並み。洗練された都市の姿。アジア最先端の金融・観光国家シンガポールである。

Gダイスタッフとしてはじめての出張であった。陸路ではない。LCCエアアジアではあるが、飛行機なんか乗っちゃって海外出張なのである。まるで国際ビジネスマンではないか。アジアをマタにかけるジャーナリストと言っても、決してウソではなかろう。テンションが上がった。

物価の高いシンガポールではいつも、最下層の湿っぽい連れ込み宿やボロホテルが立ち並ぶゲイラン地区に直行するのだが、今日ばかりは経費の範囲で人並みの宿泊施設を選んでも許される。ショッピングモールが立ち並び、世界中からやってきた観光客が群れ歩くオーチャード・ロードもほど近い、立派なサービスアパートにチェックイン。部屋の清潔なたたずまいにうっとりし、ボーイのうやうやしい態度に恐縮し、窓を開けてみるが安めの部屋であったため残念ながら隣のビルのカベであった。

新入社員がはるかマレー半島の突端、バンコクから1800キロも南に離れたシンガポールまで飛ばされたのは、暗黒街ゲイランに点在するあやしい公営売春窟の調査のためではない。いや、編集長はきっとそちらのネタも期待しているはずだが、それよりもまずビザの取得が目的であった。シンガポールにあるタイ大使館に赴き、Bビザ（ノン・イミグラントビザ）を申請、受領しにやってきたのだ。

僕はバックパッカー時代から愛用しているボロリュックから、電話帳ほどもある書類の束を取り出し、再びオーチャード・ロードに舞い戻る。タイ大使館はこの繁華街の真ん中、東京で言えば銀座の一等地のごとき場所にあるのだ。

「たのもう！」

手もとの書類は膨大である。会社の登記関連ひと揃え、会社の財務状況やら売り上げ、役員のリスト、会社から僕に対しての招聘状、僕の前職の在職証明や経歴書、大学の卒業証明、その他その他その他……もちろんすべてタイ語か英語である。そしてすべてに僕と役員のサインが入っている。これら一式をそろえて、はじめてBビザを取得できるのだ。タイで働き、長期滞在をするために必要な、資格のようなものだろう。

順番がやってくる。重たい電話帳を提出すると、係官は書類をひとつひとつチェックし、なにやらメモり、タイ人らしからぬ難しい顔で審査をする。シンガポールではあるがタイ大使館なのだから、窓口業務は当然タイ人だ。

僕もアジアのいろいろな国のビザを取得してきたが、それらはすべて観光用であり、労働用、長期滞在用のものははじめてだ。緊張する。

ビザ＝査証というのはその国に対する入国の許可証であるわけだから、発行はこうして国外でなさ

左がタイのBビザ。右上はパスポートを切り替えたときにビザも移行したという証明で、右下がタイを出国してもBビザを失効せずキープするためのリエントリー・パーミット

れる。タイは日本人ならノービザで30日まで滞在できるが、その期間を超えて滞在したり労働をするなら、タイ国外の大使館や領事館でそれぞれの目的にあったビザを取得しなくてはならない。

でも、シンガポールよりもバンコクからずっと近い、例えばカンボジアやラオスにあるタイ大使館でもよさそうなものだが、そのあたりは事情があった。この当時ビザの審査がゆるかったのは、シンガポールやマレーシアのペナンだったのだ。

どの大使館ならビザが取りやすいか。あるいは厳しいのか。そのあたりの微妙な情勢は就任している大使の方針によるともいわれる。我が社の総務はふだんからイミグレーションと懇意にしているとかで、ビザ事情にはくわしい。自社の日本人社員にきっちりとビザを取らせるために、ぬかりはないのであった。

その甲斐あってか、1時間足らずの審査で

書類は無事に受領された。あとは明日、もう一度タイ大使館に足を運んで、Ｂビザのシールが貼られたパスポートを受け取れば完了だ。祝杯といこう。

向かったのはシンガポールでもとくにハイソでリッチなクラーク・キー。シンガポール河の両岸にレストランやらパブやらが立ち並び、見上げれば天を突く摩天楼。金と銀とのネオンがあふれ、川面は輝いていた。ふだんピンクとムラサキのネオンばかり見ているので新鮮だ。行き交うのは下品な日本人のおじさんではなく、ネクタイ姿の欧米人ビジネスマンや、裕福そうな中華系の家族連れ。なんとなく居心地の悪さを感じつつ、日本円で１杯１０００円を超える値段にビビリつつもビールを注文し、喉に流し込む。

ほうっ、と息をつく。旅先で飲むビールは、ことさらにうまい。こんな夜を迎えているなんて、奇跡のようだと改めて思った。いつの間にかタイで就職をし、こうして国を越えて出張し、ビザを取得しにシンガポールまで来ている。１年ほど前の自らを思うと、大逆転ではなかろうか。

［第2章］

僕のドリームはバンコクにある、はず

カオサンで見つけたGダイ創刊号（1999年1-2月号）

未来がまったく見えない

話はGダイ就職からおよそ1年ほどさかのぼる。

バンコク中心部、サイアムから北にBTSで3つほど行った戦勝記念塔駅。そこから東に伸びるランナム通りは当時、現地採用のなかでも底辺層や、得体の知れない日本人がたくさん住む界隈として知られていた。月4、5000バーツの安アパートが点在していたのだ。日本円にして2万円以下の家賃ではあるが、そこそこ清潔で、日本の物件よりもだいぶ広く、テレビやベッド、冷蔵庫、エアコン、ソファーなど必要な家具もすべて備えつけ。日本人ならパスポートさえあれば、素性を問わずその場で契約してくれる。あとはそこらの通信会社の窓口に行って、ケータイとネットを契約すれば生活できてしまうのである。言葉はカンタンな英単語を並べるだけでよかった。

僕はそんな安アパートの一室で、ひたすらに引きこもり、毎日毎日えんえんと酒を呷《あお》っていた。

悩みの根本はズバリ未来がまったく見えないことであった。仕事を放り投げ、日本からバンコクに逃げてきて、およそ半年ほどが経っていた。もう30歳を過ぎているのである。それなのにロクなキャリアを積めず、なんの実績もなく、異国に引きこもっている三十路ニートの情けなさ。日本でつかみかけたチャンスを自ら捨てて、逃げたこと。親に対する申し訳なさ。

そんな思いが入り混じり、澱《おり》となって積もり、心はバンコクの運河のように黒々と濁っていった。

このままではいけない。そう思いながらも、ではどうすればいいのかわからず、なにを強制されるわけでもない怠惰な日々を続けるうちに、アルコールなしではいられなくなった。小人閑居して不善をなす。数日に一度、近所の安スーパーに行って酒やビールを買い込み、帰りに屋台で簡単なつまみを買って、あとは部屋にこもるだけの日々。実にいい身分ではあるのだが、ヒマをヒマとも思わず国際ニートを満喫できるほど僕は神経が太くなかったようで、だんだん罪悪感と不安とアルコールに蝕まれ、アパートの外に出る回数は減っていった。

家賃やネットの通信費は、月に一度、窓口で払えばいい。アパートの管理室もそれでなにも言わない。僕が朦朧とした顔とボサボサの頭で幽鬼のようにスーパーやコンビニに向かう姿は見ていただろうが、だから通報されるとか心配されることもなく、放っておかれた。いろいろな人が住んでいるのだ。殺人犯のような目つきをした白人、まったく言葉の通じぬ中国人、タイ人の売春婦やそのヒモ……ロクな物件でないことはすぐにわかった。男女の大ゲンカする声や、なにかがブチ割れる音、深夜の謎の絶叫などは日常的だった。部屋のまた貸しを続けて家賃を滞納し逃亡した中東系の連中もいたと聞いた。空き巣の被害があったが犯人の手引きをしたのは常駐の警備員だった、という噂はウソか本当かは知らないが、ときどき顔を合わせる若い日本人から聞いた。彼はタイの雑貨をネット通販して生計を立てているというが、これも真相はわからない。だから管理室にとっては、たまにしくしく泣き声を上げているだけの日本人のアル中なんぞ物の数ではなく、監視対象にも入っていなかったように思う。

はあ、これからどうすっかなあ……その日、何十度目かの重いため息を吐いたとき、いきなりケータイが鳴り響いた。おんぼろのケータイを買ってＳＩＭカードを入れているとはいえ、こいつが鳴ることはめったにない。非常ベルかと思い心臓が止まりかけたが、かけてきた主には見当がつく。Gダイ編集長である。ほかにこの番号を知る人間はいない。

「おうムロハシ君。これからカワノさんと飲むんだけどさ、どう？」

背後からは歓楽街の喧騒が響いてくる。

〝アナター、チョットダケー〟

きっとタニヤだろう。編集長はいつもタニヤの居酒屋をはしごし、スナックでカラオケをがなり立て、サトーン通りのバーでシメる。今夜もこの黄金コースをたどるはずだ。僕はすぐ行きますと返事をして通話を切った。

熱いシャワーを浴びていくらか正気を取り戻し、しばらくぶりにパジャマ以外の服を着て、アパートを出た。ちょうど帰宅時間らしい。ランナム通りにはのんびりと家に向かう人々が駅から歩いてきた。通りにいくつか並ぶイサーン（タイ東北部）料理屋から、香ばしいが辛そうな匂いが漂ってくる。目にしみる。すでにテーブルはいっぱいだ。まわりには客のおこぼれ目当ての野良犬が数匹。バイクやトゥクトゥクがけたたましく行き交う。

屋台を物色している親子連れがいる。母親に手を引かれた女の子が、バナナやココナツミルクからつくった色とりどりのお菓子が並ぶ屋台を指差す。なにかねだっているようだ。その合間を、物乞いがやってくる。マイクを手にタイ演歌を歌っている、盲目の爺さんだ。先導している婆さんが爺さんに肩を貸し、通行人に箱を差し出す。意外なほど多くの人が立ち止まり、小銭を投げ入れる。

いつも通りのタイの夕暮れのなか、どうやら孤独なのは僕だけのようだった。日本から逃げ、家族にもほとんど連絡をしないままタイで引きこもっている僕の、社会との唯一の接点がGダイ編集長だ

サトーン通りソイ1のウォンズ・プレイス、通称「暗黒バー」

った。

ここで何軒目だろうか。サトーンにあるウォンズ・プレイス、通称「暗黒バー」で、僕は泥酔していた。ほとんどろれつが回っていない状態なのに、容赦なくドボドボとウイスキーが注がれた。

「まあこれも、修行ですから」

カワノさんが言う。Gダイ編集長の飲み仲間であり、旧友でもあるカワノさんは、日系の某フリー紙の社長だった。僕もときどき原稿を書かせてもらっていた。編集長としょっちゅう飲んでは、引きこもりの僕をこうして誘い出し、外の空気を吸うきっかけを与えてくれる。

ふたりとも、底なしであった。僕も酒には強いほうだが、彼らはほとんど怪物だった。ついていけない。ビールに変えよう。とはいえ、この店はほぼセルフサービスである。ビールは冷蔵庫から勝手に取る。つまみはない。何か食べたければ近所のコンビニで買ってこいというスタイルだ。カウンターの中では中華系タイ人の店主、サムが愛人といちゃついている。古い洋楽をかけることだけが彼の仕事である。

店内は薄暗く、もうもうたるタバコの煙で淀んでいた。客の写真でびっしりと埋め尽くされた壁をゴキブリが這っている。飲んでいるのは在住の日本人、ファラン、タイ人といるが、メディア関係者がけっこう多いのだという。近所にはゲイのたまり場やハッテン場もあるので、そっち系の客も混じる。サムが警察だか軍の高官とコネを持っているとかで、深夜営業にうるさいタイにあって、朝方まで店を開けている貴重なバーだった。しかしそのぶん、サムの気分次第で夜10時、11時を回らないと店を開けないこともある。むちゃくちゃで、汚れ果てているが、居心地は良かった。

そんな暗黒バーで幾夜も過ごした。

編集長もカワノさんも「これからどうするのか」とか「いつまで引きこもるのか」などと問いただしてくる人ではない。ただひたすらに飲むだけある。しかし一度たりとも僕にお金を出させてはくれなかった。

ふたりにいったい、何万バーツ、何十万バーツたかったかわからない。

こんなこと繰り返していないで、いいかげん働かないと……。

何度目の決意だろう。貯金の額を考えると、そろそろ限界だった。それに最近は、ノービザや観光ビザで他国と行ったり来たりして滞在延長を繰り返す僕のような不良外国人に対して、タイ政府は厳しく当たりつつある。

本当にまずい。

『深夜特急』に憧れて

そもそものきっかけは『深夜特急』であった。もはや古典といえる沢木耕太郎氏の書いた旅行記である。仕事をうっちゃってユーラシア横断の旅に出るというその内容は、世界一周ブログが当たり前になった現在では珍しくないが、僕が読みはじめた90年代前半はまだまだ一般的ではなかった。「バックパッカー」という言葉がほとんど知られていなかった時代である。物語の主人公である沢木氏が旅するアジア各地は、まだまだ経済発展の手前にあり、混沌と猥雑とに満ちていた。ネットだって普及していない。情報の少ない未知の国々を、一歩一歩刻むように旅をしていく。各地で出会う人々となにごとか話をしてわずかに心を交わし、ときにだまされ、ときに大麻にハマり、市場の熱気に打たれ、凄まじいばかりの貧困に直面し、沢木青年は西へ、西へとストイックに歩いていく。

その姿に僕は、自分を重ね合わせた。むさぼり読んだ。高校生のときである。そして決意するのだ。自由な時間をたくさん持てる大学に入ったら、アルバイトをして旅に出よう。『深夜特急』の乗客になるんだ……。

僕は当時、沢木氏に影響された大勢の学生のひとりとして、中国、インド、中東や東南アジアなどを歩き回った。広い世界を我が物としたような全能感があった。

大学の授業は最低限の単位を取るにとどめ、あとはアルバイトをして旅費を稼ぐ。そして夏と春の長期休暇は、まるまる旅にあてた。帰国すると、さあ次はどこへ行こう、どこを旅しようと地図を見て夢想し、ルートを思い描き、ガイドブックやら旅行記を買って情報を集める。

一途であった。これほどなにかに夢中になったことはなかった。初恋かと思うほどの一途さだった。

しかし、代償は大きかった。

人間相手の恋とは無縁だった。それればかりではない。大学ではほとんど友人もできず、思いっきり孤立していた。僕という人間が在籍していたことを知る学生は、わずかばかりである。旅生活だけは充実していたが、それ以外は暗い青春であった。

その反動から、さらに旅にのめりこんだ。取り憑かれたように旅にハマり、とうとう考えられない愚挙に出る。就職活動をまったくしなかったのである。

親はもちろん泣いた。大学まで出してやった息子が、まさかのプー太郎なのである。

しかし、ときはあたかもバブル崩壊後の就職難。バブル期に大量採用した人材を抱えた企業はどこも人件費に苦しみ、とても新入社員を採用する余裕はない。内定をもらえない学生たちが大量に発生し、社会不安を煽った。僕は団塊ジュニア・氷河期世代なのである。

好機であった。

就職できず路頭に迷う仲間たちが数十万という単位で世にあふれたのである。それなら仕方ないだろう、似たような浪人はたくさんいるのだ……。木を隠すなら森の中。無数の負け組たちが僕の存在をカモフラージュしてくれた。そう、ちょっと就職は厳しそうだから、いったん休戦するのだ。

「まあ、景気が良くなるまでしばらくアジアで過ごしてくるわ」

親にはそんな言い訳をカマした。納得はしていないだろうが、すでにこのとき僕の未来を悟り、あきらめていたのか、親は止めることはしなかった。

卒業式も待たず、僕は日本を出て、香港に降り立った。安宿が蝟集する暗黒雑居ビル・重慶大厦《チョンキンマンション》の一室の薄汚く湿ったベッドに寝転がったとき、最高の解放感に包まれた。もう不安や迷いや悩みはなかった。

「ひゃっはー！」

ヤク中やアル中が一発キメて現実を打ち消し、ハッピーになるようなものだろう。旅という麻薬を僕は心に打ち込んだ。社会のレールを自ら外れた瞬間であった。

安宿が密集する香港の重慶大厦（チョンキン・マンション）はいまも健在。香港の宿と言えば僕はここしか知らない

その1年ほど後のことである。

男の人生には3度のチャンスがあるという。どこぞの本で読んだ、そんなウサン臭い話を僕は思い出していた。これは、その1発目ではないだろうか。

「旅の本を書かないか」

そんな話がなぜだか僕のところに持ち込まれたのだ。しかもお題は、得意のバックパッカー旅行について。版元は『クレヨンしんちゃん』で知られるアノ会社であった。

「バックパッカーのやりかたを伝え、どう旅するかを解説する、マニュアルのようなものができないだろうか」

その当時……90年代後半のことである。世はほんのわずかだけ、バックパッカーがはやりつつあった。格安航空券の普及によって、日本人にもようやくツアー以外で旅をする人が増えたこともあった。日本テレビ系列「電波少年」で、かの猿岩石のユーラシア横断旅行が爆発的な人気となり、若者たちの背中を押した。読み継がれていた『深夜特急』の存在も大きかったが、個人旅行の楽しさを綴った紀行本もどんどん出版された。「バックパッカー」という言葉も少しずつ認知されてきた。

そんなメディアに影響されて「旅をしたい！」と思っても、では具体的にどうしたらいいのかわからない……というビギナー向けに、ハウトゥーものを出したらどうか。それが企画の趣旨だった。

だが僕はいまや学生ですらなく、旅とバイトに明け暮れる単なるフリーターだ。なぜ書籍の話が回ってきたのか。ミニコミじゃないんである。

きっかけをくれたのは、これもまた旅であった。エジプトで出会った同年輩の男が、いつの間にやら編集プロダクションに潜りこんでいたのである。すっかり更正し旅からアシを洗った彼のところに、現役で旅をしているやつは誰かいないかという話が巡ってきたというわけだ。

僕は大いに乗った。

ヒマだったこともあり、異常な熱意を込めて企画案を練った。具体的なページ構成案、出版用語でいうところの台割まできっちりとまとめ上げ、提出した。すると、なんと酔狂なことか、僕がその本の執筆の大半を任されることになったのである。

『バックパッカーズ読本』の初版本。カバーはぜいたくなことに版画(1998年刊)

訝《いぶか》しんだ。そしてプレッシャーだった。しかしここで逃げてはフリーター生活から脱却することはできない。そういや小学校のとき作文コンテストで何度か賞をもらったな……なんて思いだしつつ、原稿の山と格闘した。

もちろん編集作業や進行、版元やデザイナーとのやりとりなどの実務は、専門のフリー編集者が行った。僕はえんえんと執筆だけに没頭した。フリーターに「ライ」がついたのかもしれない。ちょっと嬉しくなった。

「ムロハシ君、増刷だよ。速攻で重版かかった」

なんのことだかわからないが、興奮気味に話すフリー編集氏のうれしそうな顔からするに、きっといいことなのだろう……そんなことを思って受け流していたが、いまであれば僕も彼と一緒にガッツポーズを決めるに違いない。増刷、すなわち印税を追加でいただけるという話なのだから、書き手という生活者としてこれほど喜べる出来事もない。

僕のフリー「ライ」ターとしてのデビュー作である『バックパッカーズ読本』は、内容が良かったのか時代に合ったのか営業が巧かったのか、けっこう売れたのだ。どれほど売れたかといえば、それから20年数後のいまも存続しており、たびたびリニューアルを重ねているくらい、である。

実感はなかった。が、書く仕事が舞い込んでくるようになったのだ。旅行関係をはじめとして、実話誌、エロ本、漫画の原作、ようやく出はじめてきたケータイのコンテンツ……それに『バックパッカーズ読本』の姉妹版のようなシリーズもいくつか続き、僕は流れのままに書き連ねていった。

カオサンで出会ったGダイ創刊号

そんな日々のなかで、出版稼業に携わる人々と知り合う機会も増えていく。そのひとりが、旅行作家の下川裕治さんだった。『12万円で世界を歩く』でデビューした下川さんは、見た目ヒゲボーボーの汚いおじさんなのだが、バックパッカー関連の紀行に関しては日本を代表する書き手だった。下川さんが編集長を務めていた「格安航空券ガイド」でも何度かお世話になり、なんとなく僕も「旅のことを書く人」と認識されるようになっていった。

「だから旅は仕事なのである……」

そう言って、まだまだ食えない小僧のくせに年に数度はアジアを旅した。拠点となるのは在住日本人が多く、人気の観光地なので書くネタにもなりやすいタイである。

その日も僕は、バンコク西部の安宿街カオサン通りのボロ宿に泊まって、地図製作に精を出していた。日本人バックパッカーにも人気の街である。評判の宿、安くてうまい食堂、安心できる旅行会社、日本語の古本を売っている本屋、不用になった旅行用品を買い取ってくれる業者、日本人経営で日本人旅行者ばかり集まってくる日本人宿……そんな情報をポインティングし、カオサンマップをつくるという仕事も、今回の目的のひとつだった。

40度近い暑さのなか、サンダル短パン頭にタオル、当時ナウいとされていたバックパッカー・ファッションに身を包み、カオサンの各所をチェックしていると……おや。

たしか旅行会社の軒先だったと思う。何冊か束になって、日本語の雑誌が置かれていたのだ。タイトルにはでかでかと「Gダイアリー」とある。どこかのバーかレストランか、派手な店内の写真がバック。表紙に羅列されている記事の内容は「カンボジア7月騒動のあと」「ミャンマー珍道中・初体験ドタバタ騒動記」「ニューハーフアイドル山崎つかさのバンコク日記」……。

「なんじゃこりゃ⁉」

ぱらぱらめくってみると、バンコク都心部の地図が現れた。ほう、僕と同じようなものをつくっているのか。奇遇だな。

が、そこにポインティングされているのはバックパッカーが立ち寄る物件ではなかった。ソープランド、日本人カラオケ、エロ按摩……すべてエロ施設なのである。カオサンなんぞ地図の端にも入っていない。

「タイの夜を知り尽くせ――ジェントルマンズ・マップ」

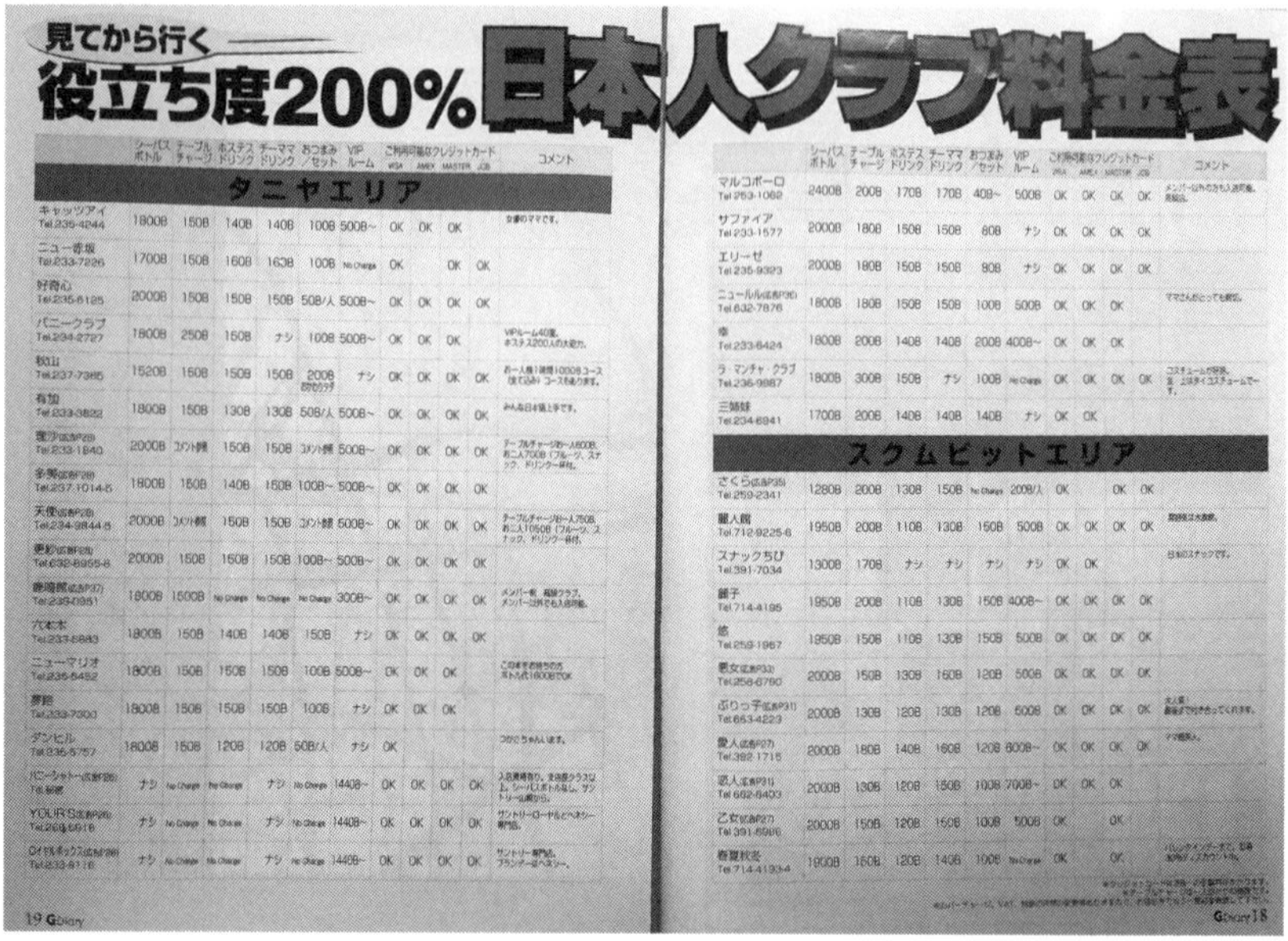

見てから行く
役立ち度200% 日本人クラブ料金表

	シーバスボトル	テーブルチャージ	ホステスドリンク	チーママドリンク	おつまみ/セット	VIPルーム	ご利用可能なクレジットカード VISA	AMEX	MASTER	JCB	コメント
タニヤエリア											
キャッツアイ Tel.235-4244	1800B	150B	140B	140B	100B	500B~	OK	OK	OK		女優のママです。
ニュー赤坂 Tel.233-7226	1700B	150B	160B	160B	100B	No Charge	OK		OK	OK	
好奇心 Tel.235-6125	2000B	150B	150B	150B	50B/人	500B~	OK	OK	OK	OK	
バニークラブ Tel.234-2727	1800B	250B	150B	ナシ	100B	500B~	OK	OK	OK		VIPルーム40室。ホステス200人の大迫力。
秋山 Tel.237-7385	1520B	150B	150B	150B	200B [illegible]	ナシ	OK	OK	OK	OK	[illegible]
有加 Tel.233-3822	1800B	150B	130B	130B	50B/人	500B~	OK	OK	OK	OK	みんな日本語上手です。
理沙（広告P28） Tel.233-1840	2000B	コメント参照	150B	150B	コメント参照	500B~	OK	OK	OK	OK	テーブルチャージお一人600B、お二人700B（フルーツ、スナック、ドリンク一杯付）
多聞（広告P28） Tel.237-1014-5	1800B	150B	140B	150B	100B~	500B~	OK	OK	OK	OK	
天使（広告P28） Tel.234-9844-5	2000B	コメント参照	150B	150B	コメント参照	500B~	OK	OK	OK	OK	テーブルチャージお一人750B、お二人1050B（フルーツ、スナック、ドリンク一杯付）
夢彩（広告P28） Tel.632-8955-6	2000B	150B	150B	150B	100B~	500B~	OK	OK	OK	OK	
鹿鳴館（広告P37） Tel.233-0951	1800B	1500B	No Charge	No Charge	No Charge	300B~	OK	OK	OK	OK	メンバー制、高級クラブ。メンバー以外でも入店可能。
六本木 Tel.233-6883	1800B	150B	140B	140B	150B	ナシ	OK	OK	OK	OK	
ニューマリオ Tel.236-5452	1800B	150B	150B	150B	100B	500B~	OK	OK	OK		[illegible]
[illegible] Tel.233-7300	1800B	150B	150B	150B	100B	ナシ	OK	OK	OK		
ダンヒル Tel.236-5757	1800B	150B	120B	120B	50B/人	ナシ	OK				[illegible]
バニーシャトー（広告P26） Tel.秘密	ナシ	No Charge	No Charge	ナシ	No Charge	1440B~	OK	OK	OK	OK	[illegible]
YOUR'S（広告P26） Tel.260-5916	ナシ	No Charge	No Charge	ナシ	No Charge	1440B~	OK	OK	OK	OK	サントリーローヤルとヘネシー専門店。
ロイヤルボックス（広告P26） Tel.233-8118	ナシ	No Charge	No Charge	ナシ	No Charge	1440B~	OK	OK	OK	OK	サントリー専門店。ブランデーはヘネシー。
マルコポーロ Tel.253-1082	2400B	200B	170B	170B	40B~	500B	OK	OK	OK	OK	[illegible]
サファイア Tel.233-1577	2000B	180B	150B	150B	80B	ナシ	OK	OK	OK	OK	
エリーゼ Tel.235-9323	2000B	180B	150B	150B	80B	ナシ	OK	OK	OK	OK	
ニュールル（広告P36） Tel.632-7876	1800B	180B	150B	150B	100B	500B	OK	OK	OK		ママさんがとっても親切。
幸 Tel.233-6424	1800B	200B	140B	140B	200B	400B~	OK	OK	OK		
ラ・マンチャ・クラブ Tel.236-9987	1800B	300B	150B	ナシ	100B	No Charge	OK	OK	OK	OK	[illegible]
三姉妹 Tel.234-6941	1700B	200B	140B	140B	140B	ナシ	OK	OK			
スクムビットエリア											
さくら（広告P35） Tel.259-2341	1280B	200B	130B	150B	No Charge	200B/人	OK		OK	OK	
麗人館 Tel.712-9225-6	1950B	200B	110B	130B	150B	500B	OK	OK	OK	OK	[illegible]
スナックちび Tel.391-7034	1300B	170B	ナシ	ナシ	ナシ	ナシ	OK	OK			日本のスナックです。
[illegible] Tel.714-4195	1950B	200B	110B	130B	150B	400B~	OK	OK	OK	OK	
悠 Tel.259-1967	1950B	150B	110B	130B	150B	500B	OK	OK	OK	OK	
[illegible]（広告P33） Tel.258-6790	2000B	150B	130B	160B	120B	500B	OK	OK	OK	OK	
ぶりっ子（広告P31） Tel.663-4223	2000B	130B	120B	130B	120B	500B	OK	OK	OK	OK	[illegible]
愛人（広告P27） Tel.392-1715	2000B	180B	140B	160B	120B	600B~	OK	OK	OK	OK	[illegible]
恋人（広告P31） Tel.662-6403	2000B	130B	120B	150B	100B	700B~	OK	OK	OK		
乙女（広告P27） Tel.391-5986	2000B	150B	120B	150B	100B	500B	OK		OK		
春夏秋冬 Tel.714-4193-4	1900B	160B	120B	140B	100B	No Charge	OK		OK		[illegible]

19 Gdiary　Gdiary 18

創刊号の「日本人クラブ料金表」。海外での夜遊びをマニュアル化した画期的なページだった

さらにページをめくれば、「日本人クラブ料金表」が掲載されている。各店ごとに、ボトルがいくら、ママさんドリンクがいくら、テーブルチャージがいくら、などと細かく値段が記されている。僕がつくっている地図とはまったく性質の違う、ズバリ買春マップなのであった。

けしからん……思わずマユをひそめたが、硬派そうな記事やら、楽しげな旅行記なども また同居しているのである。気になった。そもそもなぜ、日本語の雑誌がバンコクで売っているのか。それにこのごちゃごちゃな内容はなんなのか。風俗誌なのか旅行雑誌なのか。アジアのあやしげな路地裏をのぞき見ているようなわくわくを感じた。

料金を見ればたったの50バーツ、当時のレートで150円くらいだろうか。買ってしまった。

これが「ジェントルマンズ・ダイアリー」

略してGダイアリー・紳士の日記、その創刊号との出会いだった。1999年1月、ノストラダムスの予言が成就するかどうかで、世間は沸いていた。

どうしてもGダイに書きたい！

それからはタイに取材に行くたびにGダイを買い求めた。なにせ日本では売っていないのだ。どうも在タイ日本人社会に向けて発信している雑誌らしい。あの頃はネット通販も発達していなければ、ヤフオクだってまだなかったと思う。Gダイを読みたければタイに行くしかない。

幸いタイは、いまも昔もアジアのハブである。例えばインドや中東に取材に行くとき、マレーシアやインドネシアに向かうとき、たいていバンコクを経由した。直行便で行くより安い経由便もよく出回っていたからだ。そうでなくとも機会があればとりあえずバンコクに寄っておく、というのはもはや習慣のようになっていたのだ。バックパッカーのみならず、アジアを旅する上での情報はカオサンに行けば知ることができたし、それは仕事に直結した。2000年代初頭、かのレオナルド・ディカプリオ主演の映画『ザ・ビーチ』はカオサンやタイ南部の島々を舞台にして大ヒットしたが、その影響もあってタイはどこに行っても日本人旅行者が多く、また書く媒体も数は少ないけれどいくつかあった。もともと趣味としてはインドや中近東あたりを旅することを習性としていた僕だが、いつのまにやらパスポートにはタイのハンコが増えていく。

そうしてタイを訪れるついでに、Gダイも買っていく。バンコク中心部の日系書店に行けば、バックナンバーだって手に入るのだ。それでも目的の号が見つからなければ、日本人経営の古本屋に出向いた。この頃すでに3万人近い日本人が暮らしていたタイには、日本語書籍を扱う店がいくつもあったのだ。

そうやって苦労して「わざわざタイに行かなければ買えない雑誌」なんである。それが端から集めたいというコレクター魂を呼び起こしたが、なにより内容にそそられた。

リゾート地プーケットにGダイスタッフが遊びに行って、カレーをつくって食って帰ってくるというだけの記事。やはりスタッフがインドシナ半島各地を旅しながら、カンボジア・プノンペンで集合しようという記事。バンコク郊外の釣堀に行って、Gスタと下川さんが釣り対決をするという記事。大人の遠足、といえば聞こえはいいが、読者不在、スタッフだけが勝手に楽しむ様子をそのまんま誌面に載っけてしまうようなスタイルは一種、暴力的ですらあった。でも、熱気にあふれていたのだ。僕も行ってみたい、同行したい。そう思わせてくれた。そして節々に、旅する現地の様子が活写され、生き生きとした写真が踊り、タイを、アジアを知る一端になった。とにかく元気だった。誌面からパワーが漲《みなぎ》っていたんである。

そして、こんな記事を見ながら常に思っていたものだ。

「こいつら、タイで働いて、暮らしてんだよな。編集者とかデザイナーとか営業として、雑誌をつくってバンコクで自活してる。こんなへらへらと。海外で仕事するって、そんなカンタンなのかよ……」

堂々の顔出しだから、不法就労というわけでもないだろう。そしてその汚いツラ構えは、とてもセレブな海外生活者とは思えない。いくら途上国のタイとはいえ、暮らしている日本人は企業の駐在員や外交関係者が中心だろうし、いったい何者なんだろうか……。

それに「名物」といわれるライターのなかには、添えられたプロフィールを見ればバンコク在住者も多い。「ニューハーフアイドル・山崎つかさ」はどうやってタイでメシを食っているのだろう。フリーのコラムニスト、とかいうやつもいる。そんなんでビザが取れるのだろうか。こんなウサン臭い連中が腰を落ち着けて生活しているタイとは、どんな国なのだろうか。

何度も訪れ、旅し、取材したタイに、改めて興味を持った。「旅先」ではなく「働く場」として海外を、タイを意識しだしたのは、緊張感なくアジア暮らしを楽しむ日本人のだらしない顔をGダイで見てからだと思う。こんな人々でも海外でやっていけるなら、僕だっていいんじゃないか?

もちろん誌面を賑わせていたのは、こんなスタッフや名物ライターだけではない。

Gダイのお家芸、最大の得意技《フェイバリット》は風俗ネタである。性なる都としても知られるバンコクにアジトを置く利点を活かし、卑猥な情報を発信しまくっていた。日本人駐在員の城タニヤ通りのカラオケではどこそこの店のどんな女がいいなんてニッチな話にはじまり、タイ人だって敬遠する場末の置屋に突撃し、いったい誰に需要があるのかエロ按摩屋のババアと対戦してその実感をルポする。ときには当時まだ、やや危険もある歓楽街として知られていたタニヤ通りの1本西側、パッポン通りの暴力バーに潜入してみたり、カラオケ嬢の本心を聞き明かすインタビューを敢行したり、とにかく体当たりだった。単に「行ってきました、一発ヤッてきました」だけではない。「風俗解放戦線」という連載を見れば、娼婦の体温が伝わってきそうな距離感の写真が載せられていた。そして彼女たちがふだんの暮らしを語り、グチをこぼす。実際に置屋の一室にいるような気さえした。やや偏った角度ではある

右／ボッタクリバーへの潜入ルポを掲載した第4号（1999年7-8月号）
左／プーケットを特集した第7号（2000年1-2月号）

が、タイという国、タイ人という人々を間近に感じた。エロ記事ひとつひとつも、タイのしっとりとした空気感をまとっており、また突破力に満ちていたのだ。

号を重ねるにつれ「最強マップ」には少しずつ情報が増えていった。それを見て「お、こんなとこにソープがオープンしたんだ」「この小さいカラオケ屋が密集しているとこ、どうなってんだろう」なんて、風俗にたいして興味がない僕も引きこまれるほどの詳しさだった。こうした物件をひとつひとつチェックして歩いて修正しているご苦労なやつがタイにいる……自分がその立場になるとは夢にも思わず、感心するやら呆れるやらで、毎号細かく変化する地図を眺めた。

やがてGダイはバンコクのみならずタイ全土、さらに周辺国の赤線地帯にまで踏み込んでいく。単なる風俗雑誌ではなく、エロを媒介にした旅行雑誌、冒険雑誌のようだと僕には映った。

「アジアであればなんでもよい」

風俗だけでなく、ハードなルポもある。タイ北部山岳地帯の少数民族の村を訪ね歩く。中国の古戦場を巡る。ネパールの政変を取材する。独立したばかりの東ティモールに潜入する。

「これ、なんでGダイなんてマイナー誌に掲載しているんだろう。もっと有名な雑誌に持っていったほうがいいんじゃないだろうか……」

不思議だった。

しかしこういうネタを実際にメジャー雑誌に持ち込んでみても、あまり興味を持ってもらえないのが現実であることを、僕もこの商売を続けていくうちに知ることになる。アジアというだけですでにマイナーでニッチな世界、読者の反応は薄く、そもそも編集者が興味を持ってくれない。健全な旅モノや女子向けグルメモノならそこそこ受けるし、企画も通りやすいのだけど、現地のハードボイルドなルポルタージュはてんで需要がない。カンボジアの政変がどうとか言ったって、日本人は誰も読まないんである。

「で、コレ日本とどう関係があるんですかね」

「日本と絡めないと読まれないんですよ」

大手週刊誌や月刊誌の編集者にはそんなことを言われてしまい、国際情勢を扱う数少ない雑誌が話を聞いてくれる程度。アジアを主戦場とする書き手、撮り手たちは、自らのたぎる情熱を発表する媒体に飢えていたのであった。

そこに登場したGダイは格好の舞台であった。エロであろうとテロであろうと「アジアであればなんでもよい」という編集スタイル。下川さんのような有名どころから無名の書き手まで「面白ければ誰でも載せる」「一芸があればヨシ」という感じで、無秩序に掲載されていたのだ。それも誌面を見るに、とくに大きく編集されている気配もなく、誰もが好き勝手に書いている。品位ゼロのエロ記事やエロ広告はやや気になるが、記事を載せてくれるなら、やりたいことをばんばん表現させてくれるならと、梁山泊のごとくアジアの猛者たちが続々とGダイに集まってきたのである。

そんな面々が踊る誌面をワシ掴みにして、僕は唇を噛んだ。

書きたい……。

狂おしいほどにGダイに書きたかった。この書き手《レジェンド》たちの末席に加わりたかった。

ネタは山のようにある。年に3、4度はアジアを旅して回っている。いちおう『バックパッカーズ読本』という名刺もできた。しかしまだまだ駆け出し、懇意の媒体はわずかばかりで知り合いの編集者も少なく、話を持っていく先がなかった。SNSもなかった時代である。ちょこちょこと書く仕事はあったがそれだけで自立できるものではなく、その頃まだ上野にあったピンク映画館のバイトを続けながらのライター業、そんな状態から脱却するためにも、「書く場」がとにかく欲しかった。

そう煩悶していた20代半ばの僕にとって、タイを中心としたアジアを雑駁に扱い、掲載のハードルもきわめて低そうなGダイは、そのぶん原稿料も安そうではあったが天啓のような雑誌だったのだ。

ツテはひとつだ。

僕は下川さんにGダイ編集長スギヤマ氏の連絡先を教えてもらうと、その次のタイ取材の折りにタニヤ通りを訪れた。2001年だったと思う。

日本人向けのカラオケやら居酒屋がひしめき、通りにはいやらしい格好をしたお姉ちゃんが立ち並び、酔っ払った日本人のお父さんたちの腕を引く、罪深き買春の街のど真ん中。通りを睥睨するビル、タニヤ・プラザの中に、Gダイ編集部は居を構えていた。

茶色のスラックスに青のシャツ。これがスギヤマさんが常時まとっている戦闘服であると後から知るのだが、そのときもまったく同じ姿で出迎えてくれた。明るく、きれいなオフィスだった。

日本の出版社や編集プロダクションをいくつか見てきたが、あの書類と雑誌と書籍とタバコ山盛りの灰皿でぐちゃぐちゃになったカオス状態よりもよっぽどきれいだった。僕の出入りしている新宿某所のエロ本編集部は、水着姿のアイドルを使ったバックナンバーの表紙をずらりと壁に貼り付け、AVのカラ箱が散乱し、付属だか読プレだかのDVDのチェックをしているのか女の喘ぎ声がどこからか聞こえ、かたわらにピンクローターが転がっているような、空間そのものがセクハラ、女性ならそこにいるだけで妊娠しかねない、絵に描いたようなオフィスであったから、Gダイも同じようなものだと想像していたのだ。しかし猥雑なタニヤ通りとは裏腹に、Gダイ編集部は清潔で静かで禁煙、観葉植物なんかも置かれちゃって、よほど洗練されていた。いちおう応接室まであって、スーツを着込んだタイ美人がコーヒーを出してくれたのを覚えている。

初対面となるGダイ編集長は、僕が緊張しつつたどたどしく自己紹介やら最近書いた記事のことやらを話すのを、腕を組んでじっと無言で聞いていた。しかめつらである。妙な圧があった。気難しい人なのだろうか。どうにも話が盛り上がらない。効きすぎた冷房のなかなのに、狼狽と不安のワキ汗がにじむ。

手土産としていくつか持ってきた企画を恐る恐る提出してはみたのだが、そのペラを見ながら編集長はたまに「ええ、ええ」「まあ、そうですね」なんて相槌を打つだけだ。やはりGダイに書くにはまだ力不足か……。

もともと、きわめて営業力に欠けるタチである。あかん、と思ったら逃亡する悪癖は変わっていない。こりゃ書かせてもらえないなと落胆した僕は、ばたばたと編集部を後にした。

はあ……帰国してまた売り込みかあ。

煤煙臭いタニヤ通りの屋台で、当時1杯20バーツ（約60円）だったクイッティオ（米麺）をすすり、カオサン通りの定宿に敗走するのであった。

憧れのGダイデビュー

「だったらさあ、うちらの旅のこと記事にしちゃえばいいじゃん！」

そんなことを提案してきたのはM子であった。なにをトチ狂ったのかハタチの身空にして件の新宿某所にあるエロ本編集部でバイトをしていたM子は、出入りの外注業者であった僕にナゼか懐いてきたのである。その頃まだ合法だったマジックマッシュルームやら怪しげなリキッドやらにハマっていたM子に誘われるがまま、渋谷の掘っ立て小屋のような売店に出入りしてふたりでキメたりしているうちに、ずるずると付き合うようになっていた。

が、やはりというかなんというか、ものの見事にメンヘラであったのだ。仕事相手だというのに女から連絡があっただけで発狂して泣きながらグーで殴りかかってくるようなやつで、北海道の炭鉱跡の寒村を出て江戸川橋のゴミ屋敷でひとり暮らしていた。訪ねてみればスープの残ったままのカップ麺の残骸がそこらじゅうに放置され、ビールの空き缶が散乱し、脱ぎ捨てられたパンツにクモが這い、化粧品やらお菓子やらなんやらで床が見えない。これを「足の踏み場がない」というのか、と思った。僕もだらしない人間ではあるが、そのはるか上をいっていた。女の部屋とは思えない腐臭が漂う。

ニョロリと中身をぶちまけたまま横たわるマヨネーズを見て「ああ、この人もダメなやつなんだ……」と妙に親近感を覚えてしまったのがまずかった。両足でいわゆる「だいしゅきホールド」を決めながら瞳をうるませて中出しをせがむM子のペースに僕はひきずられ、あまり気乗りもしないのだが一緒にインド旅行に行こうという話になってしまっていたのだ。

なにせエロ本編集部でバイトしている女である。AV女優のポスターが張り巡らされたセクハラ空間を屁とも思わず職場とできるタイプだけあって、Gダイにも食いついてきた。

「こんなすげー雑誌あるんじゃん！」

すでに実話誌、サブカル誌の「実話GON！ ナックルズ」（ミリオン出版、当時）を毎号欠かさず買い、ふたりして仲良く耽読する間柄でもあった。Gダイは少しずつ日本での認知度を上げていくうちに「アジアのGON！」という異名で呼ばれるようになったほどで、マニアックなものを追い求め、面白ければなんでも載せるという方針、サブカルなテイストには共通するものがあった。だからM子はすぐGダイの熱心な読者ともなったのだ。しかしだんだん、

「おかしい。Gダイ面白いけど、ヒロを書かせてくれないなんて、そんなのおかしい」

とかブツブツ呟くようにもなってきたのだ。そしてアジアなんぞ一度も行ったこともなければ興味もなかったはずなのに、付き合う男の習性にべっとり染まりたがるのはメンヘラの性か、しきりに「こんどの取材、一緒に行くー」「連れてってー」とか連発するようになってきた。やがて「タイに行ってGダイ編集部にも遊びに行きたい」とか真顔で言うので、これはもしかしたら僕の原稿を載せろと編集長を脅迫しかねないと判断、行き先をインドに変えてM子を鎮め、出発のときを待ちつつ今日もマジックマッシュルームを食べてゴミ屋敷の中ふたりで夢の世界を散歩するのであった。

インドといったって、取材といったって、単に旅してバックパッカーがいそうな場所をうろつく程度の物見遊山である。それで下川さんの「格安航空券ガイド」やら、ほかの媒体になにか売り込むネタが見つかればなあ……という程度で、アテもなにもない。誰が取材費を出してくれるわけでもない。いくつか、どこかに記事を書かせてもらったところで採算は取れなかろう。そもそもが仕事が少なくヒマであるからインドくんだりまでぶらつくことができるわけで、こんなことしてていいんだろうかという不安や焦りを抱えつつ、それでも現実から逃げるように亜大陸を目指すのだった。

明日なき暮らしをしているのはM子も同様で、だからふたりで思いついたのはズバリ、ネット通販であった。「誰でもネットの中に店が持てちゃう！」ようやくそんなビジネスがはじまったeコマースの黎明期、僕たちは「せっかくインドに行くんだから、向こうでかわゆい雑貨をたくさん買いこんできて、それをネットで売ってはどうか」と話し合った。うまくすれば、ちっとも儲からず先の見えないライターなんて仕事をしなくてもいい。M子は「じゃあ、あたしがサイトの管理するー」とノリノリだ。

「インド買い出し紀行」第33号（2002年8月号）。この号から僕はGダイに関わりはじめた

そしてどうせなら、その買い出し記録を、雑貨の仕入れ値やら交渉の実態まで、詳しく原稿にしてはどうか。インドといえばボッタクリとの戦い、商人との交渉バトルが旅のキモではないか。そんなM子の提案を受けてスギヤマさんにビビリながらメールをしてみたところ、

「それはいいですね！　ぜひ書いてくださいー！」

と、あのときの圧迫面接のごとき時間はなんだったのかというくらい陽気な返信が速攻で送られてきたのであった。ようし、どうにか書かせてもらえそうだ。

こうして僕は、とうとう「憧れ」であったGダイアリーにはじめての足跡を印した。「インド買い出し紀行」を第33号（2002年8月号）の、それも栄えある巻頭ページに掲載していただき、Gダイデビューを果たしたのである。

原稿料は確か、8万円だったか10万円だったか。悪くないと思った。僕がふだん書いている雑誌のなかには、もっと安いところがいくつもあった。

日本へ逆輸入、念願の雑誌コード取得

そもそも、だ。なぜGダイアリーなんて雑誌が世に現れたのか。

背景には、タイに進出する日系企業の急増があった。円高の進んだ90年代後半、その動きは加速した。日本の会社が増え、日本人のサラリーマンがタイに増える。すると当然、和食の店や居酒屋やラーメン屋、そして日本人向けのエッチなお店も増えるのだ。競争は激しかったという。どこも客の奪い合いにしのぎを削り、そして広告を出す媒体を求めていた。

そんな飲食店や風俗店の声が、「バンコク週報」にも届くのだ。なにせネットがいまほど影響力を持っておらず、SNSもない時代だ。タイの日本人社会で広く読まれていたバン週の広告効果は高かった。とはいえ、バン週は日系製造業を中心とした進出企業に寄り添うカタギ新聞である。いやらしいお店の広告を載せるわけにはいかない。それならいっそ、新しい媒体を立ち上げてはどうか……これがGダイアリーのスタート地点だった。まず広告という大きな需要があったのだ。最強マップも広告主への配慮から制作がはじまったものだ。社長はそこに一発賭け、新会社までつくってGダイの受け皿とした。

だから99年の創刊当時は、編集経験のない営業スタッフだけで、まさに手作りで誌面をつくっていた。その荒っぽさと、面白いと思ったらなんでもかんでも詰め込んでしまうハチャメチャな姿勢がウケた。しかし、やはりプロの経験は必要であろうと、バン週に入社したてのスギヤマさんが創刊の数号目から編集長として抜擢されたのだ。スギヤマさんは記者としてバン週で働くためにタイに来たのだが、日本で長年、編集者として働いていたからだった。

そして創刊から2年ほどが経ったころ。いつの間にか隔月から月刊となり（第12号・2000年11月号から）、さらには日本への「逆輸入」もはじまった。大型書店限定だったが、日本でも買えるようになったのだ。アジアの暴れん坊が日本の雑誌業界に乱入したのである。とりわけナックルズなど、実話誌界隈の人々は本当によく読んでいた。風俗マニア、旅マニアだけでなく、日本の雑誌関係者からも注目される存在に成長していたのだ。

しかし、その過程はイバラの道であったことを後に編集長や下川さんから聞かされる。

タイでの好調な売上げを見て「こいつぁ日本でもいける」と判断したGダイ営業陣とスギヤマさんは、日本へと凱旋を果たした。故郷にGの旗を立てるべく、雑誌流通のドン・取次大手トーハンと日販の門を叩くのであった。しかし雑誌なんて3号もてばいいほうなんて言われ、どんどん売れなくなっている時代。とくに中小への目は厳しいところに、アジアからの殴りこみであった。発行元が得体の知れないタイの会社である。内容はきわめて乱雑にして卑猥である。取次はシブい顔をするのであった。

さらに、日本で雑誌として流通、販売するためのＩＤとでもいうべき、雑誌コードもまた下りない。雑誌コードは日本雑誌協会や日本出版取次協会が管理するもので、大手出版社ならすぐに発行されるといわれる。が、タイから上陸してきた変な雑誌なんて、そんないつ潰れたっておかしくないもんにコード出してどうなるよ……と却下されてしまうのだ。

そこで日本での流通に手を貸したのが下川御大であった。下川さんは単に旅行作家というだけでなく、「格安航空券ガイド」の編集長も務め、また現在もヒットしているガイドブック『歩くバンコク』など「歩くシリーズ」の生みの親でもある。出版流通にも詳しく顔が広い。ただ「書く人」というわけではないのだ。悩むGスタッフに「歩くシリーズ」の流通窓口となっている取次中堅・日本地図共販とその子会社・キョーハンブックスを紹介したのである。

キョーハンの社長・山田氏は変わり者であったのかもしれない。Gダイのカオスな誌面を見て、気に入ってしまったのだという。また、雑誌が売れない時代にあって、ナックルズであるとか、(一緒にしたら失礼なのだが)「噂の真相」など実話系のものはまだいくらか元気で、同じような臭いを持つGダイも、コレもしかしたらいけるかも、と判断したのかもしれない。

そこでまずキョーハンとGスタは、雑誌コードが取れないならと書籍コードを取得したのであった。これでとりあえずは日本で流通させることができる。平たく言えば、バーコードが取得できるのだ。

しかし雑誌コードを持つ商品であるなら支払いサイトは月単位と短く、入金も早いのだが、書籍コードではそうもいかない。書店からキョーハン、そしてGダイ本部へと売上が流れるまでには時間がかかる。だがGダイを日本で回していくには、まずは現金が必要なのであった。というのも、Gダイは日本での販売にあたって、新しく日本側の印刷会社とも取り引きをはじめていた。編集・制作はタイで行っているし、タイ販売分はタイの印刷会社で刷っている。だが日本販売分は日本の印刷会社に入稿データを送り、日本で刷るのだ。タイで刷って日本に輸送するよりもそのほうが安い。この日本側の印刷会社への支払いがあった。Gダイは月刊誌であるから、印刷代も毎月支払う必要がある。当面の資金が必要なのだ。

キョーハンの山田氏はこの問題を前に、売上をGダイ側に前払いするという温情案を取った。自分の会社に入金される前に、先に売上げを回してくれたのである。

加えてキョーハンの営業部隊が大手書店を回った。書籍コードのままでは雑誌コーナーに置かれないのだ。人文書などと一緒に陳列されても、本来届けたい読者が手に取ってくれない。そして雑誌と認知されても、Gダイのお下劣な誌面を見た書店員が、顔をしかめてエロ本ゾーンに並べてしまうこともしばしばで、そのあたりの啓蒙も含めて営業を重ねていった。旅行関連コーナーに置くように働きかけるのだ。

日本側での窓口は「歩くシリーズ」の版元でもあるメディアポルタが担うこととなる。日本側の販売体制は少しずつ整えられていった。

こうして僕が駆け出しのライターとしてもがいていたころ、Gダイの持つ異様な熱とアジアの生温い空気とが、日本にも流れだしていった。売れはじめたのである。

正直、複雑であった。「僕だけの知る」Gダイであったはずが、アジアにあまり縁のなかった人にまで読まれるようになっていく。あの紀伊國屋書店にGダイが並んでいるのである。天下の八重洲ブックセンターに平積みされているのだ。日本のメジャー書店でタイのセクシーなお姉ちゃんが微笑む表紙を見て嬉し恥ずかし、自らの性癖を世に露出しているような妙な気分になったが、Gダイが「独り立ち」してしまった寂しさの反面、やはり誇らしかったのだ。創刊号からこっそり見守り続け買い続け、読者からやがて書き手となったGダイが故郷に錦を飾り出世したのである。

売れると見たら人が集まってくるのは世間の常、トーハンと日販もGダイを扱うようになり、一気に知名度は上がっていく。タイが日系製造業、とりわけ自動車関連産業の一大拠点として発展し「東洋のデトロイト」と呼ばれるまでになっていたことも影響していた。タイと行き来する日本人が急増していたのだ。旅からグルメ、風俗まで、ときには政治・経済まで、タイネタを中心に据えたGダイは出張や駐在のビジネスマンにも大いに受けた。とりわけよく売れたのは成田空港の書店であった。

この頃、Gダイは日本側だけでおよそ7000部を売り上げている。雑誌不況の時代にあって、大手出版社から出ているものでもなく、徒手空拳でつくりあげたような雑誌で、しかも外国からの逆輸入されたものとしては、異例の好成績だった。とりわけ雑誌関係者がよく買い、企画の参考にしたりパクったりしたのだという。マンネリ感に悩んだ編集者がネタ探しに購入する雑誌ともいわれるほどGダイの誌面は良くも悪くも乱雑な情報に満ち、アジアの屋台街のようなごちゃごちゃな熱気があったのだ。編集部が神保町でも飯田橋でもなくバンコクに置かれているというのも興味を煽った。2000年代初頭、Gダイは日本の雑誌業界のなかで明らかに頭角を現していたのだ。

僕はその余波のはしっこのほうで、おこぼれに預かっていた。

実話誌などで「あのGダイに書いてるんですか⁉」と言われ、仕事をもらうようになったのだ。そのつてで紹介してもらった、やはり憧れのナックルズでも、ときどきページをもらうようになる。Gダイとナックルズが目標という自らの意識の低さはどうかと思うのだが、いつも夢中になって読んでいた雑誌に、自分の名前がクレジットされている……そこには原稿料の安さを吹き飛ばす喜びがあった。

やがて2004年1月、Gダイは念願の雑誌コードを取得する。これで「一人前の」雑誌として日本でも認められたというわけだ。

僕も実名だったりペンネームを使ったりと、たびたびGダイに書かせてもらうようになっていた。アジアに取材に行くたびにG用のネタも掘り、バンコクに寄ると必ずスギヤマさんと飲んだ。うちとけてみればスギヤマさんも決して人づきあいのうまい人ではなく、僕ほどではないがコミュ障なところがあった。それに酒を飲むまでは口数は少なく表情豊かなタイプではないので、初対面では厳つい印象を与えてしまう。そのぶんメールでは饒舌だし、なにより優しく親身だった。なんとなくそんなことがわかってくると、安心して原稿や相談ごとを持ち込めるようになった。

「週刊文春」への転進、そして逃亡

生活は少しずつ安定するようになった。Gダイや実話誌のほか、けっこう有名なガイドブックからの仕事もでき、ピンク映画館のバイトは週1回になった。しかしM子はそんな僕を見て、逆に精神不安定になっていった。いまから思えば僕が「どうしようもなく稼げないライターもどきであったからこそ」自分がそばにいなければ、と考えたのかもしれない。存在意義を見失ったのだろうか。

そんなある夏のことである。

M子の雇い主でもあるS編集長から連絡があった。ときどき書かせてもらっていたのだが、もっと仕事の幅を広げたいので誰か他社の編集を紹介してほしいと、よく頼み込んでいた。

「ムロハシお前さあ、ブンシュン興味ある？」

「はい？　シューブン？」

「ブンシュンだよ、週刊文春。そこのデスクがさ、誰か若いのいないかって言ってんだけど」

よく意味がわからなかった。「週刊文春」といえば雑誌界のドン、大手も大手、超大手である。Gダイとナックルズで満足している僕からしてみればほとんど天上界、接点のない異次元の存在ですらあった。意識したこともなかった。週刊誌といえば『バックパッカーズ読本』と同じ版元から出ている、女・バクチ・ヤクザの総合誌「週刊大衆」に、パキスタンの麻薬事情がどうの、マカオのソープがどうのといった記事を書かせてもらっていたくらい。

S氏はエロ本だがけっこう知名度のある媒体で編集長を務めるだけあって顔も広く、ときどきブンシュン関係者と飲んでいるのだという。

「はあ……」

実感がわかない。僕のような底辺ライターが天下の文春になにか役立てるとも思えない。それでも、記事のひとつでも書かせてもらえればラッキーかなあと思い、そのデスクに会うことにした。

昼下がりの会談であった。

僕は週刊文春グラビア班デスクを前に、混乱していた。なにかアジアもののネタでも使ってもらえるなら、といくつか用意した企画書にはあまり目を通さず、Kデスクは言う。

「Sさんから聞いてはいたけど、若いし、体力もあるよね。ずいぶんひとりで海外取材を重ねているようだし」

「え、ええ、そうすね」

通されたのは高級ホテルのロビーのごとき広大な応接の間であった。天井が高い。高そうなスーツを着た紳士や、どこぞのモデルか目を見張るような美人、いかにも業界然とした人々が談笑している。専門のウエイトレスまでいて、にこやかな笑顔でエロ本編集部の缶コーヒーとはもはや別種の飲み物のようなおいしいコーヒーをサーブするのである。応接室といえば、きしんだパイプ椅子の置かれたヤニ臭い汚い小部屋しか知らない僕は圧倒された。世界が違う。いますぐ逃げ出したかったのだが、Kデスクはそんな僕を見てまったく意味不明なことを言うのであった。

「あなた、ウチで働いてみない？」

ナゼだか、奈落に突き落とされたような気分だった。

「いちおう、そうそう潰れるような雑誌でも会社でもないし、それなりに経費を使ってやりたい取材もできる。アジア取材のチャンスもあると思う」

今度は浮き上がるような気持ちに包まれる。男の人生には3度のチャンスがある。さらなるステップアップのときなのだ。出版業界底辺の闇を手探りで進んできたような数年間に、やっと光が差すのである。

「お世話になります！」

僕はGダイのことなんか完全に忘れて、Kデスクに頭を下げた。

もちろん正社員ではない。派遣というか兵隊というか、基本給のような最低限生存できそうな額の支給があり、あとは記事をつくってナンボの歩合。そんな連中が、どの週刊誌にもたくさんいるようなのだ。

大手週刊誌を抱える出版社に入ってくるのは、一流大学を卒業した超エリートたちである。一方で週刊誌記者の半数くらいは、取材力を武器に各社を渡り歩く野武士のような連中であった。フリーの記者もたくさん出入りし、誰が誰だかわからない。周囲の人々に挨拶をするが誰もが忙しく、また人の出入りも激しいのだろう、「あ、どうも」程度で、みなそれぞれの仕事に戻っていく。身の危険もあって編集部には顔を出さない記者もいるようだ。そこらのソファーで死んだように寝ているカメラマン、チンピラのごときフリー記者、かと思えばときどきテレビで見た文化人やらジャーナリストも訪れる。カオスなのである。だから僕のような身元不明のザコでも、体力だけを見込まれて人員不足のタイミングで潜り込めたというわけだ。そんな人々が入り混じって、毎週毎週の締め切り日の夕方ともなれば、戦争のような喧騒となった。

僕はまったくの見知らぬ戦場に放りだされたのである。野武士どころか野良犬、いや、政治や芸能のスクープに結びつくような情報源ひとつ持っていないのだから、なんの役にも立たないミソッカスであった。

それでも机ひとつ与えられている罪悪感とプレッシャー。どうにかして貢献しなければ……。所属するのはグラビア班である。だからここではライターなんぞという肩書きは捨てる必要がある。1ページもしくは見開きでどかんと迫力のある写真を、いかにカメラマンに撮ってもらうか。また、そうやって大きな写真で表現するだけのネタを、どうやって集めてくるか。きっとそこが勝負なのだろうと、まったくの素人ながらに考える。

それだけを念頭に、日本全国を駆け回った。

事件、事故、政治家や芸能人のスキャンダル、災害、グラビアや紀行モノ、グルメまで、絵になりそうだと思ったら片っ端から飛びついて取材をし、原稿を書き連ねた。脚立の上で格闘しているカメラマンの仕草から求めているものを予想し、すかさず替えのレンズを差し出す。殺人事件の犯人と目されている男の部屋を見張ることのできる駐車場を借り上げて、スモークを張った車の中からカメラマンと交代で一週間も張り込んだ。北朝鮮からの漁船が大挙しているという漁港に出向いたこともある。見たこともないような壮絶におんぼろなカニ漁船であった。税関の到着も待たずに荷揚げしているところにバシバシとストロボを浴びせ、激怒した北の漁民にばかでかい犬をけしかけられたこともあった。地震が起きれば夜中だろうと飛び起きて、被害がひどそうなら速攻で出動した。戦争取材へと旅立ったカメラマンがイラクからインマルサット経由で写真を一枚一枚送ってくるのを待ち続けた夜もある。寝るときはNHKをつけっぱなしにして、ニュース速報のチャイムで自動的に目が覚める体質になった。汚職で逮捕された自民党の政治家を乗せた警察車両に正義のストロボを浴びせるべく、拘置所まで追いつ追われつ首都高バトルを繰り広げたりもした。誰もが知っている女優やアイドルにインタビューして舞い上がったこともある。

Kデスクの言葉通りに、アジア取材の機会もあったのだ。かのSARS（重症急性呼吸器症候群）がパンデミックを引き起こし、パニックとなった香港へと緊急取材をカマしたのである。香港といえば僕にとっては安宿が密集する暗黒ビル・重慶大厦が馴染みのねぐらであるのだが、そんなスラムのごとき物件はスルーして、宮殿と見紛う高級ホテルに泊まらせていただき、マスク姿で埋め尽くされた街を取材した。感染が拡大したマンションやら、重篤患者が入院している病院やらに、日本のメディアとしては（たぶん）はじめて潜入し、SARSの脅威を世に報じたのである。

帰国後、感染を疑う同僚からは「しばらく出社すんなよ」と冗談を言われたが、ほんの少しだけ記者としても認められるようになってきたとも感じた。

SARSのときは文春にナイショでGダイに署名記事を執筆（第46号より）

充実していたと思うのだ。報道の最前線にいるという喜びもあった。

それでも、だった。心身ともに参っていた。いつ何時、どんな事件や災害が起こるかわからない。なにかあればすかさず出動する臨戦態勢を取り続ける日々なのだ。休みはいちおう週に一日あったけれど、社会が動けば編集部は動き、僕も動くわけである。おちおち酒も飲んでいられない。取材先と編集部を行き来する毎日で、寝るのも会社の仮眠室か編集部の机ということが増えた。M子は壮絶なケンカと仲直りとを何度も繰り返した挙句にどこぞへと消えた。

それにグラビアの仕事はカメラマンの舞台だ。原稿は署名ではなかった。毎週毎週あの文春に原稿を書いているのに、クレジットの出ないくやしさがあったのだ。コミュ障だなんだといいながら、やはりこの世界でやっている以上は、自分を知ってほしかった。これが僕の仕事だと胸を張りたかった。

ＳＡＲＳのときはカメラマンの目を盗んで、深夜にこっそり香港のエッチなエリアに潜入し、果たしてこのパンデミック下において密室で人と触れ合う産業はいったいどうなっているのか……という疑問を晴らすべく取材を敢行し、Ｇダイに署名で売りつけた。せめてものウサ晴らしだった。

そんな日々が怒涛のように過ぎていった。

僕はある日の昼下がり、週一の企画会議を終えて解散したあと、Ｋデスクと対面していた。

「辞めさせてください」

僕はもうすぐ30歳です。実は、若いうちに一度は海外で暮らしたい、アジアで勝負したい。ずっとそう思ってきました。たまたま文春に拾われましたが、タイでやってみようと前から考えていたんです。いましかないんです……。

嘘だった。すべてデタラメだった。

僕はただ、逃げ出したのである。

大手週刊誌というプレッシャー、名のある記者たちとの力量のどうしようもない差、いつ呼び出しがあるかもしれないという緊張感、張り込みのきつさ……そういうものすべてに背を向けた。

おそらくＫデスクは僕のどこかを、体力以外のなにごとかを認めてくれて、引っ張り上げてくれたのだと思う。Ｓ編集長もこんな僕を見込んでＫデスクを紹介してくれたのだろう。そのふたりの期待や気持ちを裏切り、せっかく差し伸べられた蜘蛛の糸を自ら断ち切って、僕はまたフリーに戻った。

２度目の海外逃亡だった。

僕は懐かしい、そして慣れ親しんだカオサン通りに立っていた。１泊２００バーツ（約６００円）の安宿に荷物を解いた。東京・根津に借りていたアパートの家財道具はすべて処分していたから、全財産は45リットルのバックパックひとつに納まっていた。最低限の着替えと洗面道具、パソコン、仕事の資料や過去の原稿をしまったハードディスク。たったそれだけが自分の30年の人生の帰結のような気がした。

湿ったベットに突っ伏す。

10年近く前に、香港へ逃げたときの記憶が蘇る。あのときほどの解放感はなかった。追い詰められているのはわかっていた。なんといっても、すでに30歳なのだ。なにがフリーライターか、海外で記者として勝負するとか大ウソこいて逃亡してきた身である。文春を辞めると同時に、ほかの媒体での仕事からもほとんど手を引いて、まさに逃げてきたのだ。いきなりのニートなんである。収入もない。貯金もわずかだ。

これからどうすっべかなあ。

なにもかもわからないまま、タイ暮らしがはじまった。長期滞在ビザも持たず、パスポートひとつ。

そんな僕に残された、わずかな希望……バンコクにはGダイがある。タニヤの編集部に行けば、スギヤマさんがいる。そしてタイに住む何人かの知人の顔が思い浮かぶ。まず「先住民」たちを訪ねてみよう。

手さぐりのタイ暮らし

「ぬーん、そーん、さーむー、しー（1、2、3、4）」

息を切らして身体を左右にねじまわし、アップテンポの音楽に合わせて両腕で空を突く。

「はー、ほっく、じぇっ、ぺぇっ（5、6、7、8）」

運動不足の身に、エアロビはなかなかきつい。まわりのおばちゃんたちの素早い動作についていけず、ひざに手をつく。汗が滴り、醜く出た腹が揺れる。それでも、身体を動かすのは気持ちが良かった。少しだけ気分が晴れた。


カオサン通りの西、チャオプラヤー河に面した公園では、熱帯の日差しがいくらか和らぐ夕方6時からエアロビクスが行われている。タイもいつの頃からか健康増進にやたらと力を入れるようになり、お上がジョギングを奨励したり、屋台でも「うちは味の素を使ってません！」なんて店がもてはやされたり、ヘルシーだからと日本食が流行るようになっていた。でも日本食ったってタイ人はカツカレーとか豚骨ラーメンとか、そんな店でやたらに行列つくってるけど健康に良くないんじゃ……と突っ込みたくはあったが、おかげでバンコクは日本食には事欠かない街になってきていた。

そして健康ブームの一環として、タイ全土の公園などでエアロビも行われるようになっていたのだ。壇上で振りつけをするスレンダーなタイ美人の動きに合わせて、一生懸命に手足を動かしてみるのだが、これがなかなか難しい。そこへいくと、隣のアラハタさんは僕よりひどいビール腹のくせして、けっこう俊敏にリズムをとって、なんだか楽しそうだ。

だいたい1時間、たっぷり身体を動かすと、チャオプラヤーの流れに陽は沈み、カオサンはねっとりとした南国の夜気に包まれた。

「ほんじゃ今日もおつかれー」

僕はアラハタさんと生ビールのジョッキをぶつけあった。ふたりしてエアロビをしたあとは、彼の経営する安宿「カオサン・トラベラーズロッジ」に戻り、名物の格安ビールで喉を潤すのが日課のようになっていた。

アラハタさんは『バックパッカーズ読本』やその姉妹編のシリーズをつくるなかで知り合った旅行者である。やがて僕より早くタイに住みはじめ、カオサンでのゲストハウス経営に乗り出していた。社会のレールを外れたバックパッカーどもが妄想する「ゲストハウスのオーナー」という夢を、ズバリ実現させた男であった。根っからのビール好きで、自らが陣取るロビーのフロントデスクにサーバーを設置して、ジョッキ片手に館内を切り盛りする安宿のオヤジなのである。その安さと日本人経営という安心感からか、日本人バックパッカーで連日満室、ドミトリー（大部屋）も満ベッドという盛況ぶりであった。経営者も泊まり客もほとんど日本人という、いわゆる「日本人宿」である。

「でも、たいへんなんだよ。カオサンはどんどん地価が上がっててバンコクでもとくに家賃が高いんだから」

と愚痴る。それに安宿の宿命なのかもしれないが、旅行者にはどうしようもない底辺が混じっており、屋上でガンジャをキメるやつ、エアコンのないドミトリーに泊まっておきながらエアコンありのドミトリーに忍び込む貧民、売春婦を連れ込むGダイ読者、粘着的クレーマー……そんな連中の相手をするのはストレスのようだった。

僕はここに泊まっているわけではない。少し離れたランブトリー通りの安宿にいた。僕のような陰ウツなタイプは、日本人宿になじめないものなのである。ドミトリーで繰り広げられる「俺のほうがすげえ旅してる自慢」のマウント合戦に胃を痛めてしまう。ロビーでリア充どもが合コンさながらにはしゃいでいるのを見て腹を立ててしまう。本当は仲間に入れてほしいのだがそうと言い出せない自らの情けなさ、気の弱さをどうして海外に来てまで噛みしめなくてはならないのか。ひたすら机で突っ伏していただけの学校生活が思い出されてしまう日本人宿は苦手だった。ここにはあくまで友人を訪ねに来ているのである。

アラハタさんにはタイに来た理由を「日本での激務に疲れて」と言ったが、それはただの言い訳にすぎない。人生の大きなチャンスを自ら棒に振った敗残感にまみれ、鬱気味になっていた。ふたりでビールを飲みながらもそんな気配を察したのか、アラハタさんは、

「いいから身体を動かせ」

と、彼自身も習慣としていたエアロビに連れ出してくれたというわけだ。

しかし、酒を飲んでしまうとまた本音があふれた。

「でもさあ、この先なにをしたらいいか、このままタイにいていいのかとか、仕事どうしようとか……考えるほど重くなって」

酔ってきた僕はアラハタさんに絡んだ。毒を吐くように人生を呪う。

「だったら語学学校にでも行ってみれば？　ムロハシ君タイ語ちっともわからないでしょ。あと、い

つまでタイにいるのか知らないけど、しばらく暮らすならゲストハウスじゃなくて安いアパート借りたほうがいいよ」

確かにその通りであった。カオサンはあくまでバックパッカーの基地である。ここにいればカタコトの英語だけで用は足せるのだが、それではただの旅行者となにも変わらないではないか。KデスクやS編集長や、見送ってくれたわずかな友人たちに大見得を切った通りに、タイで暮らした証を立てたいと漠然ながら思ってはいた。しかしそれがどんな道であるのかわからないまま、もう数週間こうしてカオサンに沈んでいた。これではいけない。

うだうだしてないで、まずはちゃんと暮らしてみっかあ……。

Gダイに人生を狂わされた男

「安いマンションならいまはランナムでしょ」

渋滞の車から吐き出される排気ガスが薄く漂うペッブリー通り。木造のタイ家屋を改修した雑貨屋で、キタカタさんは言う。

「ゲンサイ（現地採用）とか、タイ語勉強しに来てるヒマ人とか、プーの人とかいっぱい住んでるよ。日本人もいるし、ファランも多いし」

だいたいどこも月5000バーツくらいから見つかるのではないかという。日本円で1万5000

円ほどだ。

「エアコンなしとかならもっと安いのあるけどね」

そこにコーラを運んできたのは、大きな黒目が印象的なタイ娘であった。かわゆい。うらやましいことにキタカタさんの彼女なのである。出身は確かイサーン（タイ東北部）のナコン・ラチャーシーマー県だ。

バンコクでは建設、飲食、それに風俗といった業界を支えているのはイサーンの出稼ぎ労働者だが、彼女もそんなひとりとしてスイーツの店スウェンセンズで働いていたのだという。ヒザ上のミニスカ制服がかわいいチェーン店だ。アメリカ発祥らしい。ＢＩＧ－Ｃやロータスなどの大型ショッピングモールには欠かせない店舗で、タイ人女子のたまり場になっている。キタカタさんは酒が飲めない体質で甘いものが好きだからか、あるいはミニスカ目あてか、スウェンセンズの某支店に足しげく通っていたのだという。タイ人女子高生や女子大生のなかに陣取る日本人の中年というのはさぞ異様だったと思うのだが、そこでウエイトレスとして働いていた彼女に惚れたキタカタさんは何度も何度もストーカーさながらに攻勢をかけたのだ。タイ語もそのために磨いたという。ついには見事コマしてつきあうようになり、いまではふたりして雑貨屋なんか経営しているのである。

キタカタさんは現地採用として日系人材会社でも働いている。加えて雑貨屋のオヤジでもあり、異国で二束のわらじを履いているのであった。なんだか自由で、いいなあと思わされた。

「でもつきあったらさあ、今度はこいつがストーカーだよ。ケータイは全部チェックされるし、仕事相手だってのに女の連絡先ぜんぶ消されるし」

一瞬、過去を思い出して背中が寒くなったが、別に彼女がメンヘラというわけではなくタイ人女性によくありがちな傾向なんであった。嫉妬深いのである。

「近いし、ちょっと行ってみようかランナム」

僕たちは手を振る彼女を残してタクシーに乗り込んだ。

キタカタさんは、日本では誰もが知る大手光学機器メーカーの正社員だった。僕と年が同じなので、氷河期世代の団塊ジュニアということになる。あの就職難を勝ち抜いて一流企業に入社したのだから、こんなトボけた顔して優秀なのだ。しかし、日本の企業風土に馴染めず、社蓄になり切れない「あぶれ者」はどんな場所にもどんな時代にもいるもので、このまま働き続けていいのだろうかという疑問を抱いてしまうのだ。

そこで気分転換に出かけた先が、タイというのがまずかった。Gダイに出会ってしまうのである。タイの夜に溺れた。明るく奔放な女たちに救われた。やがて休暇のたびにタイを訪れて最強マップを握り締め、遊び狂うようになってしまうのだ。Gダイは仕事に疲れ果てた日本男児を堕落に誘う禁断の書でもあった。

そうして渡タイを繰り返していれば、いやでも目につく同胞の姿。バンコクはどこに行っても日本人だらけなのである。それも2000年代に入ってからは、駐在員ではなく「現地採用」と呼ばれる人々が急増していた。タイで就職活動をして、現地にあるおもに日系企業で働く層だ。僕やキタカタさんと同じ、当時のアラサー世代が多かったのではないだろうか。

それだけ、タイに進出する日系企業がどんどん増加していたのだ。それも大企業ではなく、中小零細、個人までさまざまだった。製造業が中心だったが、目あてはタイの安い人件費だ。加えて経済成長しつつあったタイを巨大なマーケットと見越してやってくる企業も出てきていた。

中小企業では、自社の社員を何人もタイに駐在させるわけにはいかない。予算に限りがある。なにせタイ進出の目的は「人件費削減」とか「モノが売れない日本に見切りをつけて」なんである。消極的海外進出、といってもいい現象だった。そこでタイ現地で、コスパのいい人材を採用する動きが広まっていったのだ。日本人で、すでにタイに住んでおり、タイ語がそこそこできて、日本での社会経験もある……そんな人々を進出企業は求めたのだ。待遇は、日本からすれば安い。しかしローカルなタイ人よりはずっといい。タイで暮らすなら何不自由ないだろう。しかし日本じゃ「それバイト？」なんて言われてしまう額……初任給およそ5、6万バーツがその頃の相場だった。月15～18万円といったところだ。

考えてしまう値段だろう。しかし物価の安いタイでは、その程度の給料でもけっこういい暮らしができた。それになにより、日本で満員電車やパワハラやギスギスした人間関係や同調圧力に耐えるよりも、タイのくだけた、気楽で脱力した空気はストレスがない。そう感じる人々が、少しずつ「タイでのゲンサイ」を選びつつあったのだ。

そんな時代、日本脱出を目論む人々が集まるホームページがあった。僕もキタカタさんも、サイト内の掲示板の常連だった。週刊誌での過酷な労働に疲れると、僕はたまにこの掲示板をのぞいてグチを書き込んでいたのだ。

上野で挙行されたオフ会というか決起集会には、30人以上が集まった。参加者のうちかなりの部分が本当に日本脱出を果たしたわけだが、キタカタさんもそのひとりだった。僕とはそれ以来のつきあいだ。

訪ねてみればしっかり現地採用として働きつつ彼女をつくって店を持たせ、先々は独立してタイで起業したいのだという。ニートの僕とはもうなにもかも違うのであった。

「でも、とはいえね。場末の置屋とかさ、いいよね」

いくつかアパートを見て回りながらキタカタさんは言う。彼女がいるのになお、病的なマニアである。とくに裏町にひっそり佇む暗黒の置屋とか、地方都市の寂れてつぶれかけのお化け屋敷みたいな按摩屋とか、そういうシブい物件が好みなのだった。

「でもGダイはさあ、まだまだアマいんだよね。俺にぜんぜん追いついてきてない。もっとカンボジアのさ、元ポルポト派の村にある地雷原の中の置屋とか、そういう取材してよ。Gダイ知り合いでしょ、言っといて」

なんて勝手に憤慨している。彼もまたGダイを毎号、舐めるように読みつくしていた。自宅にGダイを持ち帰ると彼女に激怒されるので、会社にずらりとバックナンバーを並べているのだという。

「扉のあるロッカーだし、女子社員にはばれてないよ」

なんて得意そうだ。

変質者ではあるのだが面倒見の良い男で、だからこのタイでも営業マンとして活躍できるのだろう。キタカタさんは僕と一緒にランナムの安い物件を見て回り、通訳にもなってくれた。ケータイを買うのにもつきあってくれて、おすすめの語学学校も教えてもらい、言葉のわからない僕をまるで介護するように世話してくれたのだ。

そのおかげで僕は、部屋をひとつ借りることができた。ランナム通りから北のソイ（小道）を入った、小ぎれいなマンションだった。

タイでは物件を借りるときに不動産屋を介さないことも知った。とくにアポを入れることもなく街を歩いて良さげなマンションを見つけたら、飛び込みで管理室に行けばいい。部屋が空いていれば内見させてくれる。カンタンな英語は通じた。たいていのものが部屋に備えつけで、僕が契約したところも、エアコン、冷蔵庫、テレビ、ベッド、カーテンやソファー、電子レンジなどひと通りあり、気にいったのでその日から住みはじめた。月6000バーツ（約1万8000円）だった。礼金といったものはなく、デポジットとして3か月分の家賃を先に支払うと、鍵が手渡された。日本での引越しと比べるとあまりにシンプルだった。英語で書かれた簡素な契約書を確認し、サインする。パスポートの顔写真のページと、タイの入国スタンプのページをコピーする。それだけであっけなく住みかが手に入ったのだ。労働許可だとかビザがあるかなどはいっさい聞かれなかった。

マンションの前には毎日昼頃になると、自転車に小さなリヤカーをくりつけただけの簡素な屋台が現れた。スパイシーな香りに誘われる。小柄なおばちゃんがカセットコンロに小さな鍋を置いて、なにやら料理をつくっていた。

「ナムトック・マァイ？」

よくわからなかったが、頷く。手渡されたのはふたつのビニール袋。炒めた豚肉をミントやライムや唐辛子で味つけたサラダと、もち米だった。豚肉を食べてみると、さわやかに辛い。カオニャオというもち米によく合った。これでたったの20バーツ（約60円）だった。

「アローイ・マイ？」

そう言っておばちゃんは、にんまりと笑った。南国の花のようだと思った。かけられた言葉の意味は知らない。でも、しばらくここに腰を落ち着けてみようかなと思わせてくれたのだ。

在タイニート脱却、Gダイスタッフへ

「スギヤマさん、そういえばボクだいぶ前なんすけどね。毛じらみにかかったことがありまして。ペッブリーの風呂屋だと思うんですが」

ウワッハッハ！　と編集長はいつものように高らかに哄笑した。タニヤの居酒屋「魚むら」である。編集長行きつけで、いつも焼酎のボトルが入っていた。泥酔してくるとスギヤマさんは飲んだ酒の量など忘れるので、僕もひそかにこの居酒屋に通っては、ボトルを盗み飲みさせていただいていた。ちなみに風呂屋とはマッサージパーラー、日本でいうソープランドのことである。風俗にそう興味はないのだが、Gダイに関わるものとしてときおりの実地調査・定期観測は必要であった。パトロールに出向き「あやしい外観によらずエッチな娘が多い」とかなんとか最強マップにコメントを寄せることも、この頃はまた責務のひとつとなっていたのである。

「毛じらみって、ゴムとか関係ないじゃないですか。それで日本に戻ってきてから、当時つきあってた女、M子っていうんですけど」

「あ、あの誌面に顔出しした子。インドのとき」

「そうそう。あいつが『なんかマン毛にへんな虫がいるー』って涙目で騒ぐんですよ。僕のチン毛もよくよく見たらシラミまみれで。あ、こりゃやっちゃったなって」

「うつしたの！　ガハハハ！」

僕たちが何の話をしているのかわからない店のウエイトレスは、ニコニコと酒をつくっていた。

「ムロさん、パッソーム・アライ？（なにで割る？）」

「ナーム・マナオ（ライムの水割り）」

そのくらいのカンタンなタイ語はわかるようになっていた。ウエイトレスは遠慮なくどぼどぼと黒霧島をグラスに注ぎ、ライムを搾って乱暴にかき混ぜて差し出す。濃ゆい。顔をしかめるが、

「いっつも濃くしろって言うでしょ」

と、そっけなくほかのテーブルに去っていく。

「そういえばウチのライターも、性病に罹ったやつがいるんだよ。クラミジアらしいんだけど、アジシロマイシンとかいう薬のインド製のニセモノをヤワラー（中華街）で買ってきて、それ飲んでるうちに治ったって……あ、それだムロハシくん。性病特集やろう。そうだそれがいい」

唐突な話であった。性なる都バンコクにはびこる病を研究・解説せよ。タイ在住日本人男性100人にアンケートをとって感染の実態を明らかにすべし。在住日本人御用達の病院に行って泌尿器科の先生にインタビューしてこい（第67号・2005年6月号）。

汚職政治家や一家皆殺しを追っていた週刊誌時代とはずいぶん変わったターゲットだが、これもこれでけっこう面白そうだなと感じてしまうタチである。性根そのものがB級雑誌なのだ。酔った勢いでスギヤマさんと構成を練り、来月に入稿だと気勢を上げる。そのままカラオケスナック「スター21」になだれ込んで往年の懐メロを爆唱し、小腹が減った深夜2時にタニヤの裏道にある居酒屋「グラバー邸」で、最後のシメとばかりにトルコライス大盛りを食らいつつ、またボトルを開ける。成人

切実な病状を抱えた読者に好評だった。こちらはペンネームで執筆（第67号より）

病まっしぐらであった。

ちなみに毛じらみはM子と破局する原因のひとつともなった。ついでに在タイ日本人１００人一大アンケートでは性病経験者は実に38人に上った。駐在員から現地採用、底辺無職まで含めた平均値である。感染回数14回という猛者もいたから恐ろしい。

編集長命令とあって、日本人専用窓口も設置されているバンコク病院にも行ってみたのだ。日本の医学部で学び、日本の医師免許も持っているという超インテリのセンセイは、呆れながらも流暢な日本語で性感染症についてレクチャーしてくれたわけだが、こんな病院があるほどバンコクには日本人が増えていた。

ほかにも日本語窓口があったり、日本人スタッフや通訳、日本語のわかる医師や看護師のいる病院がいくつもあった。日本人向けの歯医者だとかレーシック医もいれば、漫画喫茶も雀荘も日本人ＤＪがナビするラジオも学習塾もサラ金まであった。日本式の洗髪台を備えた床屋すらある。スクンビット通りのフジスーパーに行けば、僕が東京・根津で行きつけだった赤札堂と変わらぬ品揃えで、年末になればおせちや鏡餅も並ぶ。

日本人社会の膨張に伴って、「日本人が日本人に向けて提供するサービス業」が急速に拡大していた。そこで働く現地採用者も増えていった。こうした会社もまた、Gダイやバンコク週報に広告を出すのである。そんな広告でページが増え、どんどんブ厚くなり、Gダイは絶好調だった。

こうしてタイという市場に新規参戦する日本人が激増していた2000年代中期。まずは社会に慣れるべく、誰もがたいてい言葉を学ぶ。だからタイ語学校もやたらに増えていた。日本人向けの学校もあったが、僕が選んだのは欧米人や香港人が多く、教え方が厳しいといわれるところだった。

「日本語、英語いっさい禁止。学校ではタイ語だけ。宿題も山盛り。きついけど、そのぶん伸びるよ」

おもにシモのタイ語の先生となってくれたキタカタさんの推薦であった。BTSと地下鉄が交差する交通の要衝アソークにあるタイ語学校に週5回、朝から昼過ぎまで通い、夜はスギヤマさんや、スギヤマさんが紹介してくれる人々と飲んだ。フリー紙の社長であるカワノさんや、某テレビ局のバンコク支局員、タイに取材に来たライターや編集者や漫画家、Gダイ関係者……。

住居を定め、言葉を学び、知り合いが増える。生活が少しずつ回りはじめていくのを感じていた。しかし酒量もまた増えていた。明日をも知れぬニートの不安。ありあまる時間。そこで手っ取り早く時を越える手段として、安酒に走ったのだ。毎日毎晩の酒浸りのなかで、これではいけない、早くどうにかしなくてはと思い続けていたときだった。

スギヤマさんが声をかけてきたのだ。

「ムロハシくん。タカハシくんが辞めちゃうんだけど、誰か編集者に心当たりない？」

スギヤマさんとタッグを組み、Gダイの歴史をつくってきた編集者が、ワケあって日本に帰国するのだという。いきなりそう聞かれても困った。Gダイの編集者というのは特殊な職種である。まず獰猛なライターどもを手なずける調教師のようなスキルが必要だ。加えてGダイはいまや日本でも流通しているのだから、日本の出版業界で編集者やライターとして働いた経験も求められる。そしてタイに住んでいるか、日本から移住してくる意思があり、そこそこタイ語がわかる人。当然、夜の世界にも詳しくなければならない。アジア全般についての幅広い知識も必須だろう。そんなレアな人間、世の中にいるんだろうか……。

タイでも日本でも募集をかけてはいるのだが、引っかかってくるのは単なる風俗マニアとか変質者とか、タイに住んでいるというだけの社会不適合者とか、書き手だったらいけるかもしれないが誌面を運営していくには少々厳しい人材ばかりなのだという。

日本で働いている編集者の顔が何人か思い浮かぶ。やれそうな人はいたが、国を越えてタイで働くというのは思い切った決断がいるだろう。家族がいればなおさらだ。反対に腰が軽そうなやつは、そのぶん頼りない。うーん……。

待てよ。誰かひとり、忘れていないか。

僕だよ。

考えてみれば僕だって、途中参加の外注ながらGダイに情熱をかけてきた自信はある。創刊号からずっとずっと応援してきたのだ。やがてライターとして書くようになり、Gダイがあったからこうしてタイに住むようにもなった。バックパッカー時代から通い詰め、取材を重ねてきたアジアだったら、人よりはだいぶ詳しいだろう。日本ではライターや記者と呼ばれていたが、編集者としての知識もいちおうはある。すでにGダイ関係者や広告主やライターたちとも知り合いだ。ついでにいえば風俗通というわけではないが、色街の醸す退廃した空気感は好きだった。タイ語も少しはわかるようになってきた。考えてみるほど我ながらビックリした。僕はまさしくGダイのためにキャリアを積んできたようなピンポイントの人材ではないか。

「スギヤマさん。僕じゃだめですか」

ほとんど愛の告白だった。僕は顔を赤らめて、目の前の巨漢に思いを打ち明けたのだ。

「ええっ！」

普段の落ち着きぶりはどこへやらというほど、スギヤマさんは狼狽した。

「ムロハシくんは人に雇われたりするのはもうイヤなのかと思ってたんだが。ずっとフリーでやっていくもんかと。意外だよ」

そういう気持ちもあった。しかし、Gダイに今度はスタッフとして入りたい。誌面をつくりたい。僕がタイに来た意味はそこにあるような気がした。

現実的なことを加えれば、タイでゲンサイとなって一定の収入を得て、ニートから脱出したかった。長期滞在用のビザと労働許可証をきちんと取得して、堂々と暮らしたい。まっとうな生活人として、この豊かな国で働きたい……。

タイに逃げてきて、およそ1年が経っていた。そろそろ潮時なのだ。いい年こいたモラトリアムは終わりにしよう。タイとちゃんと向き合うのだ。男の人生にチャンスは3度あるという。もういよいよあとがない。いくつもの幸運をふいにしてきたのだ。どう考えたってこれが最後だろう。僕はスギヤマさんに頭を下げた。

［第3章］

Gダイはエロ本か旅雑誌か

第77号（2006年4月号）の表紙

タダモノではない社長

晴れてGダイスタッフとなったわけだが、気になってしょうがないのは当の社長であった。新入社員としていちおう挨拶でもしとくべえかと、オフィスの最深部に設えられた社長室のドアを開けたときのことである。

「ウオップ!」

猛烈な香ばしい悪臭に思わず声が漏れる。目にしみる。薄く煙がたなびく。ガス室のごとき部屋であった。その奥、革張りの偉そうな椅子に鎮座する我らがボスは、全館禁煙のビル内にあって堂々と葉巻をふかしているのであった。

「ムロハシさん。スギヤマさんから聞いていますよ」

ダンディーにウインクするその仕草、その顔立ちは、明らかにファランのものである。いや、どちらかというと欧米人というよりは、かの横綱アケボノのような風貌であった。60歳前後だろうか。ハワイ人と日本人のハーフなのである。でかい。

趣味は葉巻のようで、社長室を煙で満たし、その霧の中からぬうっと手を差し出してくる。

「ウェルカム・トゥ・Gダイアリー」

ものすげえ力強い握手であった。

「ところでムロハシさん」

おかしなアクセントながらも流暢な日本語で、探るような目つきである。

「アー、あなたはスギヤマさんの推薦。本来なら厳しい試験や面接があるところです。でも特別に入社をしてもらって。私はアメリカにいた頃ジャーナリストで、いくつも大きな仕事しました。成功してこの会社、買いました。だからムロハシさん。あなたタバコ吸いますか?」

まったく話が読めなかったが、頷く。とたんに社長の顔が曇る。

「いけない。タバコはやめたほうがいいです。アー葉巻ならいいです。これは素晴らしい。でもタバコは身体によくありません。お酒は?」

まさか「アル中でリハビリしてるとこでして」と言い出すわけにもいかず、まあ嗜む程度でとお茶を濁したのだが、今度は首を振りため息をついて両手を広げ、

「お酒。たくさんの人が人生を壊してきました。スギヤマ、シマ……みんな飲みすぎです。良くない。それと……ン……オゥッ!」

いきなり社長は椅子から飛び跳ねた。見ればワイシャツの胸ポケットから黒煙が上がっている。モクモクとけっこうな量である。

「シット!」

「だ、大丈夫っすか!」

狭い社長室でアケボノはもんどりうった。火の点いたままの葉巻を胸ポケットに差し込んでいたのだ。ぱっぱと手で炎を消し、ススを払い、息も荒く座りなおして狼狽しながらも「ノープロブレム」とにんまりと笑う。幸いというか恐ろしいことにというか、スプリンクラーは作動しなかった。

「改めて、歓迎します。これからよろしく」

焼け焦げたワイシャツから毛まみれの左乳首をのぞかせる社長と、僕は固く手を結びあった。

ウソかマコトか第42代アメリカ合衆国大統領ビル・クリントンと高校だか大学だかの同窓生だという社長は、その日なにごともなかったように社員一同に乳首を晒しながら業務を続け、夕方に僕のところに立ち寄ると、

「お酒はほどほどに」

とウインクしてオフィスを出て行った。まったく趣旨がわからない会談であったが、とりあえず歓迎はされているようだ。そして酒は確かに控えねばならない。

日々観察していると、社長はけっこう浮いているのであった。

何かといえば新ビジネスを展開しようなどと社内の各所で言いまわっているのだが、誰にもあまり相手にされていないようであった。スギヤマさんなぞ、

「ああ、えええええ、そうすね」

と目も合わせずにあしらいほとんど無視であるから、その前の席に座っている僕のところに漂着してくるわけだ。新入りなのでおとなしく相槌を打ったり「へーそうなんすね！」なんて返すが馬耳東風、さっさと帰んねーかなあー、今日はイヌマキの原稿ぜんぶ編集してミネタさんにデザイン入れしてそれからシマくんとパトロール行きたいんだよね……と上の空。どうも社長は徘徊老人のごとく邪険に扱われているフシがあった。

そうして少しずつ社長以下社員に挨拶をしつつ、同時に行っていたのはワークパーミット、労働許可証の準備だった。シンガポールでBビザを取得しただけでは、この国で働くことはできない（こう

して申請作業に取り組んでいる間は労働行為は黙認されるのである)。

やはり山のような書類を用意して、向かう先は会社からほど近いディンデーン地区にある労働省である。とはいえ僕は手ぶらで、申請書類の束を胸にきゅっと抱きしめているのは弊社の誇る総務嬢ゲートちゃんであった。黒髪ロングを後ろでまとめたジミな事務員風。おしとやかなグレーのロングスカートと涼しげなサンダル、清楚な純白長袖シャツがまぶしい。熱帯の国だが日焼けを嫌うタイ人女性は肌を隠すのである。20代半ばだろうか。薄い化粧と、わずかばかりの口数。タイ人というよりはどちらかというと、不幸が似合いそうな和風美人であった。ちっとも南国の花なんかではなく、例えて言うならユリかスイセン。醸し出される気品にビビリつつもヘタクソなタイ語で話しかけてはみるのだが、反応は薄い。タイ人女子といえばゲハゲハ下品に笑う居酒屋の姉ちゃんか夜の蝶しか知らない僕は困った。どうコンタクトしたものか検討もつかない。

ふたりして社用車だというオンボロの白いワゴンに乗り込む。運転してくれるのは弊社ディストリビューション部の重鎮サムルワイのアニキである。細身で浅黒く、なんとなくボクサーかロック歌手を連想させる風貌で、皆からはピー・ルワイ(ルワイ兄さん)と呼ばれて親しまれていた。いつもM150を飲んでいる正しきタイ人ドライバーである。廃車寸前みたいなワゴンにバン週やGダイを満載してバンコク各所を配送に回ったり、社長のアシになったりと、けっこう忙しそうである。それにこうしてワゴンが空いているときは、社員が役所に出向くときにも送迎してくれるのだ。

僕がひそかにGワゴンと呼んでいた社用車に揺られること15分ほどで、労働省に着く。なんだかずいぶん老朽化したビルだ。タイ語しか表記のない役所の中を歩いて担当部署に出向くわけだが、とりたてて僕がすることはない。手続きはすべてゲートちゃん任せなのだ。担当官となにやら談笑しつつ書類を手渡し、パスポートをチェックする。難しいタイ語の専門用語なんぞさっぱりわからない僕はガキの使い以下であり、ここにいる意味はまったくないのだが、いちおう労働許可証の申請者本人なので同席が必要ということらしい。のちのち行うことになるビザの延長手続きなども、こうして会社の総務女子が同行してすべてこなしてくれるので実に楽であった。

こうして僕はようやく労働許可証を手に入れた。鮮やかなブルーの小冊子で、表紙にはタイの国章ともなっている聖なるトリ、ガルーダがあしらわれている。かっちょいいデザインではないか（ちなみに2019年現在は電子化されている）。ニートを脱却し、またひとつステージが上がったことを実感する。これで堂々この国で就労できるのだ。そして税金を支払い、社会保険を納め、タイ社会を構成する一員となるのである。

「Gダイはブラック企業、ワーパミなんて取らず社員は全員不法就労」とかなんとか、さも見てきたかのようにネット掲示板「タイちゃんねる」あたりでデマを書き殴っていたザコどもよ。この輝くワーパミを見るがよい。日本人がコレを取得するにはひとりアタマ200万バーツ（約700万円）の出資金と4人のタイ人を雇用することがタイの法律で求められているのである。僕はそれに値する人材であるとアケボノ社長に認められたわけである。

その誇りを胸に颯爽と帰社する。受付嬢というか門番というかお茶くみというか、雑務全般をこなす癒しのおばちゃん・ブワさんがにっこり優しく出迎えてくれる。

「こんまい、の（新人やね）」

かわいいピグモンという感じのブワさんは、Gダイが発刊される以前から勤めている古株だ。そこへ経理のブンちゃんが通りがかる。ショートカットのチャキチャキ系女将という感じで数字には厳し

右／Gワゴンの運転手サムルアイのアニキ。エナジードリンクM150がお気に入り（撮影：嶋健雄）
左／社内のクリスマスパーティーで着飾ったブワさん。僕たちの癒しだった

いが、やっぱり満面の大きな笑顔からは熱帯の花が連想されるのだ。

「む、む、モロ？　ムハ、モロ……フシ？　ちゃいまい（だよね）？」

　ブンちゃんがちょっと困った顔をする。「ムロハシ」はタイ人的に発音しづらいのである。

「ムロ、こだぁいな（ムロ、でいいっすよ）」

「ふふ、ム・ロ。ムロサン、な」

　ブワさんが嬉しそうに微笑む。日系企業ではどこも「〜サン」は敬語的に広く普及していた。まあ敬称というよりも、そのほうがゴロが良く呼びやすいというだけかもしれない。タイ人がタイ人に向けて名前のあとに冗談ぽく「サン」をつけたりもする。

　そしてタイ語の「の」とか「ね」や「な」といった語尾は日本語のニュアンスとよく似ていた。「だね」「よね」的に使うだろうか。同じ意味だが「じゃ」は、おばちゃん用語のように思った。ブワさんの口ぐせでもある。僕はそうして実地で少しずつ、学校では教わらないタイ語の言い回しにも慣れていった。

　ゲートちゃんもブワさんもブンちゃんも、Gダイ（＆バンコク週報）のタイ人スタッフはみな温厚で、優しかった。それに誰もが外資系でのキャリアを積み重ねていたり、タマサート大学、チュラロンコーン大学、アサンプション大学など、日本で言うなら東大京大早慶クラスの名門を出た人材ばかり。英語も堪能で、物腰を見るにええとこのお嬢さんであろう。どうしてそんな才媛たちがGダイなんぞで働いているのかナゾではあったが、あくまでビジネス、利益を生む外資の雑誌づくりに関わって、タイの平均をはるかに上回る給与をもらえるならそれもアリかと割り切っているのかもしれない。

そして僕やスギヤマさんやシマくんなど風俗最前線で働くGスタにも、みんなとっても優しいんであった。つくっている媒体の内容はともかく、とりあえずは日本人らしく残業もクソもなく日々ドタバタと労働してはおり、マジメであると認められている感はあった。これはタイ人女子的に非常にポイントが高い。ろくに働かない男たちがけっこう市民権を得ちゃっているタイにおいては、日本人の社蓄どもは「働きすぎでアタマがおかしくなっている」と哀れまれる一方、「マジメでステキ♡」との評価もいただけるのであった。

そんな同僚たちは、毎日毎日飽きもせずぱくぱくお菓子やら果物を食べ、間食こそ社内の楽しみくらいの勢いなのだが、ちゃあんとGダイスタッフにも配ってくれる。同僚の美人OLが「はい♪」なんてマンゴスチンなんか差し出してくれるのである。殺伐とした編集部を想像していたが、とっても和む環境の職場なのだった。

Gガール改革

得体の知れぬ新人編集者にもフレンドリーに接してくれるタイ人スタッフ。皆さんのためにも、Gダイを売らねばならぬ。僕にできることは面白いコンテンツをつくることだけである。前任者の偉業を踏襲しつつも、いかに僕なりのオリジナリティを出していくか……そう思っていたところ、シマくんが声をかけてきた。

「キティポンからリスト届いてるけど、どうする?」

「キティポン?」

「あ、そうか言ってなかったっけ。モデルエージェンシーの社長。この人がGガールの候補を送ってくるから、そっから選んで撮影するんだよ」

Gガールといえば Gentleman's Girl。Gダイの表紙を飾りトップのグラビアページを彩る雑誌の華。これが毎号かわゆくて、しかも誌面内部のエロ記事やエロ広告に載っているいかにもな夜のお姉さんたちとは似ても似つかぬ清楚系や学生をそろえており、そのギャップもまたGダイの味であった。タイ人といえば夜のエッチなギャルしか知らない僕以下読者諸氏にとって、ごく普通のタイ人女子から抜擢されたGガールは新鮮でまぶしかったのだ。

「ぼぼぼ、僕がGガール選んでいいの……?」

「メール転送しとくから候補考えといてね。あと、どこで撮影しようかね。いつも困っててさ」

ドキドキしながら添付ファイルを開いてみる。雑多であった。きれいにスタジオで撮られた写真もあれば、友だちと自撮りしたもの、どこぞの雑誌の切り抜きを撮っただけのブレブレのもの、フォトショで加工しすぎて白塗りのオバケみたいになっている写真も多い。コレでモデル事務所の宣材と言っていいんだろうか。

が、よく見ればかわいい子も多いのだ。好みの子をピックアップしてプリントアウトし、机の上に写真を並べてみれば、エッチなお店の待合室にいるかのような高鳴りを覚える。だ、れ、に、しようかな。ブワさんが「わお」とか言って背後を通り過ぎる。

シマくんいわく、モデル料金はだいたい5000〜7000バーツ（1万5000円〜2万1000円）くらい。撮影に半日ほど拘束してこの値段だ。もちろん、もっとお高いモデルもいるのだが、我がGダイの予算的にはそのくらいが限界なのだという。だから自撮り写真を平気で事務所に登録しているシロートとか、モデル志望、アイドル志望のタマゴが中心ということになる。しかしそれがむしろ、親しみやすいのだ。Gガールはやはりプロっぽくてはいかん。プロは読者の皆さまもさんざん対戦してきたはずである。だからこそ清流のような女子が求められているはずだと、さんざん悩んでインちゃんという現役女子大生に決定した。

そして撮影場所である。バックナンバーを見るに、以前からどうも味気ないと感じていたのだ。背景にあまりこだわりがない。せっかくタイに編集部があるのだ。目いっぱい南国を、タイらしさを前面に出して撮影してはどうか。バンコクでもっとも広いグリーンスポットであるルンピニー公園でロケをすることが多いというが、もう少し工夫があってもいいと思った。こう見えても僕はいちおう週刊誌のグラビア班にいたのである。

そんなことをシマくんに伝えて相談し、またデザインを組むミネタさんとも話し合った結果、列車に乗って撮影してみようかと決まった。なんといってもGダイは断じてエロ本ではないのである。旅行雑誌なのである。ならばバックパッカーたちも行き交うホアランポーン中央駅から、Gガールちゃんと列車に乗ろう。読者とGガールがふたりでタイを旅しているような構成にしたいと思った。

そして撮影当日、中華街も近いホアランポーン駅。

「ホント遅刻する子ばっかだから、そのつもりで」とシマくんに言われてはいたが、時間通りにやってきたインちゃんを見て僕は即刻、恋に落ちた。さらっさらの黒髪ロングに天使の輪、小さな小さなお顔に黒目がちの瞳、折れてしまいそうな華奢な身体つき。真っ白でみずみずしい肌。まだまだモデルをはじめたばかりだというが、すでに芸能人のオーラすら漂っているのであった。

腰を軽く折って両手を合わせ、ていねいにワイ（合掌）をする。きちんと親に躾けられたタイ人女性が身につけている優雅な仕草。イサーンのド田舎から列車に揺られてはるばる上京してきたカップルたちが目を丸くしている。日本でいえば高度経済成長期の上野駅にも似て、地方からの玄関口となっており雑多な人が入り混じるホアランポーン駅に、いきなりピカピカのアイドルが登場したようなものである。これ以上の注目を集める前に列車に乗ってしまおう。

「今日は学校の帰りで」

なんて小鳥のように呟くインちゃん、まだジャーマネなど伴う立場ではないので、ひとりで駅まで来てくれたのである。そして我らが予算の乏しい編集部はスタイリストもヘアメイクも雇う余裕はない。だからいつもGガールちゃんには、自前で数着の衣服を持ってきてもらい、髪型や化粧も任せていた。こちらは僕とシマくんとデザイナーのミネタさん、ロクに女子のエスコートもできないおじさん外国人3人なのだが、むしろこちらに気を使ってくれる子ばかりだった。

駅のホームから撮影ははじまった。目的地は東部のチャチュンサオ県だ。バンコクから片道2時間、行って帰ってきてその間にできるだけ楽しげな、旅をしているようなカットを撮りまくりたかった。本来なら間違いなくタイ国鉄に撮影許可を申請しなければならないのだろうが、そんなお役所手続きはきっとややこしいだろうと無視してゲリラロケである。ハデにレフ板やらを広げなければまあ大丈夫だろう。僕たちはただ旅しているだけなのである。

ホームで手旗を上げ下げしている駅員をバックに激写し、レトロな2等車両に乗り込む。木製のイスに座ってもらうと真っ白な手足がやけに映える。食堂車に行ってみたり、途中駅で降りてみたり、GスタとGガールちゃんはタイの旅を楽しみながら東へ、東へ。

チャチュンサオの駅で降りてみると、バンコクとはずいぶん世界が違うのだ。まず、空気が排ガス臭くない。空が高い。小さな駅舎では菓子や弁当を売るおばちゃんたちがのんびりと笑いあい、野良犬が寝そべり、バンコクでさえぬるい空気感はさらに弛緩し、ゆったりと流れていた。ほっとする。駅前にたむろすトゥクトゥクたちもバンコクのように鋭い目つきで外国人旅行者を狙うでもなく、ぼんやりと撮影を眺めている。

シマくんがインちゃんを激写している様子を見守っていると、重たそうなカゴを背負ったおばちゃんが話しかけてきた。

「かおらーむ、まぁい?」

竹筒の中に、ココナツミルクで蒸したもち米を詰めたカオラームだ。タイらしいなと思い、ひとつ

初のGガールロケとなった第77号（2006年4月号）の巻頭グラビア。Gガールは女子大生が多かった

買ってインちゃんに持たせてみる。腹ごしらえに入った食堂でも、いわゆるタイカレーのゲーンやら、ガパオやらを並べて、とびきりの笑顔をつくってもらう。

トイレで衣装を変えてもらい、お色直しをした帰路では、列車の窓から手を振るインちゃんの無邪気さがまぶしかった。こいつを表紙か、グラビアページのトップにしよう。改心の撮影だと思った。

「旅は道連れ」でタイの地方をパトロール

こうして誌面の端々にまで「旅」の要素をどんどん盛り込みたい。タイの楽しさ、アジア旅行のわくわくするような面白さを届けたかった。Gダイ表紙のロゴまわりを見てみるがいい。〝旅はいつもアジアから始まる　幸せはいつもタイから始まる〟と、毎号キャッチコピーとして明記されているのである。

実際、読者は風俗マニアであると同時に、旅好きの人が多かった。アジアの風物や料理や文化や歴史に興味を持って、その一環として、ホメすぎかもしれないが知識欲を満たすために歓楽街を「フィールドワーク」しているような探求家もまだGダイ読者のひとつの姿であった。

そんな彼らが貪り読むような新企画をブチ上げたい。

Gガール改革に続けて僕は、タイの地方を歩く新連載をはじめた。その名も「旅は道連れ～地方風俗漫遊記」というしょうもないもので、タイトルそのまんまの内容である。日本には47の都道府県があるが、タイには76（後にひとつが分割されて77）のジャンワットがある。日本語では「県」と訳される行政区画だ。県によって気候も文化も食生活も違い、方言があり、どこもなかなか特色豊かなのだ。なかには存在感の薄い県もあるけれど、地方は旅情もたっぷりでバスや列車に揺られる冒険心も楽しめて、僕は好きだった。田舎のほうがバンコクよりもずっと人間が丸い印象を受けた。

だけどタイを訪れる日本人旅行者は90％がバンコクのみの滞在で、残りの人々もせいぜい近郊の世界遺産アユタヤ遺跡か北部の古都チェンマイ、「世界でもっとも下品なビーチ」と称される歓楽リゾートのパタヤ、あるいは南部の島々に行く程度。違うんだよ、そんなツーリスティックな場所じゃなくてもっとなーんにもない地方にも足を延ばしてみようぜ！　という啓蒙の意味も込めての企画であった。

我が故郷、人にけなされバカにされ、見どころゼロと鼻で笑われる埼玉県だって、行ってみれば何がしかの発見や楽しさや小さな名物があるものである。それもまた旅ではないか。

折りしもこの頃からタイではＯＴＯＰ（一村一品運動）が盛り上がっていた。それぞれの地方に受け継がれてきた工芸品だとか雑貨、伝統料理などをブランド化し、町興し村興しの起爆剤にしようというものだ。与党タイ愛国党を率いるタクシン首相がブチあげたネタで、地方が活気づきつつあったのだ。ちょうどいいと思った。

しかし、ただ地方に行ってきました名所を観光してきました、ではＧダイアリーの名が廃る。そこで各地の夜をパトロールし、その実態も暴くのだ。埼玉県だって人妻デリがさかんなように、タイでもやっぱりどんな片田舎に行ってもなにかしらの遊びどころは見つかるものなのだ。昼と夜を探求するＧダイにふさわしかろう。

ついでに言えばこの企画をカマすことによって、経費でタダ旅行ができるではないか。そんな目論みもあってはじめた「旅は道連れ」、Gガールとともに訪れたチャチュンサオの駅舎で思いついたアイデアであった。

僕やシマくんだけでは毎号の地方旅は手が回らないので、外注のライターにも手伝ってもらい、どんどんマニアックな県を攻めていくことにした。

ニューハーフアイドル山崎つかさ

「すんません、ギョーザまだですか」

普段は菩薩のごときシマくんが、珍しくいらだった声を店員にかけた。

「あ、忘れてました」

平然と言い放ち、女店員は引っ込んでいく。すでに僕たちのラーメンは伸びきってきた。ついでに言うといちばん最初に注文した緑茶はいまだに運ばれてこない。メシのたびに毎度毎度こうした目に遭うのだ。それはここ「8番らーめん」だけではなく、このモールに入居している大戸屋でもやよい軒でも同様であったから、店のオペレーションというよりもマヌケな店員がとにかくタイには多いのである。客が呼んでいるのに気づかない、仲間同士でのおしゃべりに夢中というのは極めて日常的な光景だが、そこでキレてしまうのは日本人くらいのものである。タイ人客は笑顔で優しく諭すだけで、苛立ちを見せる人は少ない。

とはいえ、タイ人が日本人に比べて我慢強いというわけでもないようだった。怒りや不満をあからさまにするのは幼い行為であり、みっともないという考え方があるのだ。それにタイ人はプライドを重んじる。人前で声を上げて店員に文句を言えば、恥をかかされたと逆ギレされるのは目に見えている。

「それはわかるけどさ……」

ようやく運ばれてきた2皿のギョーザは、すっかり冷えて固まっていた。オーダーを忘れたのではなく、できあがったものを放置していたらしい。

Gダイオフィスが入居するRSタワーの隣にあるショッピングモール「エスプラネード」は、バンコクでも若者に人気の先端的なスポットとされてはいたが、それでもこの調子だ。しかし、バンコク北部で在住日本人がそう多くはないラチャダーピセーク通りでこれだけの日本食が食べられるのはありがたかった。ほかにもタコヤキやらおにぎりやらもあるし、ヤマザキパンまで入っていた。

「こんどココイチが来るんだって」

シマくんは怒りも忘れて嬉しそうだ。

しかしラーメンとギョーザで軽く200バーツ（約600円）を超えるのである。大戸屋だったら税サも入れて1000円突破だ。大学を出た新卒の初任給が1～2万バーツ（約3～6万円）という頃である。値上がりが続いてはいたが屋台なら40バーツ（120円）でお腹いっぱいになるわけで、200バーツはずいぶん高いと思うのだが、そうとは感じない人々がタイには増えていた。いわゆる中間層である。そこらの日本人よりずっと金回りが良い。彼らは手ごろなゼイタクとして日本食に飛びついたのだ。そこに目をつけた日本の飲食チェーンが進出ラッシュを迎えていた。「もはや客単価は日本より上」なんてタイ市場に乗り込んでくるのである。

　僕の初任給はそんな中間層よりたぶん、だいぶ良いと思う。6万バーツ（約18万円）であった。所得税やら社会保険やらが差っぴかれて、このくらいは手元に残る。日本ならワーキングプア、貧困層、負け組だろうが、タイならそこそこいい暮らしができるのだ。

　僕はGダイ就職を記念してランナムのアパートを引き払い、スクンビット沿いでBTS駅から徒歩5分、70平米くらいある物件に引っ越していた。掃除と洗濯をやってくれるメーバーン（メイド）だっている。タイでは家事を仕事として人に頼み、メーバーンを雇うのは珍しいことではない。それでも家賃は月9000バーツ（約2万7000円）だった。

「でもさ給料そこそこでも、毎食毎食、大戸屋とかでメシ食うのはどうかと思うわけよ。こんだけ安くてうまいものがある国で」

　元来ケチな僕はシマくんに力説する。

「月2万バーツのOLが200バーツの昼メシってさあ、日本でいえばえーと……月18万円の派遣が1800円のランチってわけで、たまにならいいけどウチのタイ人社員もけっこうひんぱんにそういうの食ってるよね。先々不安とかないのかね」

「いいんじゃないの別に、金なんて」

　呆れたようにシマくんが返す。僕よりずっとタイ生活の長いシマくんは金銭感覚がもはやタイ人化しつつある。タイ人は、あまり後先考えず消費するのだ。貯金に励み節約を旨とし、ついついデフレ社会を形成してしまう日本人とは違う。いくらか景気が悪いときでもサイフのヒモは日本人ほど固くはならないから、なんとか世にお金が流れ、経済が回る。１９９７年のアジア経済危機を乗り越えたのは、そんなお気楽な国民性もあろう。

が、散財し放題のツケとして借金苦に悩むタイ人も多く、これを見たやはり日系大手ローン会社まで進出してくるタイ社会であったが、シマくんもしっかりその顧客として絡め取られているのであった。月末になると、返済のためにＡＴＭに列なすタイ人の群れに加わる。

「まあお金のことはいいから。そろそろ行かないと」

僕たちはエスプラネードを出て、地下鉄に乗り込んだ。気が重い。シマくんにあれこれグチっぽく言ったのも、朝からずっと、このどんよりした気分を抱えていたからかもしれない。

今日は山崎つかさと会う日だった。Ｇダイアリー創刊号から休むことなく連載を続けている、ただひとりの人物である。ニューハーフである彼女から、僕は明らかに嫌われていたのだ。

「つかさちゃん、髪型変えた？　なんかちょっとかわいくなってね？」

「やだもう同じよ同じ。あんたそれ前も言ったよね」

女でもオカマでも会うたびにとりあえずこう言う。シマくんの常套手段ではあるのだが、つかさちゃんはまんざらでもなさそうだ。真紅のエロ下着をまとい、肢体をくねらせてシマくんのストロボを浴びている。表情をくるくると変える。こうしてシマくんが撮影したグラビアと、つかさちゃん本人の原稿を組み合わせて記事をつくっていた。

「この前の衣装アレ評判良かったよ。なんだっけヒラヒラスケスケのへんなやつ」

「なによそれ！　ベビードールかなあ？」

「そうそうそのフェラドール。あ、つかさちゃんもうちょっとアゴあげて。いいね、ＯＫ。ムロハシくんレフ少し強く」

Gガールもつかさちゃんもレフ板係は僕である。アシなどいない零細所帯、ふたりでなんでもこなすのだ。衣装もつかさちゃんの私物であるが、毎度毎度タニヤの路上で売ってる淫売向けの衣装みたいなのをまとって撮影に臨むので、目のやり場に困る。とはいえレフ板係がモデルから目を離すわけにもいかない。瞳に光が入るよう、角度を調整する。くだらないダジャレはシマくんの口ぐせのようなものだが、つかさちゃんは呆れながらも楽しそうに応じている。

こうして見ると、やはり元・男とは思えない。エロいのだ。フトモモから腰のラインを見て、これが男だったと思えるだろうか。チチはまあシリコンかなにか入れていると思われるが、鎖骨のくぼみとか、パンツの食い込みを直す仕草とか、たぶん本人がかなりお気に入りでいちいちカメラに向けて強調するぷっくりした唇とか、そこらの女子よりセクシーなのである。タイのニューハーフの完成度は日本人の想像を軽く越えてくるが、つかさちゃんも相当なレベルであった。思わずツバを飲む。途端である。

「ねえシマくんこの人、目がキモイんですけど」

視線も合わさずに言われた。冷たい口調であった。ズキリとする。すでに引き継ぎを済ませ、何度も撮影に立ち会い、原稿を編集して、一緒に仕事をしているにも関わらず、僕はずっと「この人」と呼ばれ続けていた。会話はほとんどシマくん経由、担当編集者としてなんと情けないことかと思ったのだが、どうにもつかさちゃんの信頼を得られないのだ。えらく警戒心が強いのである。ハリネズミのようだと思った。

毎月の撮影はGガールよりも相当にランクが下がって、たいていチャオプラヤー河にほど近いサパーンタクシンにあるつかさちゃんの部屋か、そこいらの公園なのだが、現場で話しかけても気のない返事がひとこと、ふたこと。そのくせシマくんには満面の笑みで話しかけ、あからさまな「あんた嫌いアピール」をカマしてくる。しかし女より女らしいのがオカマというものである。女子のいい点も困る点も何倍かに強調されている。それにつかさちゃんは男女などは関係ない生来の気性もあってか、とっても意地悪なんであった。Gダイ誌面ではキャピキャピキャピキャラのくせしやがって……。

こういうタイプに対すると、苦手とかイヤというより、もはや怖さを感じてしまう。しかし仕事である以上そんなことを言ってはいられない。キョドりながらも話しかけて、まったくの大ウソであるのだが「そういえば先月の原稿、読者からすごく面白かったってメール届いたよ」とか「今度、経費でなにか衣装買おうか。経理に言ってみようかな」なんて、我ながらいかにもモテないおっさんらしいセリフを言ってみたりもするのだが、やはりそういうことではないらしく、「あっそ」「ふーん」とか返されるばかり。かといってGガール級の待遇を要求するわけではなく、「なんかわかんないけど、この人ムカつく」ようなのだ。いったいどうしたものか。

華奢な身体で真っ白な肌のつかさちゃんは、肥後もっこすである。地元では名家らしいが、小さいうちから成績優秀の息子はきっと自慢だったに違いない。しかし「彼」は成長に従って自らのアイデンティティに目覚めていく。男であるのは身体だけであったと気づくのだ。

のちに歯科医師の免許も持つほどデキた息子はある日、誰に相談することもなく性転換手術を受けてしまうのだ。19歳、大学生の頃だったらしい。アルバイトで必死に貯めた200万円を持って病院に駆け込み、本来の性を得た。

だがしかし、唐突に「娘」となった我が子に両親は戸惑い、たぶんそのあたりが相当にこじれている。無理からぬ話なのだが、彼女はＬＧＢＴという言葉もなかった当時、日本よりはだいぶ生きやすい東南アジアに、息ができる場所を求めた。「第３の性」が社会的にも認められているタイに移住したのだった。

駐在員でもない流れ者がタイで暮らそうと思ったら、まず言葉を覚える必要があるだろう。それにタイ語学校にきちんと通えば、ＥＤ（留学）ビザをもらって長期滞在もできる。そうして同じ学校に通いはじめたつかさちゃんの学友のひとりが、シマくんであったのだ。その頃からのつきあいなので仲がいいらしい。

ゲンサイたちのタイ暮らしのひとつの原点は、タイ語学校にある。このとき一緒に学んだクラスの仲間たちは、国籍問わずその後も友人づきあいが続くものだ。僕は途中で学校をやめてしまったが、それでもクラスメイトたちはときどき連絡をくれたし、ニートを脱却してからは会うこともよくあった。タイをまったく知らないときに同じクラスで言葉を勉強した同志が、タイ社会に溶け込みなんとかがんばっている姿を見るのは、互いに励みになったもんである。

で、つかさちゃんの場合、その仲間に日系通信社の方がいたそうな。紙面で、タイ人ニューハーフの歌手と対談してみないかという話を持ちかけられたのだ。その企画が局地的にウケたのか、つかさちゃんはバンコクに数多ある日本語フリーペーパーの一誌で、定期的に原稿を書くことになる。

加えて、それを見たタニヤの店「ダンヒル」からママとしてスカウトされた。タニヤ嬢としてもデビューを果たし、タイ日本人社会では知られた人物となりつつあったのだ。

そしてＧダイ創刊。広告営業のスタッフに誘われて、「山崎つかさのバンコク日記」の連載を開始。いまに至っているのだが、もちろんこんな経緯を本人は教えてはくれない。シマくんや前任者からの

『山崎つかさのバンコク日記』

（Mr.《バンコク》レディーの事情）

私が女性になってもう6年が経ちます。〃なって〃と言うよりは〃戻って〃ですが・・・（笑）。タイってMr.レディーの発祥地と言ってもいいぐらい、たくさんのMr.レディーがいますよね。街を歩いているとホントよく見かけます。

いろんな話を聞きますが、タイと日本のMr.レディーは、感覚的にかなり違いがあるようです。日本では仕事面や人付き合いの点でいろいろ制限されがちなんですけど、タイは仕事面も人付き合いもとってもカンタン。その人のパーソナリティーとして自然に接してくれる見たい。でも、人間が一番重要とする恋愛はまったく逆。意外にもタイの方がシビアなんですって。タイ人Mr.レディーの人達はとかく泣かされる事が多いみたい・・・。日本人同士の場合は、完璧に身体まで女性になってたら、あまり苦労はないんですけど。

タイ人男性の話によると、タイ人Mr.レディーは、身体の大きな女にしか見えないらしいんです。ほら、タイ人男性って割りと小柄じゃないですか。だから、小柄の女性を好むんですって。そんな話をしながらも私のことを、しっかり口説いてくれましたけど・・・（笑）。

パッポン通りを歩いてみると、右に左に所狭しとゴーゴーバーがありますよね。セクシーなお姉ちゃんがいっぱい。でもその半分はMr.レディーだって、これ本当の話。と言うことは、お客さん達は気付かずに・・・てことだよね。えーっすごい。これにはつかさもビックリ。もちろん確認にも行って来ました。みなさん、もし遊びに行った際には、気を付けて見て下さいね（どこを）。

Mr.レディーに関して、どこの国にも共通して言えるのは「惚れた男には弱い」こと。タイでは、水商売の男が、そんなMr.レディーの弱点を利用して、騙してお金をせびりとり、そのお金をタニヤの女に貢いでいるとか・・・。私はそんな経験はないけれど、なんか悔しい話だよねー。でもちなみに私はいまタニヤの女です・・・。私って一体どっちの立場なのかなー（笑）。

タニヤ通りのあるクラブ『ダンヒル』に週3日ぐらい居ます。遊びに来てね

PLOFILE
1975年9月27日生まれ。23才。
出身地・熊本県。現在タイ語勉強中。

連載「山崎つかさのバンコク日記」（創刊号より）

話を総合すると、どうもこういうプロフィールの持ち主らしい。

撮影後、つかさちゃんは着替えながらシマくん相手にキャイキャイとはしゃいでいた。

「つかさちゃん、今度はブルマにしようよ。ブルマ姿、撮りたいなあ」

「えー、あんたヘンタイ⁉　ブルマなんてもう十何年も履いてないし、持ってないよう」

「俺が日本に帰ったとき買ってくるから。撮影後は持って帰るけど」

「やだーきもーい！」

僕は完全に蚊帳の外であった。仕方なくつかさちゃんの飼い猫2匹と戯れる。どんな品種かはしらないが、やたらと毛の長いモフモフした連中であった。チャトゥチャックのウィークエンドマーケットで買ってきたらしい。観光客にも人気のスポットだが、土産物以外にも、犬猫鳥あたりのポピュラーなペットから、ウラではワシントン条約違反のレア昆虫や希少カメなどさまざまな生物も扱い、こっそり輸入しようとした日本人の業者がよく逮捕されてもいる。

2匹はつかさちゃんほどではないが、愛想があまりよくない。そしてブサイクであった。ブサかわいいと言えなくもないが、いつも鼻を垂らしているのが気になった。やはりつかさちゃんも「片付けられない女」であり、部屋は常にゴミやら服が散乱し、ホコリが舞いハウスダストが散り、猫どもは慢性的な鼻炎であるようだった。かわいそうに、こんなズボラなやつに飼われて……。転がっているティッシュ箱を引き寄せて、鼻を拭いてやる。

「ねえ、うちの猫あんまりいじめないでもらえる？」

すかさず鋭い声が飛んでくる。いったいどうしたものか……。

この日で何度目の撮影だろうか、今日もまた変わらずはじき返されるだけだった。ところどころシマくんが僕にも話を振ったりして輪に入れようとしてくれるのだが、つかさちゃんはスルーするばかり。このまま嫌われていたら、彼女がＧダイをやめてしまうのではないかという危機感もあった。創刊号から書いている唯一の、下川さん以上にＧダイの歴史に関わっている人物を手放すわけにはいかない。胃が痛い。

そして締め切りを過ぎても、原稿は一向に送られてこないのであった。ただでさえつかさちゃんの締め切りはほかのライターより早めに設定してある。絶対に守らないからだ。

「それでも不思議と、ギリギリ間に合うように送ってくるから」

という前任者の残したトリセツの通りに、毎号綱渡りのごときタイミングで滑り込むように送ってくる。それを速攻で編集してミネタさんに投げ、スギヤマさんと校正して確認して最後の最後に入稿するのだ。

しかし……。

「なんじゃこりゃ！　なめとんのか！」

Ｖ原稿です。よろしくね。

とだけ添えられたワードファイルを開けば、そこはお花畑。絵文字顔文字入り乱れ、アメブロみたいな改行の連打。「てにをは」もへったくれもないのはいつものことだが、それ以上に情報量がない。内容は「ある日本人のオッサンが、タニヤ嬢にダマされて買ってあげた家を売却されちゃった」というよくある話なのだが、まったく文字数が足りないのだ。それに文脈や時系列は複雑怪奇にねじまがっており、解読は難解を極めた。いつも以上にきつい原稿であった。

あの野郎……。だがしかし怒っている場合ではない。時間がない。入稿データを作成して日本サイドに送らなくてはならなのはミネタさんだ。寿司屋のオヤジみたいな風貌そのままの職人気質、きっちり仕事してくんなと毎月この時期はイラついている。早く仕上げなくてはならない。

文量は少ないのだが、改めて熟読してみる。

なにを主張したいのか、物語の核心はなんなのか、うっすらと見えてくる。つかさちゃんだってプロの書き手ではない。だからうまく表現しきれていないというだけで、伝えたいという熱は確かに原稿からは感じるのだ。一瞥しただけでキレかけた己を恥じる。

文章で食ってるわけではない彼女がなにがしかの原稿をくれたのだ。あとは僕の仕事であろう。もらった素材をもとに、料理をつくりあげるように原稿を再構築していく。タニヤの描写だとか、そこで遊ぶ日本人あるある話なんかをつけ加え、嬢にハマっていくオッサンの様子に迫真感を持たせ、かつ、いつもの「つかぴょん口調」のリズムを失わないように書き直す。けっこうたいへんなんである。

そうして毎月ラストとなるつかさちゃんの原稿をミネタさんに送信する。ほうっと息をつく。これであとは、日本から送られてくる色校データをチェックして、それを日本に戻すと同時にタイ版の入稿を済ませれば今月は終わりだ。シマくんはどこぞに営業だか遊びだかに行っちゃったし、ひとりで飲みに行くか……。

デザイン部のほかは無人となった広いオフィスを見渡し、Gダイ編集部の灯かりを消そうとしたときに、ケータイが震えた。

「フルヤ、潜るよ」

鼻にかかったようなくぐもった声の主は、それだけ言うと電話を切った。有無を言わせぬ口調であった。

テーメーカフェで編集会議

スクンビット通りソイ15のパクソイ（入口）そばには、地下へと伸びる階段がある。周囲には安っぽい化粧の匂いをぷんぷんさせた蝶が飛び交い、日本人のおじさんたちに愛想を振りまいている。夜も11時を回り、スクンビットはいよいよ熱気を孕《はら》みつつあった。屋台が密集する狭い歩道を日本人やファランや韓国人の観光客が行き来し、その足元を乞食が這いずる。あちこちから重低音の音楽が聞こえてくる。渋滞の車列から漂う排気ガスは通りにフタをしているＢＴＳの構造物によってこもり、肌にべっとりと付着する。

スクンビットだなあ。夜のスクンビットだ。

僕はそんなことを呟きながら、階段を下りて、「テーメーカフェ」の扉を開けた。これを一部業界用語では「潜る」というらしい。地下にあるテーメーに遊びに行く、という意味だ。

潜ってみると騒々しい音楽のなかすでに満員御礼、壁に沿って設置されたボックス席も、中央部のＳ字状にカーブした長テーブルもいっぱいで、店内を立ち歩いている連中もみっしりであった。ほとんどは日本人と、そのサイフを狙ったタイ人女子である。ここは「援助交際喫茶」と呼ばれ、フリーの娼婦と日本人の出会いスポットと称されていたが、いまやほとんど置屋状態。店内にダーッと並んだ女子を見定めて男どもが練り歩き、コレと決めたら上階のホテルにしけこむ。わかりやすいシステムであった。

「ピー（アニキ）、ビアシンでいい？」

いつもの店員が話しかけてくる。僕やシマくんはテーメーの常連である。店員とは顔なじみであった。そしてこの店がトンロー警察署のナワバリであり、警察直営であることも知っている。だからこそ深夜営業にうるさいタイでも2時すぎまで開いていたし、売買春が黙認されていた。そんなテーメーの入場料は、ドリンクを一杯、注文すること。ただし女は自由に出入りできる。

僕はビアシンを手に人波をかきわけて、電話の主を探す。恥ずかしいほどに日本人だらけだ。ほとんどは観光客だが、駐在員やゲンサイもいる。隅っこに陣取っているのはバン週のスタッフだ。

もともとテーメーはファランが開拓した買春バーだったらしい。しかしナゼか現地住みの日本人が集まるようになっていく。タニヤや、スクンビットのどこにでもあるカラオケ屋に飽きた人々が多かったのだろう。それを追ってフリーの姉ちゃんも増えていった。とはいえカラオケやゴーゴーとのかけもちとか、立ちんぼの傍らにとかいうタイプが大半で、日本人が夢見る「素人タイ人との出会いの場」にはほど遠い。シロートってのはうちの会社にいるようなごく一般のタイ人女性を指すのであって、テーメーみたいな暗黒の地下室に出入りしているのはカタギではない。

しかし容姿だけは素人っぽいというか、タニヤやゴーゴーではあまり見ないアニメコス系とか、メガネっ娘とか、タイにも輸入されていた日本の女性雑誌をファッションの参考にした女とか、「見た目だけは風俗じみてない」タイプがけっこう混じっていたのだ。それが受けた。これをまたGダイがさんざん紹介したものだから、観光客も大挙するようになる。いまでは出張者もなにを考えているのか社名入りの作業服のまま潜ってくる製造業大手のおっさん、やはり大手インフラ関係の社員章を誇

テーメーカフェでは毎晩、日本人男とタイ人女との悲喜劇が繰り返される

らしく首から下げた若き青年なども混じる。

「フルヤ、ここだよここ」

　ボックス席を見ると、Gダイ連載陣のひとり横倉長州氏が手を上げていた。となりには伝説のカメラマン猫巻トオル氏の姿もある。ふたりは古くからの友人なのだ。僕もボックスに腰を落ち着けて、とりあえずはビールを流し込む。

「どうよフルヤ、いい女いた？」

　横倉氏は僕のことをフルヤと呼ぶ。僕本人にまったく自覚はないし周囲から言われたこともないのだが、「お前、フルヤイッコウに似てるよ！　あの、そこはかとなくイヤらしそうな感じとか、ねっとりしてそうなとことか」と断言し、それからずっと「フルヤ」なのである。

　横倉氏は、Gダイでは数少ない料理コーナー「グレイトフル・ディッシュ」の書き手だ。本業はコロコロ変わるが、シンガポールやクアラルンプール、そしてバンコクなどアジアを転戦してマーケティング畑を歩いている。ゲンサイ的な雇われ方をしつつも、経験を生かして待遇は毎回キッチリ駐在クラスの契約を勝ち取っているようだ。非常に口が達者で、うるさい男なのであった。「口から先に生まれてきたやつ」とはよく言うが、横倉氏はまさにそのタイプで、ペラペラとまあよくしゃべる。

「なあネコ坊、似てるよなフルヤはフルヤに」

「さあ、変態っぽいところは似てるんじゃないの」

猫巻氏にそっけなく返されたら、

「どうよフルヤ、もうGにも慣れたろ？　会社のお姉ちゃん誰か掘った？　え、掘ってない。ダメだよフルヤ、もっと明るくいこうよ。じゃあ風呂屋は行ってる？　え、行ってない。お前それでもGダイスタッフかよ。この前、俺ザーシー行ってきたんだけどさ、足首がこんなキュッとしまった女がいてさ、思わず浴びちゃったよ。やっぱ足首だよ女は。だよねネコさん」

「もうその話、聞き飽きた」

名湯ともいわれるマッサージパーラー「シーザー」のことをバブル期の芸能人のごとき呼び方をするその感覚は横倉氏ならではであったが、こんな感じで一緒に飲んでいても80％くらいはひとりでしゃべくっているのである。そしてひと息つくと、

「ちょっとラウンドしてくるわ」

ビールを片手に立ち上がる。店内に密集する女たちをひとりひとりねちっこく観察し、おそらく点数をつけながら見て回っている。愛想笑いを浮かべる女たちに、なにやら大げさなジェスチャーをカマし、今度はタイ語で「ダメだよキミ」とかなんとか、説教でもしているのだろうか。

「こうやって店内を回るのはさ、時計回りじゃなきゃダメなんだよ」

それが横倉氏のポリシーであった。スクンビット側の入り口を背に、左サイドから回りこむように歩くべし。常々そう説いている通り、右回りに旋回しつつ女を物色している。その背中は大手メーカーに勤務する男ではなく、立派に変質者のそれであった。

猫巻トオル「風俗解放戦線」

「これ、どう」

言いながら一眼レフを見せてくる猫巻トオル氏は、Gダイ連載陣のいわばエース。Gの生ける伝説とも恐れられたカメラマンである。撮影対象はもちろん夜の姉ちゃんであるのだが、チャトゥチャック公園やらルンピニー公園に夜になると出没する素性不明の立ちんぼであるとか、場末の古式按摩のババアだとか、安ソープの泡姫といったシブい物件ばかりを狙い、いやらしい写真を撮ってくるのである。そのカットがいちいち生々しいのであった。たるんだ腹だとか、ヨレたブラジャーに漂う生活感。使い込まれたベッドに座るやる気のない顔。デカパン一丁のオバハン。置屋の一室で笑うあどけない顔。事後、鏡に向かって化粧を直している姿。どれもこれも、誌面から臭いが漂ってきそうなんである。そして、女たちひとりひとりの表情は、実にいきいきとしていた。息づかいすら感じた。

猫巻氏を真似て娼婦の写真を撮ろうとトライした読者諸氏もいるだろうが、これがとっても難しい。当たり前だがたいていNGだ。なかには「撮ってもいいけど、ネットに上げちゃダメだぞ」なんて無警戒な娘もいるのだが、そんな機会をもらったところで今度は写真のテクが求められる。暗い部屋での人物撮影にどれだけ腕が必要か、かつてグラビアページを担当していた僕はようく知っている。そもそも、相手の表情を和ませて、バシバシ撮れるだけの人間関係をつくるタイ語能力が求められるわけだ。猫巻氏は盗撮などではなく正面きって堂々と撮ることをモットーとしていた。そんなことを考えれば考えるほど、猫巻氏の連載「風俗解放戦線」はテキトーなエロコーナーなんかではなく、まさしく匠の技が光る職人のページ。Gダイ読者からも非常に人気であったのだが……。

「新しく水中カメラ買ってさ」

言われて見せられた写真は、浴槽の中でゆらゆら揺れるマン毛のカットであった。

「ペップリーの風呂屋で試し撮り。よく撮れてるでしょ」

Gダイの連載のためでもあるが、ふだんから趣味で猥褻写真を撮り歩いているのである。泡姫との入浴にカメラを持ち込んだのだ。根っからの変態なのであった。

「これも」

見れば今度は、ちょうど写真の中央に水平線が走っている。真ん中が湯面なのだ。それを境に、上にはチチもあらわな泡姫の裸体と「やだもー」みたいな笑顔、そして下部はぼやけた水中で組まれた足と、マン毛。

「上下で趣が違いますね」

「でしょ」

得意げであるが、たしかにいちいちこういう発想をしては、どんな写真を撮ろうか考えている。ついでに言うと、世のカメラマンの常ではあるが新機材に目がなく、新しいガジェットが出るとシマ君

風俗解放戦線

第39回

猫巻トオル

次の戦場はチャトゥチャック

G-DIARY 100

101 G-DIARY

猫巻トオル「風俗解放戦線」。鏡に映った姿を撮るのは猫巻氏の得意技（第46号より）

と一緒につい手を出し、散財する癖もある。そしてペンネームは、犬巻カオルのパロディであった。

「だめだめ、今日はいまいちだね」

ラウンドついでに新しいビールを買ってきた横倉氏が戻ってきた。とはいえふたりとも買春に来たわけではない。いちおう場内をひとめぐりはするのだが、テーメーに潜ったときの儀式みたいなもので、普通に飲みに来たにすぎない。僕たちGダイ関係者は、よくテーメーを居酒屋代わりに使っていたのだ。

勘違いしている変質者が多いが、ここはなんといっても「カフェ」なんである。そして買春に来ている日本人は誰ひとり頼まないのだが、料理がそこそこいけるのだ。僕はとくに手羽先が好きだった。加えて酒は安い。バン週のスタッフなんてグラス80バーツのワイン片手に優雅にテーメーの乱痴気騒ぎを見守っている。男女と金銭、欲の絡んだ光景を眺めながら飲むのはなかなか面白いもので、居心地が良かった。

そしてここに来れば、同類の知人がやはり飲んでいて、誰かしら話し相手が見つかる。当時のバンコク週スタッフのなかには毎晩テーメーで飲んでおり、ある日は女の見定めに夢中になって泥酔するあまり、痴情いや地上への階段を踏み外して転げ落ち、左腕骨折を負った男もいる。まさに名誉の負傷であったが、僕たちにとっては日々パトロールする定期巡回先のひとつであり、脇に立っている女のケツを揉んでもたいして咎められないのも常連ならでは。そしてしょっちゅう立ち寄っていれば、女どもからも「あいつは飲みに来ているだけだ」と認知され、しつこく買春を迫られることもない。気楽な飲み屋であったのだ。

そんなテーメーでしこたま飲んだ。

「本業」の忙しい猫さんが先に帰ったあとは、近くの屋台に移った。イサーン料理を出している。チムチュムを頼んだ。土鍋でレモングラスやコブミカンの葉、タイの生姜などと一緒に野菜や肉、海鮮を煮込んでいて、ハーブ鍋なんて呼ばれている。そのじんわり染みこむようなやさしい味が、飲んだ後には良かった。隣の席にはテーメーかゴーゴー嬢か、いかにもな女たちがやはりイサーン料理を囲んで楽しそうに飲んでいた。客の前よりもずっと素の姿なのだろうと思う。どの店もあらかた閉店し、スクンビットに吐き出されてきた酔っ払いたちと、それを狙う客を取れなかった女、タクシーの車列……毎夜繰り広げられるそんな光景が僕は好きだった。気がつけばほとんど連日、こうしてGダイの関係者と会って、飲み、夜のバンコクをさまよっている。

「明日の撮影、大丈夫かフルヤ」

傍らで横倉氏が言う。こくこくと頷く。夜空の下、通りに張り出したテーブル、煤煙の臭い、イサーン料理の辛さ、タイ語のさんざめき。Gダイスタッフとして、そんなスクンビットの一ピースであることが楽しかった。

横倉長州「グレイトフル・ディッシュ」

待ち合わせはスクンビット33／1のパクソイである。土曜の昼下がり、バンコクきっての日本人エリアは家族連れで賑わう。子どもを抱いたTシャツ短パンのお父さん、日よけの帽子をかぶってベビーカーを押すお母さん、ソイを走り回る子どもたちに、手をつないだカップルまで、みんな日本人なんであった。

そのなかに、ビアシン片手のジジイだとか、夜のお姉ちゃんを連れたオッサンも混じっているのが嘆かわしい。さわやかな休日の白昼をブチ壊すかのように、「おめえよ、夕方に同伴してやっからよ、それまでどっか案内しろよ」とかなんとか大声で、明るいうちからすでに夜の臭いと化粧の香りをムンムンに振りまいている連れのボディコンに怒鳴っている。もちろん日本語である。その傍らを見なかったように通り過ぎる子連れのママさんの顔はもう強張っている。そりゃあ教育によろしかろうはずもない。なんとまあ恥ずかしい……と思ったが、オッサンだってきっとGダイ読者なのである。様子の良い裕福な駐在員世帯から、路地裏系ガード下系の下品な人々まで、同時に存在してしまうのがスクンビットの悲劇であった。

「フルヤ、待たせたね」

横倉氏は寝不足か、赤い目をして現れた。たぶんまだ、互いに酒臭い。僕たちも明らかに下品なヤカラ寄りであろうが、バンコクの日本人社会は多彩なんである。

横倉氏の連載「グレイトフル・ディッシュ」は、その副題を「亜州独身的晩餐（あじあ〃やもめ〃のばんめし）」という。タイで働き生きる独身男のためのレシピ集&アジアについてのウンチク小話という構成であった。単身赴任の駐在から、ひとりタイに旗を立てるべく切り込んできた中小零細のおじさん、気ままなゲンサイ、僕のような逃亡者や無職ニートまで、この国には独身の日本人男が山のように住んでいる。

「みんなさ、たまには自炊して料理でもつくったほうがいいんだよ。仲間呼んでさ。お姉ちゃん掘るきっかけになるだろ？　休みもダラダラ飲んでたらすぐ終わっちゃうよ。せっかくタイに住んでるんだからさ、なんでもやってみなきゃ」

横倉氏はリア充体質なのであった。休みの日は起きたら速攻で酒を飲んで夢の世界にダイブしたい体質の僕として苦手なキャラであったが、言うことはもっともである。

そんな横倉氏とともにスーパーをめぐり、おじさんふたりで仲良くカートを押してお買い物。まずは食材を買い求めるのだが、どう見ても撮影用どころか、ふだんのメシまでカートに次々と積んでいく。もちろん支払いはGダイである。文句を言うが、

「このくらい必要なんだよ、クリエイティブな作業にはさ」

とかなんとか言いながら新しいフライパンまで物色している。

「ダメっす。それは絶対、経理が怒る。お前が買い取れって言われちゃう」

GREATFUL DISH
横倉長州のグレイトフル・ディッシュ——62
大正海老をプリッと
プラー・クン
亜洲独身的晩餐
えびちゃん
●作り方
Asian Bachelor's Dining

横倉長州「グレイトフル・ディッシュ　亜州独身的晩餐」（第75号より）

「ダメ？　Gダイ儲かってんじゃないの？　もうちょっと太っ腹にいこうよ」

横倉氏もまた、猫さんシマくんと同様に「あればあっただけ使う」人であった。タイ暮らし、南国生活も長くなるほど、金銭感覚はタイ人化していく。僕のようにせせこましくサイアムシティバンクの金利とにらめっこし、タイからはるばる確定申告をして還付金を勝ち取るタイプとは違うのである。

「ヴィラ行こうか、向こうのほうがさ、肉が種類豊富なんだよ」

日本人御用達フジスーパーのあとは、近くにあるヴィラスーパーに転戦する。こちらは欧米人やインド系が多かった。確かに日本人があまり使わない煮込み用のスジ肉であるとか、ラム肉など、部位もさまざまだ。さらにワインが充実しており、輸入モノの巨大なポテチとかポップコーンなども多く、欧米に行ったことはないが向こうのスーパーはこんな感じだろうかと想像する。こうした店がスクンビットやシーロムにはいくつもあり、在住外国人の生活インフラとなっていた。

たっぷり戦利品を抱えて、シーロムのやや南を走るサトーン通りへ。横倉氏が住んでいるコンドミニアムが毎度毎度の撮影の舞台だ。古びていてエレベーターも狭くおんぼろだが、実はこういう物件のほうが造りが堅牢で、かつ間取りがぜいたくに広く天井も高い。それがバンコクの住居の特徴のようにも思う。このところ急増している投資目的のコンドミニアムは、小ぎれいでおしゃれなのだが、狭く安っぽいのだ。

部屋に入るとすでにシマくんが撮影準備を整えていた。ソファにぼんやり座ってテレビを見ているのはちーちゃんだ。横倉氏の女房なのである。こんな口うるさい変態男にどうして、と腑に落ちないのであるが、小柄で華奢なちーちゃんはとってもかわいらしい日本人女子、彼の好み通りに足首のよく締まったいい女なのであった。

だがしかし、僕のまわりにはどうしてか部屋をいっさい片づけない種族が集まってくるらしく、横倉家の若奥さまもそのひとり。リビングは夫婦の服やら下着やらタオルやらが散乱し、雑誌が広がりGダイが転がり、ばらばらになったジェンガが放置されている。

「ちー坊、少し片づけな」

ダンナに言われてのろのろと立ち上がったちーちゃんは、服やら雑誌やらを拾うと隣の部屋のドアを開け、ぽいぽいと投げ込む。それで掃除完了なのであった。メーバーンはいないのだろうか。どことなく危うい儚さを抱えたちーちゃんをほっぽり、我々は撮影に取りかかった。

この日のメニューはズバリ豚の生姜焼き。当初はタイ料理やアジア各地の料理をつくっていたのだが、だんだんネタ切れとなってきたため和食にも手を出すようになっていた。とはいえ、特製のタレに豚バラを1時間も漬け込んだけっこう本格的なものである。もともと横倉氏はタイのビール大手「ビアチャン」や、インスタント食品の雄「ママー」に在籍してマーケティングに携わったり、レストラン運営やメニュー開発を担当していた男である。嫁がいるのにテーメーに潜って淫売の品評会をする男ではあるのだが、アジアの飲食にかけてはプロ、慣れた様子で次々に料理をつくっていく。こうした「ヘンタイだけど仕事は有能」というタイプがGダイ執筆陣には多かった。

料理だけでなく背景にもきっちりこだわり、毎回グラスとか料理に合った酒やビールを並べる。テーブルクロス代わりに敷くのは横倉氏が趣味で集めているTシャツだった。そうしてカッチリ構図を決めて撮影すると、なかなかに決まるのであった。紹介する料理はどれも手が込んでおり、独身男がそこまでするか疑問ではあったが、

「休みの日くらいさ、ぜいたくに時間や金使って、料理でもしたほうがいいんだよ。気持ちが豊かになるだろ。そんでつくったメシみんなで食べて飲んでさ。また来週もがんばろうって思えるだろ」

とかなんとか、やっぱりリア充を演出するのであった。その言葉通りに、撮影のあとは飲み会になるのが定番である。Gダイ誌面には載せていないが、撮影するメニューのほかにも数品を同時に調理していて、みんなで協力して作った料理を肴に飲むというわけだ。ときどきは、猫さんやバン週のスタッフ、ちーちゃんのお友だちなんかも呼んで、パーティーのように賑やかな会食となる。元来そんな場が苦手な僕ではあるのだが、誰もが当たり前のように仲間として受け入れてくれるのはやはり嬉しかった。

こんな席がバンコク生活ではけっこうしょっちゅうあったのだ。例えば日本語フリーペーパーの老

舗「ダコ」のスタッフの家でパーティーがあるからと招かれたり、タイ語学校の同窓生だった駐在員の奥さま（海外在住邦人の専門用語で「駐妻」という）に自宅に招待されたりと、非リアな僕にはきついイベントが四六時中であった。行ってみると日本人だけでなく、誰それの友だちのファランだとか、知り合いのタイ人とか韓国人とか、いろいろな人が入り乱れ、なかなかにカオスなのだ。タイに住む雑多な人々と出会うきっかけでもあったし、Gダイのネタ探しにも役立った。日系企業のウラ話とかタニヤ界隈の噂も飛び交っていたし、仕事のほしいカメラマンやライターを発掘するいい機会だった。タイの住宅環境が良く広い物件を借りられるから可能なことではあったが、日本にいるよりも人との接点はぐんと増えたような気がする。

弊社はブラック企業なのか!?

「ムロ、これはちょっと高いよ。私じゃ決済できない」

経理のブンちゃんが困った顔をする。横倉氏のニヤケ顔が脳裏に浮かぶ。「グレイトフル・ディッシュ」は毎回、経費がかさむのだが、さすがにやりすぎただろうか。自分たちの飲み食いの分まで計上しているのである。

仕方なく回れ右をして、弊社役員でありサイフのヒモを握る日本人スタッフのもとに出頭する。領収証の束をにらみつけ、

「また横倉さん？」

と渋い顔だ。へへえ、と平身低頭する。ぱらぱらと領収証をチェックする役員氏だったが、

「なにこれ。ヴィラで皿とかグラスまで買ったの？　なにに使うわけ？」

「いやー盛りつけとか背景に……」

「だったら使い終わったら会社に持ってこないと。うちの経費で買ったんだからうちの備品でしょ」

ケチくせえ。しかし正論である。ぐうの音も出ない。やっぱ自腹かあ。横倉さんにも絶対に払わせよう……と思ったが、意外にも役員氏はＯＫのサインを書類に書き込んでくれたのだ。

「あんまり使いすぎないでね。今回４０００バーツでしょ。それだけＧダイ売ったり広告集めるのもたいへんなんだから。わかってると思うけど」

まさしく仰るとおりなのであった。営業や販売スタッフは苦労して広告を売り、日系書店をめぐり、ときには日本に出張して販路を拡大しようとしている。とうとうタイでは一部ファミリーマートでもＧダイを置きはじめたのである。またまた快挙であった。だからといって確かに無駄な出費は控えるべきであろう。好き勝手にページをつくっているのは編集部だが、売ってくれる人間がいないと雑誌は成り立たない。

役員氏のサインを見て、納得の行かない様子で我々の飲み食い代を払い戻してくれるブンちゃんであったが、そこにイヌマキからのコールが入る。

「ねえねえムロハシくん。あんたの会社、だいじょぶ？」

「えっ？」

「原稿料の小切手なんだけどさあ。落ちないよ」

「ええっ！」
「カシコン銀行の窓口の係員、口座に金がないから換金できないって。やばくない？　うふふ……」
なにが面白いのかしらないが、世に言う不渡りというやつであった。青ざめた。フフフ不渡りって
どうなるんだっけか。債権者が乗り込んできて手当たり次第にそこらのもの持ってっちゃうんだっけ。
「ナニワ金融道」の記憶を手繰り寄せる。いきなりの倒産なんだろうか。
目の前のブンちゃんはシレッとして、またパソコンに向かってソリティアなんかで遊んでいる。ね
えねえと言いたいところだが複雑そうな事情を経理に訴えるだけのタイ語力はなく、Gダイ編集部に
駆け戻ってスギヤマさんに泣きついた。
「またか……」
ため息とともに立ち上がると、スギヤマさんは巨体を揺らして社長室のほうに向かった。いつもの
ようにおおげさなポーズで両手を広げて嘆いてみせる社長の姿が見えた。スギヤマさんは後姿でもわ
かるくらい怒っている。ブ厚いガラスドア越しからも、わずかに怒声が届く。社内が少し、ピリッと
した。やがてガラスドアから顔を出した社長に、ブンちゃんと、社長秘書のヤムちゃんも呼ばれて、
なにやら鳩首会談が行われた後に、スギヤマさんは戻ってきた。
「ムロハシくん、悪いんだけどイヌマキに連絡しといて。もう換金できるから。もう一度、窓口に行
ってみて、って」
「大丈夫なんですか……」
「よくあるんだよ。いつものこと」
呆れたように呟く。そうは言っても、たかだか数千バーツの原稿料なんである。そんな額が口座に

ない会社というのが、ありえるのだろうか。そして不渡りを出してもすぐに取引が可能になるものなのだろうか。タイの金融の仕組みはさっぱりわからないが、イヌマキから「換金できたよ」とメールが届く。不渡りとは会社の信用を損なう重大事案だと思うのだが、社内はすでに平静に戻っている。

そもそもGダイはけっこう利益を出していると聞いている。Gダイで一発当てた社長はタニヤからここラチャダーピセーク通りにそびえる巨大オフィスビルの19階を購入し、タニヤから移転、フロアの半分を自社で使い、半分を他社に貸してけっこう儲けているのではなかったか。いまは保険会社が入居している。バン週は大赤字だという専らのウワサではあったが、その煽りを食って数千バーツの小切手が落ちないくらい逼迫しちゃっているのだろうか。

「どんな会社か、そのうちわかるから」

入社早々、スギヤマさんがそんなことを言っていた気がする。少しずつ感じてはいたが、弊社はどうもブラック企業であるようだった。

タニヤのオモテもウラも知る男

ドロドロドロドロドロドロ……。

重々しいエンジン音を轟かせて、タニヤに進入してきた巨大なキャデラック・リムジン。客引きのママたちも、ポン引きの日本人のチンピラも、タニヤ嬢をバイクで送り届けに来たヒモたちも、いったいなにごとか、どんな大物がタニヤに現れたのかとリムジンに注目する。BTSサラデーン駅の高架からタニヤを眺めている人も見える。

こんなクジラが、どうやってカーブを曲がり、バンコクの渋滞を泳いできたのか。その長大な腹のいちばんケツのほうのドアが開く。さっそうと登場したのは我らがGダイアリーの名物広告主、増崎義明氏であった。赤黒く焼けた肌に、インテリヤクザみたいなメガネが光る。高そうなスーツ、ロマンスグレーの頭髪。左右に女どもがつき従う。その威圧感はまさしくタニヤのドン、夜のネオンがよく似合う。

このときすでにタニヤ一筋18年、日本人クラブ3軒を経営し、在タイ接待界の重鎮と恐れられた男であった。とりわけ氏が導入した「タイ人ホステスとの野球拳」「ノーパンタイしゃぶ」は異様な人気を博し、最盛期にはウソかホントか店先に日本人の行列ができるほどだったという。

「それで取材って、なにが聞きたいんだ」

ドスの利いた声にビビるが、意外にも増崎氏は優しく店に招き入れてくれた。カネのかかっていそうな内装である。居並ぶホステスたちも落ち着いたしっとり系をそろえている。大人の店というやつであろうか。

「手短に頼むよ、ウワハハハ!」

豪快に哄笑する増崎氏は、毎号Gダイに1ページの広告を掲載してくれていた。が、そこに店の宣伝は申し訳程度である。スペースの大部分は氏のコラムであったのだ。その名も「ばんこく遊び指南」(のちに「ばんこく接待講座」)。タニヤで起きた騒動だとか、ホステスが男にタカる手口、タイ人女をコマすコツ、ジジイが朝勃ちを保つ秘訣から人類風俗史に至るまで、さまざまな極論が展開されるのであるが、たいてい氏の名言で締めくくられている。いわく「名刺出すよりチップ出せ！」「朝勃ちしないやつには金貸すな！」「身の上話はみんなウソ」「接待に自分の女を呼ぶな！」「ケチは身を滅ぼす！」「会社の格は接待の場所で決まる！」。

　バブルの真髄ここにありというような肉食な内容であったが、その時代の残滓漂うタニヤにはよく合った。そして、ときに読ませる内容でもあったのだ。そのリライトをしていたのも僕だったが、当時でも珍しいものとなっていたフロッピーディスクで、営業部員経由で渡される原稿はけっこうしっかりしており、あまり手を入れる必要もなかった。いくらかの誤字脱字の修正と、読みやすくするため改行や句読点を差し挟むくらいのものだった。

ばんこく遊び指南

タニヤのドン・増崎義明「ばんこく遊び指南」（創刊号より）

　いつしかGダイ連載陣のごとくコアな人気を持つまでになった増崎氏を取材し、「タニヤ一代記」として特集したい。かねてからそう担当の営業部員にお願いはしていたのだが、ようやく実現の運びとなったのだ（第79号・2006年6月号）。

　その独白はなかなかに惹かれるも

のだった。

九州のとある有名旅館のボンとして生まれた慶應ボーイは、高度経済成長まっしぐらの60年代、中州から銀座まで日本中のクラブや料亭を遊び歩き、ずいぶんかわいがられたという。そのノリで自分でもクラブを経営して順風満帆だったというが、どうしても実現させたかった夢がある。海外雄飛だ。

戦後、米軍に接収された福岡空港は「ブレディ・エアベース」と呼ばれたが、出入りする将校やその家族たちに海外を見た。これまたウソかホントか、高校生のときにはダンナが朝鮮戦争に出撃してしまった銃後の米兵の女房たちにオモチャにされ陵辱されまくったというが、ともかく外国が身近だった青春時代は、増崎氏に「いつか海外で商売を」という野望を抱かせた。

ようやく旅立ったのは48歳のときというから、スタートはきわめて遅い。まずは憧れのアメリカに渡ってみるのだが、在住邦人向けクラブを経営しようにも、白人の女は日本人に侍るような仕事はしない。

「集まってくるのは不法就労の女ばかり。すぐに撤退したよ」

アジアをまわるも、日本人駐在員が増えつつあったクアラルンプールやジャカルタはイスラム教国家。

「酒と女の店を外国人が経営するのはリスクが大きい。次に行ってみたシンガポールはあらゆる面でコストが高すぎた」

その頃ちょうど、日米で歴史的な取り決めが交わされることになる。1985年のプラザ合意だ。国際的に不均衡なドル高を是正するというものだった。アメリカの貿易赤字を解消することが目的の、例によってジャイアン的采配ではあったが、これが実はタイの夜の世界に大きな変化をもたらすのである。

プラザ合意によって急激に進んだ円高ドル安。これが日本国内の製造業にとっては大打撃となる。国際的に見て円の価値が急上昇するわけだから、変動した為替レートによって日本の商品は相対的に値上がり、競争力が落ちるというわけだ。製造業は経費削減を迫られた。

そこで活路を求めたのはアジア諸国であった。人件費や原材料費などが安い途上国に工場を移転し、現地生産する動きがどんどん広まっていったのだ。まず上陸したのは中国、東南アジアではマレーシア、そしてタイ……。バンコク北郊のアユタヤ周辺、南東部のパタヤ北部あたりに日系工場が乱立する時代を迎えた。駐在員も急増する。

その頃タニヤには、すでに小規模な日本人村が形成されていた。かつてG本部のあったタニヤプラザは1970年に建設されたものだが、その1階には旧東京銀行バンコク支店が入居していたのである。まさしくタイに築かれた進出日系企業の橋頭堡《きょうとうほ》、その周囲やシーロム通りには少数ながら日の丸を掲げた会社がちらほらと点在し、日本人ビジネスマンも踏ん張っていた。彼らをあてこんだ和食レストランも少しずつできていたという。

円高によって一気に激増した日系企業のおじさんたちは、この小さなコミュニティに雪崩れ込んだ。圧倒的な需要の増大を前にして、タニヤは短期間に急発展を見せる。レストランだけでなく、お父さんたちを癒すエッチなお店が乱立し、日本語書店やらゴルフショップ、旅行会社、両替屋などがひしめく街へと進化を遂げたのだ。

その怒涛のような時代、1988年に増崎氏はタイに進出する。日本人クラブを開店するが、当初は大苦戦したという。ライバル店がしのぎを削る過当競争のタニヤである。タイ人従業員の使い込み、文化の違いからの衝突……赤字続き、沈没寸前の状況で放った起死回生の一発が、ズバリ野球拳であった。

「若い頃にさんざん楽しんだお座敷遊びからの着想なんだ。でもね、客前でハダカになれるか！　ってタイ人ホステスからは猛反発だよ。タイ人はプライドが高いから当然かもしれないよね。みんな次々と辞めちゃって」

それでも「客とホテルに行ったらどうせ脱ぐんだし」「野球拳だけなら脱ぐだけで、やらずにチップをもらえて稼げる」と説得し、ときには自ら道化のように宴席に踊りこみ、嬢にチップを渡して盛り上げた。

そしてバブル最盛期の追い風を受けて黒字に転換、タニヤを代表する店へとノシ上がり、ついには3600万円だったという成功者の証、キャデラック・リムジンを購入するまでになるのだ。とはいえ普段のアシとしてはきわめて不便なキャデラック、大事な客がここぞの接待をするときに貸し出したのだそうな。大好評だったという。

経費を潤沢に使えたバブル時代、日系企業同士の接待の街、駐在員がハメを外す街としてタニヤは大いに栄えた。往時を知る日本人に言わせれば、この200メートルほどの通りにホステスと日本人客とがあふれ「歩くのもやっとなほどの大混雑が毎晩だった」のだとか。

そしてプラザ合意が生んだもうひとつの流れが、日本人の海外旅行の一般化である。強くなった円をバックに、海外に遊びに行く日本人が増えたのだ。ただでさえ観光スポットが充実している上に、タニヤというキラーコンテンツが育ったタイにおじさんたちは殺到した。

それも束の間だった。

バブルが崩壊し日本は「失われた時代」に突入、長い閉塞は30年以上に渡って続き、出口はまだ見えてこない。その間タイは経済成長を遂げ、人件費も上がり、今度は日系企業がタイからさらにベトナムやミャンマーに流れていく。タニヤ経済も縮小していく。昔のように優雅な接待をする余裕は失われていき、ゆったり酒とカラオケを楽しむでもなく、「さっさと女を選んで連れ出して一発やって金払え」と言わんばかりの店も増えてくる。野球拳どころではないのである。長居をすると露骨に態度が悪くなるのだ。こんな「タニヤの置屋化」と言われる現象は、増崎氏はじめ古老たちをして「風情がなくなった」とボヤかせている。

しかしタニヤがいちばん賑やかだった時代を知るママたちは、まだあの頃の夢から醒めていない。

「いまの日本人は本当にケチ。どうして？」

「昔はあんなにお金使ってくれたのに、日本人って変わっちゃったよね」

なんて嘆く。大手企業だって接待費は絞るし、いま進出してくる企業にはそもそも交際費なんぞ考慮もしていない中小零細だって多いのだ。そんな企業で働くゲンサイたちは、日々の暮らしにはなんの不自由もないが、さすがにタニヤで毎夜ドンチャン騒ぎをする経済力はないしそんなメンタルでもない。

時代の波を受けてタニヤは少しずつ変容してきている。日本人クラブもまだまだたくさんあるが、ごく普通の和食レストランや居酒屋が増えてきた。お姉ちゃんを連れ出さなくても文句を言われないスナックも目立つ。乱痴気騒ぎの肉食街ではなく、過ごしてきた年月相応の落ち着きを見せるようになった。タニヤも年をとったのだ。

激動の昭和から平成を増崎氏の店も生き延びてきた。バブル崩壊を乗り越え、Gダイ創刊の99年には3店舗を展開、18年が経っても「名刺出すよりチップ出せ！」が合言葉だ。いわく、「横に座るのはプロの売春婦です。チップを払わない若いイケメンより、チップを気前よく払うハゲ、デブのオヤジのほうがはるかにモテるのであります。それが古今東西、夜遊びの真理なのです」

と、しつこくGダイにて主張を繰り返し、おじさんたちをハゲまし説いたのである。

「黒いカーネルサンダース」とも恐れられた増崎氏のように「広告を出すからひとこと言わせろ、なにか書かせろ」というクライアントがちらほらいた。書き手がフツウではないGダイ、広告主もやはり、クセのある人がけっこういたのだ。某語学学校のタイ人の校長が「夜のタイ語会話」という連載を、やはりページを買い取るからとスタートさせたこともあった。つかさちゃんのほかにもタニヤで店を持っているニューハーフの日本人ママがおり、彼女もやはり一時期コラムメインの広告を出してくれていた。広告主もまたGダイ誌面の放つ熱気にアテられ、なにか主張したいと突き動かされているフシがあった。

で、これらの広告には、1時間いくらの飲み代であるとか、マッサージの料金やら、果ては「金玉揉みセット」「スワッピング・スペシャルコース」などとサービスの具体的内容まで列挙され、さらには在籍嬢が目線もナシで顔を並べるのだ。その誌面を握り締めて店に突進し「この女だ、この女を出せ」と迫る読者も多いとかで、Gダイの広告は極めて実用的、実践的であった。海外での風俗遊びは当然ながら不安が伴うものであるのだが、Gダイに載っている店なら安心だろう、明朗会計だろうと読者も足を運び、その広告効果はなかなかに高かった。これだけ広告が有効な雑誌もなかったのではないだろうか。

「Gダイは在タイ邦人の恥である」

風俗嬢が微笑む毒の花のような広告群はGダイ誌面を彩ってくれたが、一方でそのストレートすぎる表現のため、コンプライアンス的に問題視され排撃されたことも一度や二度ではなかった。「見るのも不快」「浮気の元凶」と駐妻たちに激怒され、Gダイを読んでいたというだけで夫婦ゲンカの原因にもなり、接待だからという言い訳はもちろん通用せず、Gダイ所持罪で嫁に裁かれたダンナは少なくない。だから定期購読者のなかには「自宅ではなく会社に送ってくれ」「そうとわからないようレターヘッド入りの封筒は使わないでくれ」などと注文をつけてくる人もいた。ほとんどヤクのような扱いであったが、そうまでしてGダイを買ってくれるのである。よ〜く読んでみればマジメな記事のほうがむしろ過半を占め、エロいのは広告だけという号すらあるのだが、駐妻からすればそんなものミソもクソも一緒というわけで、「Gダイは在タイ邦人の恥である」と、ずいぶん叩かれた。

そんな世論を背景に、バンコク日本人社会における生活インフラのなかでも大きな位置を占める紀伊國屋書店では、ついぞ販売されなかったのである。日本各地の紀伊國屋ではしっかり置かれているのに、バンコク店ではアンタッチャブルな存在であり営業陣がどれだけ足を運んでも取り扱ってくれることがなかったのは、主要顧客である駐妻たちの意を慮ってのものと言われていた。

そんな駐妻たちの憎しみを逆手に取り、彼女たちをバンコクの夜に連れ出したこともある。いった

おかげさまで駐妻たちに大不評

日本の恥、Gダイアリーを撲滅せよ!?

Gダイアリーは「紳士」の雑誌である。男たちの本音が満載している内容に「淑女」たちの怒りは絶えない。Gダイアリー100号の歴史の中で、日本人女性の声を拾った唯一の記事がこれだ!!

2003年[illegible]月号（第39号）初出

取材／構成　古林由香

スケベな好奇心でいっぱいの紳士のみなさまに熱烈歓迎を受けている「Gダイアリー」ですが、その一方、一部の堅物で世間知らず……いやいや、清く正しく生きている方々には嫌われているのも事実でございます。その代表格がタイに赴任されている駐在員の奥さま、いわゆる駐妻の方々。

「こういう雑誌があることで、日本人全体のイメージが悪くなる」

「買春や浮気を奨励するような内容に、モラルを疑う」

などなど、"女遊びの楽園"タイランドにおいて、ダンナさまを監視&操縦するのに苦労されている奥さま方にとって、「Gダイアリー」はまさに禁断の書。撲滅すべき敵なのです。

しかし、そんな方々のキビシイ声こそ、明日の糧、ということで、「Gダイアリー」を見かけるたびに不快感を抱いていたという奥さま4人に集まっていただき、思う存分いたぶっていただきました～。

何だか悲しくなるわ

こういったビジュアル的なものに、まず拒絶反応を起こした奥さまたち。確かに、免疫のない人にはきついのかも

妻帯者はつらいよ

249 G-DIARY　　G-DIARY 248

「おかげさまで駐妻たちに大不評　日本の恥、Gダイアリーを撲滅せよ!?」取材／構成：古林由香（第39号初出）

い男どもはふだんどんな店でどう遊んでいるのか実態を目撃させて、その体感を記事にしてしまえというものだ。そこで訪れたのもやはり増崎氏の店だった。

またGダイはタイだけでなくアジア全土を制圧すべく、東南アジア諸国にも進撃をはじめていたのだが、やはり広告が問題となりシンガポールでは販売を断念。代わりに在星邦人向けの古本屋の一角で、こっそりヤミ物資のごとく密売されていたのである。そんな貴重なGダイを手に、アジア各地で働くビジネスマンは週末ごとにバンコクに馳せ参じるのだ。

こうした広告は間違いなく、Gダイの大きな「読み物」「名物」のひとつだったが、読者もまた異様な熱とエネルギーとを発散し、編集部にぶつけてくるのである。

読者からの熱い手紙

Gダイでひそかな人気コーナーは巻末のほうに掲載されている「読者の声」だ。読者から送られてくる感想や意見を掲載しているのだが、本当にどしどし寄せられるのだ。日本で関わったことのある雑誌のなかには、読者からの声なんぞほとんど送られてこないので、やむなく編集者が自分でネタを書いて投稿欄を埋めていたなんてザラである。しかしGダイは違った。思いのたけ迸《ほとばし》る熱いメールが、ハガキが、国際郵便が、ばんばん届くのだ。誰それの記事が良かったとかツマらなかったなんて感想もあれば、我々でも見落としていた地図の誤りの細かい指摘、広告に載ってるあの子のサービスがどうだとか整形でしたとかの体験談、なかには自分の勤めている企業の告発を便箋20枚ほど改行もなくびっしり認《したた》めた怪文書や毒電波も混じる。

刑務所から送られてくる手紙もけっこうあった。検閲済みの黒いマークが端っこに記されているのだ。「不自由な堀の中から、自由極まりないアジアの空気を感じています」「房内の仲間が読んでいたGダイを見せてもらって以来、大ファンです。いつかタイに行ける日を夢見て、勤めております」とかなんとか泣かせることを書いてくるので、ついつい優先的に「読者の声」に掲載してしまったものである。さらには「刑期が非常に長いため定期購読をしております。毎月届くGダイだけが生きる糧です。一字一句すべて読んでおります。出所した暁にはぜひタイに行き、編集部の皆さまに挨拶をしたいです」と怖いことを書いてくる方もいて、本名がばっちり記載されていたのでググッてみたら、傷害致死罪で10年を超す刑期を食らいこんだ本職であった。

ナゼ斯界《しかい》の皆さまにGダイがやたら愛好されているのか、しかも量刑のキツイ人々の集まるムショばかりから熱いメッセージが届くのはナゼか、そもそもお上はどうしてGダイの購読を許可しているのか、すべてはナゾであった。

ほかにも、たびたびタイを夫婦で訪れては、ゲイ向けエロマッサージやゴーゴーボーイに赴き、男娼に女房を犯してもらいその様子を見ながらシコるのだ、というNTR《ネトラレ》属性の変態もお手紙の常連であった。プレイの様子をやはり便箋いっぱいに書き連ね、いかに興奮したか素晴らしかったかを切々と訴えてくる。この情熱は誌面に反映させねばと、さっそく「読者の声」に載せたところ、感激したのかNTR氏はその後もたびたび連載官能小説のごとく続編を送ってきて、歪んだ愛の姿をさらけ出すのであった。たぶんGダイに載るまでが彼のプレイだったのではないかと思う。

読者の声は天の声

日本で販売してるって書いてあるけど、名古屋の丸善に行ったら跡形もなかったよー。本当に売ってるんですか？／タイフリーク26才男

周りの同僚は、広告の女の子の写真は何故あんなブスな娘ばかりなのだろうと笑っていますが、私はそうは思いません。写真には写らない可愛いさがあることを最近知りました。ありがとうGダイアリーの皆さん。／駐在員42才男

料金表のハートマークって一体何を意味してるんでしょうか？お持ち帰りOKという意味なのでしょうか？ 近頃、考える夜が続いてます。／駐在員37才男

バンコク最強マップ、とっても役にたってるヨ。／観光客19才男

ボッタクリバーの記事が最高に面白かった。用心棒に本当に殴られたりしたらもっと面白かったのにー、残念。／現地沈没者41才男

私たち来週キングコブラを見にコンケーンに行きまーす。／大学生22才女

美人紹介のページに登場していたミムロさん。なかなか可愛いですよー。でも、あのパンの食い散らし方には笑っちゃいました。カメラマンは何をしてるんだ！／フリーカメラマン36才男

どういう神経の人間がこんな雑誌を作っているのでしょうか？バンコクにまで来て、日本人の恥さらしな行動を見て悲しくなりました。／主婦32才女

タニヤの料金表違うじゃねーか。責任とれよ、セキニン。／建設業40才男

日本から来たお客さんを接待する時にとても役だっています。これからも頑張ってください。／貿易業39才男

バングラデシュの記事を読んで、私も行ってみたくなりました。今度、取材に行く時は荷物持ちでもなんでもしますので、ぜひ一緒に連れてってください。／サービス業29才　女

『街で見つけた女の子』はブスばっかりじゃねーか。たまにはかわいい子を見つけてこい！／男

シーチャン島の記事を読んで、バンコクからこんな近くにきれいな島があることを知りました。これからもどんどん穴場を紹介してください。駐在員42才／男

第4号の表紙の男の人はいったい何を意味してるのですか？／アルバイター25才女

なんで伊勢丹の『紀伊国屋書店』には売っていないのですか？伊勢丹にあるととても便利なので紀伊国屋でも売ってください。／駐在員49才男

どしどしお便りください。

FAX:
231-2660
E-MAIL:
sales@bangkokshuho.com

読者の声は天の声（第5号より）。やがてお便りが激増し、見開き（2ページ）展開となった

　ちなみに、性愛の形はさまざまであると知る先進国タイでは、風俗施設に女性が入っても咎められたり拒否されることは少ない。NTR氏のような需要もあるし、日本からやってきたレズビアン女子がゴーゴーバーとかマッサージパーラーを訪れることもわずかにある。日本で生きづらさを感じているさまざまな人々が、海を越えてようやく自分を取り戻す。タイはそういう場所でもあったのだ。

　むしろ読者にとって風俗は添え物だったのかもしれない。タイの、東南アジアのゆるやかな空気。おばちゃんたちの明るい笑顔や気さくさ。細かいことを気にしないおおらかさ。そんな

ものに救われている読者がたくさんいたように思う。「タイに行けるのは1年のうち、たった3、4日です。その間すべてを忘れてタイにどっぷり浸かって子どもみたいに遊びまわるんです。その日々があるから、また日本で働ける」そんなメールをいったい何通受け取ったろうか。風俗はお楽しみのひとつであるかもしれないが、それよりも、なんといってもタイの空気を肺いっぱいに取り入れること。日本では苦しくて仕方なかった呼吸を整え、息継ぎをし、新鮮で甘い空気を吸って、また厳しい社会に立ち向かう……。ある種の人々にとって、タイは確実に「救い」だった。その気持ちは僕にもよくわかる。タイに拾われ、生きる場、働く場を与えてもらったのだ。これほどに懐の広い国もないように思った。

そしてタイ以西で働いている日本人にとっては、重要な補給基地であり母港だったようだ。Gダイ定期購読者のなかには、カラチ勤務、ダッカ勤務、ムンバイ勤務なんて人もいた。普段は日本食も乏しく、治安にも難がある男臭い世界で、月に一度届くGダイを貪り読み、楽園タイを思い、Gガールを愛でる。そして数か月に一度はタイにやってきて、心ゆくまで日本食を味わい食材を買い込み、タイ娘に癒される。そんな方々からの手紙もときおり舞いこんだ。

これほどに読者との距離が近い。それはプレッシャーでもあったが、やっぱり励みでもあったのだ。わざわざ記念切手を貼って送っていただいたエアメールや封書の山は、Gダイ編集部のロッカーの一角を占めるほど大量に積まれ保管されていた。声援が目に見える雑誌だった。

［第4章］

タイの政変に翻弄される

ナナプラザの2階からの眺め。生活臭のするこの場所が好きだった（撮影：嶋健雄）

疲れたときのナナプラザ

〝ドッチィドッチィドッチィドッチィドッチィドッチィ……〟

激しいユーロビートのリズムに身を任せる。轟音が店内に渦巻き、全身がアンプになったかのように脈動する。薄暗い店内をミラーボールのエフェクトが切り裂く。

「あ――――」

自分で軽く声を上げてみたが、耳には届かない。その暴力的なまでの騒々しさが、むしろ居心地が良かった。ケータイを取り出し、メモ帳やスケジュールを見ながら、轟音のなか、考えをまとめようとする。

とにかく忙しかった。

Gガールの撮影、普段のパトロールや最強マップの更新、連載陣のケアと編集作業、自分で受け持っている特集記事の取材や執筆……なにせ「Gダイ編集部」は僕とスギヤマさんの、たったふたりきりの所帯なのである。取材や撮影にはシマくんも出動してくれるが、それでも手が回らない。加えて会社にはナイショだがフリーランスでも仕事をしていて、日本の雑誌やガイドブックなどからも、グルメや観光ネタを受注していた。また留学情報誌からタイにいる日本人インターン生の取材が入ったり、経済誌からタイで生産している日系企業について調べてほしいと依頼されたり、はたまたスポーツ誌からは、かの伝説のボクサー、ウィラポン・ナコンルアンプロモーションの故郷を訪ねる企画をコーディネートしてほしいなんて話が舞いこんだりもした。Gダイの業務に加えてこうした仕事をこなしていくのはけっこうきつい。

明日なにをやればいいのか、今週はなにをしなくてはならないのか。誰と会う予定でどんな取材があったか。ごちゃごちゃを交通整理して、これから進めたいネタ、下見しておきたい店などをぽちぽち入力し、こんがらがった脳をほぐす。

そんな作業に、ゴーゴーバーはちょうどよかった。やかましい大音響にシャットアウトされ、心身ともにひとりになれる気がした。考えをまとめるにはいい環境だった。音楽に合わせてふらふら踊っているエロ下着やマッパのゴーゴー嬢も当初は刺激的であったが、いまや単なるキロいくらの肉にしか見えない。興奮も愉悦もなにもない。きっと踊っているほうも同様だろう。我々Gスタは取材やら打ち合わせやら、つきあいの飲みやらでゴーゴーバーとかマッサージパーラー付随のレストランとかカラオケとかを利用することが日常なので、もはやマヒしているのであった。女体を見ても心ひとつ騒がず反応もできない不感症、それがGスタの職業病である。

女どものほうも心得ている。例えば僕がときどき足を運んでいたソイ・カウボーイの「スージーウォン」でも、ナナプラザの「レインボー2」でも顔を知られており、「あいつは女と飲む気も連れ出す気もない」と放っておかれた。しつこくコーラコーラコーラホテルホテルとねだられることもない。たまにママさんに一杯奢る程度で良かった。

何本かビアシンを飲んで、ほろ酔いになってナナプラザを回ってみる。階段で3階にのぼり、「カスケード」の前にいたオカマにチンポをワシ掴みにされるのも慣れてしまっていた。掴むほうもやはりおざなりである。ナナプラザは僕たちにとっては生活の場なのだ。テラスに並べたガタピシの屋台テーブルでヤムウンセンなんか食ってるゴーゴー嬢、いつも彼女たちのヘアメイクをしているおばちゃん、ガムやらゴムやらいろんなものを売っている雑貨屋、ナナプラザに生きるさまざまなタイ人からエサを貰っている猫たち……薄汚れたビルに染みついた、そんな生活臭は好きだった。女体には関心が薄れてしまったが、この場の営みに飽きることはなかった。

1階に下りる。入口に陣取る屋台から名物のナナバーガーを買った。ベーコンやタマゴ焼きなどトッピング全部入りの「TBO」が僕の定番だ。この屋台のバーガーを世に広めたのもGダイである。テーメーの手羽先だって僕らが紹介してから注文する日本人が増えたんだぜ……とナナバーガーを頬張りながら深夜のスクンビット通りソイ4を眺めた。ナナプラザから通りを挟んだナナホテルの前は立ちんぼでいっぱいだ。毎日見る顔もいる。向こうも向こうで「あいついつもいるな」と思っているのかもしれない。1時を過ぎ、ぼちぼち店も閉めるとあって、ゴーゴー嬢を連れ出したファランや日本人や韓国人で通りはごった返し、ただでさえ狭い歩道をイサーン料理やエビ焼きやフルーツや揚げ昆虫や串焼きの屋台が埋めつくし、タクシーの渋滞が渦を巻く。その合間をバイクタクシーが走り回る。バービアの客引きの女に腕を取られる。オカマが流し目を送ってくる。

そういや、この並びにもクイッティオ（米麺）の屋台が出てたな。いちおう食っとくか。

べろんべろんに酔っ払ったファランと、ショーパンにジャーブラ一丁の公然ワイセツ罪みたいなゴーゴー嬢の脇に座って「センレック・ナーム」とオーダーする。中太のスープ入り米麺だ。鶏がらが効いていて、味わいあるスープ。具は魚のルークチン（つみれ）が3種だが、自家製ではなくてそこらの大量生産品だな。あとはモヤシが少しと刻みネギ。まあこんなもんかと思っていたら舌がやや

「ばんこく麺遊記」で取材したお店が、Gダイ誌面を拡大してポスターにしてくれた。ラチャダーピセーク通りの大型モール、フォーチュンタウン地下にあるカオソーイの名店、クイッティオ・ルーア・クン・ハーン（現在は閉店……）

シビれる。この感じは「ポン・チュー・ロッ」すなわち化学調味料であろう。旨味を増すため大量に混ぜ込んでいる屋台は多かった。しかし不自然な味なのだ。だめだな、ボツ。それでもいちおう「残すべからず」「もったいない」は日本人の美徳、完飲する。60バーツって値段もどうかと思うよと呟きながら屋台を立った。

　最強マップのパトロールと同時に習慣となったことがある。バンコクの麺料理を片っ端から食べ尽くすことであった。「ばんこく麺遊記」のためである。前任者から引き継いだこの連載は、Gダイの巻末を飾る人気コーナーであった。やっぱり男性誌のケツはグルメコーナーでシメられるものなのである。「週刊現代」を見るがいい。「フライデー」を紐解いてみよ。いずれも殿はグルメなのである（当時）。Gダイの場合は前任者の趣味でテーマは「麺」だったが、それに値するだけタイには豊かな麺文化が根づいていた。米麺クイッティオや日本のラーメンにやや似た小麦麺バミー、それぞれの汁あり汁なし、あんかけ麺ラートナーに焼きそばパッタイ、果ては魚のすり身を麺にしたセンプラーや、さらには華僑たちが伝える中華の多彩な麺、それらがタイのエッセンスを取り入れて独自に発展したもの、加えて韓国やベトナムなどの麺もあり、実に豊かだった。

バンコクの街角で麺の食堂や屋台を見るたびに食べ歩いていたのだが、ここぞという一杯が見つかれば交渉して、後日シマくんと再訪して撮影、取材をする。「麺遊記」のペンネームはズバリ「麺爺」。前任者が使っていた「麺僧」をモジったものである。この連載が読者だけでなくバンコク在住日本人にも好評で、よく日系フリーペーパーからパクられたものである。

麺に限らず、僕はGダイ誌面でペンネームと文体を使い分け、いくつもの連載を持っていた。Gダイ編集部は人件費も外注費にも、余裕はないのである。いまだから言えるがバンコクのナイトスポットを行脚して回る「Gの曼谷夜話」モリモリ高嶋も、編集部のひとりとして登場しておもに特集記事を担当する火田博文も、実は僕であった。そのほか3つほどペンネームを使い分けていた。ナナバーガーやテーメーの手羽先など夜の街の裏メシを探訪する「バンコク・ミッドナイト・グルメ」もやっぱり僕で、ペンネームの高倉叉焼は横倉長州から拝借したものである。

別に本名ひとつで書いてもよかったのだが、いろいろな人が参加して誌面を作り上げているごちゃごちゃ感、賑やかさを演出したかったのだ。だからそれぞれのプロフィールもきちんと設定してキャラをつくり、それに沿った文体で書いていた。やっぱり僕はライターなのだ。編集者としての仕事も楽しいけれど、好き勝手に書いているときがなによりの至福だった。ほかの書き手と一緒に記事を作っていくよりも、自分でがしがし書き飛ばしていくのが性に合っていた。

しかし、なのだ。ヘタに欲張って担当記事を増やした結果、今月の「旅は道連れ」で地方に行っている余裕がないことが発覚したのであった。シマくんも営業で忙しい。今月は休載にしようか。いや、それはなにか「負けた」感がある。読者から「記事を参考にランパーンまで行ってきました。紹介されていたエロビルの中にあったカラオケでパツイチキメてきました！」とかなんとか戦果報告が届く人気コーナーでもある。休みたくはない……。

そこで思い出したのはキタカタさんのことであった。彼はローカル風俗をこよなく愛する変質者であった。さっそく連絡してみればふたつ返事で快諾、「ちょうどヨメがコラートに里帰りするから、羽伸ばそうと思ってたんだよ！」と速攻でエカマイ東バスターミナルから返信してくるのであった。

行き先もすべて任せたが、彼が向かったのはカンボジア国境オスマックであった。国境を越えれば、その頃まだロクに舗装路もないような荒れ果てた原野が広がる辺境で、同じインドシナ半島とは思えない世界が広がる。赤土の大地に木造の高床式住宅が並び、バス代わりのピックアップトラックの荷台に人が満載され、戦乱の時代を生き延びた荒っぽい連中が闊歩する。そんなところでもしっかり置屋はあるのが麗しきインドシナの伝統、そしてカンボジアの場合こうした施設ではベトナム系の移民もまた春を売っているのである。キタカタ氏はそうした置屋の一軒に乱入し、ベトナム人とクメール人（カンボジア人）のどっちも寄越せと迫ったのだそうな。

「ベトっ娘クメっ娘、国境を越えた3P。すごく良かったよ」なんて一文を添えて、原稿を送ってくれるのであった。複数プレイマニアなのである。人権団体に激怒されかねないギリギリのネタではあったが、こうしてキタカタさんも準レギュラー、ここぞの代打として僕の手持ちのカードに加わった。

そんな慌しい日々が続いた。

ときに酷暑の太陽の下、ときに雨季の土砂降りのなか、バンコクをシマくんとともに駆けずり回った。そして夜は、決まって居酒屋に雪崩れ込むのである。常連だったのはスクンビットのソイ24にあった「いろは」だ。

がらがらがら、と日本の古民家みたいな引き戸を開ければそこは僕とシマくんのパラダイス、日本の座敷を模したような小上がりに座り込んで、まずはナマで乾杯。焼き鳥だの納豆オムレツだの刺身だのポテサラだのをテーブルいっぱいに並べて貪り食う。「いろは」は二桁バーツのメニューも多く、味はともかくリーズナブルであったのだ。当初はゲンサイを中心とする在住日本人が多かったが、いつの間にやら若いタイ人も大挙するようになってきた。どうも雑誌かなにかで紹介されたらしい。昔懐かしい日本の木造家屋をモチーフにした内装はタイ人に受けたのだ。

「るーくちぃん、サイコロステーキ頼んだでしょ！」

ドンブリとサイコロを手に現れたのは看板娘のノックちゃんである。いつもポニーテールで元気いっぱい、カンチャナブリー出身の彼女は常連の僕たちにはもはや遠慮のない友だちのようになっていた。そしてシマくんはその団子のようなハゲ頭から、ルークチン（つみれ）という二ツ名も持っていたのだ。

「よっしゃー12コ！」

ドンブリの底に並んだ6のゾロ目にガッツポーズを決めるシマくん。出目のぶんだけサイコロ状のステーキがやってくる。

「ボトル持ってくる？」

軽やかに問いかけてくるノックちゃんに頷く。満面の笑みでぱたぱたと厨房に走っていく。彼女もまた、熱帯の太陽を思わせるような顔で笑うのだ。タイ陸軍の男と結婚してしまったのが悔やまれるが、それでも独身時代と変わらない様子で接してくれる。「いろは」のウエイトレスは誰もが明るく闊達で、そしてなにより距離が近かった。

「お、シマちゃん今日も来てるの」

のっそり現れたのは、「いろは」の社長であった。

「あ、どうも。いつもお世話になってます」

ふたりして姿勢を正す。「いろは」は大事な広告主なんである。バンコクのほか、日系企業が無数に入居する工業団地のあるシーラチャなどに複数店舗を展開し、Gダイには1ページまるまるの広告を載せていただく大盤振る舞い。それもあって僕たちはよく来ていたのだ。

「あんた、もうだいぶGダイ慣れた？　ちゃあんとハメてる？　シマちゃん大丈夫かねこの人は。なぁんか頼りないよ」

東北訛りで、ほっほっほと笑う。そして、「いろは」の社長はまた情報提供者でもあった。

「この前さ、店閉めてからソイ20のデスコ。なんだっけあれ」

「スクラッチ・ドッグすか」

「そうそう。最近タニヤのお姉ちゃんけっこう来てるのね。その日稼げなかったのかな。そんでひとり連れ帰ったら、もうチンポを離さない離さない。お前いいかげんにしなさいって叱って……」

「しゃ、社長。お客さん、日本人の女性もいますので……」

いかにも好々爺という顔で嬉しそうだが、ときに店をGガールの撮影の舞台として貸してくれたりもした。それにまた、「あんた、この記事。これ情報古いよ。相場が違う」「地図のここ、このマッサージもう潰れてるよ。なぁにが最強マップだよ」なんて叱ってくれる熱心な読者でもあったのだ。

ほっほっほと、別の席の常連のところへ向かう社長を見送り、僕らはまた焼酎のボトルを追加する。ひどいときにはふたりで3本くらい空けることもある。

「あとオチンコ、いやオシンコも」

シマくんのしょうもないギャグにノックちゃんが顔をしかめる。そのくらいの日本語はわかるのだ。

「ねえ、ムロ。これ」

だいぶ酔ってきたところに、ひと段落したチョンプーが話しかけてくる。「いろは」スタッフのなかではもっともブスで下駄のような顔をしているが、なぜか僕にやたらと懐き、仕事の合間を見てはちょこちょこ声をかけてくる。こっそり連絡先も交換していた。最新号のGダイを手に、

「これシーチャン島でしょう。取材でルークチンと行ったんだって？　いいなあ、私も行きたいなあ。シーサケットには海ないもんなあ」

と歯グキをむき出して故郷を思い出している。仕事は「8番らーめん」の店員なんか比較にならないほどテキパキとしており、会計も社長から任され、控えめな笑顔だがなによりたっぷりの愛嬌があった。そしてぽつりと、

「わたしタイ人なのに、タイのことぜんぜん知らないんだな。ムロやルークチンのほうがいろんなとこ行ってる」

なんて寂しそうに言ったりもする。

会計を終えて店を出るときに振り返ると、ほかの客にそうとわからないよう、チョンプーが両手で小さく手を振っていた。まんざらでもなかった。

近づく不穏な足音

そんな日々を送りながらも、僕たちは、タイに暮らす日本人たちは、ちょっと不安を覚えていた。このところ、タクシン首相に対する抗議デモが激しくなっていたのだ。

タクシン氏は警察官僚出身の政治家であると同時に、凄腕のビジネスマンでもあり、僕もお世話になっている通信大手ＡＩＳの創業者としても知られる。携帯電話やスマホの爆発的普及という時流に乗って大成功を収め、タイ屈指の富豪となった。しかし自社をシンガポールの会社に売却する際、巨額の脱税をカマしたとして猛批判を浴びたのだ。そこでタクシン氏は下院、日本でいうところの衆議院を解散し、総選挙を行って信を問うと宣言し、世相は騒然となっていた。

不正蓄財の話は前々から燻ってはいたのだ。しかしチョンプーのようなイサーンの人々から、タクシン氏は熱烈に支持されていた。発展から取り残されていた地方に対して、重点的に経済支援政策をとったからだった。ＯＴＯＰもそのひとつだ。低収入でも病院にかかりやすい制度も整え、低利で融資を行い、インフラ開発をするなど、汚職はあったかもしれないが、貧困層や農村に寄り添った。

「ＢＴＳや地下鉄が走り回り、摩天楼の並ぶバンコクばかりが重視されて、自分たちは置き去りにされている」と不満を持っていた地方の人々はこぞってタクシン氏に投票した。東北部などの農村は人口が多いのだ。だからタクシン氏は選挙に強く、圧倒的な基盤を持つようになった。解散後の総選挙も快勝した。彼ら「タクシン派」のシンボルカラーは赤で、赤いシャツをまとい、真紅の旗とタクシン氏の写真を掲げて支持を訴えた。

しかし不正は許せない、タクシン氏の政策は税金のバラマキであり、彼は穢れた政商である、と反発も起こる。マスコミに圧力をかけて報道の自由を圧殺したとも言われ、独裁者と呼ばれるようにもなっていく。麻薬撲滅に力を入れるあまり、利権関係者2500人以上を裁判を経ずにブチ殺し、そのなかには無関係な人々もおおぜい混じっていると世界的に非難も浴びた。そうした「反タクシン」のムーブメントはバンコクの知識層を中心に広がっていき、たびたび大規模な集会が開かれた。彼らのシンボルカラーは黄色である。カオサン通りにも近いサナームルアン（王宮前広場）で開かれたデモの見物に行ってみれば、広大な敷地を黄色の集団が埋め尽くし、壮観ですらあった。人口比から選挙は負けると判断した彼らは総選挙の投票をボイコット、代わりにこうして数万人単位のデモをたびたびブチかましたのだ。

赤と黄色。タクシン派と、反タクシン派。農村と、都市。

タイはふたつの勢力に割れていた。この平和でぼけぼけっとした国でまさか、とタイに住む日本人は誰もが笑っていたのだ。それでも僕たちGスタは、なんとなく異変を感じ取っていた。

いつも接する夜の女たちはイサーン出身者が多い。経済的に立ち遅れた東北部からバンコクに出稼ぎにやってくるのだ。男は土木や建設、工場。女は飲食やメーバーン、そして風俗……大都市バンコクを支えているのは、彼ら彼女らイサーンからの若い労働力であったのだ。

「あたし、タクシンさん好きだよ。オカネ貯め込んだかもしれないけど、イサーンに注目してくれた。貧乏人を助けてくれた」

そう真剣な顔で話すゴーゴー嬢やタニヤ嬢が増えたのだ。夜の街は圧倒的にタクシン支持であった。学や知識はないかもしれない。しかし、そんな人々が政治に思いを持って、気持ちを僕たち外国人にもぶつけてくる。

一方で中間層や富裕層のタイ人の間では、タクシンの専横を嘆く声が高まっていた。彼らの主張もまた、理解できるものではある。

どちらがいいとは言えない。タイに住まわせてもらっている外国人からすれば、安定が一番なのだ。しかしどうも、この国が分断しつつある。もしかしたら、大事になるんじゃないか……2006年の雨季のはじめ、僕はそんな悪い予感を抱いていた。

福利厚生はマッサージパーラー

「ムロハシくん参加する？　今月のアレ」

「しますします参加しますもちろんやります。今月もアミダくじっすか。えーとここでいいや。ムロハシ、と」

ぞろぞろと線が引かれたアミダの一本に自らの名を記し、当たりますように、と祈る。日本人営業氏はその紙片を手に、ほかの男性スタッフのところにも声をかけに行った。ズバリ、マッサージパーラー「プラザ」の入浴チケット抽選会なのであった。

ペッブリー通りにあるプラザはいつも広告を出してくれていたが、その支払いは現金ではなく店の入浴券詰め合わせであったのだ。このゴールデンチケットがあれば、タダで泡姫と混浴できるというわけだ。通常は会社のウラ接待だのGダイの読者プレゼントだのに回る入浴券だが、ときおり余ることもある。そんな場合、社内の男たちがこっそりと女性陣にわからないようくじ引きやジャンケンをして、奪い合うのだ。いわば弊社の福利厚生、保養施設のレクリエーションみたいなものである。

で、見事この争いを勝ち抜いた僕は、うきうきでひそかに会社を抜け出した。地下鉄でペッブリー駅まで出て、出口で待ち構えているバイクタクシーに打ちまたがる。強烈な日差しを浴び、排気ガスにまかれて、渋滞の合間をバイクですり抜けていく。ときどきサイドミラーにヒザが思いっきりぶつかったりもする。そういやゲンサイの日本人の女の子がバイタクでコケて大腿骨骨折したらしいな……なんて思いだすが、世界有数の渋滞都市をストレスなく泳ぐには、この乗り物は不可欠だった。大手企業の駐在員には、本社から「あんな危険で野蛮な乗り物には絶対に乗るべからず」と社命が下っているとも聞いた。

まあコケたらコケたでタイにも社会保険があるのだが、月々わずか750バーツの支払額だと公立の病院しか通えない。リッチな駐在員御用達の、日本人専門窓口も完備している宮殿のごとき私立の大病院にかかるには実費であった。ゲンサイの日本人が直面する悲しき格差である。

バイタクはプラザの入口に滑り込んだ。高級車で乗りつける客も多い店に、貧相なバイタクで現れるのは僕くらいのものであろう。ヤーム（警備員）に一瞬、停められそうになるが、こちらはなんといってもゴールデンチケットを持っているのである。

キンキンに冷房の効いた高級ホテルのようなロビーに踊りこむと、大きな全面ガラスの向こう、ソ

マッサージパーラーのひな壇

ファーに座る20人ほどの女子の姿があった。いずれもセクシーな服に身を包んでおり、残酷なことに容姿・年齢などにより値段も座る場所もランクづけがなされている。「ひな壇」「金魚鉢」と称されるこの人間ショーケースは、ときに人権団体から叩かれることもあった。

そんなひな壇を見定めていると、すかさずコンチアがうやうやしくやってくる。館内の案内人であり、高そうなソファーに座って指名を待つ女たちのスペックを解説する人物でもあるが、店によっては女性もいるのが恥ずかしい。母ちゃんぐらいの年のおばさんが、「あのコ。田舎から出てきたばっかりでね。まだなにも知らないの。いろいろ教えてあげてほしいな」「あっちのミドリの服。おっぱいすごいよ。それに優しくて、お客の評判もいいんだから」「その隣ちょっと老けてるけど、マッサージは巧いしボリカンディー」なんて耳元で囁いてくるのである。「サービス満点」という意味の「ボリカンディー」は、どの店のコンチアも使う常套文句であった。Gダイ誌面ではたびたびコンチアのことを「付け届けをもらった泡姫を客に斡旋する」と揶揄していたが、恥を忍んで好みのタイプをオーダーすれば、これぞという姫をあてがってくれる頼りになる存在でもあった。

そんなコンチアのアドバイスも受けつつ、どの子にするべきか決めかねていると、

「あれ、ムロハシさん」

唐突な日本語に振り返ると、そこにはGダイライター藤岡わこう氏の姿があった。

「藤岡さん、もういいんですか？」

「うん、この前退院してさ。もうばっちり」

だがその顔は、まだまだ不吉な感じにやせこけていた。しばらく胃ガンで入院していたのである。それもカーストの高い私立の大病院だと聞いていたのだが、

「いやあそれがさ。手術終わって、ずっと流動食が続いて。ようやくフツウの食事ができるようになったのがつい最近なのね。で、まず出てきたのがカルボナーラよ。胃を切除したガン患者にカルボナーラ。タイの医療には驚いたね」

それでも完食したからこうやって退院し、復帰したのであろう。藤岡さんはタイや香港、マレーシアなどアジア各地の歓楽街をパトロールする特集「闇を歩く」シリーズをずっとGダイに寄せていた。今日は日本から来た客を案内しているのだという。こうして風呂屋にいようがBTSのホームにいようが、誰かしら日本人の目があるのがバンコクであった。実に狭い社会なのである。

藤岡さんにはまたぜひ書いてくださいよと言い残し、白昼堂々、勤務時間中に充実の入浴タイムを満喫し、帰社してみるとどうにも社内の様子がおかしい。スギヤマさんと社長が例によってガス室の

ごとき社長室にこもってなにやら話し込んでいる。ほかの日本人スタッフたちとヤムちゃんは、深刻そうな顔で腕を組んで無言だ。何事かとシマくんに聞いてみるが、

「わかんない。どっからか電話が来てから、みんなあの調子」と困った顔だ。そこに、深いため息をついてスギヤマさんが戻ってくる。が、なにを話してくれるわけでもない。訊ねてみても「ああ、うん。まあ」と濁す。

ちょっかい居酒屋は僕の語学学校

それから数日。

社内の上層部は冴えない顔でやはりヒソヒソと話し合っている。僕たちはそんな様子を眺めつつ、ふだんの仕事をこなすしかない。そして夜になると、不安をかき飛ばすように飲みに行った。

「なんかイヤなことあるときは食べるんだよ！」

そう豪語するシマくんとともに屋台で飲みはじめ、さらに居酒屋「もりもり」へと乱入する。こちらも広告主であるが、「いろは」と同様とにかく楽しい店だった。ウエイトレスの女子たちが手が空いたときに同席して、飲み相手になってくれるのだ。常連の我々は軽いセクハラも許容された。居酒屋にしてキャバクラみたいな業態で、こんな店がスクンビットの各地にあったのだ。僕たちは「ちょっかい居酒屋」と呼んでいた。

「ムロさん、今日は日本のエロ本ないの」

ウエイトレスがニヤニヤしながら聞いてくる。同業者からはるばるエアメールで送られてくる「フラッシュ」だの「週刊ポスト」だの「アジアン王」だのを見せると、彼女たちはキャーキャー奪い合って興味津々といった様子で見ては、あれやこれやと寸評するのだ。日本語が読めなくてもグラビアメインの雑誌なら日本の世相も伝わるというもの、「へーこの人の化粧タイ人とちょっと違うね」「こんな小さいぱんつ、日本ではフツウなの？」「おっぱいの形がいいね」とか、会話のネタになるのだ。タイは誤解されがちだが、実は性的モラルが高く、性表現にも非常に厳しい国である。巷のエロ本の露出はチクビＮＧケツＮＧ。ケツの割れ目の上端がわずかにノゾく程度が限界であった。それもあってモラルを大きく逸脱した日本製のＡＶとかエロ動画が人気となっている。「フライデー」のグラビア程度でも十分エロ本の範疇であり、変態先進国ジャパンの実態を知るべく、彼女たちは僕たちの顔を見ると雑誌をねだってくるのであった。こんなウエイトレスたちから下ネタや流行り言葉を中心としたタイ語を教わるのも日課のひとつ。ちょっかい居酒屋は僕の語学学校でもあったのだ。

そんな「もりもり」に、今日は新顔が入ったのだという。ママに呼ばれて華奢な娘が恥ずかしそうにやってきた。落ち着かない様子で着席し、ワイをする。いかにも借りてきたネコという感じだ。化粧慣れしていないのか、チークを塗りすぎていてホッペは真っ赤であった。お前はオカメかとツッコミを入れたくなるのをガマンする。そこへ店のエースであるジェーンが、刺身の盛り合わせを運んできた。

「私の妹なんだから。優しくしたげてねムロさん」

そういう姉の顔は、妹と瓜ふたつ。双子なのであった。

「もりもり」のジューンといちゃつくシマくん。彼女はGスタのマスコットだった

イサーンはロイエット県から、妹より1年早くバンコクにやってきたジェーンは、昔はやはりイモ臭い田舎娘だったはずなのだ。しかし都会の夜で働くうちに、いつの間にかアダルトな空気さえ漂わせるようになった。すでに日本人の酔客のあしらいもうまい。居酒屋と、系列のスナックの間を行ったり来たりして働いていた。

「こっちはジューン。日本語もまだまだだし、教えてあげて」

ジェーンは意味深な笑みを投げかけると、跳ねるように隣のテーブルに移って、客にハイボールをねだっている。

日本人のおじさんふたりの間にひとり置き去りにされたジューンは、しばし所在なげにしていたが、イサーン語の訛りもかわいらしく口を開いた。

「あ、あたい、えるえーなんだよ」

「えるえー?」

「そう。英語でLA。ロサンゼルスと同じなんだから。ロイエットって英語だとこう書くでしょ」

注文を取る伝票に、たどたどしく書いていく。Ｌｏｉ　Ａｔ。その頭文字を取って、ＬＡなのだという。

「イサーンの田舎だけどアメリカのロスと同じだね、って地元の友だちと話してたんだよ」

ふふん、とばかりに得意げに笑った。かわいらしいえくぼに年甲斐もなくドキリとする。ロイエットはＬｏｉ　ＡｔじゃなくてＲｏｉ　Ｅｔやんけ……ＲＥやぞ……とは言い出せず、僕はジューンのあどけない顔を見つめた。

さんざん飲んで笑った後、タクシーでの帰路。

「もりもり」にも有望株が入ったと、シマくんに撮ってもらったジューンとジェーンとの3ショットを眺める。「もりもり」は風俗店でもなんでもない、ちょっかいをかけたりかけられたりできるだけの居酒屋なのだが、ウエイトレスの誰もが仕事を忘れたかのような距離感で接してくれる。それはタイのどこに行っても、我が職場でも同じであるような気がした。友だち感覚というか、気安いというか、よそよそしさがなかった。もちろん、「もりもり」の子たちだって仕事だから親しくしてくれるのだろうけれど、そうと感じさせない、友だちだと誤解させてくれる近さがあったのだ。温度のある距離だった。

「それがタイ人なんだろうか……」

絶倫なメディア関係者

そんなことを呟いていると、電話がかかってきた。

「ムロハシくん。僕がいま、どこにいて、なにをしているか、わかるかい」

声の主は某テレビ局のバンコク支局の男であった。視聴者の皆さまは絶対に知りえないだろうが、仲間うちでは知られた変態である。嵐のような騒音が彼の背後から届く。声は途切れ途切れだ。

「いまね。オブセッションにいるんだ」

ナナプラザにあるゴーゴーバーの名を上げる。高レベルなニューハーフばかりを集めた、いわゆる「男の娘」専門として知られ、かのホリエモンの目撃談もある斯界のミシュラン店。

「そこでいまね、僕はオチンチンを握っているんだよ。両手でこう、ニューハーフちゃんふたりのオチンチンを2本、しごいてね。タマタマもこう、あったかくて。両手がもうオチンチンで、電話するのたいへんなんだけど、どうしてもムロハシくんに伝えたくて。ムロハシくん、ここには宇宙のすべてがある。いますぐキミも来なさ……」

僕は通話を切った。彼の変態性についていくのはけっこう難易度が高かった。

〝顔は美女。おっぱいもちゃんとある。ちっちゃくて華奢でかわいらしい。でも、まだ手術をしておらずチンポがついている〟

……という状態がなにより の好物だという日本人は多かった。極めて多かった。そんな人々から「Gダイスタッフならそういう子が揃っている店を知っているだろう」と聞かれることもあった。しかもたいてい「チンポはデカければデカいほどいい」とうるさい注文をつけてくるのである。が、僕は性癖的には凡夫であり、なかなか期待に応えられなかった。

そして彼のようなメディア関係者とはよく飲んでいた。バンコクは日本のマスコミ各社、新聞・テレビ・通信社のアジアの拠点である。入れかわり立ちかわり特派員たちが赴任してくるわけだが、ナゼだかGダイに仁義を切ってくる方がよくいたのである。天下の大手駐在員が、在タイ日本人社会の底辺、国辱とまで蔑まれたカーストの極北に声をかけてきては、メシでもどうかと誘ってくる。エロだけでなくタイ、アジアのニッチな情報に満ちていたGダイは、彼らの格好のネタモトともなっていたのだ。そんな雑誌をつくっているのはいったいどんな連中なのか、記者の好奇心でもって僕たちにコンタクトしてくるのであった。

そしてジャーナリストたちはまた精力絶倫なのであった。奥さまお子さま同伴の赴任でありながら、Gダイを参考書に取材と称していかがわしい世界を毎夜毎夜ヘタしたら僕たち以上にパトロールし、

「ムロハシさん私ね、レインボー2のコ全員やっちゃった」

「タニヤのコから金を買ってくれっていわれてるんですが、中華街に行けばいいですかね?」

「ムロハシさんこの前、新しいちょっかい系、開拓したよ」

なんて聞いてもいないのに報告してくる。2、3年の短い任期を目いっぱいマン喫しているのであった。

さまざまな意味で取材熱心な彼らには先達から代々ずっと受け継いだコネクションがあり、タイ警

察であるとか政治家や官僚、軍人、大企業のビジネスマンといった、僕たち底辺ではつかみづらい人々の動向をよく教えてもらったりもした。そんな情報をGダイの記事に盛り込んでいったり、ライター各氏にタレこんだりもする。それがGダイのリアリティを高める。持ちつ持たれつ、であったのだ。

クーデター勃発！

特派員のひとりから連絡が入ったのは、9月19日のことだった。いつものように、「いろは」で泥酔していた夜である。シマくんと、彼の友人のゲンサイ仲間が集まり、僕も加えてもらって賑やかな席となっていたのだが、某新聞の特派員からの電話で酔いが醒めた。

「クーデター？」

「うん、軍が首相府に向かっているって情報がある。確かな筋。うちの助手も確認してる」

「タクシンは……」

「いま国連総会でニューヨーク。隙を突いた」

すぐ取材に出なくちゃならない、と言い残し彼は電話を切った。呆然とする。

ウワサはあったのだ。

タクシン首相が下院を解散したことを受けて行われた総選挙を野党がボイコット。再選挙という判定が下ってからというもの、政治空白が続き、タクシン派、反タクシン派双方が激しいデモを行い、収拾がつかなくなっていた。

こんなとき、タイはどうしてきたか。

軍が出張り、一時的に政権を掌握し、国王にお伺いを立てるのだ。それがひとつの伝統のようになっていた。1970年代はやたらと多発した。直近では確か1992年だった。タイ政治の歴史はクーデターの歴史でもあるのだ。今回もそろそろ、軍が動くのではないか……タイ人も、タイ政治に詳しい日本人の古老たちも、そんなことをひそひそと語り合っていたのだ。僕がもっとも尊敬するジャーナリスト近藤紘一氏もバンコク赴任時にクーデターに遭遇、取材に四苦八苦する様子を著書に記していたが、まさか自分の身に降りかかってくるとは思ってもいなかった。

「シマくん、行こう」

そう相棒に声をかけて、自らを奮い立たせる。席にいた人々には、万が一を考えて帰宅したほうがいいと告げ、僕たちは夜のスクンビットに飛び出した。

街はまだ平穏で、いつも通りだ。相変わらず屋台から煙がたなびき、セブンイレブンの前で野良犬が寝そべり、すぐそばのモール、エンポリアムは賑わっている。ソイ24のパクソイには交通警官が出ていたが、様子はふだんと変わらない。僕は電話を取った。

「猫さん、聞いてると思いますけど」

「いまどこ」

「プロンポンです」

「アソークの交差点。10分後に」

スクンビット通りとラチャダーピセーク通り、ＢＴＳと地下鉄が交差する交通の要アソークに行ってみると、やはりいつもと同じ激しい渋滞だったが、混乱は見られない。交差点の北、観光客に人気の古民家博物館カムティエンハウスの前にたどりつくと、すぐに猫さんの車が滑り込んできた。シマくんとふたりで乗り込む。すかさず発進し、ディンデーン通りからドゥシット方面に向かう。官庁街である。

「首相府に行く。もう戦車隊が取り囲んでるらしい」

猫さんの本業はフリーランスのジャーナリストである。それも僕の知る限りだが、東南アジア最強のスゴ腕であった。タイ語力と、警察や軍とのコネを生かした情報収集力に加え、写真の腕前は折り紙つきだ。さらに怪しげな機器を車内に設置し、なにやら無線を傍受しながら夜のバンコクを駆けていく。「Ｇダイの猫巻トオル」といえばタイ風俗マニアがひれ伏す存在であったが、アジア報道の世界でも知られた男なのであった。

「もう来てるね」

シャッターを切りながらシマくんが呟く。すでにタイのメディアが大量に集結しているのであった。脚立を林のように並べ立て、その足元を記者たちが蠢く。テレビの中継車が何台も停まりアンテナを立て、太い血管のようなケーブルが這う。ファランの記者もけっこういる。日本人も混じっているのだろう。週刊誌時代の血が騒ぐ。かつてああやって脚立を並べて、東京地検やら、万景峰号を待つ新潟港やら、殺人犯が移送された警察署やらで取材をしていた日々がよみがえる。

近くの運河沿いに車を停めて、僕たちは現場に向かった。投光機で照らされた首相府は固く門を閉ざし、その前には迷彩服の兵士が銃を手に防護を固めていた。若い。そして緊張した顔だった。

ドゥシット各地にはすでに戦車が何台も停まり、周囲を威圧していた。しかし市民やタクシン派と衝突した様子はないし、あやうい緊張感もなかった。日常生活では見ない巨大な異物が現れたことに対する驚きの空気はあったが、戦車隊はマスコミの撮影に顔をひきつらせながらも応じ、責任者らしき兵も言葉を選びつつ、ていねいな口調で「命令によってここにいます、誰にも危害は加えません。それ以上のことは言えません」などと繰り返した。

このときすでに、軍は政府の主要施設を無血制圧し、クーデターは事実上成功していたのだ。バンコクの市民が知らない間に政変はほとんど終わっていたのであった。なんという手際の良さか。タクシン派の主要な幹部とも、ある程度は打ち合わせ済みなのだろうと思った。

他社に混じってシマくんとふたり、首相府のまわりを撮影し、兵士に問いかけ、知った顔の日本人記者と話す。近所の人たちもだいぶ集まってきたな……と思ったときだった。マスコミ陣の間からぴょこんと、アニメ絵の寝巻き姿が飛び出してきたのだ。高校生くらいの女の子だった。無邪気に戦車の前に踊りだし、アゼンとしている兵士に話しかけ、その腕を取ってピースサインをキメるではないか。ケータイを構えているのは彼女の父親だろうか。一気に場は和んだ。我も我もと戦車をバックに記念撮影する人々が殺到し、政治的緊張とは違った意味で首相府の前は騒然とした。その様子をシマくんがばしばしと捉える。僕は兵士とツーショットを撮った人たちをつかまえて、話を聞く。ここは反タクシン派の多いバンコクなのだから、軍を支持する声が大きいだろうと思った。もちろんそんな意見もたくさんあったのだが、

「とにかく平和であってほしい、衝突だけは避けて」と誰もが言うのだった。どちらの勢力を支持するという前に、タイ人同士で血を流すのだけは見たくないという気持ちが強いようだった。そこへ猫

さんが合流する。

「戒厳令が出たらしい」

いよいよクーデターの事実は広く知られることになった。今日は休みでテレビを観ていたというチョンプーからメールが来る。

「どの局も同じ番組やってる！」

軍の報道官が出て、現政権を制圧したこと、戒厳令が発令されたので外出は控えることなどを説明しているようだ。クーデターは成ったのだ。

すでに未明、これ以上ドゥシットにいても取材のネタはないだろう。僕たちはいったん引き上げることにした。

帰路のバンコクは、がらりと様相を変えていた。

戒厳令を受けて街は静まり返っていた。人通りは少なく渋滞もない。深夜まで営業している屋台もない。暗黒の街だが、セブンイレブンだけが煌々と灯かりを照らしていた。毎夜お祭り騒ぎのスクンビットも同様だった。開いている店はほとんどない。事情を知らない外国人にも話は伝わっているようで、観光客の姿もわずかだ。

「せっかくだから、様子見てみっか」

と、Gダイ執筆陣の顔に戻った猫さんはソイ4に車を乗り入れるが、ナナプラザは暗渠《あんきょ》と化していた。周囲のバービアもレストランもすべて営業していない。ソイ・カウボーイもやはり無人の廃墟のようになっていた。しかし出会い系喫茶テーメーカフェだけは、軍に抵抗するかのように堂々と営業していたという伝説を後に聞いた。テーメーは警察直営、そして警察は元警察官僚タクシン氏の牙城である。軍に対する警察の意地をテーメーに見た……とGダイ取材陣は感慨を深くしたのであった。

会社に入ると、いつもさっさと帰ってしまうバン週スタッフも、この日ばかりは深夜まで残っていた。ビールやらつまみを差し入れる。僕もどっかりとイスに身体を投げ出して、ビアシンの缶を一気に飲み干した。ぜんぜん酔わない。久しぶりにヒリヒリした現場を踏み、高揚していた。

その勢いのままに、Gダイの特集記事としてこのクーデターについて書きたいところではあったが、残念ながら次号は校了したばかりなのだ。もう差し替えもできない。そこで僕は「週刊文春」のKデスクにメールを送った。戦車隊の前に飛び出した女の子の、あのとびきりの笑顔。その表情を日本に伝えたいと思ったのだ。

明けて翌日、戒厳令の朝。

僕が住むスクンビット東部のプラカノンにも、兵士が配されるようになった。屋台が出て、バイタクたちが客待ちをし、灼熱の太陽が照りつける雨季の晴れ間。いつも通りのバンコクだが、ライフルを構えた兵士たちだけが異様だった。

この日も猫さんやシマくんと首相府に出向いてみると、撮影大会はさらに賑やかなことになっていたのだ。どこから用意したのか、誰もが花束を兵士たちに手渡している。そしてにこやかに歩み寄り、一緒に写真に収まるのだ。ミーハーとか平和ボケというのとは、ちょっと違う気がした。軍事力のような手に負えない巨大な力に対しての、これがタイ人の接し方なのではないかと思った。無理に抗うのではなく、笑顔でしなやかに受け流す。タクシン支持や反タクシンを叫ぶデモ隊よりも、こうしてクーデターの最前線までやってきて兵士に笑顔をふりまく女性や子どもたちのほうが、タイという国の本質なのかもしれないと思った。

クーデター翌日、首相府の前には戦車隊と記念撮影をする人々が集まった（撮影：嶋健雄）

兵士たちもだんだん柔らかな顔になり、子どもを戦車に乗せてやったりする。いつの間にやら屋台が集まってきて、水や焼き鳥やカオニャオを売りはじめる。バイタクまで現れて送迎をするようになる。タイ人の臨機応変なしたたかさは、なかなかに痛快だった。だから、そんな姿をシマくんには重点的に撮影してもらった。そして週刊文春には「ほのぼのクーデター」と称して、栄えあるグラビアページの掲載を勝ち取ったのである。古巣にほんの少し恩返しができたように感じた。

Gダイに廃刊命令!?

そんなクーデター騒動も落ち着いた頃だった。

タニヤの「浪花」で飲んでいると、スギヤマさんがいきなり言い出したのだ。

「いやー、実はさ。タイ政府から『Gダイは廃刊!』って通告くらってたんだよワハハハ!」

「はあっ?」

「廃刊だけじゃなくて日本人社員は全員逮捕の上、強制送還。クビを洗って待ってろって言われて、ちょっとビビってたんだよね」

二の句が継げなかった。シマくんとふたり、呆然とする。いかにも愉快そうにスギヤマさんがコトの次第を解説する。

問題は第83号（2006年10月号）に掲載した「ベッドの上から観たタイVSミャンマー」という下

「ベッドの上から観たタイVSミャンマー」（第83号より）。ミャンマーのエキスパート海丘氏はエロから政変まで幅広く寄稿してくれた

品な記事であった。売春婦のテクニックや反応から国民性を探りタイとミャンマーの女性論をカマすという失礼きわまりない内容に、タイ当局はキレたのだ。

タイは日本ほど表現の自由がない国である。国内の発行物はすべてお上にチェックされており、それはGダイも例外ではない。毎号毎号、検閲をする部署に提出していたのである。そこではGガールや、広告に載っている夜の女性の露出が度を越していないか、そうした女性と、僧侶や寺院の写真が同じページに同居していないか、仏教や王室に対する侮辱はないかなどがチェックされた。

この場でたびたびご指導、ご鞭撻、ご激怒をいただく問題児であるGダイは、過去にも「女子大生の制服を脱がしたい」という記事（第60号・2004年11月号）が指弾され、やはり廃刊を命ぜられたことがあった。タイの女子大生の制服は、身体のラインにぴったり張りついた小さな純白のブラウスと、黒いミニスカの組み合わせで、タイ人男にとっても日本人男にとってもエロスの象徴、その色どりから「カオダム（白黒）」なんて隠語で呼ばれて制服マニアのみならず健全な男子をも魅了する存在だ。しかし、非常にお堅いタイ教育界にとって、制服を性的な目で見ること自体、許しがたい行為なのである。タイ文部省もたびたび「ミニスカは禁止」「下着が見える格好はＮＧ」と女子大生側にも説教をしていて、メディアにも学生をセクシャルに扱わないよう注文をつけていたのだが、それを無視してＧダイはとりわけ制服がエロいとウワサの某大学の女子大生の制服姿を載せまくったのである。

このときは社長が泣いて謝り事なきを得たのだが、その舌の根が乾かないうちにカオダム姿をエロマッサージの広告に流用して再び問題となり、それもようやく見逃してもらって、今回のタイVSミャンマーであった。ソープランドの入浴券を社員の慰労に当てるだけあって、弊社の人権感覚は世間とややズレているのである。

「今度という今度はもう絶対に、なにがなんでもＧダイは許さないって言われちゃってさあ。謝罪も受けつけてくれなくて、けっこう途方に暮れてたんだよね」

それで、あの重苦しい雰囲気だったのか。ようやく合点がいったが、それではなぜ僕たちはこうして引き続きＧダイをつくっていられるのか。

「クーデターだよ。政権がひっくり返って、役所の中も大混乱。検閲の部署も同様で、担当している人間もどっか行っちゃって連絡もなくなった。それですべてはウヤムヤってわけ」

そう笑ってスギヤマさんは焼酎を飲み干した。力が抜けた。そんなことがあったなんて……まったく、ちょっとは教えてくださいよ。部下に余計なことを言わず心配させないというのがスギヤマさんであると知ってはいるが、それにしたって驚かされた。

「じゃあ、無事に廃刊回避ってことで、今日は飲みますか！」

シマくんがまた脂モノを大量に注文し、スギヤマさんは上機嫌でボトルを追加した。この連中、いや、僕も含めてなのだろうか。Gダイは恐るべき悪運の強さなのであった。

お下劣海岸パタヤを駆けろ！

バイタクの後部座席に揺られてノースパタヤロードを西に走っていくと、やがてタイ湾のきらめきが見えた。スピードを上げて、ビーチロードに入っていく。一気に視界が広がる。右手いっぱいに、海。左手にはホテルやカフェやレストランが並び、通りにはヤシの木立と、水着姿で歩く観光客の男女。

これぞまさしく南国という光景を見れば、根が暗い僕だってテンションが上がる。快晴の空にひゃっほーと叫びたくなる。

バンコクから2時間かけてやってきた。さわやかな朝だ。バイタクを降りればすでに営業しているバーがあるではないか。明るい陽光に射抜かれて、ホームレスみたいなファランのジジイが泥酔してクダを巻き、ミニスカボディコンのタイ人のおばちゃんがおかわりのビールをねだっている。重低音のディスコミュージックが朝9時の街に鳴り響く。

僕とシマくんはホテルにチェックインするのも忘れて、まずは朝ビールだろうとバーに乱入した。化粧のはげたオカマとおばちゃんが満面の笑みで出迎えてくれる。キンッキンに冷えたビアシンをふたりでぶつけあう。

「パタヤばんざーい！」

イッキに流し込む。ノドが歓喜に泣く。朝ビール旨すぎる。ファランのダメなジイさんと、潮焼けしたタイ人のおばちゃん、そして海とビール。これがパタヤだ、と痛切に思った。人呼んで「世界でもっとも下品なビーチ」である。

街の玄関たるビーチロードはその名の通りゆるやかにカーブする砂浜に沿って走っているのだが、すでに朝から仕事熱心なフリーランスたちが観光客の男たちに声をかけ、腕を取り、媚を売る。立ちんぼの皆さんであった。白人の家族連れは見てみないふりをして通り過ぎるが、インド系のオッサンどもはあっさりと引っかかり、その場で襲いかからんくらいの勢いで値段交渉をしている。24時間営業のオープンバーでは中国人観光客がゲロを朝日に輝かせ、カウンターに座った日本人と思しきジジイが店員の女の手をさすりながらワイセツな笑みを浮かべる。

ビーチロードと、内陸に1本入ったセカンドロード、さらに奥のサードロードとその周辺、南北3キロ東西2キロほどのエリアはほぼすべて、こんなバーが何百軒いや数千軒ひしめき、ピンクとムラサキの毒々しいネオンを撒き散らし、女の化粧の香りと汗の匂いが充満する眠らない赤線地帯。アジア最大の超巨大歓楽街なのであった。

ホテルに荷を置いて速攻で取って返した僕たちは、ほろ酔い気分でビーチロードのソイ6へと向かった。さんさんと降り注ぐ太陽の下で、置屋が絶賛営業中なのであった。通りを練り歩けば、とうてい朝とは思えぬノリで「うぇるかーむ」「わんどりんく、おーけえい」「かむいんさーい」と声がかかる。2階部分から路上に張り出したテラスでポールダンスを踊っている下着の女がいる。シマくんが一眼レフを構えると、ポールに絡みついてポーズをとる。しっかりオカマバーも営業しており、黄色くて野太い声が飛ぶ。

本来は夜に咲くべきミニスカの妖しい花々が、日差しのなかで乱舞している違和感こそがパタヤであろう。この街で過ごしているうちにだんだんその毒に染まり、人は朝から泥酔してよいのである、時間を問わず売春婦の肩を抱き欲情することも自由なのだと考えるようになってくる。ここは世界一フリーダムなビーチなのであった。

爛熟した南国の果実のごときパタヤの空気に惚れこんで、住み着く外国人は多い。マッチョ峰沢氏もそのひとりであった。Gダイの外注デザイナーであり、日本語フリーペーパーなどでも仕事をしている筋トレマニアのおじさんは、パタヤに渦巻くバーの動向に詳しい。とあるバー兼置屋の前で待ち合わせると、筋骨たくましく精をみなぎらせ、ソイ6の売春婦を背景に闊歩するのがこれほど似合う男もいまいというアニキがやってきたのであった。

「やっぱいまはセカンドロードですかね」

マッチョ氏のガイドによって僕とシマくんはパタヤを駆けた。Gダイの栄えある巻頭記事として、パタヤ大特集を組むのである。その取材であった。

もちろん「パタヤ最強マップ」の更新もそのひとつであるのだが、僕はさらに重要なミッションを自らに課した。ビーチロードのさらに南、夜間は歩行者天国となるおよそ500メートルほどの通りこそがパタヤの象徴、あらゆる色彩の光が飛び耳をつんざく音楽が轟音のように響き、何百人もの女たちが路上で客を引くウォーキングストリートの最強マップをつくろうと思い立ったのであった。タイ風俗を紹介するメディアは書籍や雑誌、ウェブといろいろあるが、史上初の試みであろう。規模的にも「歌舞伎町最強マップ」をつくるがごとき労力を要する、我ながら偉業であった。

セカンドロードやサードロードの取材に回るシマくんとマッチョ氏から離れて、僕はひたすらにウォーキングストリートを行き来した。みっちりと連なるゴーゴーバーやビアバー、ディスコ、レストラン、ホテル、シーシャバー、ホットパンツ娘が踊る流行のコヨーテバー、ロシア系お姉さまのいるパブ……そんな物件を地図にポインティングし、気になった物件があれば入店してチェックし、「セクシーショーがすごい」「ムエタイリングもあるバー」「怪しい安ホテルが並ぶ」「ロビーにソレ風の女がたむろす」とコメントを書き入れていく。この地図を手に読者がウォーキングストリートを歩くのだと思うと気合いが入った。

「どうせすぐに店なんて入れ替わるじゃん」「店名だけ地図に羅列してどんな意味があんの」というツッコミは多方面からいただいた。それでも、曼荼羅のごとくエロ情報やらグルメ情報でページを埋め尽くし、細かくウンチクや情報を満載し、ごちゃついたパタヤの騒々しさとエネルギーを表現したかったのだ。それにコメントひとつひとつにも意味を持たせ「シービュー席のあるバーって書いてある。行ってみよう」「この角を曲がると日本人に人気のゴーゴーバーがあるらしい」なんて、旅して歩くわくわく感を読者に提供したかった。

この作業にあたってはGダイではじめてグーグルマップを参考に、正確無比なマッピングを行った。とはいえ数百の物件が印された細密画である。ミネタさんはあまりの細かさに発狂したが、そこを拝み倒せば彼はイヤと言えないことを僕はすでに知っている。痛風がきついのだというミネタさん

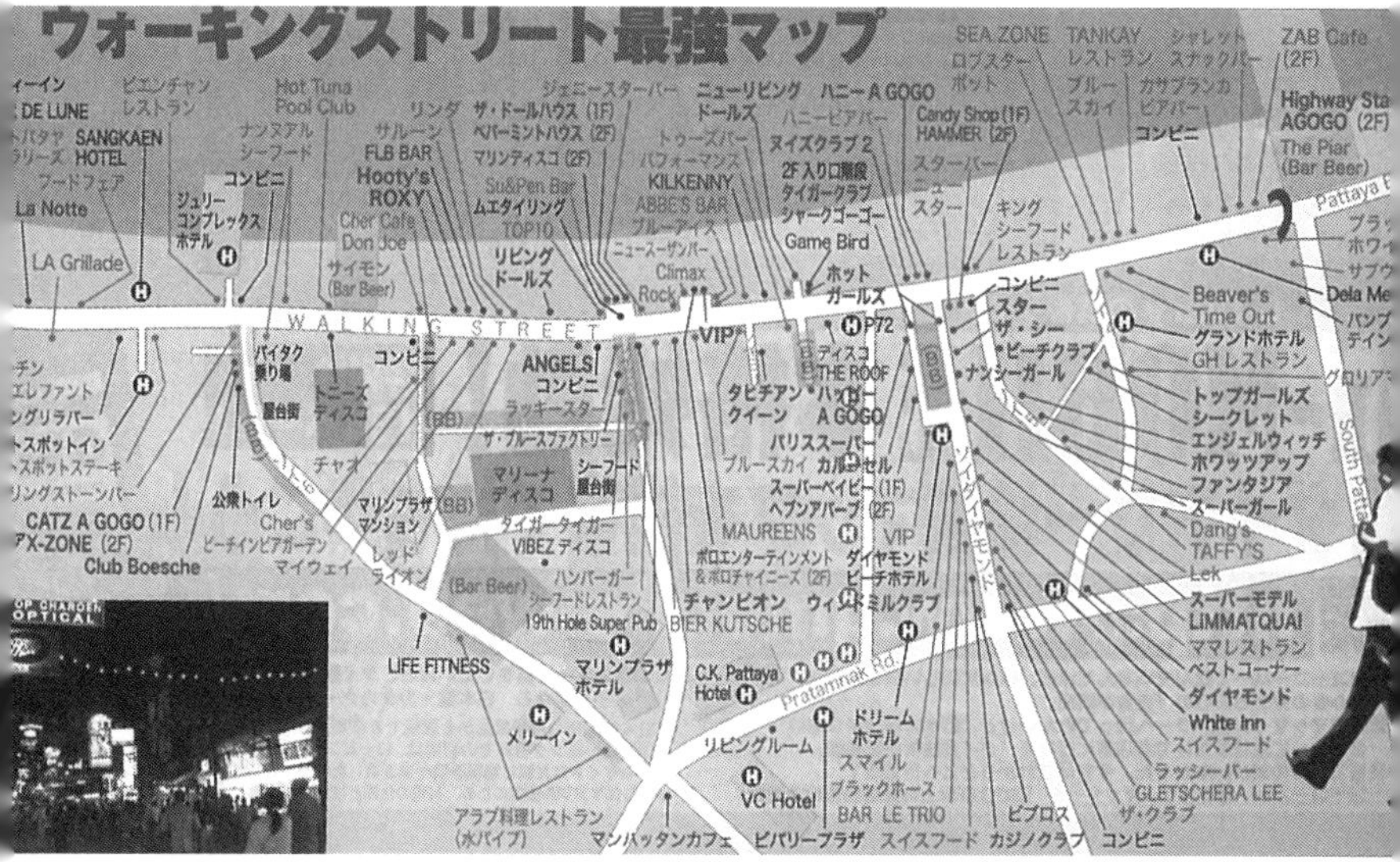

我ながら偏執的なウォーキングストリート最強マップ（第84号より）

を、僕は連日深夜まで会社に監禁し、ウォーキングストリート最強マップの作成に当たってもらったのである。もちろん弊社は残業代など出ない。

読者の目の届かぬところで奮闘するミネタさんによって、まさに最強最新のマップがついたパタヤ特集が完成したわけだが、この記事にはもうひとつの要素があった。

スワンナプーム新空港のオープンである。画期的な出来事であったのだ。それまでタイのメイン玄関だったドンムアン空港は、小さい、ボロい、アクセス悪くて渋滞ひどいと三拍子揃ったブラック空港であった。しかもこのところLCCの便が多くなり、それに乗ってやってくる中国人観光客も爆発的に増え、過密は極まっていた。

そこにオープンした世界最大級の新空港は、在タイ日本人にも、出張族やお姉ちゃん目あての観光客にも大きな話題となったのだ。そして僕はバンコク東部という新空港の立地に注目した。スワンナプームのほうが、バンコク都心部よりもずっとパタヤに近い。弊社総務のゲートちゃんや社長秘書ヤムちゃんに調べてもらうと、新空港から直接パタヤに向かうバスも出るらしい。これだ、と思った。アジア最大の赤線、恥じらいビーチ、お下劣海岸パタヤだけを目的に訪れるファンも多いのだ。彼らはスワンナプームが開港したら、バンコクには寄らずパタヤに直行するだろう。パタヤ需要はさらに伸びるはずだ。そんな人々に向けて、アクセス情報も完璧に網羅した企画「新空港からパタヤに行こう‼」であったが、その記念すべき第84号（２００6年11月号）を彩ってくれたGガールは、なんとGダイ史上初のビキニ姿なんであった。

ヒモビキニのGガールと格闘6時間

「ねえねえシマくん、どうせNGだろうけど聞いてみてよ。水着OKかって」

キティポンから送られてきたGガール候補の写真からもっとも僕好みのロリ系ポーちゃんを指名する。シマくんから俺のタイプも使えとブーイングが起こることもあったが、その声も無視して今回も独断専行。当日の衣装や待ち合わせ場所などを決める電話をしているシマくんに、横から口を挟んだのである。

「もし水着いけるなら手持ちの持ってきてって」

「まあダメだろうねえ」

そう言いながらシマくんは電話を切った。

歓楽街しか見ていない日本人からすると意外かもしれないが、ゴーゴーバーの舞台で下着やマッパで踊っている人々は、タイではきわめてレアな存在であり、たとえば弊社の才媛ゲートちゃんやヤムちゃんがパタヤの海で水着になるかといえば、絶対にならない。行きつけの居酒屋娘たちも恥ずかしがるだろう。水着は着てもその上に短パンとTシャツを来て波打ち際ではしゃぐ程度だろうと思う。アジア諸国で一般女子が大胆な水着姿を晒すのは日中韓の極東3兄弟のみ、仏教など宗教的倫理観で自らを律する東南アジアの女子は、新婚旅行で海外のビーチに行ったときに控えめなワンピースなんか着るのが関の山だと知っていたので、撮影当日に現れたポーちゃんが、

「ハイ水着」

とか言ってエロいヒモビキニを差し出してきたときには仰天した。「ほ、本当に大丈夫なの？」

半信半疑で聞いてみるが、

「だいかぁ（いいですよ）♡」

なんてアヒル口で微笑むのである。

「よぉっしゃあ！」

まさかとは思ったが、もしものためにシャレオツなブティックホテルなんか押さえた甲斐があるというもの。ちゃあんとプール併設なのである。スクンビットやシーロムなんて外国人の遊び場ではない、いまどきの若いタイ人が集まってくるラムイントラの人気物件、近くのクラブからカップルが流れてくるホテルで、後々の広告掲載交渉も視野に入れた舞台設定であった。

そのプールサイドに、おずおずと恥ずかしそうに現れた、男の憧れヒモビキニ。さくらんぼ柄をあ

しらったかわゆいデザインを見て、僕は興奮するより先に感動した。Gダイやっててよかった……。

シマくんはここぞとばかりにポーちゃんに指示を飛ばし、いやらしい姿勢を取らせてシャッターを乱打する。どう見たって平常心を失っているのである。

「めめ女豹ね。つぎこうやって。このカッコ」

「寝そべって、こっち見て」

「そうそう、舌出して」

とか言いながら、ねっとりと肢体を撮影していく。それにポーちゃんはいちいち楽しげに応じるのである。表情をころころと変え、シマくんの卑猥な要求にきっちりケツを突き出し、胸の谷間を強調する。男のツボをわかっているのだ。かと思ったらばちゃばちゃプールではしゃぎながらいきなり、

「♪あれっはでびーる、でびーるまーん」

なんて歌いだすのである。シマくんの撮影の手が止まる。

「……ポーちゃん、そんなん知ってんの？」

「うん。お父さんがよく見てたから」

聞いてみれば彼女の父親はタイ人と日本人のハーフなのだそうだ。日本の文化にも日ごろから触れており、日本を旅行したこともある。少しだが日本語もわかる。だから水着にも抵抗がないのだろうか。休憩中にも唐突に、

「ばすがすばくはつぅ〜」

なんて言い出して、Gスタを和ませる。グラビア撮影というのは当たり前だが撮られるほうも相当に体力を消耗するものだが、ポーちゃんは始終そんな様子で僕たちにつきあってくれたのであった。

いつもは3時間程度で終えるGガール撮影だが、この日ばかりは力が入ってしまい、6時間以上も水着美女と時間をともにした。

「ポーちゃん、ポーちゃん。最後におじさんと一緒に写真いいかな」

我ながらキモいなと思いながらも聞いてみると、「はぁい」なんて無邪気な笑顔でぱたぱた走り寄ってくる。僕の傍らにぴったり密着して、ピースサインで一緒に写真に収まってくれるのだった。

こうして呆れられながらもシマくんにGガールとのツーショットを撮ってもらうことは、僕の撮影後の儀式のようになっていた。女の子によっては腕を組んでおっぱいを押しつけてきたり、抱きついてきたり、ふたりで指ハートをつくったりと、モデル代金に含まれているのかどうかは知らないが実にサービス精神旺盛なのだ。誓って言うが僕が業界のゴロのごとくパワハラをカマしたわけではなく、Gガールたちはきわめて自主的、積極的に僕に密着してくれるのであった。だからついつい肩に手を回し、つい腰を抱き、手なんかつないじゃうのである。役得

Gダイ史上初のビキニ姿の表紙（第84号より）

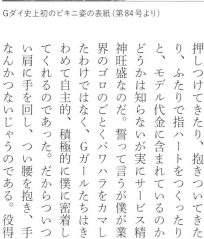

であった。

そうして撮り集めた写真はまさしくGダイ編集者の勲章、自分で言うのもなんだが変質者のような気持ちの悪い笑みを浮かべてGガールと一緒に映った写真がひとつ、またひとつと増えていくたびに、Gダイの歴史もその厚みを増していく。

なかでもビキニのポーちゃんが表紙を飾り、新空港へのアクセスなどもどこよりも詳しく報じつつ、パタヤ最新夜遊び情報を満載した第84号は、ガッツポーズを決めたくなる出来栄えだった。その手ごたえの通りに大評判となり、売り上げも上々だった。

キンタマを揉まれるお仕事

タイはマッサージの国である。観光客向けに展開している店も多いが、それればかりではないのだ。地元に密着した店もたくさんあるし、節々に痛みが出てくるお年頃のおばあちゃんなどは行きつけの按摩屋、なじみの按摩師をキープしているものである。マッサージはタイ伝統の民間医療であり、その技術は一説によれば2500年前にさかのぼるとも言われる。

僕もときどき激務に疲れた身体をマッサージで癒していた。会社のとなりには当時、我らが日本資本ジャスコがあり、その2階にわずか1時間100バーツの格安マッサージ屋が入っていたのだ。デパートの一角にいくつかのベッドを並べて仕切りを立てただけの簡素な店だが、力強く誠実に揉みほぐしてくれる屈強なアニキたちが揃っていた。ピンポイントでツボを押し、最強マップ更新パトロールで疲れたふくらはぎを的確にマッサージしてくれるのだ。弊社の配送担当の男どももよく見かけ、ときどき枕を並べた。互いに仕事をサボッて来ていることもあるのだが、そのあたりは日本人とタイ人の違いはあろうと男同士の暗黙の了解、会社にチクるようなことはしない。ここはちょっとしたオアシスであったのだ。

通いつめていた理由は会社から近いということもあったが、やはり按摩師たちの腕がいいからだ。マッサージ屋の価値は所属している人材で決まるところがあった。だからタイ人は「あの店に行く」というよりは「あの人に揉まれに行く」という感覚らしい。そんな按摩業界も転職が激しく、少しでもいい待遇の店にみんなどんどん移っていく。そんなとき常連客は連絡先を教えてもらい、その按摩師の新規勤務先へと「なじみの店」を変えるのだ。

なので日本から遊びに来た人に「どのマッサージ屋がおすすめ？」と言われると、少し困る。ガイドブックに載っている店にいい按摩師が揃っているかどうかはわからないし、仮にスゴ腕がいたとしても移籍している可能性もある。おすすめとされる店に行っても、いい按摩師に当たるかどうかは運次第だ。

僕の感覚では、やはりベテランで腕っ節のいいおばちゃんが最もアタリ率が高い。次に若い男だろうか。おじさんは按摩師そのものが少ないように思う。そして最悪なのが若い女であった。修行不足でテクがない、経験が足りず腕力がないのはまだいい。仕方がない。だが堪え性がなくマッサージ開始わずか15分くらいでもう飽き、疲れ、おざなりになってしまう連中のなんと多いことか。ソッポを向き、テレビを眺めたまんま力も込めずに身体を撫でるだけになっているやつもいるし、ひどい女になると傍らにスマホを置いて友だちとやりとりしながら施術するやつもいる。そのくせチップだけはもらえるものだと思っており、拒否すると逆ギレしてブンむくれる。とんでもない甘ったれが多いのもタイなのであった。

そんな按摩業界では、医術から派生したエッチなお店もまた大量にあふれていた。どんなイナカに行っても暗闇のなかにピンクのワイセツなネオンがさみしく灯り「ヌアット・ペン・ボラン（古式按摩）」なんて看板を出している。たいてい外観も店内もひどく老朽化しているが、入ってみればマッサージパーラーのひな壇みたいなガラス張りのゾーンが設置され、中にモー・ヌアット（按摩師）たちが居座る。どんなに若くても30代、平均年齢45歳くらいの生活感にまみれたマダムたちが並ぶ。彼女たちのなかには「アージャーン（先生）」と呼ばれている匠もおり、医者のように白衣を着ていることさえある。まさに伝統医療の趣で、腕は確かだ。若い女とは比べものにならない。そしてその後の交渉次第では、別料金で先生に一発抜いていただける。

こうした古式按摩では食事を頼める店も多い。何年、何十年と通いつめている常連の爺さんともなれば、オキニのおばさんを指名し、一緒にご飯を食べ、揉んでもらい、お茶をして、ゆったりと半日を過ごす。サウナやジムや、居酒屋的なスペースまで設置された古式按摩もあり、ほとんど健康ランド。男のための総合エンターテインメントコンプレックスであったが、こうした店はタイ語オンリーの世界でもあり外国人はほとんど寄りつかない。タイ人のための娯楽施設なのだが、そんな分野をも開拓していくのがGダイの役目であった。

「でさあ、その古式は小さいんだけど、ジャップカサイを継承している店なんだよ」

熱弁するのはキタカタさんであった。彼のようにタイ生活が長くなってくると、タニヤやスクンビットのカラオケだの、日本人ばかりのラチャダーの風呂屋だの、そういった店には興味を示さなくなる。よりローカルに深く潜っていくようになるのだ。頼んでもいないのにGダイの尖兵のように、貧民窟にたたずむ格安のチョンの間なんかに行ってきてはその成果を報告してくるキタカタさんだが、ペッブリー通りに興味深い物件を発見したのだという。

「ジャップカサイ？」

「平たく言えば金玉マッサージだよ」

「それって気持ちいいの？　手コキとは違うの？」

「玉袋に走ってるリンパ線を一本一本、刺激して揉みほぐしていくんだ。これが絶妙な加減でさ。ホントにこう、下半身というか腰まわりのコリとか疲れが取れてく感じなんだよ」

このジャップカサイ、精力増強、勃起不全改善などシモの若返りに絶大な効果がある古式按摩界の秘伝、しかしそのリンパを探る技術はいまや北斗神拳のごとく継承者も少なくなっており、非常に貴重な店なのだという。

「しかもさあ、ここそれだけじゃなくて……」

「えっ、なに」

「まあ、行ってみなよ」

含み笑いをする。気になるじゃんか。

ともかくダマされたと思って行ってみっぺか、とペッブリー通りに足を運ぶ。在タイ日本人向けの日本語フリーペーパー「ダコ」の編集部があり（当時）、僕もたまに遊びに行く界隈だ。電脳オタクビル「パンティッププラザ」には日本のエロDVDの違法コピー品がたっぷり売っていたので、こっそり物色しにいくこともあった。

問題の店は貴金属店やらイラン料理屋などに囲まれた一角にあった。のんびりしたおばちゃんが出迎えてくれる。

「わでぃーかあ」

外国人がほとんどやってこない店であろうと、ごくフツウに応対されるのはバンコクのどこに行っても変わらない。「わっガイジン！」というような反応はあまりない。この街は住んでいる人も観光客も合わせて外国人が多いのだ。タイ人は日本人よりも異文化に慣れている国際的な人々であった。

そして古式というとオンボロの店ということが多いのだが、ここは小ぎれいでエステ的な雰囲気まで漂わせている。古式按摩のメニューは普通のマッサージかオイルを使うかの二択という店が大半だが、目当てのジャップカサイ特別コースがあったのでオーダー、確か１０００バーツくらいだったと思う。

「コー・バイセット・ノーイ・カ（領収証ください）」

当然であろう。これはＧダイ編集部員としての仕事なのである。テキトーに殴り書きされた紙っぺらにやや不安を感じたが、よく見ればばちゃあんと「お食事代」とか書かれている。わかっている。これで経理のブンちゃんに出しても恥ずかしくない。だが、按摩師は選べないようで、

「ジャップカサイできる人は少ないから」

と受付のおばちゃんは言う。タイでは風俗店の案内人、受付が女性であることは珍しくもないのだが、当初は戸惑った。風呂屋でもゴーゴーでも、おばちゃんが当たり前のように応対し、罪深き買春へと誘う。女衒とかやり手ババア的な中間マージン目当ての業者というわけでもなく、堂々と風俗店

の店員なのだ。さすがは女性の社会進出が進んだ国である。つまりキョドる必要はなく「俺は巨乳がいい」「按摩の腕で選んでくれ」とか胸を張って希望を告げればいいのだ。

そんなことがわかってはいながらも、つい照れてしまう僕はマッサージ用のダボパンツに着替えさせられ薄暗い施術室のベッドに横たわった。ドキドキしながら待っていると、登場したのは貫禄たっぷりのおばさん。40歳くらいだろうか。あまり笑顔もないあたり職人肌なのかもしれない。

まずは足のマッサージがやおら始まったのだが、その力強さに僕は唸った。うめえ。そして気持ちいい。おばさんの掌は長年の研鑽によるものか、わずかに湿気を帯びていてぺったりと肌に吸いつくようなのだ。その感触が心地よく、疲れがちなふくらはぎや膝まわりを丹念にほぐされ、僕はすでに夢心地であった。

そしてついに、おばさんによりパンツが剥ぎ取られ、ナゾのジャップカサイが始まった。

未体験の感触であった。我が玉袋が滑空するムササビのごとく伸ばされ、ていねいに少しずつ、揉まれていくのである。コリッ、コリッとわずかにシビれるような感覚が下半身に走る。ときどき小さな痛みがあるが、だんだんリラックスしてきた。

「ねえアンタ、センって知ってる?」

無防備な愚息に話しかけるかのように、おばさんがささやく。吐息がかかる。自分だけ下半身をさらけ出している状況が嬉し恥ずかし、いえ存じ上げませんとか細く答えた。

「てぃーにー、な(ここ)」

コリリンと摘み上げられたような、かすかな痛みが走る。リンパ腺のことなのだろうか。あるいは経絡秘孔だろうか。

「じぇっぷ・まい？（痛い？）」

優しげな問いかけだった。いいえ大丈夫ですマイペンライと返す。

「センって身体の中のいろいろなものが通る道なの。でも、生活が荒れたりすると流れが悪くなる。すると、いろいろ不調が出てくるのね。それをほぐしてまたきれいに流れるようにするってわけ」

そんなことを低く、吐息のようにささやきながら、おばさんは男の魂を優しく包み込み揉んでいくのだ。地道な、そして確かに技術が求められる手作業だと思った。

そして当然の生理現象にも襲われてしまう。指一本たりとも触れられていないはずのサオのほうが、高々と屹立してしまうのであった。そっと手を添えられると、ぺっとりと張りつく吸盤のような感覚。これはまずい。ささやかにストロークが加えられると、速攻で頂が見えてくる。僕はアセッた。あまりにも早い。早すぎる。センを刺激した効果なのだろうか。しかし心地よさに負け、自然の流れに身を任せようとしたのだが、

「まいだーい、な（だめだぞ）」

「⁉」

おばさんの手が止まる。再び、コリコリと玉袋をほぐされる。混乱する。潮が引くように力を失う愚息だが、少しするとまた握られて、指の腹で亀頭のまわりをていねいに探られる。なんという巧さなのか、またすぐに達しそうになるのだが、それは許されないのであった。なんたることか、焦らされているのであった。そんな殺生な。

玉をほぐされ、サオをしこられイジられて、変わりばんこに刺激され、30分以上もいじめられていたのではないだろうか。僕はとうとうアヘ顔もあらわにおばさんにアピールする。お願いしますママ

……。そしてようやく慈悲を見せてくれたおばさんによって、導かれたのであった。その瞬間は、目がくらみ、腰が蕩け落ちるほどの快感であった。しばらくは放心状態で横たわる。タイにこんな深い性世界があったとは……。

「こうして鍛えるとね。早漏が直るのよ」

おばさんはそう言って笑う。この店はいろいろな性機能の相談にも乗っているのだが、僕はまったくお願いしてもいない早漏改善コースの体験サービスを施術されていたのであった。伝統の玉揉みに加えて究極の焦らし抜き。これはGダイ的にスクープだと思った。

バンコクの夜遊びスポットを紹介していく「Gの曼谷夜話」にてこの店を取り上げてみたのだが、反響は凄まじかった。店に読者が続々と押しかけたのである。

「Gダイ持ったヘンな連中がやたら来るようになっちゃったじゃん！　どうしてくれんだよ！」

キタカタさんは文句を言うが、あんたがタレこんでくれたんでしょうに。

だがその後、店は大挙する日本人に味を占め、値段は上がり、サービスは逆におざなりになってしまった。しばらくしてから再訪してみたのだが、あの職人のおばさんも姿を消していた。濃厚な按摩技術の店ではなく、単なるエロマッサージ屋となってしまっていた。Gダイは、ときにこうした悪影響を撒き散らしてしまうこともあった。

その後、バンコク都内には金玉揉み・ゴールデンコースを用意するエロマッサージ店が一気に増殖する。そのすべては日本人経営の店だった。Gダイの影響であることは間違いない。ジャップカサイという言葉を広めたのも、この記事がきっかけだったと思う。ただし後発の店の多くは、本物のジャップカサイとはほど遠いマガイものであった。技術もなにもない、かわいいだけのお姉ちゃんがふにゃふにゃと玉袋を揉んだり引っ張ったりするだけで、ちっともセンをほぐしてくれないのだ。まあかわいいは正義なので、それでいいのかもしれないが、タイ伝統の技も生き残ってほしいと思うのだ。

バンコクのへこたれない人々

「ムロハシさん僕ねえ、最近ずっと会社に居ついてる犬をかわいがってるんだ」

そう言って春原さんはスマホで撮った写真を見せてきた。やせこけた貧相な雑種であった。しかし純朴そうで、だらしなく舌を出している。シッポがブレているから、ぶんぶん振り回しているのだろう。春原さんに懐いている様子が伺えた。

と、同時に、このヒト大丈夫かと思った。先ほどからテーメーカフェに潜り、打ち合わせと称して飲んでいるわけだが、話題はアユタヤ近郊にある自社工場にいる汚い犬のことばかり。

タイはそこらじゅうに野良犬がいて、周辺の住民がエサをくれてやったり毛づくろいをしてやったり、いくらか涼しくなる乾季にはバイタク連中がTシャツなんぞ着させ、ときにはマユ毛を書いて遊んでやったりもするほど地域のペットとなっている。「ソイ・ドッグ（小道の犬）」なんて呼ばれている。その根底には、殺生を禁じ、あらゆる命を慈しむ仏教の考えがあるという。命はみな平等であり、いま私は人間かもしれないが、次に生まれ変わったらソイ・ドッグかもしれない。猫やトッケー（ヤモリ）かもしれない。来世がどうなるかわからないけれど、容れ物が違うだけで誰もが同じ存在なのだから大事にしよう……とそこまでタイ人が考えているかどうかはわからないが、日本のように野良犬を排除するのではなく共存していた。聞くところによると保健当局や動物保護の民間団体は、ソイ・ドッグたちを捕獲して狂犬病のワクチンを注射したり場合によっては避妊手術を施して、またもとの場所に放つのだという。そんな犬たちは屋台にメシをせびり、平然とコンビニに入って涼み、往来に仰臥してこの世の春を謳歌している。タイほど犬にとって居心地のいい国もなかろうと思うのだが、そんな連中に春原さんは依存し、癒され、寂しさを埋めてもらっているようなのだ。

「奥さんも子どももいるじゃないですか。犬なんか構わずに早く帰ったらどうすか」

確か十数年前にタイ人の彼女と結婚し、娘と息子がいたはずだ。いい年こいてみじめな独身の僕が寂しく犬を構うのならわかるが、家族持ちの春原さんが毎日こんな調子なのである。しかし、返ってきたのは投げやりな言葉であった。

「ああ、僕ね。影とはもう10年くらい会話ないから」

「カゲ？」

「だいぶ前にね、僕と結婚したらしいタイの女のこと」

「奥さん、ですか」

「そうとも言うね」

自宅は高級住宅も並ぶエカマイのけっこう大きな一軒家だと聞いた。その広い家で仮面夫婦はもはや顔を合わすこともなく、「ときどき、影だけ見えることがあるんだよ」という。

だがしかし、子どもたちはまだ学生のはずだ。例えば学校の行事とか、進路の相談とか、親も交えて話さなくてはならないこともあるのではないか。

「そういうの全部、娘経由だから」

母から父への連絡、父から母への報告、そのなにもかもをまだ中学生の娘が橋渡しをし、代弁しているのだという。酷であった。言いにくいことだったが、つい口に出てしまった。

「それ、虐待じゃないですか」

「わかってる」

辛そうに言う。

だから家に帰らずに犬と戯れ、毎晩のようにアユタヤの工場からバンコクの夜の街に流れてさまよっているのかもしれない。いつも寂しそうな顔をしている人だった。

「春原さん、ちょっと流しましょうよ。最近けっこう変わってるんですよ、このへんも」

話題を変えて、地下室を出る。地上に上がってもあふれた女たちがまわりをうろちょろし、声をかけてくる。屋台が群れなすスクンビットを、西側に歩いていく。夜11時を回り、衣料品や土産物の屋台は片づいて、代わりに簡素なバーが出る時間帯だった。激しく人が行き交う歩道をさらにバー屋台が埋めて、そんな小さな店でも看板娘たちが働いており、男たちの手を取る。なかには日本人経営のところもあって「ビール冷えて〼」とかノボリを立てている。

バーの森を過ぎると、スクンビットはまた雰囲気を変える。

「モシモシ……」

通りすがりに舌足らずな日本語で話しかけてくるのは、豊満というか巨漢の黒人娘たちであった。そのまわりにはラジカセ持って踊ってそうなブラザーたちがたむろし、草食モンゴロイドを威圧している。このあたりは黒人のナワバリであった。彼女たちはなにをカン違いしているのか、僕たちが電話の呼びかけのときに言う「モシモシ」を「ヘイ、ユー」「ハロー」的な意味と思い、スクンビットを行き来する日本人風の男と見ると投げかけてくるのである。

「ねえムロハシさん知ってる？　この人たちスクンビットでもさ、2か所に分かれてたまってるでしょ。ソイ13のあたりと、ソイ5のあたり」

言われてみれば確かにその通りだ。黒人たちはBTSナナ駅を挟んで、東のソイ13のパクソイと、西のソイ5のパクソイに固まっているのだ。

「あれねえ、実は文化や言語によって分かれてるんだよ。アフリカってほら、地域によってフランス語圏と英語圏があるでしょう。旧宗主国の違いで。スワヒリ語やアフリカーンス語とか、ローカルな言葉のほかに」

「聞いたことあります」

「ソイ13には、ナイジェリアを中心とした西アフリカ、フランス語圏の人たちが集まってる。ソイ5は、ケニアやタンザニアとかの英語圏、東アフリカのナワバリ。同じアフリカでもだいぶ違うんだよね」

初耳であった。春原氏は当然どちらのゾーンの黒人とも遊んでいる。彼女たちから寝物語のなかで聞いたのだそうだ。

「でもねえ、日本人は黒人を敬遠するかもしれないけど、優しい子が多いんだよ。みんな苦労して、こんな遠いアジアの国まで来て働いているしね」

なんてしみじみ言う。

そんな黒人たちをやり過ごし、ソイ5にあるスーパーマーケット「フードランド」に向かった。ここにはカウンター形式の食堂があり、カオパット（タイ風チャーハン）が絶品なのだ。ほかにもゲーン（カレー）やガパオなどタイ料理全般いけたし、オックステールスープなんて小ジャレた洋食も出している。さらに24時間営業しているので、眠らない街スクンビットで働くタイ人、観光客のファランや中国人、僕たちのような在タイ日本人やアラブ系やインド系、立ちんぼの黒人も混じって実に国際的な食堂であった。僕はこのごちゃごちゃな雰囲気が好きで、よく飲みのシメに来ていたし、連載「バンコク・ミッドナイト・グルメ」でも紹介した。

店の止まり木に座って、ふたりしてカオパットにカイダーオ（卵焼き）を乗っけて黙々と食べた。目の前ではいかにも腕っ節母ちゃんという感じのタイ人が、でかいフライパンを振るって米を炒めている。

「注文入ったよ！　いつものレックさん、カオパット20個持ち帰りだって」

「カウンター3番、スキーナーム（タイスキ）！」

そんな声が飛び交う、深夜。

「子どもが大学出るまでは、離婚しないっていう約束なんだけどね」

春原さんはぽつぽつと話し出した。こういうことも娘経由でやりとりしているのだろうか。

心労を重ねているだろうその娘が、トムとして成長したことも春原さんは悩んでいるようだった。トムとは男性になりたい願望のある女性のことで、短髪にするなど男装をする人もいる。恋愛対象はトム好きの女性だ。多様な性があり、認められているタイだが、では差別がないかと言えばそんなことはないのだ。ＬＧＢＴの人たちは、子どもの頃にいじめの対象になることだって珍しくはない。日本ほどではなくても、奇異の目で見られたりもする。そういう環境で揉まれてきたから、彼ら彼女ら

へこたれない女たち
文 春原承
第15話 ドアを叩きつづけた女
〜娼婦と男の物語〜

春原承「へこたれない女たち」(第59号より)。娼婦たちの境遇、人生を淡々と描きながらも、彼女たちへの愛情があった

は繊細で、逆に人に対して気配りができるようになるともいわれる。自らを認めてもらおうと仕事にも熱心で、どの会社にもたいてい扇の要となるような存在のＬＧＢＴ社員がいる、なんて話もある。弊社にも、誰もそうとは言わなかったが、たぶんレズビアンだろうな、ゲイだろうな、という人がいた。どちらも実に仕事ができた。

　そんなことはもちろん十分に知っている春原さんだが、ＬＧＢＴであることで苦労はしないかと心配しているようなのだった。親の不仲が心の成長になにか影響を与えたのではという思いも抱えているのはよくわかった。

　一方で息子は日本語をよく解し、日本で学びたいのだそうだ。断絶した両親の姿にやはり心を痛めながらも、話を聞く限りたぶん父親をどうにか励まそうと必死なんだろうと思う。成績優秀で、日本の高校にも入れそうなのだという。

「ムロハシさんは結婚しても、僕みたいになっちゃだめだよ」

訥々と言う。

バンコクでも案外、壊れている家庭の話は聞いた。なにせこのとき、在タイ日本人は5万人に迫ろうという勢いだった。いろいろな家があるのだ。ダンナがタニヤにハマって……なんてかわいいほうかもしれない。タイ赴任についてきた妻がバイクタクシーのチンピラに寝取られて離婚、バイタク男の住むスラムで同棲しているなんて話もあった。

テーメーカフェでは一時期、日本人の女子高生が売春していることで話題になった。父親がタイ人売春婦に夢中になって家に寄りつかず、母親は英語学校のファランと不倫に狂い、子どもはやがて日本人学校を不登校になった。そして昼は、ファラン相手の女がたむろすバーに立ち、夜は日本人の変態が集まるテーメーで身体を売った。私を見てという叫びだったのだろう。

残酷だが、僕はその子に話を聞いてGダイにルポを書きたいと思った。しばらくテーメーを張っていたのだが、うわさが流れ出した頃には本人はもう姿を見せなくなっていた。

「ムロハシさん、この後どうすんの」

「ぼちぼち帰りますけど、もうちょっと飲みますか」

「ソイ4行こうよ。この前、原稿に書いた立ちんぼがいるかもしれない」

酒にはめっぽう弱く、ビール一杯でふにゃふにゃになる春原さんだったが、そこからが長い。翌朝も早くからアユタヤまで出勤だろうに、なかなか帰りたがらないのだ。僕は出勤時間も決まっていなければ、いちおう用意されていたタイムカードは手もつけないので仕方なくゲートちゃんが押していたのだが、そんな会社とはワケが違うだろうに春原さんは未明のスクンビットをひたすらに徘徊したたがった。そしてその夜をともにする相手を見つけると、僕と別れてどこかへ去っていく。この日は結局、ソイ5の黒人だった。

その数日後、春原さんから連載「へこたれない女たち」の原稿が送られてきた。故郷のタンザニアを思う女の話だった。

ソイ・カウボーイのあのコのヒミツ

羽井根健太郎氏の担当する「バンコク・ゴーゴーバーマップ」は、Gダイのなかでもきわめて実用性の高い人気コーナーだ。が、どうもこのところ内容にカンボジアネタが混じるのである。シェムリアップの安宿がどうの、プノンペンのバーストリートのどこそこの店がエロいとか、ちっともバンコクのゴーゴーバーではないんである。書き手に自由を謳歌させるのはGダイの伝統であるのだが、さすがにそろそろやりすぎだ。読者からのクレームも舞い込んでいた。

そこで、いつもの「いろは」で打ち合わせをかねて、飲み食いさせて事情聴取してみれば、最近はカンボジアにやたらと出入りしており、あまりバンコクにいないのだという。

彼は回遊魚のごとく東南アジアをぐるぐると巡回し、旅するように生きる男であった。

「最近はさあ、タイもうるさいでしょ。いろいろと」

浮かない顔だが、すごい勢いでつまみの皿を片付け、ビールを流し込む。チョンプーがおかわりのジョッキを運んでくる。彼女はこの前「近ごろバンコクは日本のラーメン屋いっぱいできてるでしょ。食べに行きたい」というので連れて行ってやったばかりだ。

そんなチョンプーには目もくれず、羽井根氏はとうとう手づかみで刺身を食べはじめた。オタクメガネに似合わぬワイルドさであったが、口が重いところを酒の力を借りて聞きだしてみればどうも、「ビザラン」が厳しくなってきたようなのだ。

「ビザラン」とは、ノービザや観光ビザで滞在し、期限が切れそうになったら隣国に行って国境でとんぼ帰りで戻ってくる行為だ。僕がランナム通りで沈没していた頃は、ノービザ30日の期限が迫ったら、バンコクから3時間ちょいのカンボジア・ポイペトに出かけて、国境をまたいですぐに戻ってくれば、また30日の滞在ができた。ビザランを専門に請け負う業者まであって、日本語フリーペーパーに広告を出していたほどだ。

マレーシアのペナン島では誰でも簡単にタイの3次観光ビザが取得できて、これを更新することで半年ほどはタイで暮らせた。やはりビザの期限が来たら、またペナンで取ってくればいい。こんなことを繰り返して20年近くもタイで生きている極めつけの国際ニートや無職もたくさんいたのだが、時代は変わりつつある。ビザ制度を悪用している外国人が多すぎる、我が国は不良外国人のたまり場ではないとイミグレーションがキレはじめたのだ。僕はこうなることを予想してキッチリと就労してカタギビザを取得したわけだが、働く気のない羽井根氏にとっては住みづらい国になりつつあるようだった。

「タイでばっか滞在してると、再入国するときに文句を言われるんだよ。タイでなにをしてるのか、不法就労しているんじゃないかって。ノービザ制度はタイで生活するためのものじゃないって」

きわめて妥当な説諭である。しかし彼はタイ人の彼女がいるのだ。ロクに働いてもおらず、かといって資産があるようにも思えない謎多きおじさんにくっつく女がいるのが不思議で仕方ないが、タイに生きるニートたちはけっこう皆さんちゃんと彼女持ちだった。

羽井根氏もそういうわけで定期的にタイに舞い戻らなくてはならない。そこで他国で過ごす割合を増やすのだ。生活の実態はカンボジアやらベトナムにあり、タイに入国するのはあくまで観光ですよというポーズを取るためで、今回も無事にイミグレを通過できたのだという。

こんな綱渡りの日々を送りながらも、彼は原稿を落とすことなく連載を続けてくれていた。採算度外視で「バンコク・ゴーゴーバーマップ」に取り組んでくれるのだ。最近はカンボジアネタに逃げているとはいえ、バンコクの3大ゴーゴー地帯をキッチリと取材し、どこの店のどの女がいいとかピンポイントに実用的な情報を集めてくる。毎号の取材費まではなかなか出せない貧しい編集部であるから、原稿料だけではきっとアシが出ることもあったろう。そこでたまにはこちらの経費で飲み食いしていただき、やり代まではさすがに無理だがゴーゴーも巡ってもらい、今後のモチベーションにしていただこうという算段である。こうした「接待」もGダイ編集部の仕事のひとつであった。

「いろは」を出て、夜のソイ・カウボーイを流す。スクンビットのソイ23から入ると、世界が一変する。ピンクとムラサキのネオンの洪水だった。毒々しい光があふれかえり、半裸のゴーゴー嬢たちがそれぞれの店先で手を振り、流し目を送り、腕をとってくる。そこを練り歩くのはファランや日本人や韓国人の男たちだ。ときどき在タイの知り合いと会ってしまうのが恥ずかしいが、ここは我々にとって職場のようなものである。

羽井根氏は猟犬のごとき危険な目をして左右に居並ぶショーパン姿の女を視姦して回っていく。彼のデビルアイによって厳選されたゴーゴー嬢が「バンコク・ゴーゴーバーマップ」に登場するのである。そのページを引き破ってこっそり隠し持っている読者と、今夜もすれ違う。まさに羽井根氏が獲得した読者である。

「バカラ」などは、彼が何度も推薦したおかげもあってか、ソイ・カウボーイの旗艦店と呼ばれるまでになっていた。ここの売りは1階ステージの嬢たちのレベルの高さにもあったが、視線を上げた先がなによりのポイントだった。1階の頭上には透明な強化プラスティックが設置されていて、その上で踊るミニスカの嬢たちを見上げることができる。そしてお下劣なことに、彼女たちはみなノーパンなのであった。2階のノーパン軍団と、1階の美女たちを愛でつつ酒を飲むというスタイルに、東西の男たちは群がった。いつ来ても大混雑なのである。

そんな「バカラ」を皮切りに、何軒かハシゴする。羽井根氏の好みはズバリ、上京したてで右も左もわからぬ田舎娘であった。たいていイサーンの田んぼ広がる農村から、親戚筋だの学校のセンパイだのを頼ってバンコクにやってくる。

「このカウボーイもさ、2階がそんな彼女たちの寮みたいになってる店があるんだよ。まだロクに稼げなくて、アパートも借りられないからね」

入店したばかりで風俗業界未経験の娘だ。いきなり客の前で水着やマッパになることは、さすがに酷である。しかも客は外国人なのだ。ソイ・カウボーイ、ナナプラザ、パッポン通りの3大ゴーゴーバーエリアは、外国人限定とされていた。言葉も文化も違う男たちの性欲の真っ只中に放り込まれるのだ。逃げ帰る子だっている。

「だから最近では、まずはウエイトレスとして店の雰囲気に慣れさせてから、徐々にダンサーデビューさせることが多いよね」
そう舌なめずりする羽井根氏の視線の先には、いかにもアカ抜けない感じのたぶん新人ちゃん。パンイチでふらふら身体を揺らしているのだが、ダンスといえるようなものではない。表情は硬い。そして巨乳をいちいち隠す仕草。しかしやがて月日が経てば彼女も都会の毒に染まり、全裸開脚ダンスをカマすようになるのだ。ファランと英語でやりあい、日本人の変態客をあしらい、今度は逆にイサーンから友人を呼ぶようになる。そうなる前のつぼみを味見しようというのが羽井根氏の趣味であった。ちなみにペンネームは彼の好むビール、ハイネケンから来ている。どうも彼女で勝負をかけたい様子の羽井根氏を残して、僕は店を出た。

さあて、仕事は終わった。いつもはそこらの屋台で一人酒を決めるか、たぶんシマくんもどこかで飲んでいるだろうから合流しようか、というところなのだが、今夜はもう少しソイ・カウボーイの騒音に揉まれたかった。

古い洋楽で売っているバンドの生演奏が聞ける「カントリー・ロード」に入った。ゴーゴーバーとは違うが居心地がいい店だ。ファランの爺さんに混じって「ホテル・カリフォルニア」なんかのリズムに身を任せていると、実に満ち足りた気分になる。

続けて「カウボーイ2」に入った。ふだんあまりパトロールしないゴーゴーだった。今日もう何本目かわからないビアシンを飲み、ステージを見渡す。どこにそんなもん売ってるんだというようなエロ下着を着たのが10人ほど。客はまばらだったが、ボックスではファランが濃厚なセクハラに励んでいた。猛烈なディスコミュージックのなか、ママさんが「どのコがいい?」とジェスチャーしてきたが、僕はゴーゴーのこの喧しさに身を浸すのが好きなのだ。ゴーゴー嬢はどうでもよかった。ドリンクを奢って同席させてもそこ止まりで、ペイバー（連れ出し）しようとは思ったこともない。それはシマくんもスギヤマさんも同様で、ちっとも信じてもらえないのだがＧダイスタッフはマジメだったのである。

が……いつのに間やら僕の隣にちんまりと腰かけ、ニコニコしているあどけない顔。ダンサーではない。白いポロシャツを着たウエイトレスだ。タイ人女子ならではの腰の細さとケツの小ささ。ハタチ前後だろうか。

「日本人？」

いつもは相手にしない問いかけに応じてしまう。黒目がちな瞳とアヒル口はズバリ僕の好みである。タイ人にしては珍しいショートボブというのもストライクゾーンであった。

「新人？」

ドリンクを奢って聞いてみるが、半年ほどいるのだという。羽井根氏の解説する上京間もない子たちではないようだ。かといってダンサーとして働くわけでもなく、好きでウエイトレスをやっているのだという。座らせて間近で見ると、細い手足がやけに印象的だ。華奢だった。ウェーンと名乗った。ついドリンクおかわりのおねだりに負けてしまうと、ママさんがいやらしい顔で笑った。

ゴーゴーバーではウエイトレスたちも番号札をつけていて、彼女たちも「買う」ことができる。ベテランのおばちゃんウエイトレスも同様だ。ウエイターもまた然りと聞いた。どこまで本当かはわからないが、あらゆる性が金に換算される空間であった。

「私、アムナートチャルンから出てきて、この店と家の往復ばっかり。バンコクのことぜんぜん知らない」

半裸のギャルが客を引くソイ・カウボーイの「カウボーイ2」

なんて脳髄に響きそうなピンク色のアニメ声で言う。店内は騒々しいので自然とお互い耳元に口を寄せて言い合うのだが、そのたびにウェーンは距離を詰め、ぴたりと密着してくる。そしてほかの席から見えないよう、逆セクハラをカマしては、

「あーっ、もうこんなんなってるぅ」

とか囁くんである。

「私ファランってこわくて。同じアジア人のほうが落ち着くの」

「日本人は優しいから大好き」

「今夜は一緒に寝たい」

なんてネコみたいに甘えてくる。やがてもう片側からはママのセクハラが始まり、

「ペイバーは600バーツだよ」とか言ってくる。こうした苦境にもふだんはブッダのごとき精神力で耐え純潔を保つ僕であったが、この日はなぜだか「まあ、いいか」という気分になっていた。ウェーンからなにかこう、商売を抜き

にした気持ちを感じたからだった。だが問題は予算であった。

「ペイバーしたいけど、今日は本当にお金ないんだよ」

1000バーツ札一枚が悲しく残った財布を見せると、

「そんなんいいよ。1000で十分」

と相場の半額に不満も見せない。しかも、

「ペイバー代とタクシー代はあたしが出すし、ホテルもったいないからウチいこ」

なんて乗り気なのだ。なにかワナが待っているような気がしないでもなかったが、

「お店にあなたが入ってきたときから狙ってたの。タイプだったんだから」

と微笑まれれば悪い気はしない。ママさんに見送られて店を出て、ソイ・カウボーイをソイ21から抜ける。タクシーで向かった先は、エカマイ通りの奥地であった。ハイソなクラブやら高級コンドミニアムが立ち並ぶエカマイだが、センセープ運河も近い北のはずれは安いアパートが立て込み屋台が密集しコインランドリーが無数に並び、どこか懐かしい空気だった。

「まわりもイサーンの人ばっかだよ」

というより同業の水商売のお姉さんばっかなんであった。露出多めなギャルたちが化粧を落としてダサい短パン・サンダルで屋台の前でダベり、洗濯物を抱え、アイスをくわえてセブンイレブンから出てくる。夜の蝶たちが羽根を休めている姿は、なんだかほっとさせられた。深夜ではあるが、住民の商売柄か界隈は昼間のように賑やかなんである。そんな下町のアパートの一室に連れ込まれた。

「ぜんぜん掃除してないのー」

と言う通り雑誌や服や菓子が散乱する部屋だった。ぬいぐるみがいくつも投げ出されている。鏡台

のまわりはなんだかわからぬ化粧品やなんやらで埋め尽くされ、壮観だ。キッチンはなく小さな流しがあるだけで、屋台からテイクアウトしてきたらしいスチロールの箱がいくつも転がっている。狭いワンルームで、空いているのはベッドだけ。しぜん、ふたりでちんまりと座る形になる。

「なんか、恥ずかしいな。いつもは私を指名する人なんていないから」

「そうなの？　かわいいのに」

「みんなダンサーしか見てないもん」

どちらからともなく抱き合う。折れそうな身体つきだった。小さく、儚いと思った。唇を重ねる。そして南国の女独特なのか、熱帯であるのにひんやりとした肌触り。きめが細かくみずみずしい。もう止まらなかった。恥ずかしがるのも構わずシャツを脱がす。せめてもの抵抗か、ウェーンは手元のリモコンで電気を消した。小さなふくらみの先端に舌を這わせると、深く息を吐いた。スカートをたくしあげると、彼女も僕のジーンズを脱がし、手を忍び込ませてくる。小さく冷たい感触を感じる。僕もウェーンの下半身に手を伸ばし、下着の中に手を差し入れた。

息が止まった。

なんだコレは。

いま僕が握りしめているものは、いったいなんなんだ。

チンポであった。

それも、禍々しいほどにデカいのだ。右手を大きくはみ出す大きさに怒張し、熱く脈打っている。負けたと思った。他者の勃起したチンポと接触した、はじめての体験だった。

「ごめんね」

僕の明らかな動揺を感じて、ウェーンは小さく呟いた。お互いチンポを握り合ったまま、しばし固まった。

てめえダマしやがって、と怒りを覚えたのは一瞬だった。鏡台のまわりの化粧品やアクセサリーの山が思い浮かんだのだ。こいつ女なんだよな。少なくとも女になろうとしてるんだよな。暮らしぶりを見てしまうと、無下にもできなかった。

とはいえ、だ。さすがにチンポ同士でチャンバラをやりあうほど僕は心の広いほうではない。あまりのデカチンにやや怯えてしまったこともあった。気まずくなり、ベッドを降りて服を着た。

「もう少しで手術するお金がたまるの。そしたらまた会って」

そんな声を背に、僕はアパートを出た。お金はいっさい要求されなかった。

まだまだ未熟だ……自宅の近所の屋台でコムヤーン（豚ののど肉焼き）をつまみにタイウイスキー・センソムを飲み、僕は反省会をした。タイ生活も長くなり、たいていのオカマちゃんは見分けられる自信があった。声、のど仏、腰骨の位置、骨盤の大きさ、物腰……そのあたりから判別がつくものだ。しかしウェーンは規格外であった。あの華奢な骨格、背の低さ、小顔で、あのメガチンポなのである。いまもありありと掌に熱い脈動が残る。

それにしても、傷つけてしまったなと思った。彼女のことはGダイでも触れないようにしようと考え、排気ガスのなかセンソムを呷り続けた。

ある「社長」の生き様

僕はひたすらにサウナにこもり、オヤジ声を上げて唸っていた。限界を感じると、ふらふらと立ち上がり扉を開けて、隣の水風呂に飛び込む。しびれるような快感が全身を走る。自律神経が活性化する。だらしなく喘ぐ。たまんねえ。火照りが冷めると、再びサウナに舞い戻る。そうして中華系と韓国系のオヤジたちとともに、サウナと水風呂をひたすらに往復して汗を搾り、血管を拡張して、メタボ生活でドロドロとなった血液を流すのだ。

つやつやお肌に満足した僕は、プールサイドに出た。デッキチェアーに横たわる。南国の太陽が心地よい。なじみのスタッフが、自分たちのおやつのパイナップルやドラゴンフルーツを切り分けてもってきてくれた。

戦士の休息である。

僕はトンローにあるこのホテル、グランドタワーインのサウナ会員であった。その頃、月2000バーツで、サウナとジャグジー、フィットネスジム、それにプールが使い放題で、美人スタッフの笑顔までついてくる。仕事に疲れ果ててると、僕はたびたびここを訪れ、身体をめいっぱい動かしてサウナで自らをいじめ抜き、リフレッシュするのであった。

プロンポンの隣駅に位置するトンローもまた、日本人居住エリアである。このホテルのそばにも、日本風のラーメン屋やカレー屋や惣菜パンの店があり、また日本人相手のエッチなマッサージ屋やカラオケ屋も点在する。フジスーパーの支店だとか漫画喫茶、日本人経営のバーやパソコン修理屋や床屋なんかもあって、一棟丸ごとほぼ日本人しか住んでないようなコンドミニアムもそびえる。そんなエリアにあるグランドタワーインの宿泊客は、大半が日本人の出張者であった。そのため日本食レストランも併設、ロビーではその日の朝日・日経・ニッカンスポーツが置かれているという充実ぶりで、夜半になるとどこぞから連れ出してきた女と腕を組み、凱旋してくるお父さんたちで賑わう。まさしく日本男児のためのホテルであった。

しかしナゼか、プールやサウナはいつも閑散としているのであった。出張族は仕事と女遊びに忙しく、のんびり泳いでいる時間はないのだろうか。いつも客が少なく静かでリラックスできるこの場所が僕は好きだったが、そんな穴場をひそかに知る男はほかにもいた。Gダイ執筆陣のひとりゴラゴット藤井氏であった。

「やあムロハシくん。最近ごぶさたたなんじゃないの」

ヒゲとロンゲだが、上半身は見事に割れたシックスパックという姿でプールサイドに現れる。彼はサウナ派の僕とは違い、ジムとプールで鍛えることに専念していた。酒は飲まず、ストイックな生活をしているが、ニートであった。

もともとは宝石商と聞いたような、いやカンボジアであやしげな香木ビジネスに関わっていたとも聞いたような気もするが、ともかくいまはバンコクで悠々自適にのんびり暮らしているようだ。実家が薩摩藩士の末裔の大富豪だというウワサもあった。こういうナゾの人物がバンコクの日本人社会にもけっこういて、ヒマにかまけて方々でいろいろな話を聞き回ってきてはGダイに提供していた。スギヤマさんはそんな「情報屋」「ネタモト」を何人も抱えていた。ゴラゴット氏もそのひとりであるのだが、彼はときおり翻訳業もこなすほどタイ語力があり、加えて在タイニート生活も長く、現地社会に深く潜りこんでいた。並みの情報屋ではなかったのである。

そんな彼が書いた記事「タイで死にたい⁉」（第63号・2005年2月号）は、Gダイ史上でも特筆すべきスマッシュヒットとなった。編集部にも手紙やメールが殺到し、在タイ日本人社会でもうわさにのぼり、大反響を巻き起こしたそのルポの主役は「社長」と呼ばれる60年配の日本人男性だ。

とはいえ一度も社長になったことはなく、タイ人たちからそう呼ばれているにすぎない。「社長」はもともと、大手企業の駐在員だった。だがしかし、ご他聞に漏れずタイの女にハマッて騙され全財産を失ってしまうのだ。さらに借金を作ってしまったため日本にも帰れず、仕方なくタイにオーバーステイすること3年、パスポートはすでに紛失し、日本の家族とも、タイの日本人社会とも断絶し、住む場所まで失った……と聞けば悲惨なホームレスを想像するが、「社長」はそうでもなかった。

境遇を哀れんだタイ人に拾われ、小さなカラオケ屋の小間使いという「職業」を与えられたのだ。外国人なんかぜったいに来ない、薄汚れた場末の店である。そんなローカルカラオケの奥に、二畳窓なしでエアコンもないが住む部屋まであてがわれた。そこで寝起きし、店の小娘に客のタバコを買いにパシらされたり、ママの命令で掃除をしたりしながらも、「社長」はそれなりに楽しそうに生きている。カラオケのタイ人客に小遣いをもらい、ママの母親を介護して、皿洗いをする毎日。大手企業駐在員からタイ社会の最下層にまで落ちぶれてしまったのだが、その様子は飄々としており、どこか自由ですらあった。

そしてまわりのタイ人たちは、すべてを失った外国人である「社長」を、そうと知りながらごくフツウに受け入れる。カラオケ屋の常連には警官もいたのだが、「社長」を不法就労者として挙げるわけでもない。むしろ常連たちは一文無しの「社長」に酒をおごり、店のあの女がやらしてくれないとか一緒になって愚痴りあうのだ。ときどき酔っ払って騒動を起こす「社長」は地域の問題児ではあるのだが、そんなジジイを見捨てるでもなく、なんとなく面倒を見てやる。その距離感は決して「心からの慈悲」というベッタリさではない。ソイ・ドッグを基本的には放っておいてやりつつも、なんとなく構ってもやる。そんな接し方だった。

これがまさにタイではないか。

僕だけじゃない、きっと読者の誰もがそう思った。タイには外国人をだますやつは星の数ほどいる。バンコクは暑苦しくて、汚い街角だ。それでも、あまり深く考えず詮索もせずに、生きる場を与えてくれる人々もいる。生きていってもいいのだと、そう感じさせてくれる。

僕たちだって、いつ「社長」になってしまうかわからない。Gダイを首になって路頭に迷うかもしれない。タイの女にハメられて、異国ですっからかんになってしまうかもしれない。だけどタイなら、なんとか生きていけるのではないか。それも案外、お金はないけれど、へらへらと気楽にやっていけるのではないか……そんな勇気と希望とを、僕たちは「社長」からもらったのである。

「でもびっくりするよね。最近、社長のところに遊びに行くとさあ、『この前、また日本人が来たよ』なんて言うんだよ」

ゴラゴット氏がサウナの中で教えてくれた。Gダイの記事には、「社長」が住み込むカラオケ屋がどこにあるのか、ほとんど触れられてはいない。バンコク南部のラマ3世通りだということが書いて

ある"社長"の生き

酔ったヒロシ君がゲラゲラ笑いながら突っ込みを入れる。

「社長、それ、かなりヘンじゃない？ 普通はさあ〜、レックがMR．TENDOとか書いた紙もって待ってんじゃないの。なんで社長が紙もって出てくんの？」

「いやあ、俺はレックの顔知らねえし、ちょっと目印にと思ってよ。でもよう、レックはちゃんと一発で俺を見つけたよ」

そりゃそうだろう。そんな紙を持って出てくる乗客など他にはいない。おそらくレ

に空港から市内のホテルに直行、10年の時を経て会ったメル友同士のように激しくセックスし、そのままパタヤにハシゴして3日3晩、すり切れるほどハメまくった。そしてパタヤ最後の夜、レックは最後の仕上げに入るべく、"社長"の耳たぶをいじりながらこうささやいた。

「ねえ、社長、私をスキーに連れてって」

ヒロシ君との運命的な出会い

孫のような年のロリとツーショッ

ゴラゴット藤井「タイで死にたい!?」が話題となった第63号

あるくらいで、あとは街並みを映した写真がほんの少し掲載されているだけだ。しかし、そのわずかなヒントからカラオケ屋を探し出し、「社長」を見つけて激励し、酒や日本食を差し入れる読者が相次いでいるのだという。それだけ「社長」の、日本人を捨てた生き様はたくさんの人々の心を打った。

「でも社長、最近ゼイタクになっちゃってさあ。今度もらった寿司はネタがいまいちだとか文句言うんだよ」

そんなことを言ってゴラゴット氏は愉快そうに笑う。「社長」は今日も元気なようだ。

スギヤマさんは彼のような書き手を何人も隠し持ち、ときどき爆弾のように強烈な記事を投下してくる。いったいどこからこんなネタを……と、いつも驚かされた。スギヤマさんは「人を発掘してくる天才」であったかもしれない。

[第5章]

Gダイに集う奇人たち

取材先のパタヤのバービアにて。後ろ姿はGダイの外部編集者・西野風代

「アジアのバカ大将」

「ムロさん、はい郵便」

ブワさんがFedExの大きな封書を手に、編集部に現れた。

「きたー!」

僕は思わず声を上げる。受け取った包みを慎重に開封してみると、待ちに待った原稿が現れた。僕が大ファンのぶっちぎりギャグマンガ「アジアのバカ大将」だ。それも直筆のナマ原稿なのである。丁寧にトレペが貼られている。貴重なブツだ。まさに玉稿なのである。

まずはきれいにスキャンをするために、デザイン部に足を運び、ミネタさんに手渡す。その作業が終わってから、改めてゆっくり目を通すのだ。

今回も主役はゆみ&かおリンか。舞台はタイだ。レギュラーとなっているおバカな日本人旅行者のギャルふたりは、タイカレーを探して屋台街を回るのだが、なかなか見つからない。そりゃあそうだ、タイじゃ「ゲーン」という煮込みやスープ料理全般を指して、外国人にもわかりやすいよう便宜上カレーと呼んでいるだけなのだが、ゆみ&かおリンは収まらない。

「だってだってえ、うちら日本のタイ料理店でカレーって見てるしい!」

「だからおばさん、カレー出してよカ・レ・エ!(日本語)」

「やだーこのおばさん、ぜんぜんわかってなあい（怒）」

身勝手にダダをこねるゆみ&かおリンの顔面に、とつぜん殴りかかる謎の男！　加山雄三・若大将をモチーフにした我らがバカ大将だ。温厚だった顔は大魔神のごとく修羅へと変わり、ゆみ&かおリンを叩きのめすのだ。「ちったあ勉強してから海外に出てこい！」そして意識朦朧とするふたりを置いて颯爽と去っていき、今回も一件落着、めでたしめでたし。

「おもしろかった……」

大いに満足した僕は、誰よりも早く最新のバカ大将を読めた幸せを噛みしめた。Gダイの記事のなかでもとくに人気の高いマンガだったが、僕が一番の読者だったかもしれない。

アジアを旅するアホな日本人が現地に大迷惑をかけるという展開がお定まりで、たいてい主役はゆみ&かおリンだ。バラエティ番組を真似て屋台の食べ物をいじりまわしてギャーギャー騒いだり、ゴーゴーバーに乱入してステージに上がってみたりと、マナーを忘れてはしゃぎまくっているところを、バカ大将が襲撃するのである。ハートフルな旅行記風の絵柄がシリアスな劇画の世界へと転じ、いきなり出現した僕らのヒーロー・バカ大将は、相手が女だろうとなんだろうと正義の鉄槌をカマし、ときには持っているギターを破壊するほどの勢いで脳天に叩きつけてふたりを退治すると、満足してどこぞへ消えていく。

……と言うと暴力的に聞こえるが、あくまでコミカル、ギャグや有名漫画のパロディも盛り込まれて、とにかく笑える。思わず吹き出してしまうキャラたちの表情、絶妙なネーム、そして随所にちりばめられたアジアのリアルな描写。疾走するような勢い。ゆみ&かおリンもおバカではあるのだが憎めないかわいらしさがあり、懲りずに毎回、騒動を巻き起こす。

最高に笑えるのだが、一部女性からは「なぜいつも女子を殴るのか」とクレームが寄せられることもあった。が、そんなのは知ったこっちゃない。バカ大将にはその何倍ものファンレターが届くのだ。面白ければそれで良いのがGダイのポリシーである。

しかし大きな問題があった。作者の柚平幸紀《ゆうひらゆきのり》氏から届く原稿は不定期かつ、いつになるのかまったく読めなかったのだ。原稿料以上に細かく精緻に描き込んでくれている。どう見たって時間はかかる。Gダイの仕事は割りに合わないだろうと申し訳なく思っていた。加えてときどき連絡不通になり、ふらりと旅に出ることもある。

そしてその旅に、柚平氏は必ず彼女を「持参」するのだ。ダッチであった。荷物の中にこっそりと古びた年代モノのダッチワイフをしのばせ、現地で魂を、いや空気を注入して生命を与え、ともに仲良く旅するのである。そして各所で記念撮影をしては、アジアの各地に脅威を撒き散らすのであった。

「ダッチの話もぜったいに漫画化しましょうよ！」

柚平氏がバンコクに立ち寄るたびにメシを食いがてらそんな話を振ってみるのだが、あくまでダッチは趣味性癖であるようで、なかなか説得ができない。この人に描かせればムチャクチャに面白くなると思うのだが、「漫画家を担当する」ということが僕にはまったく経験がなく、具体的な提案やアドバイスができないのが歯がゆい。

だから編集者のサポートなしに原稿はしばしば送られてくるのだが、「バカ大将」シリーズのほかにもうひとつあった柱が、「アジアやくたたず劇場」だった。

アジアを旅していると出会うさまざまなナゾや疑問を深掘りし、取材して調べていく、紀行タッチの面白ルポだ。インドやバングラデシュ旅行では避けては通れない乞食たちの生態に迫り、バックパ

柚平幸紀「アジアのバカ大将」（第84号より）。
のちにGダイの連載をまとめ『アジアやくたたず講座』として書籍化された

ッカーたちの間で流れている都市伝説を検証し、東南アジア各地の妖怪・民俗伝承を探る。こんなもん誰に需要があるのか？　というニッチなところに注目して大まじめに調べるところが最高に読ませるのだ。

例えばインドあたりを旅しているバックパッカーが一度は耳にするという「ダルマ女伝説」だ。僕も若い頃、確かバラナシの安宿でドミトリーに泊まっているときに聞いたことがある。

「でな、その日本人旅行者は祭りのときにやってきたサーカスに出かけたんだと」

たいていは物知り顔の古参が、ウブな大学生を集めて思わせぶりに開陳するネタであった。それでも暗く湿ったドミトリーの中でひそひそ話を聞いていると、気分はさながら暗黒紙芝居。

「象のショーとか、ヘビを飲み込むビックリ人間とか、シャム双生児みたいな小屋がいくつも立ち並んでいる。その一角にな、ひときわ賑わっているテントを見つけたんだと」

ごくり、と皆が息を飲む。

「中に入るとな。ムチを持ったインド人がいて、ステージの奥からはよちよち歩く、なんか子どもみたいなのが出てくる。でも、それは子どもなんかじゃないんだ。両手両足を切断された、まるでダルマみたいな女が這うようにやってくる。旅行者はあまりの光景に声も出ない」

確かにインドの路上ではときどき、不具の物乞いを見る。僕たちの誰もが、手足のない彼らの姿を思い浮かべた。

「インド人のムチに急かされるように、なにか踊るように身体を動かすんだが、その様子が痛々しいんだ。でも、よく見るとその顔はインド系というよりもモンゴロイド。いや日本人……？」

「そういえば聞いたことあるぞ！　香港やバンコクの洋服屋の試着室で、床や壁が回転式になっていて、さらわれて行方不明になる日本人の女の子がひそかに増えてるって！」

まあ最後まで聞け、と牢屋主は観客を手で制する。

「戦慄しながらもじっと様子を見ていた旅行者は、ダルマ女と目が合っちまうんだ。その瞬間、彼女の目が大きく見開かれて、絞るように声を出して、訴えてきた」

「な、なんて言ったんだ」

「にほん……たいし……かん……」

これがアジアを旅するバックパッカーたちの間で語られていた伝説「ダルマ女」であるが、柚平氏はこの物語が実にさまざまな場所で語られているところに注目する。インドだけではなく中国でもロンドンでもフランスでも、現地にいる日本人「だけ」の間で流布していた。加えて語る人によって、舞台はサーカスだったり置屋だったり見世物小屋だったりと、ディテールもさまざまだ。

そしてウワサを広めていたのは、僕たちのような旅のビギナーであったような気がする。安宿ではじめて知り合った日本人から、不思議な怪奇譚を聞かされるという状況は新鮮でゾクゾクしたものだ。だから次は自分が語り部になり、オリジナリティを交えて、新参に披露する。拡散する過程でもネタはどんどんボヤけていく。

話の根本にあったのは、海外では日本人が狙われやすいという恐れだったろう。それとインド周辺では確かに手足のない乞食を見ることもあり、同情を買うために小さい頃に切断するのだ、ということもどこまで本当かわからない風説も加わる。

そんなこんながごっちゃになって、「ダルマ女」という都市伝説《フォークロア》が生まれたのではないか、と柚平氏は結論づけるのだ。

バックパッカー目線で描かれる物語はどれも好評だった。Gダイの読者には現役バックパッカーも、元バックパッカーも多かった。旅がきっかけでタイにハマりゲンサイになった人もたくさんいた。いやむしろ、少なくとも僕の周りでは『深夜特急』が必読書であるかのごとく若い頃は誰もが旅に狂い、その結果として日本社会から外れ、タイに流れついた人ばかりだった。そんな旅行者なら誰もがわかる「あるある」を漫画として表現した柚平氏は、00年代の旅漫画界を代表する人だった。

ソープの会員限定パーティー

壮大に湯気を立てるモーファイ（火鍋）。煮立っているのはでかいエビがごろごろ入ったトムヤムクンだ。続いて大ぶりなプラーカポン（スズキの一種）をナンプラー、マナオ（ライム）、ニンニクなどで煮込んだものも運ばれてくる。さらにオースワン（牡蠣の卵とじ）、クンチェーナンプラー（生エビのサラダ）、ムーデーン（焼き豚）……テーブルの上はもういっぱいだ。頼んでもいないビアシンまでサーブされてきた。

彩りも鮮やかなタイ料理の数々を、シマくんが撮影していく。僕はメニューの配置を変えたり、白磁の器に料理の汁が飛んでいないかに目を配る。店のマネージャーが気を使って、料理のわきに添える花なんかを持ってきてくれた。

このテーブルだけ見れば、高級レストランのように見えるかもしれない。しかし僕たちはカタギなガイドブックの取材班ではない。豪華料理を撮影している舞台はズバリ、マッサージパーラーであった。ソープランドである。

タイのソープは日本と違って、レストランとしての機能も持っているのだ。で、この料理がたいてい、どのソープでもうまい。オーナーのほとんどが中華系タイ人であることが影響しているだろうし、客もそれなりに金を持っているから味に対するこだわりも強い。だからソープでは、観光客向け高級レストランよりもレベルの高い、タイ料理やタイ風中華料理が食べられるのだ。最近は日本食まで現れ、板前風の格好をしたタイ人がサカナをさばき、寿司を握るソープまである。

そんな豪華なメシをつまみながら、ひな壇に居座る美女たちを愛でる。これほどに下劣な行為もあるまいが、食欲と性欲を同時に刺激する、実にGダイらしいグルメだと思った。エビミソがたっぷり溶け込んだ濃厚クリーミーなトムヤムクンに舌鼓を打ちつつ、

「おっ、12番指名された」

「すごい巨乳が出勤してきたぞ」

「あの子さっきひと仕事終わって戻ってきたと思ったら、またご指名だよ」

とかなんとか、しょうもない話をしながらエロ友だちと飲み会をするには最高の場所なんである。

僕たちもよく、日本からやってきたお客を案内していたし、料理がおいしいので、日常の食事や飲みの選択肢の中に入ってくる。Gダイ関係者的には、

「今日はソンブーン（小泉元首相も訪れたタイ風中華の名店。いつ行っても日本人ばかりで恥ずかしい）のプーパッポンカリー（カニ肉のカレー炒め）が食べたいな」

なんてのと同じノリで、

「あ、今夜はポセイドンのクン・オプ・ウンセン（エビと春雨の蒸し物）が食べたいな」

とか思い、出向くわけである。

タイ人のおじさんたちもやはり食事だけを楽しみに来ていることもある。レストランにバンドの生演奏が入るソープもたくさんあるし、高級ラウンジを備えたところも多い。タイのソープ＝マッサージパーラーは日本よりもはるかに充実しているのであった。

読者諸氏には泡姫との桃色混浴タイムだけでなく、さまざまな角度からこのマッサージパーラーを楽しんでもらおうと、僕たちは取材にやってきたというわけだ。ラチャダーピセーク通りと並ぶバンコク温泉街として知られるペッブリー通りの老舗「ビワ」であった。とにかく料理が評判なのだ。

Gダイは「ポセイドン」「プラザ」「コロンゼ」などなど、タイ人経営のマッサージパーラーにもいくつも広告を出していただいていた。そして多数の日本男児をお客として送りこんでいたのである。Gダイの高い広告効果は、タイの風俗業界にも轟いていたのだ。

だから「ビワ」にアポ電をかけてみれば、Gダイならばと速攻で取材ＯＫ、「バンコク・ミッドナイト・グルメ」の記事にすべくマジメに撮影をし、マネージャー氏にお話を伺い、その後は中華系らしく、まあ飲め、さあ食えと歓待タイム。この様子なら泡姫が侍るかなと思ったが、残念ながらそれはなかった。

ほかにもバンコクは個性豊かなマッサージパーラー揃いだった。宿泊施設まで備えた「タラワディー」、巨大ジャグジーの鎮座する豪華乱交ルームが売りの「シーザー」、日本人好みのロリ系を山岳少数民族から揃えたとかいう「ナタリー」、一時期は日本人スタッフがいた「コロンゼ」……。そして「アムステルダム」はバンコクでもトップクラスの高級温泉として名を馳せていた。

ビワの料理はどれも絶品だった。ただし泡姫はおばさま中心で熟女ファンに人気

その外観からしておそらくオランダ・アムステルダムの売春施設、「飾り窓」をモチーフにしていると思われるが、夜になるとまぶしい黄金にライトアップされ、下品極まりない。そして客を乗せた高級車が次々と吸い込まれていくのだが、泡姫もまたリッチな車でご出勤するのだとウワサされていた。当然、Gダイの広告主でもある。

「アムスのパーティーがあるんだけど行くか？」

と声をかけてきたのは営業班のヌムだった。実は花の職場、タイ人女子ばかりの弊社営業スタッフにあって、ただひとりの男子。中華系のデブであった。

この頃、営業部隊はバン週とGダイとを兼ねて広告を取りに回っていた。タイ人女性はやはりバン週のカタギ広告を担当することが多かったが、なかには才媛らしく得意の英語を生かしてファランのオーナーにアプローチし、ゴーゴーバーやらＳＭクラブの広告を勝ち取ってくる女傑もいた。

そんな女性陣に比べて仕事はあまりできないヌムだが、ナゼかＧダイスタッフに親近感を覚えるようで僕やシマくんに懐いてくる。前任者から引き継いだマッサージパーラーの広告をいくつか担当していたのだが、そのひとつ「アムステルダム」で会員限定のパーティーがあるのだという。

「芸能人も来るし、お姉ちゃんもいつも店に来ないようなモデルクラスも顔見せするんだよ」

なんて嬉しそうだ。取材とか広告主への配慮とかではなく、ただ自分が行きたいだけなのだ。しかし彼はさみしんぼうであるから、なにかと僕たちに声をかけてくる。とはいえ、なかなか見ることのできない高級ソープ会員限定パーティーだ。貧しい我々も特別にお招きいただけるというので出向いてみれば、想像を超えたハデさゴージャスさなのであった。

シックな館内は立食パーティーのような感じでテーブルが配置され、旨そうな料理がズラリと並ぶビュッフェスタイル。お客様への挨拶を忘れてヌムが飛びつく。僕とシマくんも続く。生バンドがジャズなんか演奏している。行きかう紳士たちのなかにはどう見たってチョイ悪どころではないと思われる怖いおじさんも混じる。ひな壇も壮観だ。

「いつも店で並んでいる子とは違うんだよ」

ヌムが共食いのようにムーヤーンを貪りながら言う。ほぼすべての日本人は一見客としてマッサージパーラーで遊ぶだけだろうが、タイ人の場合はメンバーとなる人がけっこう多い。年間５万バーツとか10万バーツとか支払うと、額に応じてさまざまな歓待が受けられるのだ。外国人観光客にはあまり知られていないシステムだろう。ウイスキーのボトルが何本とか、ＶＩＰルームへの優待サービス、それに定期的に開催されるこうしたパーティーへの招待、メールで新人泡姫入店のお知らせが届いた

マッサージパーラー「アムステルダム」は風車のネオンサインがオランダを愚弄している

りもするようだ。ある種の人々にとっては、マッサージパーラーの会員権というのはちょっとしたステイタスでもあった。

そんな会員限定で回されているリストもあった。高級温泉アムステルダムには、現役のモデルとか、有名大学在籍で絶対に顔出しNGの美女とか、そんな特殊な嬢たちもこっそりと勤務している。表のひな壇に並ぶことはない。会員のリクエストに応じて予約を受けつけるだけで、値段もえらく高いのだという。

「そんなコたちが、ほら！」

今日ばかりは特別にひな壇にズラリと並び、客の前に姿を見せるのだ。遊女のなかでも選りすぐりの花魁のようなものであろう。どの嬢も美貌は当然ながら、気品と気位に満ち、堂々と胸を張っているのが印象的だった。そんなまさしく高嶺の花が、20も30も咲き誇り、異様な迫力を醸し出してるのである。混浴料金はお安い方でも5000バーツや7000バーツ、通常の泡姫の倍ほどだろうか。

やがてステージには誰だかは知らないがテレビで見た芸人が登場し、場を盛り上げるトークショーをはじめた。拍手や歓声が上がる。別に闇営業というわけではなく、タレントが風俗業界のパーティーに招かれて一席カマすことはとくに問題視されない風潮なのだ。何人かの有名人が来たようだが、日本にいる頃から芸能事情に興味がないので、どんな人たちなのかサッパリわからないことが残念ではあった。

ヌムは時折こうした場に招いてくれて、タイの裏社交界の上級とまではいかないがたぶん中流くらいの実態を、垣間見せてくれるのであった。

華々しかったマッサージパーラー業界だが、やがて逆風が吹くことになる。２０１０年代後半になると、風俗業界に対する締めつけが厳しくなったあおりを受けて、多くが潰れてしまったのだ。僕たちの広告主でも健在なのは「ポセイドン」「プラザ」くらいだろうか（２０１９年末現在）。

風俗誌「アジアン王」との関係

「ムロハシくん、明日空いてる？　M田さんが戻ってくるんだって」

シマくんが編集部にやってきて、そう言った。

いつものことながら、唐突であった。今回はチェンマイと、それからミャンマーに行ってたんだっけか。ひと月ほど前に編集部にやってきたのを思い出す。毎回、自宅がある神奈川から横浜崎陽軒のシュウマイをお土産に持ってきてくれるのだ。

M田さんは日本が誇る最強の海外風俗誌「アジアン王（キング）」のエースカメラマンであった。海外でハメ撮りをやらせたら恐らくこの男の右に出る者はいない。治安劣悪な南アであろうとブラジルの危険なスラムであろうと平然と乗り込んで、現地人だって敬遠する格安の置屋でハメ、そのついでとばかりに裸体を撮ってくる。その写真を「アジアン王」に掲載するのである。

Gダイと共闘していた雑誌「アジアン王」（マイウェイ出版）

「アジアン王」は世界各地に羽ばたくグローバルな雑誌であるから、現地協力者のネタが必要であった。我々と違い、編集部は日本にあるのだ。そこで歓楽街の最新情報は在住日本人にアドバイスを求めることがよくあったようだ。タイの場合、M田さんの水先案内人は我々であった。編集長・ブルーレット奥岳氏からの要請を受け、M田氏が来タイするたびに僕とシマくんとで昨今のタイ風俗情勢をレクチャーした。

その代わりに僕たちもときどき

「アジアン王」の取材を手伝い、原稿を書き、外注スタッフとして関わることもたびたびだった。いわば業務提携、ある種のライバル誌ではあるが、紳士協定を結び協力し合っていたのである。

どうやら無事に取材が終わったようで、いつもの「いろは」でM田さんを慰労することにした。巨体に坊主頭、全身から精を漲らせているかのようで、例えて言うなら歩くキンタマ。チョンプーもノックちゃんも、僕たちのいつもとは違うツレに若干戸惑い気味である。

その巨体に似合わずチビリチビリとビールを飲んだM田さんは、待ちかねたように自らの一眼レフを取り出した。しまった、と思った。

「今回の取材の成果です。どうぞ」

手渡されたカメラの電源を入れて、再生ボタンを押す。いきなり大開脚の大開帳、当たり前だがモザイクもない裸体が飛び込んできた。カエルのようだ。ぜんぜん興奮しない。次の写真はその女が寝釈迦のごときポーズで横になっている姿だった。腹の妊娠線が痛々しい。さらに次は、画面の半分をけむくじゃらのチンポが覆い尽くしていた。女が苦悶の表情を浮かべてくわえこんでいる。グロすぎる。

「あ、すみませんソレ僕のナニでして」

隣からひょいと覗き込んできてM田さんが言う。嬉しそうだ。そこにチョンプーが通りがかる。

「なに見てるの？　私も見たいー」

慌ててカメラをしまいこむ。「だめだめ。あっち行ってなさい！」むー、とほっぺを膨らませて座敷の片付けに向かう。

そうなのだ。M田さんが取材から帰還したときの儀式だった。戦果をわけあうかのごとく、彼はカメラを僕たちに渡し、撮りたてホカホカ、まさに湯気が立つような写真の数々を見せてくれるのであった。個室のある店とか、女性がいない店にすべきであった。しかしM田さんはそういった空気をいっさい読まず「この女なんスけど、立ちんぼで800バーツとかだったかな？　その割りにけっこう具合良くてフェラもまあまあでね」とか、でかい声で写真の解説をするのである。危険であった。

失礼かとは思ったが、ぱぱぱぱっと見てわずかに感想を挟み、シマくんにパスをする。この儀式は僕たちふたりに課せられるものなのである。だがさすがは気配りの男、シマくんはいちいち、

「おっ、パイオツいいすね」

「これはチェンマイですか？　置屋？」

「わー色白い、かわいいですね」

とか、ていねいに見ていくのだ。やさしい。僕との人格の圧倒的な違いがここにある。

しかし気になったのは、写真の99％が女の裸体で、それ以外はいっさい存在しないことであった。例えばチェンマイなら旧市街の寺院とか、それを取り巻くお堀や門、ナイトマーケット、あるいは北部独特の料理など、そういったカットがほぼゼロ。ノラ犬を撮った写真がポツリとあったが、これはピンが来ておらずブレブレであった。ていうか、置屋か按摩かは知らないが、店の外観すらない。これで誌面が構成できるのだろうか、と心配になる。

案の定であった。

「ムロちゃーん、チェンマイの写真ない？」

ブルーレット奥岳氏からのメールを受けて、手持ちのチェンマイのイメージ写真を送信した。奥岳氏が何度、口を酸っぱくして言っても、M田氏は現地に出ると指令を忘れて裸体のみに食いついてし

まい、ほかの写真を忘れてしまうというクセがあったのだ。そのぶんもっとも重要な獲物は確実に仕留めてくる。扱いづらい猟犬のような男だった。

Gダイ志願の女

この頃、バンコク週報では日本からインターン生を受けつけていた。紙面のはしっこやホームページで、海外での新聞制作業務に興味のある若人を募集していたのだが、これがけっこうばしばし集まってくる。

が、令和の意識の高い学生たちとワケが違うのである。タイで就労経験を積んでノシ上がり、ひとヤマ当てたろうと目論む怪しげなヤカラであるとか、若くして入れあげてしまった商売女に会うため手っ取り早くタイに住む手段としてインターンを選ぶやつとか、そんな連中がちらほらと社内を行き来していたのだが、今回ばかりは強烈だった。

「あんたスか？　Gダイの編集って」

パソコンから視線を上げると、茨城あたりのヤンキーを髣髴とさせる下品なプリン頭の女が立っていた。すげえ巨乳である。ぱっつんぱっつんの小さいシャツだから余計に強調されており、深い渓谷を形成していた。

「どこ見てんだよ」

口調もヤンキーであった。が、いきなりプリン頭を下げて、

「あざっす！　いつも読んでます！　イヌマキ先輩の大ファンっす！」

とか叫ぶのであった。

「あたしバン週のインターンなんスけど実はGダイのほうに興味あって。だってバカみたいじゃないスかタイにいる日本の男たちって。みいんな風俗に狂ってバカみたいに金出して、エロい顔してさ。そういう男にあたし、言いたいんだよねひとこと。イヌマキ先輩みたいにビシッと辛口の原稿を書きたいわけっスよ。だからあたし……」

待て。ちょっと待て。距離を詰めてくる巨乳を押しとどめ、座らせる。そこに良いタイミングで、ブワさんが遠くの受付から声をかけてきた。

「ムロさぁん。今日はヤクいるかぁ？」

「いるいる。ください。3本ね」

別に弊社がアナーキーな職場というわけではない。今日もヤクルトおばさんがやってきたのである。タイにもこの乳酸菌飲料は進出しているわけだが、我らがRSタワーにも入居している各社を訪問販売しているおばちゃんがいるのだ。1本5バーツのヤクルトを売り歩きつつ、定期・定量の契約を勝ち取るべく営業に回っていた。ブワさんはこの人と仲が良く、現れるたびに自社の社員に勧めてやっていたのだ。僕もなんとなく日課のようになっていて、夕方どきに姿を見せるおばちゃんから数本買っていた。

タイ語風に言うと「ヤクゥ」となるヤクルトを巨乳に飲ませて落ち着かせ、事情聴取をしてみれば、根は純朴な田舎ヤンキー、とつとつと話し出す。

日本にいる彼氏を置いてタイに来たのはズバリ、男遊びをするためであったという。ハタチそこそこの娘なのにオヤジみたいな発想に至ってしまったのは、最初のタイ旅行で好奇心から訪れたゴーゴーボーイの光景に衝撃を受けたため。マッパで次々とステージに上がるマッチョやイケメン。林立する巨根。男同士の交尾ショーに息を呑んだ。そして出演者の全員が「買える」と聞いて、声も出なくなった。ゲイ向けの店だというけれど、店内には日本人っぽい女性もいて、ゴーゴーボーイと舌を絡めてる。こんな世界があるんだ……。

「でもさ、エッチするのにお金なんか必要ないじゃん。ゴーゴーボーイだって結局タダでやれたし。あたしいまタイ人のギック（セフレ）が何人かいるわけ。すっごいかわいくてセックスもうまいの。そこいくと日本人の男ってなっさけなくね？　風俗嬢でも素人でもいいけど、金で買わずにモノにしてみろっての！」

そう編集部でまくしたてると、巨乳が揺れた。支離滅裂でよくわからないが、とりあえずあふれ出る情熱は感じる。どうもGダイに書きたいらしい。「読者もタダマンしろよ！」と主張したいようだが、それはそんなチチを持った若い女の無敵感がなせるワザである。時と場合と、女の機嫌やフトコロ次第では、日本のおじさんもゴーゴー嬢やタニヤ嬢のタダマンにありつくことはあるが、そんなの記事にしたって別におもしろくもない。

「それよりさ。キミなんだっけ名前」

「マキコ」

「タイで遊んでる日本人の男に、マキコちゃんは言いたいわけでしょ」

「うん」

「だったら、その遊んでる現場、見たくない？　買春喫茶とか、カマ専ゴーゴーとか」

「行ってみたい！」

目を輝かせる。

「よし、じゃあ僕やシマくんと遊びに行こう。で、その体感を記事にしてほしい」

マキコはタイ人みたいなとびきりの笑顔を見せて、「やったあ！」と小さく跳ねた。

タイトルは決まりだ。「女突破記者マキコがゆく！」（第80号・2006年7月号）。もちろんマキコの主張なんぞどうでもよく、単純な興味であった。明らかに日本人であるコイツがタイ人売春婦に混じってテーメーに立っていたら、日本人のおじさんたちはどう行動するのだろうか……。ヤリマン女と買春おじさん、そして売春婦の化学反応が見られるかもしれない。

いちおう社内の人間だからこれも業務の一環、原稿料が不要というのが実に素晴らしい。最近は経理から外注費についても圧縮できないかと相談が入ることがあるのだ。先日のように「小切手が落ちない」というライターからのクレームも、その後も続いた。だが今回は取材といってもいつもうろうろしているところにマキコを放り込めばいいので、個人的にメシと酒でもおごってやれば取材費もゼロだ。

そんな目論見でもって夜のバンコクを引き回してみたのだが、マキコは意外にタフであった。

まずはビビらせてやろうと深夜のルンピニー公園に放置した。外周部に立ちんぼが出没するのである。やり代数百バーツというバンコク最下層の人々であった。だから金がないぶんガラの悪いタイ人の男たちも集まってくる。不穏な界隈であった。

「まずここで立ちんぼとトークしてこい！」

とけっこうなムチャ振りをし、タクシーから強制的に降ろして立ちんぼゾーンに向かわせたのだが、その様子を遠くから望遠カメラで捉えていたシマくんが呟く。

「あいつ、なんかふてぶてしいな……」

いちおうマキコも嫁入り前の娘、もし不審者に絡まれたら救助すべく、通りを挟んだ反対側から見張っていたのだが、くわえタバコで両手をポケットに突っ込み、立ちんぼとなにやら話をしている。盛り上がっているのか、ときどき笑いあう。アバズレだが歴史あるバンコク週報のインターン生を務めるだけあって、タイ語はベッドでもタイの有名大学でもしっかり勉強しているのだ。

周囲は真っ暗な森で、薄暗い街灯にぼんやり照らされているのは売春婦とチンピラばかりという状況に、どうせ5分で泣きを入れてくるだろうと思っていたのだが、ぜんぜん動じない。むしろこちらが心配になって電話をしてみると、

「あ、すんません。つい話し込んじゃって」

なんてけろりと言うので、タクシーで回収する。聞いてみればマキコが声をかけたのはウソかホントか不遇の女であった。

「プーケット出身のコなんだけどね。インド洋津波に巻き込まれたんだって。お父さんと妹が亡くなって、お母さんは両足切断。それでお母さんの入院費のためにあそこで立ってるって。あたしと同じハタチだよ。それでカラダ売っててね、月に5万バーツくらい仕送りしてるんだって。あたしだったらできるかなあ。タイの女って、やっぱ強いよねえ」

客相手のセールストークのようにも思ったが、津波の後にバンコク各所の歓楽街の人口がやや増加したのは体感としてあった。

マキコは暴れん坊だがいいやつだった。パタヤ取材にも連れていった

「でもさあ、ほかにも話してみたらクスリでイッちゃって壊れた笑顔の女とかばっかだったよ。もうちょっと話が通じる人間がいるとこに連れてきなさいよ」

とタクシーの後部座席でふんぞりかえる。

それからナナプラザの「カサノバ」に行ってみたのだが、この日のオカマたちはいつもよりもさらに獰猛で、マキコではなく僕とシマくんに襲いかかってきた。マキコとカマの異次元ペッティングが見たくて連れてきたのに、セクハラされるのは僕たちばかり。とりわけ僕はオカマやゲイのターゲットになりやすい傾向があった。同じ属性だと思われるのだ。両サイドから耳を舐められ、ついチンポを許してしまったわけだが、そんな担当編集者をマキコは冷たい目で見るのであった。

「あんたしこってる子も、ほかのオカマちゃんも、みんな女よりキレイだよね。あたしに遠慮しないでやっちゃいなよ」

そう言われても僕にも嗜好というものがある。

「見た目のキレイさよりも……アン。多少ブスでも僕は女のほうがいいんだよ。この人たちは性の対象ではアアッ……」

「きめえんだよ」

羞恥心と自尊心が邪魔をしているのか、自らの解放にほど足りぬ僕とは違い、さすがシマくんは性を超えた博愛主義者。オカマちゃんの愛撫を悠然と受け入れ、エビスのような顔でなにやら囁きあっていた。

「シマさんのほうが正直だよね。あんたはGダイスタッフとしてまだまだだわ」

ハタチそこそこの小娘に断言されるが、その通りなので返す言葉もない。しかしそんな女に痴態を見られ、顔をしかめられるというのはなかなか悪くないな……と新しい境地の開拓に手ごたえを感じつつ、僕たちはいつもの地下室テーメーカフェへと潜った。

ゴーゴーバーにはときどき観光客や怖いもの見たさの日本人の女が紛れ込んでくることがあるが、テーメーばかりは男の楽園、しかも日本男児がそのほぼすべてを占める。店内に居並ぶ売春婦はすべてタイ人だ。そこにいきなり、どう見たってタイ人ではない女がズカズカと入り込んできて、眉間にシワを寄せてあたりを睥睨するのである。

「なんかさあ、さっきのオカマちゃんのほうが可愛くね？」

マキコはすっかりノッてきたのか、いまや猛獣のような目つきで地下室の男女にガンを飛ばしながら、横倉氏のポリシーを破って反時計回りでテーメーをラウンドする。

「オイ、酒」

ビアシンのボトルをさっと差し出すと、ラッパ飲みして荒く息をつく。ボックス席に座らせて、しばらくひとりにさせてみたのだが、日本人のおじさんたちは誰一人マキコに近寄らないのであった。タイ人の女同士はふだんから牽制しあったり、あの男はケチだとか遅漏で面倒だとか情報交換をするためにそれとなく会話をしたり派閥をつくったりするものだが、そんな淫売たちもマキコを警戒し、遠巻きにするばかり。すごい違和感なのであった。

仕方なく撤収して、「いろは」で反省会となった。

「さっきの店なんなわけ？　日本人のキモオヤジが次々とチラ見してくんだよ。何人も何人も。どいつもこいつもキモい目つきで盗み見してさ、正面から話しかけてこいや！」

ドン、とジョッキを置く。チョンプーが萎縮しつつ生のおかわりを持ってきた。

「日本で宴会コンパニオンのバイトしてたときだって、こんなキモい客はいなかったよ。だから命令わすれちゃった。すんません」

今度はしおらしく謝る。日本人の買春オヤジに自分の値段を聞いてこい、と訴えられかねない指示を飛ばしていたのである。

「興味はあったんだ。売春なんか絶対しないけど、あたしのひと晩ってどのくらいの評価なのか、値段は知りたかったな……でもでも、やっぱいまんとこギックちゃんがいっちばん♡」

なんてノロケるものだから聞いてみれば、ギック1号は女房持ちだから不倫であり、2号は1号の友だちなのだという。爛《ただ》れた人間関係であった。

「でもねえ、1号の嫁からこの前すごい剣幕で電話があって。『アンタうちのダンナのなんなの？』って。タイ語わからないふりして切っちゃった。まあ無理もないよね。まだ結婚して1か月なんだって。メンドイのやだし、切ろうかな」

新婚家庭を破壊しておいて、平然と生中を飲み干す。

「ふたりとも、まあまあチンコでかいし、エッチも上手いんだ。タイ人は前戯あんましやらなくて、すぐに挿れようとするのが難点だから、そこ調教してんだけどね」

そう言いながらウキウキで写真を見せてくる。ベッドに横たわった刺青1号と、下半身タオルのガタイのいい2号なのだが、どっちもブサイクなオッサンなのであった……。人の趣味はわからないものである。

記事はなかなかの評判だった。

続編さらにはレギュラー化も目論んでいたのだが、インターンを修了すると彼女はいつの間にか消えてしまい、連絡もつかなくなった。逸材は嵐のように現れ、消え去ってしまったのである。

梅ちゃんのアジアナンパ紀行

「女突破記者」がいるからには、もちろん男の突破記者もいた。その1号こそ〝梅ちゃん〟こと梅本昌男氏であり、2号は小林ていじ君であった。彼らに編集長は毎号、無理難題を吹っかけてはその顛末を記事にしていた。

例えば梅ちゃんは、いきなりオカマバーでフェラチオをされてこいとか言われるのだが、あとから編集長に「実はあの店、淋病の巣窟なんだよね」なんて知らされたりする。夜のルンピニー公園に忍び込めと言われたこともある。この公園の外周部に立ちんぼが多いのは、夜になると門が閉まって内部には入れなくなるからなのだ。そこを不法に突破し、警備員に追いかけられたりもした。

そんな梅ちゃんの目玉企画は、アジアナンパ紀行であった。タイや東南アジア各地、行く先々で地元女子や日本の旅行者の女の子をナンパすることを命ぜられ、現地で実行するわけだが、梅ちゃんは基本的に僕と似た陰気なおじさんなのである。誌面では満面の笑みで登場しているが、それはあくまでキャラ。見知らぬ土地でそこらの女子に話しかけて何ごとかコミュニケートし、記事になるだけのネタを聞き出して写真まで撮ってくる……もし自分だったらと想像しただけでこっちの胃まで痛くなる。しかし梅ちゃんは毎回きっちりとやりおおせ、誌面を大いに賑わすのであった。Gダイのヨゴレ芸人のような役回りを演じた役者であるといえるかもしれない。Gダイのほかにカタギな雑誌や飛行機の機内誌、書籍などでも幅広く書いている、プロのライターでもあった。

突破記者2号の小林くんもやはり、闇の世界に住む男であった。編集長に呼ばれた飲みの席ではじめて会ったと思うのだが、そのとき彼の背中からドス黒いオーラが立ち上っていたような錯覚をしたものである。

彼もやはり奴隷のごとくコキ使われていたのだが、僕や梅ちゃんと決定的に違う点があった。男からするとまったく意味不明なのだが、小林くんにはふしぎと母性本能をくすぐる才があり、意外にモテたのである。Gダイ突破記者というカーストの最下層にありながら、日本に国費留学した経験もあるというタイ人の才媛に逆ナンされてその勢いのまま結婚、子どもも授かりパパになってしまうというサクセスを歩んでいた。そのプライベートを切り売りして、タイ人との結婚についてのノウハウも記事にしつつ、ママチャリでバンコクからシンガポールへと旅をするのだと言い出してほんの数十キロで挫折するヘタレキャラとしても愛されていた。

突破記者サトーンけいたろう

そしてもうひとり……ときおり誌面に登場しては梅ちゃんのパシリにされたりプノンペンで拳銃強盗に襲われたりと、やはり編集部から酷使されてさんざんな目に遭ってきた男がいる。サトーンけいたろう君であった。シマくんの親友《マブ》でもある。

梅ちゃんや小林くんはあくまで編集長マターであるのだが、サトーン君の処遇は前任者から僕に引き継がれた。いったいどうしてくれようかと悩みつつシマくんを交えてタニヤの居酒屋で初対面となったのだが、誌面のイメージとはだいぶ違うコワモテであった。やはりどこかマキコと共通する北関東のチンピラ的空気をまとい、ドンキでたむろしていそうなダボついたファッションに坊主頭ときて、僕はいくらかびびった。

しかしサトーン君はヤンキーの常として長幼の序を重んじるタイプであった。彼のなかでは不本意であったかもしれないが、前任者が築き上げたGの先輩後輩という関係にそのまま僕がすっぽりと座る形となったのだ。

が、しかし、バンコク郊外に数ある射撃場で拳銃を握らせてみれば、彼の腕前はゴルゴ並みというウワサも囁かれ、もし怒らせたらヒットマンに豹変しかねない危険もはらんでいるのであった。

そんなサトーン君はしばらくの間、ライターというより飲み会要員であり、編集部の酒の席では欠かせない存在として愛されていた。そこへ、ラオスからとんでもない情報がもたらされてきたのであった。

ネタモトは「亜州月報」ライター柿本孝三郎氏だ。東南アジア各国で、実際に現地に住む人々に執筆してもらう「亜州月報」も渋く人気があるコーナーだったが、そのラオス担当である。ビエンチャンで開催されたＡＳＥＡＮ（東南アジア諸国連合）会議で警官たちが交通規制を強めて市民から罰金という名のワイロを徴収しまくった話だとか、タイでも大人気のロックバンドＬＯＳＯのラオス・ライブの話だとか、ただでさえ情報の少ないラオスの、さらにディープな記事を書いてくれる男である。

彼もまた所用でバンコクに来るたびに僕やシマくんと飲む友人なのだが、

「実はラオスにさ、すごい食べ物があるんだよ」

と、「いろは」で切り出してきた。ラオスはタイと文化が似ており、食事にも共通点が多い。ソイ・カウボーイの屋台でも売られているバッタやタガメは、きっとラオスにもあるだろう。フグと同じ毒を持つカブトガニの卵はタイ海岸地帯の暑季の名物でもあり、たまにシビれて死人が出るのも風物詩。イサーンには赤アリの卵の炒め物やら、カエルの姿煮もある。タイだってけっこうグロメシはあるのだが、そんなヌルいものではなかった。

「うんこだよ、うんこ」

「えっ？　うんこ？」

「そう。牛の胎児を、牛のうんこで煮込んだスープがあるんだ」

驚愕であった。世界広しといえど、うんこ料理が存在するのはラオスだけではないのだろうか。

「厳密に言えば、牛の腸に残った内容物なんだけどね。それを調味料やスープに使うことがある」

考えてみれば日本人だって魚のワタをよく食べる。あれだって排泄物が含まれているのではないか。サンマのワタなんて苦くて嫌いという人もいるが、僕は大好きでよくスリウォンの「とん清」あたりで定食をいただいている。似たようなものかもしれない。

だがしかし、牛のうんこというインパクトに僕は唸った。それで牛の胎児を煮込むだと……？

「最近たまに行ってる店に頼めば、ほかにもいろいろ出してくれるんだ。ヤギのチンコとか虫とか」

「ようし！　ラオスに行こう！」

僕は「いろは」で叫んだ。居並ぶゲテモノ料理を誌面にでかでかと載せれば、きっと映えるに違いない。ラオスの豊かな食文化を世に知らしめる民俗学的な内容ともなろう。そしてこの企画にはキャラの立った登場人物が必要であると思った。本来なら突破記者1号2号をカプセル怪獣のごとく召集したいところではあるが、あいにく僕の担当ではない。そこでサトーン君に白羽の矢を立て、マブのシマ君から連絡を取ってもらう。

「ラオスの祭りにみんなで行くから、サトーン君もどう？」

「まじっすか！　いいんすかボクも？　行きます！」

速攻でノリノリの返信をしてきたことに、いくばくかの罪悪感を覚える。もちろん、うんこの件はナイショであった。非常に申し訳なかったが、彼は牛のうんこに捧げる人身御供である。僕だってうんこなんか食べたくない。シマくんは意外だがバッタも拒絶するほどゲテモノ嫌いである。と、なれば、ラオスの深遠なる世界をルポできるのはサトーン君しかいなかろう。

こうして僕たちGスタは、バンコクを離れて隣国ラオスに向かったのであった。もちろん予算を考えて、出発はホアランポーン中央駅である。旅情深き夜行列車で、まず向かうのはイサーンの果てノンカイだ。

僕たちは食堂車に移って、車窓を眺めながらちびちびと飲んだ。枕木の音と、きれいな星とを肴にするなら、タイのウイスキー・センソムがいい。ソーダとマナオでもって割るのだ。

シマくんはすっかり上機嫌になって、サトーンくんの首に手を回してなにやら言い合っている。いつも思うがこのふたりは兄弟のように仲がいいのだ。

ラオス、地獄の宴

さわやかな朝である。

ノンカイ駅に降りると、空気がだいぶ乾いているのを感じる。イサーンの大地はヒートアイランド現象でいやらしい蒸し暑さとなるバンコクよりも、ずっと過ごしやすいのだ。大きなビルもなく、空は高い。道路も街並みも広々としていた。話されているのはのんびりしたイサーン語だ。

バンコクとはやや形の違うトゥクトゥクに乗って走れば、すぐにタイ領のどんつきに突き当たる。低層の建物に大きなひさしがかかったような建造物が見える。国境だ。その向こうにラオスの大地が広がっているのだ。

「タロウ、そこそこ。ポーズとって」

朝から元気いっぱい、シマくんに乗せられ国境事務所をバックにガッツポーズを決めるサトーンくんだが、今夜の運命を彼は知らない。

「ここっすか！」

一方で僕は昂ぶっていた。ふたりを引き連れイミグレーションに向かい、まずタイを出国する。このへんの手続きは、空路でも陸路でも一緒であるのだが、押し戴いたスタンプを慌しく確認する。朱肉も新しいタイ出国スタンプには、日づけとともに出国地点を表す「ＮＯＮＧ　ＫＨＡＩ」の麗しき刻印が添えられている。うれしい。思わず笑みがこぼれる。押されたページを愛おしく撫でる。ノンカイスタンプはこのパスポートに切り替わってからはじめてだろうか。ただしすみっこの朱肉がやや欠け、不完全であったのが残念だ。あ、いちおう窓口の写真も撮っておこう……。

「ムロッツさん、なにやってんスかね」

「ムロはちょっとおかしいんだよ。こういうスタンプ集めるのが好きなんだって。ひとつひとつ写真に撮ってるらしいよ」

僕の性癖についてこそこそ言い合っているふたりを無視して、待ち構えていたバスに乗り込む。そこらの路線バスみたいなおんぼろだが、次々と乗客が詰め込まれてくる。かなりの混雑だ。それでも右サイドだ。右窓側席をゲットせねばならない。

いったい税関や検疫はどうなっているのか、野菜やらサカナやらタマゴやらを満載したズタ袋をかついだオバハンを押しのけ、かつて東京社蓄電車で鍛え上げたスキルでもって僕は窓側席に座り込んだ。

「混みすぎっしょ！　乗れるのかよ〜」

遠くでサトーンくんの悲鳴が聞こえるが知ったことではない。

やがてバスは発進する。ゆるゆると上り坂を走っていけば、道はそのまま巨大な橋へとつながっていく。タイ＝ラオス第1友好橋だ。両国をわかつメコン河にかけられた、壮大な建造物である。

威容に見とれていると、バスが右車線へとずれていった。左側通行のタイから、右側通行のラオスへ。いかにも国境越えを象徴するムーブに興奮する。そして眼下には狙い通り、大河メコンが滔々と流れていた。日本でこれほどでかい川があるだろうか。茶褐色の巨龍が蛇行して、タイ領とラオス領を従え、ゆったりと東に下っていく。木の葉のように浮かんでいるのは小さな単胴の漁船だ。

見とれた。なんという雄大さなのか。ぐっとくる。しかし気を取り直し、一眼レフを構える。このために右の窓側席を奪ったのだ。ファインダーに美しき国境の姿を捉え、手前に橋も入れて撮影していく。かっこいい。鼻息が漏れる。

そして橋の中ほどまで来ると、ここが正式な国境ラインなのか、タイ国旗とラオス国旗がクロスして掲げられているではないか。見逃せない。スポーツモードに移行してばしゃばしゃ連射する僕の姿を、隣のオバハンがうさん臭げにチラ見していたが、それがどうした。国境マニアなめんじゃねえぞ。

がっつり撮影を堪能した心地よい疲れのなか、バスはラオス側のイミグレーションに滑り込んだ。どやどやと降りていく乗客たちについて、窓口で入国カードをもらう。パスポート番号やら連絡先やらを美しく記入し、ついでにカードを記念撮影し、窓口に提出してスタンプをいただく。その真紅の文様もまたうれしい。これにて入国完了だ。国境越えの一連のシークエンスを満喫した僕は、もう取材が終わったかのような満足感でふたりと合流した。

すでにシマくんはラオス名物のカオチーを貪り食っている。フランスパンにパテやパクチーや野菜を挟んだサンドイッチだ。かつて仏領インドシナだったラオスは、フランス文化の影響が強い。右側通行なのもその名残りで、40分ほどトゥクトゥクに揺られると首都ビエンチャンの中心部に到着する。安ホテルに投宿し、仲良く三人部屋に荷物を下ろす。

「めし、めし食いに行こうよ！」

旅に出ると1日5食は軽く食うシマくんの胃では速攻でカオチーが消化されたようだ。僕としても景気づけに、まず昼ビールでも決めたい。

「ほんとにお祭りなんすねー」

そうはしゃぐサトーンくんの言葉通り、ビエンチャンはどこもかしこもえらい人波なのであった。メコン河に沿ったファーグム通りを中心に歩行者天国となり、食べ物や服やスマホまわりのガジェットやコピーDVDなんかの屋台が並び、賑やかだ。

この日は仏日である。タイもラオスも同じ敬虔なる仏教国、どちらも暦は共通していて、今日は「オークパンサー」だ。出安居、と訳される。旧暦の8月から3か月、寺にこもっていた僧たちが、修行を終える日とされている。そしてこの3か月は、1年でもっとも雨が激しい季節。メコンの水量もたっぷりと膨らみ、大地も田畑も潤う。そのぶん洪水や大雨などの災害もあるのだが、オークパンサーはそんな雨季の終わりを告げるイベントでもあるのだ。これから先は雨が少なくからりとした乾季だ。今年もやっと雨期明けか……僕たち在住外国人だって、じめじめした季節の終わりは嬉しい。

そして寺院はとりわけ参拝者で賑わうのだ。

女性たちはいつものラフな格好ではなく、巻きスカートも楚々とした民族衣装をまとって寺に集まってくる。仏様や僧侶に寄進する食べ物や水やお菓子や果物などを持ち寄り、わいわいと世間話に興じる。楽しげな人々で寺がはなやぐ。

寺のまわりには屋台も出れば、大道芸人もやってくる。プリミティブな祭りの姿がそこにはあった。そしてまた、昔ながらの見世物小屋だって登場するのである。

さまざまな動物がおどろおどろしく描かれたホラーな看板が不気味だ。子どもたちがパパに入場料をねだり、次々に入っていく。僕たちも続く。

入口を覆っていた汚いビニールをくぐると、むせ返るような獣臭である。少年たちが息を飲んで見守っているのは、ホルマリン漬けの動物の死体であった。犬の胎児、トリ……しかしナゼ、漬けモノにしてあるのかその意味は不明である。

「ム、ムロッツさん！　やばいっす！」

サトーンくんの悲鳴に奥へと進んでみれば、そこには悲しげに座り込む犬の姿。

「こいつ、足が6本あるんスよ」

奇形犬であった。だがよく見えないな……かがみこんで腹の下をのぞこうとすると、小屋のオヤジがどかどかと現れ、木の棒で床を打って「立て！」「ほれ、お客にお前の足を見せろ！」とか厳しく命令するのである。ラオス語はタイ語とよく似た言語、オヤジの叱責もなにを言っているのかわかってしまうのがツライ。よたよたと立ち上がった老犬は確かに6本足だったが、あわれ鎖でつながれていた。動物愛護団体に見つかったら抗議が飛んでくるだろう。

「こいつらはな、ベトナムから持ってくるんだ。向こうは枯葉剤の影響でこういう連中がいっぱいいるんだぜ」

とオヤジは言っていたが、戦争が終わってずいぶん経つのにまだ影響が残っているのだろうか。

こうして昼は祭りを見物し、メコン河を見晴らすレストランで昼からビールを飲んで、お待ちかねの夜がやってきた。ビエンチャン在住の柿本氏も、かわいいラオス嫁のティップちゃんを伴って現れる。


「さあ、今日はリッチなディナーといこうじゃないか。すべて編集部で持つよ」

柿本氏のエスコートで夜のビエンチャンを歩き、とあるラオス・中華のレストランの2階にご招待。ふだんは屋台で安メシばかり食ってるGダイ取材班とは思えぬ、回る円卓だって備えられた個室に入ればサトーンくんのテンションも上がる。

「いいんスかムロッツさん、こんな店。ゴチになります！」

ラオス名産ビアラオで乾杯をすると、まず運ばれてきたのが茶ピンクの肉棒であった。カットされているが、あまり旨そうなものではない。続けて、民族衣装のかわゆいラオスギャルの店員が笑顔でサーブしてきたのはズバリ、なにかの幼虫であった。一匹一匹が、でかい。モスラの幼虫を彷彿とさせる白いウネウネが皿の上に山となっている。表情が曇り、不安げになったサトーンくんが、なにやら頼るようにこちらを見るが、気づかないふりをする。シマくんはビアラオを飲みながら、もう笑いをかみ殺している。

「どれもこの店の名物で、評判なんだよ」

シレッとウソをこく柿本氏。すべてこの日のために用意してもらった裏メニューなんである。本来はオーソドックスな中華の人気店なのだ。

さらに揚げコオロギと、やはりなんだかわからない肉塊が運ばれてくる。とどめとばかりにやってきたのは、巨大なタライのごとき器になみなみと注がれた黒ミドリ汁であった。サトーンくんだけでなく、一同たじろぐ。ドブ色をしているのである。なんだが青臭い異様な匂いが漂う。平然としているのはティップちゃんくらいである。地獄のカマをのぞいているような気分になる。アイツがきっと、問題のアレだろう。

スープの醸し出す迫力に誰もが無言となってしまい、一向にディナーがはじまらない。仕方がない……まったく気は進まないが、担当編集者として先陣を切る。

「さ、さあ。いただこうじゃないか。ラオスのミシュランだ」

おそるおそるモスラをかみしめると、むっちりした歯ごたえのあとに、ぷつりとした食感。そしてクリーミーな汁がねっとりとあふれてきた。ううっ、味もなにもしない。ひたすらに舌触りがキモい。柿本氏もあとに続く。ティップちゃんはもうコオロギを唐辛子と一緒に口にぱくぱく放り込んでいる。

「てんぷら、おいしい」とか言って、かわいくサトーンくんに微笑む。シマくんも次々とワームを皿に盛って「さあ、うまそうだぞ」とか言う。

目を見開き円卓をガン見していたサトーンくんは、その場の誰もが平然と闇グルメを頬張るのを見て、なにかに憑かれたように続いた。

モスラを口に入れると、すぐ吐きそうな顔になる。すかさずティップちゃんが追い討ちをかける。

「さとーん、これ、わすれてる」やはりミドリのヘドロ的なソースであった。刻まれた唐辛子がどっさり浮かんでいる。つけだれらしい。サトーンくんは震える手でなにかの肉塊を箸でつまみ、ソースにつけて、口に運んだ。

「むちむちしてる。辛い。あと臭い。草っぽい」

搾り出すように言う。

「もっと楽しそうに食べないと！　せっかくの豪華な食卓なんだから！」

煽りながらばしばし写真を撮っているシマくんであるが、さっきから食べるフリだけでひたすらにビールを飲んでいるのみであることを僕は見抜いていた。口にするのはせいぜいビールの付け合わせのピーナツくらいである。

僕はそういうわけにもいかない。いちいちナゾの食材を、ナゾのソースに絡めて食べていくのだが、闇ナベ気分でもあるし、なにかのタブーを犯しているような気にもなるしで、まったく味がわからない。食レポをしたくともその余裕が出ないほどに、どれもこれも奇怪な食感であった。どうしてこんな企画を思いついたのか、いまさら自らの軽率さを呪ったが、目的は大ボスのごとく控える地獄スープである。これればかりは僕も遠慮させていただこう。

「さあ、サトーンくん。メインディッシュといこうか」

店員によってお椀に取り分けられていくドブ汁。そしてあろうことか、ティップちゃんが無邪気にお玉でスープをすくうと、底から苦悶の表情もあらわな仔牛の頭部が現れたのである。絶句した。小さな頭だが、茹で上がった白目には怨念が宿り、口元は恨めしそうにひん曲がっている。悪魔の子の死骸にしか見えない。

「さとーん、あげる」

頭部はドボリとサトーンくんのお椀に放り込まれた。かわいそうに……他人事ながら同情する。そしてべつに命じてもいないのに、悪霊に憑依されているかのごとく、彼はアタマや首スジから器用に肉をそぎ、無表情で食べはじめた。

「ど、どう?」

シマくんの問いに、

「やわらかい。ゼラチンぽい。臭い。とにかく臭い。草原。田園。マザー牧場」

よくわからないことをイタコの口寄せのように呟く。ただならぬ様子であった。それなのにティップちゃんは横から手を出し、「ここ! ここがおいしいの」とアタマをスプーンでこんこんノックして頭蓋骨を叩き割ると、白くトロけたものが流れ出した。

「これ食べると、あたまよくなる」

もう言いなりであった。サトーンくんはスプーンで脳ミソをすくうと、ちゅるりと飲み干した。

「オマール海老」

そんな言葉でディナーは締めくくられた。

ここに来てようやく彼に僕たちの目的を明かしたわけだが、僕も地獄スープ以外は一緒に食べているわけで、あまりドッキリの意味はなかった。それでも柿本氏からグルメの内容を説明されると、我に返ったサトーンくんは芸人ばりのリアクションを見せてくれた。本日のメニューは、スズメバチの幼虫、ブタのキンタマ、ヤギのチンコ、牛の羊膜のスープ、コオロギの唐揚げ、そして問題の頭部は牛の胎児。それを牛のうんこで煮込んだスープであった。つけだれもやはりうんこベースで、辛めに味つけたもの。まさしくラオス満貫全席である。

メインディッシュについてサトーンくんは「牧場の臭いがする」「藁というか草、土の香りが強烈」「うんこの臭いじゃない」とコメントしたが、最後に「ノドが便器になった気がする」と名言を残してくれた。

その夜……サトーンくんは悪夢にうなされたのか、寝ては起き、起きては醒めを繰り返し、ついにはベッドのまわりをぐるぐる走り回るというエクソシストのような奇行を見せた。この世に生を受けながら幼く昇天してしまった牛の胎児の祟りかもしれない。

なおラオスの名誉のためにつけくわえておくと、このうんこは排泄物として出されるだいぶ前の段階のモノで、ピアと呼ばれる伝統的な調味料だ。市場でもごく普通に売られている。サトーンくんの言うとおりうんこ臭はしない。料理に独特の苦味を与えるために加えることもあるので、もしかしたらラオス旅行中、そうとは知らずに口にしている可能性もある。ラオスは奥深いのだ。

さて、帰路……取材の無事終了を祈って、また僕たちはノンカイからの列車に揺られていた。すっかりセンソムも回っていい気分だ。

「でも、よく食べたよサトーンくん。僕はぜったいムリだわ」

心からヒーローを讃する。これぞGダイのライターである。ヨゴレを演じるのは勇気が必要なのである。

「まかしといてくださいよ！　でもさあ、シマさん……俺、見てたかんね。ひとっつも食べてなかったでしょ」

ふふん、と勝ち誇る。

「なに言ってんだよ！　食ったよ食った！　あのコオロギとか少し……」

「うんこ食ったかよ！」

「それはまあ」

「牛の脳ミソすすったかよ！」

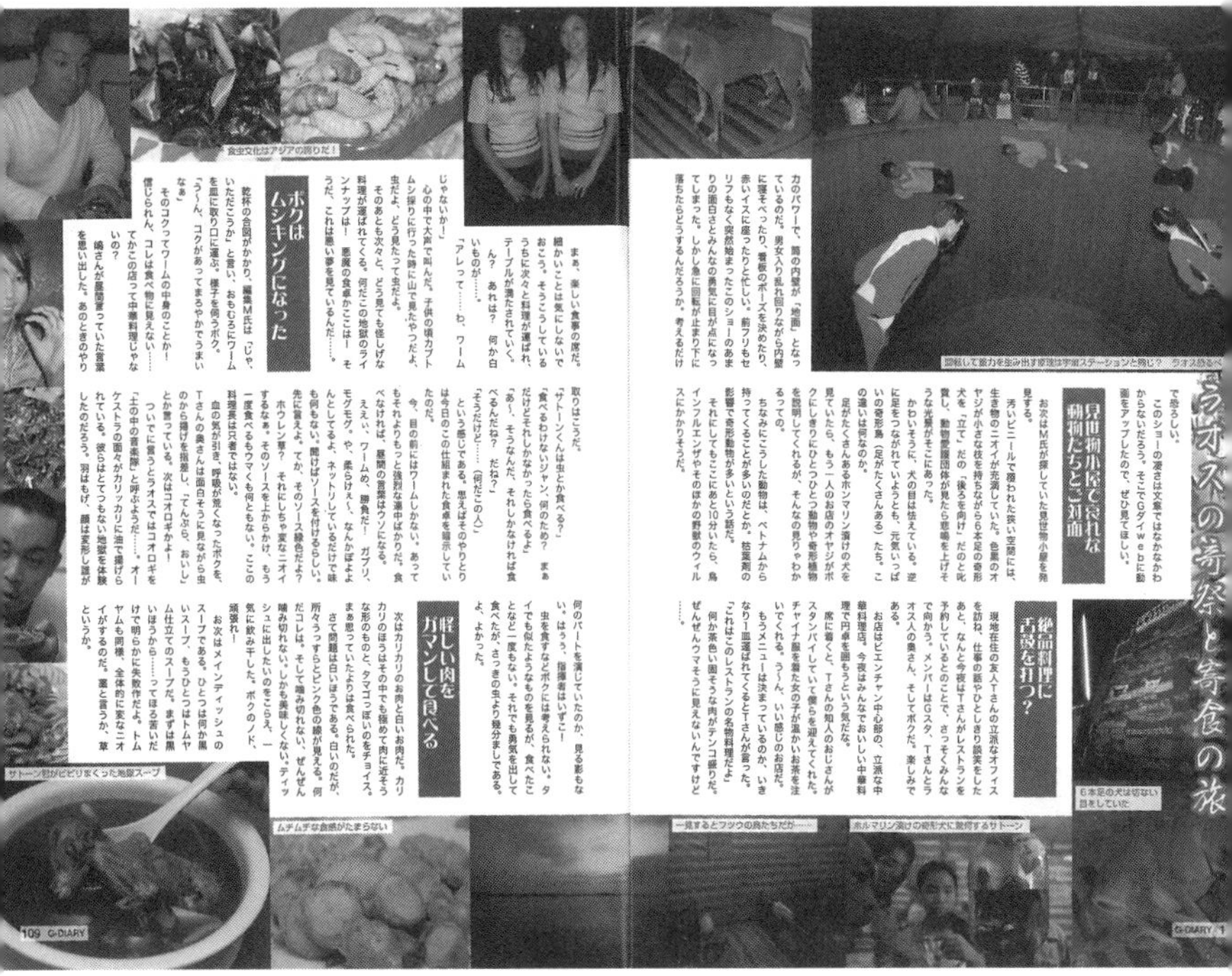

ラオスの奇祭と奇食の旅

力のパワーで、筒の内壁が「地面」となっているのだ。男女入り乱れ回りながら内壁に寝そべったり、看板のポーズを決めたり、赤いイスに座ったりと忙しい。前フリもセリフもなく突然始まったこのショーのあまりの面白さとみんなの勇気に目が点になってしまった。しかし急に回転が止まり下に落ちたらどうするんだろうか。考えるだけで恐ろしい。

このショーの凄さは文章ではなかなかわからないだろう。そこでGダイwebに動画をアップしたので、ぜひ見てほしい。

回転して重力を生み出す原理は宇宙ステーションと同じ? ラオス恐るべ

見世物小屋で哀れな動物たちとご対面

お次はM氏が探していた見世物小屋を発見する。

汚いビニールで覆われた狭い空間には、生き物のニオイが充満していた。色黒のオヤジが小さな枝を持ちながら6本足の奇形犬を「立て」だの「後ろを向け」だのと叱責し、動物愛護団体が見たら悲鳴を上げそうな光景がそこにあった。

かわいそうに、犬の目は怯えている。逆に足をつながれていようとも、元気いっぱいの奇形鳥（足がたくさんある）たち。この違いは何なのか。

足がたくさんあるホンマリン漬けの犬を見ていたら、もう一人のお店のオヤジがボクにしきりにひとつひとつ動物や奇形植物を説明してくれるが、そんなの見りゃわかるっての。

ちなみにこうした動物は、ベトナムから持ってくることが多いのだとか。枯葉剤の影響で奇形動物が多いという話だ。

それにしてもここにあと10分いたら、鳥インフルエンザやそのほかの野獣のウィルスにかかりそうだ。

6本足の犬は切ない目をしていた

絶品料理に舌鼓を打つ?

現地在住の友人Tさんの立派なオフィスを訪ね、仕事の話やひとしきり談笑をしたあと、なんと今夜はTさんがレストランを予約しているとのことで、さっそくみんなで向かう。メンバーはGスタ、Tさんとラオス人の奥さん、そしてボクだ。楽しみである。

お店はビエンチャン中心部の、立派な中華料理店。今夜はみんなでおいしい中華料理で円卓を囲もうという気だな。

席に着くと、Tさんの知人のおじさんがスタンバイしていて僕らを迎えてくれた。チャイナ服を着た女の子が温かいお茶を注いでくれる。う〜ん、いい感じのお店だ。

もうメニューは決まっているのか、いきなり1皿運ばれてくるとTさんが言った。

「これはこのレストランの名物料理だよ」

何か茶色い固そうな肉がテンコ盛りだ。ぜんぜんウマそうに見えないんですけど……。

一見するとフツウの鳥たちだが……

ホルマリン漬けの奇形犬に驚愕するサトーン

食虫文化はアジアの誇りだ!

まぁ、楽しい食事の席だ。細かいことは気にしないでおこう。そうこうしているうちに次々と料理が運ばれ、テーブルが満たされていく。ん? あれは? 何か白いものが……。

「アレって……わ、ワームじゃないか!」

心の中で大声で叫んだ。子供の頃カブトムシ採りに行った時に山で見たやつだよ、虫だよ、どう見たって虫だよ。

そのあとも次々と、どう見ても怪しげな料理が運ばれてくる。何だこの地獄のラインナップは! 悪魔の食卓かここは! そうだ、これは悪い夢を見ているんだ……。

ボクはムシキングになった

乾杯の合図がかかり、編集M氏は「じゃ、いただこうか」と言い、おもむろにワームを皿に取り口に運ぶ。様子を伺うボク。

「う〜ん、コクがあってまろやかでうまいなぁ」

そのコクってワームの中身のことか! 信じられん、コレは食べ物に見えない……てかこの店って中華料理じゃないの?

嶋さんが昼間言っていた言葉を思い出した。あのときのやり取りはこうだ。

「サトーンくんは虫とか食べる?」

「食べるわけないジャン、何のため? まぁだけどそれしかなかったら食べるよ」

「あ〜、そうなんだ、それしかなければ食べるんだね? だね?」

「そうだけど……（何だこの人）」

という感じである。思えばそのやりとりは今日のこの仕組まれた食卓を暗示していたのだ。

今、目の前にはワームしかない。あってもそれよりもっと強烈な連中ばかりだ。食べなければ、昼間の言葉はウソになる。

ええい、ワームめ、勝負だ! ガブリ、モグモグ。や、柔らけぇ〜、なんかぽよよんとしてるよ、ネットリしているだけで味も何もない。聞けばソースを付けるらしい。先に言えよ。てか、そのソース緑色だよ?

ホウレン草? それにしちゃ変なニオイするなぁ。そのソースを上からかけ、もう一度食べるもウマくも何ともない。ここの料理長は只者ではない。

血の気が引き、呼吸が荒くなったボクを、Tさんの奥さんは面白そうに見ながら虫のから揚げを指差し、「てんぷら、おいし」とか言っている。次はコオロギかよ!

ついでに言うとラオスではコオロギを「土の中の音楽隊」と呼ぶようだ……。オーケストラの面々がカリッカリに油で揚げられている。彼らはとてつもない地獄を体験したのだろう。羽はもげ、顔は変形し誰が何のパートを演じていたのか、見る影もない。はぅぅ、指揮者はいずこ!

虫を食すなどボクには考えられない。タイでも似たようなものを見るが、食べたことなど一度もない。それでも勇気を出して食べたが、さっきの虫より幾分ましである。よ、よかった。

怪しい肉をガマンして食べる

次はカリカリのお肉と白いお肉だ。カリカリのほうはその中でも極めて肉に近そうな形のものと、タマゴっぽいのをチョイス。まぁ思っていたよりは食べられた。

さて問題は白いほうである。白いのだが、所々うっすらとピンク色の線が見える。何だコレは。そして噛み切れない、ぜんぜん噛み切れない。しかも美味しくない。ティッシュに出したいのをこらえ、一気に飲み干した。ボクのノド、頑張れ!

お次はメインディッシュのスープである。ひとつは何か黒いスープ、もうひとつはトムヤム仕立てのスープだ。まずは黒いほうから……ってほろ苦いだけで明らかに失敗作だよ。トムヤムも同様、全体的に変なニオイがするのだ。薬と言うか、草というか。

サトーンがビビりまくった地獄スープ

ムチムチな食感がたまらない

109 G-DIARY

G-DIARY 1

「サトーンけいたろうが挑む! ラオスの奇祭と奇食の旅」（第98号より）

「俺は写真が忙しいんだよ！　撮影の仕事で来たんだから」

「これだよ、言い訳だよ。ヘタレだよねコオロギ一匹だけとかさあ、ねえムロッツさん」

このお、とシマくんがヘッドロックをかける。僕はまたセンソムをおかわりし、マナオを絞った。最高の達成感だった。きっといい誌面になる。読者をアッと言わせ、爆笑させる記事になる。そう思うとたまらなく愉快だった。

つかぴょんの変貌

「ねえ、室橋クン。こわいからもっとゆっくり」

後部座席からそんなことを言って、山崎つかさがきゅっとしがみついてくる。交通量の激しいサトーン通りを、僕はバイクで疾走していた。ちょこんと横座りのつかさちゃんを、シーロムまで送り届ける役目を仰せつかっているのである。

「でねでね。聞いてる？」

「危ないって！」

肩を引っ張られて、バランスを崩す。すぐ右側、プレッシャーをかけるかのようにすれすれを、赤バスの巨体が怒涛のように抜き去っていく。危うくバランスを崩しそうになる。かと思ったら、前から平然と逆走してくるバイクが来た。生意気にも僕と同じヤマハ・フィーノだ。アクロバットのようにすれ違う。

バンコクの路上はルール無用の戦場であった。路駐禁止の場所なのに平気で停めている車に引っかかり、首都の目抜き通りでもアスファルトがガタガタでタイヤを取られる。信号待ちをしていても、耐え切れずに赤なのに発進してしまうバイクがいたりもする。クラクションが巻き起こる。横入り、急発進に急ブレーキもおかまいなしで、交通秩序は大阪が上品に見えるくらいだった。

取り締まるほうもめちゃくちゃで、白バイが歩道を走っている姿はきわめて日常的である。主要な交差点には渋滞をコントロールするためにポリスボックスがあって交通警官が信号を操っているのだが、データではなく気分次第で赤だの青だの変えているのだとも囁かれていた。

月末ともなれば、交通安全のためではなく、もっぱらワイロを徴収するために警官隊は検問を張った。ノーヘルで走ってるやつを片っ端からとっつかまえるのだ。バイクの色に合わせた、かわゆいクリーム色の半キャップをかぶって走っている僕まで停止を命じられたから、何ごとかと問いただせば、

「バイクは左側車線限定だよ。さっき遠くから見てたぞ。追い越し車線にはみ出したろう」

なんて因縁をつけてくるのである。そして、

「どうする？　署まで行って面倒な手続きする？　それとも、ここで片づけちゃう？」

なんて違反キップ片手にニヤニヤ笑うのだ。知人のタイ人たちは「そんなもん100か200（バーツ）でとっとと終わらせろ」と言うのだが、外国人と見れば500バーツ札を切らないと納得しない警官もおり、白昼の路上でワイロの値切り交渉が行われたりもする。メディアに「警察署長から交通警官まで、階級別年間推定ワイロ額」なんて記事が出るほど、堂々と腐敗しているのであった。

そんな交通事情だし、もし事故れば今度は医療事情がアヤしい。外国人や富裕層向けの病院だって

誤診がまかり通っていると聞く。となれば当然、運転は慎重になるのであった。

「それでGダイで連載したこときっかけにね、タイのモデル事務所に登録したんだ。ボイトレしたり、オーディション受けたりしてね」

問わず語りのように、後ろからつかさちゃんが話しかけてくる。日本を離れ、タイに来てからの物語だった。それは大半がシマくんやほかの人々から聞いていた話ではあるけれど、本人が話す気になってくれたことがちょっと嬉しかった。

意外なことなのだが、あれほど僕を警戒し、気嫌いしていたつかさちゃんが、近ごろはやけに素直で従順なのであった。

特別になにかをしたわけではない。ある種の開き直りでもって接し続けたのだ。撮影のドタキャンや、原稿の締切破りの連続だったが、嫌われているのを承知でしつこく電話をし、メールをし続けた。彼女はGダイ創刊号から書いているレジェンドなのである。離すわけにはいかない。だったらもう、しがみついてやろうと思った。「いまちょっとカゼひいてるから今日は撮影とかムリで〜」なんて、そうとわかるようについているウソにも怒らず、じゃあいつごろなら大丈夫なのかとやんわり折れ、書くネタに困っているなら相談しよう、書き方がわからないならアドバイスできるから、と提案する。僕なりに編集者であろうと、そしてニューハーフアイドルのマネージャーであろうと心がけたのだ。元来から人の心にぶつかることが苦手な割には、けっこう粘り強かったと思う。我ながらマメであった。なにかにつけてシマくんがつかさちゃんとの間に入ってくれて、雰囲気を和らげてくれたことも大きかった。

いつの間にかつかさちゃんから、僕に対する刺々しさが消えていたのだ。目を見て話してくれるようになった。八重歯を見せて笑ってくれるようになった。「この人」ではなく「室橋クン」になった。断じて言うが「君」ではなく「クン」であった。そこに込められた軽やかな親しみが、少し嬉しかった。締め切りを守れないときもウソや言い訳ではなく、正直に「間に合わない、ごめんね」と本人から連絡をくれるようになった。そして印刷入稿ギリギリのデッドラインだけは破らないために、どんな記事なら書きやすいか、最近あった出来事はなにか、面白かったことと頭に来たことびっくりしたこと、なんでもいいから印象的だった話を思い出してみて書いていこう、と一緒に考えた。

大嫌いだった僕に少しずつ心を開きはじめたのは、つかさちゃんもまたGダイに強い思い入れを持っていたからだと思う。タイを舞台に、きわめてニッチではあるがアイドルとしての活動をはじめるようになった原点だからだ。彼女はGダイをスタートとして、タイの雑誌で活躍するようになり、在タイ日本人社会の有名人となっていった。さらに日本の某女性雑誌がタイに進出してタイ語版を発売したのだが、そこにも登場している。

「そういえばエリナと大げんかしちゃったこともあったなー」

なんて懐かしそうだ。かの大俳優・あおい輝彦の娘エリナは、タイに興味を持ちタイ留学をしていたのだが、在学中にヒップホップアーティストとしてデビューしている。タイ発の日本人タレントとして、いっとき騒がれたのだ。

「同じようにタイを拠点に活動してる同士でしょ？　だから飲もうか、なんて話を知り合いにつないでもらったんだけど、拒否られちゃったんだ。私それで怒ってさ」

楽しそうに思い出を語る。僕はコンベント通りに入った。シャレオツな教会やらインターナショナルスクールやら、リッチなコンドミニアムが並ぶ界隈である。弊社の社長もこのあたりに住んでいると聞いたことがある。

やがてシーロム通りに行き当たる。頭上をBTSが走る。左折し、しばらく進んでから、中央分離帯の切れ目でUターンし、タニヤの入口でつかさちゃんを降ろした。

「ありがとう」

なんだかタニヤ嬢の送迎を唯一の仕事としているヒモになった気分だ。

「こんど、飲みにいこ」

「そうだね、シマくんもそんなこと言ってたし」

「違うよう、ふたりで。担当編集者でしょ」

そう笑って手を振り、彼女は夕暮れのタニヤに消えていった。

僕は再びシーロム通りの奔流に乗り、ラマ4世通りに入る。陸橋との合流地点で、だいたい詰まる。渋滞を右に左にすりぬけ、クロントイ市場で左折してラチャダーピセーク通りを走っていく。あとはまっすぐ進めば会社だ。

とはいえラチャダーはとりわけ激しく車が行き交う大通りだ。荒くれたバスが我が物顔で轟音を立てて真っ黒な煤煙を吐き、バイタクが縦横無尽に駆け回り、前後左右をいっさい確認せずに車線変更するクルマが流れを遮断する。外国人観光客を乗せたトゥクトゥクが大音量のタイポップスをまきちらしながらウィリーで駆けていく。ほんの数キロを走る間に、何度も肝を冷やす。取材にもふだんの生活にも、小回りの効くバイクがあれば便利だろうと4万バーツもはたいて買ってはみたのだが、バンコクの路上は戦場のようだった。

このまま走り続けていたら、いつか事故に巻き込まれるよなあ……ぼんやりとそんなことを考えて、ペッブリー通りを越える。排ガスもひどい。一度走っただけで鼻の穴は真っ黒、顔がべっとり粘つくのだ。そういや猫さんとこの助手がバイクほしがってたし、売っちゃおうか。

でも……と、先ほどのつかさちゃんの表情を思い浮かべる。いくらかなじんできたと思ったら、それどころか一気に反転していないか。ニューハーフは苦労の分だけ情緒不安定な傾向があり、極端から極端に走ることもあると聞く。タニヤの入口ではにかんで手を振るあの顔には、たぶん仕事抜きの感情がある。いくら僕でも、そのくらいは伝わる。いやでも、まさかなあ。まさか。

いくらなんでも、そんなことはあるまい……ぶつぶつ呟きながら、RSタワーの駐車場の奥にある駐輪場に愛機を停めた。なんとか交通戦争を生き延びた、とおおげさでなく思う。ミラーで自らのツラを見れば、煤煙《ばいえん》で汚れているだけでなく、炎天下を走っていたから汗まみれ、メットを脱いだらアタマがぐちゃぐちゃだ。そんな格好でエレベーターホールに行けば、さわやかなシャンプーの香りとかすかな香水が漂う。自らの汚い姿が恥ずかしい。

だいたいどのオフィスビルも、支えている主力は女性であった。弊社だってそうだ。日本人スタッフは別だがタイ人は、総務、営業、経理と、9割がたが女性なんである。単純に、女性（もしくはLGBT）のほうがしっかり働くからだ。男は弊社の場合、配送に数人いるだけ。運転手や倉庫管理といった力仕事を任されていた。経理や営業にいたわずかな男性はいずれも、DNAに商魂が刻まれている中華系である。

つまり、ざっくりと言ってしまうと「ホワイトカラー＝女性、LGBT、中華系の男性」「ブルーカラー＝男性」という図式なのであった。それは他社も同様で、だからエレベーターの中は常に女子でいっぱいなのだ。少なくとも我がオフィスビルでは、女性が男性を圧倒していた。

それを思うと、バイタクと間違えられかねないこの姿はどうなのかなあ……とエレベーターを降りて会社に帰還、疲れた心身をエロサイト巡回で癒していると、日本人役員氏が珍しく声をかけてきた。

「室橋くん、ちょっといいかな」

「はぁ」

別室に呼ばれる。僕もときおりライターと打ち合わせをしたり、唐突に来社する読者の応対をするために使うことがあるミーティングルームだ。19階の高みからラチャダーピセーク通りやアソーク方面を睥睨《へいげい》するすばらしい眺めなのであるが、ネオンが灯りはじめた夜景には目もくれず、役員氏はいきなり頭を下げた。

「スマン室橋くん。今年はボーナスが出ないんだ」

「はあ」

あまりピンと来ない。そういえば去年はいただいた気がする。いくらだっけか。手取り7万バーツに昇給していた給与の、ひと月ぶんだったろうか。確かそのくらいだったように思うが、僕はそもそもがボーナスなんぞ無縁の人生を送ってきた。厚生年金も失業保険も通勤手当もボーナスも、そういった社会保障や福利厚生のいっさいに背を向けてきたアウトカーストである。僕にとってはボーナスをもらえるという現象が不可思議なのであって、そんなもんなくても生きていけるように日本からコツソリさまざまな案件を請け、書いているのだ。だから、

「別に、大丈夫っすよ」

という答えしかない。ほっとした顔の役員氏は、

「けっこうたいへんでさ」

と申し訳なさそうに言う。ボーナスは別にいいのだ。しかし、腑に落ちなかった。Gダイの稼ぎはいったいどこに消えているのだろうか。バン週が赤字だとはいうが、詳しい説明はない。はぐらかされるばかりなので、いつしか僕も聞かなくなっていた。スギヤマさんもそのあたりは口が堅い。だからシマくんと愚痴り、タイ人スタッフから断片的に漏れ伝わってくる会社の深刻な財務事情を肴に飲むばかりであった。

居酒屋娘たちとの日々

「ムロハシくんはいいよ。そのへんしっかりしてるもんね。俺ボーナスで新しいレンズ買おうと思ってたのに……」

揚げ物の山をつつきながら、シマくんは「もりもり」で肩を落とした。彼こそ僕よりずっとしっかりした性格なのだが、こと金銭面に関してはタイ人の男のようにルーズであった。その感覚にいつしか僕も呑まれ、毎夜毎夜こうしてふたりして居酒屋で焼酎を入れて「Gダイ参上」とかボトルに書いてはみるがその晩のうちに飲み切ってしまう……なんてことを繰り返していた。安いジンロでもいいちこでも、関税の分だけタイでは値が張るのだ。それに僕たちは、身体がでかいのでカロリーも欲した。居酒屋ではついテーブルを肉と炭水化物で満たしてしまう。だから肴と合わせてワリカンでひとり2000バーツくらいは使うだろうか。それでも仕事と趣味を兼ねたかのようなGダイ以外にやることもなく、お互い女もいないので、日本の居酒屋かタイの屋台か、どこかでだいたい一緒に飲んでいた。タイ人スタッフや日本人の友人たちは、常時行動をともにする僕たちの関係性を訝しみ、あれやこれやと噂話に花を咲かせていたようである。

「ボーナス出ないっていうし、なんかバイトするかあ」

「ムロハシくんアテあるの」

「アジアン王にネタ売りつけるか。あとガイドブックや情報誌にちょっと聞いてみようかね」

天下のGダイがバイトの相談をしているところを聞かれるわけにはいかない。僕たちはヒソヒソ話し合ったのだが、そこへジューンが串揚げをもってやってきた。

「シマさん、今月のは？」

「あ、ごめんごめん、忘れてた」

最新号のGダイを手渡す。「もりもり」も大事なお客さま、広告主なんである。今日は刷り上ったばかりの新しいGダイを渡すという用件もあったのだ。

僕の隣のザブトンにちょこんと足を崩して座るちっちゃなジューンは、あどけないホッペの膨らみと大きな瞳が印象的な、ズバリ僕好みのロリ系だった。双子で姉のジェーンは系列のスナックのほうにかかりきりで、いまはあまりこちらの店には来ない。そしていつの間にやらジューンは「もりもり」のエースに成長していたのだ。

「いちばん近いセブンイレブンまで、ソンテウ（乗り合いジープ）で2時間なんだよ」

というロイエットのド田舎から出てきたばかりの頃に比べると、ほとんど別人だ。化粧を覚え、髪もいつのまにか淡い栗色になり、なによりおどおどした様子がなくなった。「もりもり」の歴代ウエイトレスたちが伝え、使い込んでぼろぼろになった日本語接客ノートをヒマさえあれば見ており、日本語の単語もどんどん覚えている。

上京当初のジューンは、都会に慣れて染まった姉と、一卵性双生児だとはまったく思えないほどに、まとう空気が異なっていた。それがいまでは、酔っ払っているとどっちがどっちだか見間違えて、たまに怒られる。

「今月のコは、またかわいいなあ」

ため息をつきながらGガールのグラビアをめくる。

「やっぱりバンコクの子？ イサーン出身のモデルってあんまりいないよね」

言われてみて、気がつく。Gガールはバンコク出身者が目立った。生まれこそ地方でも、バンコクに引越してきて親が成功し、ずっと都会暮らしという子もいた。中流から上の家庭が多かったのではないだろうか。

どう見たって僕よりお金を持っているだろうという子も珍しくはなかった。撮影場所にお父さんから買ってもらったというクルマで乗りつけてくるGガールもいた。撮影後に、貧しい僕とシマくんをクルマに乗せて、ラチャダーの弊社まで送ってくれた子もいたっけなあと思い出す。そういう子はたいてい色白で、中華の血が混じっていたものだ。漢字の名前を持っていることもある。

一方で、僕たちが毎晩お世話になっているちょっかい居酒屋の娘たちは苦労人だった。

イサーンの田舎から出てきて、まずはアユタヤ郊外の靴の縫製工場で働いていた子。サムットプラカーンの水産加工工場で手がズタボロになった子。ミャンマーから出稼ぎにきて居酒屋に流れ着いた娘もいる。「ミンガラーバ！」とビルマ語であいさつしてみたら「あたしカレン族だし」とムッとする。ビルマ族と一部で対立の続く少数民族なのであった。国内ではなかなか食える仕事につけず、隣国のタイにおおぜいの少数民族が流入してくるのだ。

いろいろないきさつを経て日系居酒屋で働くようになった彼女たちは、日本人のおっさんのくだらない冗談やセクハラにも、仕方がないねえというふうに付き合ってくれる。15も20も歳の離れた娘たちが、どこか母性をまとって、かまってくれるのだ。彼女たちは積んできた経験の分だけ、おじさんの疲れやストレスをわかってくれているのだと思う。そんな空気に僕たちは完全にハマっていた。

「このコはおっぱい大きいなあ。ムロさん、やっぱりおっきいのが好きだよね」

なんて上目遣いで言われて、

「ジュジュジュ、ジューンくらいのが、ぽでぃぽでぃな（ちょうどええで）」

とか自分でもゾッとするほどキモく上ずった声で返すが、すでに聞いていない。また違うページを見て、

「これは、目をいじってるね」

さすがに女子の観察眼だ。とはいえ、あげつらう口調ではない。タイ人女子はけっこうみんな、理想を求めて顔やカラダにメスを入れる傾向があった。あまり隠すこともない。あるときなんてGガールを撮影場所のカフェで待っていたら、現れたのが試合後のムエタイ選手みたいに重たく腫れた目の女で、ものすごい迫力でびびったこともある。

「ゴメンナサイ昨日、目ぇ切開したばっかでえ」

なんてあっけらかんと言うのだ。そんなもん撮影できるか！　事前に連絡せいや！　とブチ切れるようでは南国暮らしはできない。どれだけ相手に非があっても、こちらが悪くなくても、「許して、

怒らない」がタイ人の大人（の理想）というものである。日本からやってきたばかりの駐在員のなかにはすぐに激怒するタイプがけっこういるのだが、彼らはタイ人に言わせると「感情をコントロールできないコドモ」なんである。イライラを全面アピールしてしまうタイプが日本人には多いが、それはタイ人的には幼稚なのだ。このときは結局、腫れが引くまで待とうと仕切りなおしをした。

「せっかくカフェも押さえたのに撮影おじゃんになったこともあるんだぜ」

「ふうん。でも、あたしも手術したらかわいくなるかな」

「だめだめ。ジューンはそのままでも……」

距離を詰めようとしたところを見計らったかのように、古株のウエイトレスが割り込んでくる。

「ねえねえこんどのライブ、チケットどうにかならない？」

ジャニーズオタクなのである。涙目であった。いいちこをゴッツリ飲ませて聞いてみれば、ジャニーズのなんとかというアイドルがタイ公演をやるそうなのだが、チケットが売り切れ、手に入らないのだという。00年代はタイでも日本の男性アイドルが人気で、タイ人女子のファンもずいぶんと多かった。この子もそのひとりで、毎回欠かさずすべてのライブに参戦しては最前列に陣取り、その後に発売されるミュージックビデオにも必ず映り込んでいるというツワモノであった。居酒屋での稼ぎをぜんぶ、ジャニーズに捧げているのだ。

日本人のタレントや歌手がアジアのドサ回りにやってくるのも僕たちの身近なイベントで、現地在住日本人には日本語フリペなどを通じてチケットが優先的に販売されることもあったのだが、今回はなんにもツテがない。落ち込む彼女にまた飲ませたり、シマくんに頼んでジューンとのツーショットを撮ってもらったりしているうちに、気がつけば客は僕たちだけになっていた。店のママもすでに退勤済みだ。

「じゃあ、もう閉めちゃおっか！」

営業時間はもう少し残っていたのだが、ウエイトレスたちの勝手な合意のもとに暖簾は下ろされて、入口の照明が落とされる。彼女たちは店で支給されているポロシャツを脱いで私服に着替えて、テーブルを囲む。

「ちょんげーお！（乾杯）」

誰かがスマホとスピーカーをつなげて、大音量でタイポップスを流す。がちゃがちゃと酒が運ばれてくる。つまみは和食ではなく、手際よくヤムウンセンやらガパオをつくっていく。タイは外食文化で自炊をしない、とはよく言われるが、それでもしっかりした親に育てられたとくに女子は、母からひと通り料理を習っているものなのだ。どれもこれもイサーンの本場の味で、火のような辛さだ。

「ムロさん汗びっしょりー」

笑いが巻き起こる。ジューンがかいがいしくおしぼりで顔を拭ってくれる。そこにスナックの仕事を終えたジェーンも混じり、店はもう大騒ぎだった。シマくんが踊りだす。

もちろんすべては僕たちのおごりであるのだが、そんなつまらないことを言うやつはタイ社会にはたぶんいまい。そのとき金があるやつが出す。そういうものだった。ボーナスは出ないらしいが、少なくとも居酒屋の店員よりはいくらかいい給料を僕たちはもらっているのである。だからおそらく、この子たちは僕やシマくんが本当に困窮したときは、メシを食わせてくれると思うのだ。そのくらいの信頼はあるような気がした。

「よーし、今日はもうタワンデーン行っちゃおう！」

イサーン・タワンデーンを最初に教えてくれたのは居酒屋の店員たちだった

「きゃーっ！」

誰かの音頭に酔っ払いたちが乗っかる。僕たちは店を出て、タクシーに分乗し、アソークからペッブリー通りへと走っていく。酔った目で見るバンコクの夜景はなかなかにきれいだった。

やがて道の名前がパタナカン通りへと変わり、少し進むと「イサーン・タワンデーン」に到着する。店内に入ると、すでにぶっ飛びそうな爆音で満たされていた。イサーン歌謡であるモーラムのライブはまさに最高潮を迎えていて、ステージではバックダンサーを従えたイケメンが熱唱し、客席からは大合唱が響く。モーラムとイサーン料理で知られる店なのだ。客はそのかなりの部分が、イサーンを出てバンコクで働いている若者たちではないだろうか。

イサーンの伝統的な農民の衣装をまとった店員に案内されて、みんなでテーブルに着く。安ウイスキー「100パイパー」を入れて飲みはじめると、店内はすぐに大喝采に包まれた。ステージではタイ人なら誰もが知っている偉大なロック・ミュージシャン、カラバオの人気曲のイントロが流れ出したのだ。日本でいえばサザンに例えられる通り、おじさん世代に響くカラバオだが、若者たちも夢中になって声を張り上げ拳を突き上げる。都会の生活で積もったフラストレーションを爆発させるように、絶唱する。歌うだけではもう収まらず、立ち上がり、踊りはじめる。だからタワンデーンは「イサーン・ディスコ」と呼ばれているのだ、

「ムロさん、立って立って立って！」

手を取られて、見よう見まねでリズムを取る。居酒屋娘たちのはじけた笑顔を見ていると、こちらまで楽しくなった。

スクンビットのカラオケや居酒屋はやはり、どこまでいっても幻なのだ。タイに築かれた砂上の楼閣、日本人コミュニティの中にこもっているのもいいけれど、それはやはり本当のタイじゃない。イサーンの若者に囲まれて、ともに歌って飲んでいるこのときなのだ、と思った。

「バンコク駐妻、きょうもマン開」

「ムロハシくん頼む！　紹介してくれ！」

彼は勢いよく頭を下げ、テーブルにごちん、と額をぶつけた。そのスジのお方に見えなくもないコワモテが、いきなりの平身低頭である。僕はたじろいだ。

「あのっ、すみませんアタマ上げてください、困ります」

「そこをなんとか。一回でいい。一回やりてえんだ」

「ムリですよムリムリ絶対ムリ」

「オレ絶対、カナちゃん満足させられると思うんだよ。いつも書いてるじゃねえか、太くて長いチンポが好き、マッチョでたくましい男がイイって」

しつこく食い下がってくる。しかしダメなものはダメなのだ。いや意外にカナさん自身に聞いてみたらOKと言うかもしれないが、かといって一読者をホイホイと執筆者に会わせるわけにもいかない。きりがない。

「じゃあ今度、打ち合わせとかにうちの店使ってくれよ。安くしとくから。カナちゃんがどんな顔してるか見てえんだ」

某和食店の店長はそう言って、名残惜しそうに編集部を去っていった。日本で店を成功させ、バンコクに支店を展開させたおじさんであった。こういう人がけっこう増えてきたなあと思う。日本ではそれなりに知名度も常連もできて、経営が安定し、それじゃあ二店舗目を……と考えて、日本のほかの街ではなくて東南アジアに上陸してくるのだ。この人も同様だった。かねてからGダイ読者であり、夜遊びとゴルフのためにバンコクとホーチミンをよく訪れていたのだが、実業の視察も重ねた結果「もはやタイの中間層を狙ったほうが、日本より儲かる」と判断したのだという。

トンローにオープンした店はなかなか好評で、日本人の客も増やそうとGダイへの出稿を考えてくれてはいるのだが、だからといってカナさんとの間を取り持つのはいくら弊社とはいえコンプライアンス違反であろう。「バンコク駐妻　きょうもマン開」のライター、カナさんのプライベートについては、編集部内でも極秘とされていた。

在タイのおじさんたちの憧れ、駐妻。最近はこれがまた、やけに若奥さまが目立つのだ。日本の不景気を反映して、いままでのように給料の高い子連れの熟年を家族もろともタイ支社に送り込んでくる余裕のある会社が減っているためだとも聞く。単身赴任の若い兄ちゃんや、子どものいない30代の夫婦でバンコクに赴任してくる人をよく見るようになった。カナさんも当初は某一流メーカー勤務のダンナとやってきて、ラブラブタイ生活のはずだった。

が、あるとき突然に、度を越した淫乱になってしまうのである。ダンナに不満があったわけではない。セックスレスでもない。タイの前にもアジア各地で暮らしているから、海外生活での解放感だとかストレスというわけでもない。そのあたりは謎めいているのだが、よくある展開として会社からあてがわれているクルマの運転手とやってしまうのである。ダンナだってよく知っているタイ人運転手を、あろうことか自分から誘って肉欲に溺れた。

すると歯止めがきかなくなった。その後もダンナに隠れて運転手と重ねる情事の一部始終を、ブログに綴ったのである。優雅なバンコク駐妻ライフの様子と、過激な性描写の入り混じったカオスな内容であった。僕なんかきっと入口でヤームに制止される超高級コンドミニアムに住みながら、下層タイ人が立ちんぼを連れ込むおんぼろの場末ラブホで情事に狂うのである。

バンコクは日本人ブロガーのかなり多い街だ。住んでいる日本人がそもそもたくさんいること、ふつうに暮らしているだけでも異国ならではのネタが転がっていること、ネット環境が充実していてノマド的な人々も少なくないことが理由だろうか。海外在住モノのブログでもタイは一大勢力で、タイ料理、旅、工業団地ネタ、夜遊びからGダイのパクリまでたくさんのブログがあったが、カナさんの

バンコク駐妻 きょうもマン開

第3回・運転手のW（その3）

文・カナ

○月×日

ふとした折に、運転手のWに抱かれたことを思い出して躯が火照ってしまう。彼の厚い胸板、太い腕、黒いけれどすべすべした肌、少し男くさい体臭。そして、主人よりも大きなオチンチン……。満足いくものではなかったが、久々に男に貫かれた感触は、私が女であることを思い出させた。

主人に気付かれる？　と心配したけど、相変わらず連日接待、週末はゴルフと不在ばかり。私の躯に触れることもないし、気付きはしないだろう。

○月×日

今日はWの車が来る日だ……。昨夜Wのことを思いながら眠ったせいか、朝起きるとアソコがグチャグチャに濡れている。どうなるか分からないけど、自分の躯に正直に動いてみようと思った。

車に乗ると、行き先も告げてないのに勝手に走りだす車。何も言わないW。私も何も聞かない。ただ、車の中にWの男臭い体臭が濃く漂ってる。

スクンビット通りを東へ走る。普段は丁寧な運転をするWだが、今日は急ブレーキ、急な車線変更、挙句の果てにクラクションを鳴らしまくる。

「やめて、こんな所であなたと心中したくない」

トンローを少し過ぎて右折する。この閒より綺麗な所とのこと。しかしラブホテルがあったという場所は、アパート建設中だった。

「もういいよ、帰ろう……」ガッカリして声をかけると、今度はソイ26へ行くと言う。

ホント、よく知ってるよ。歴代の奥様を連れ込んでたのかしら？

ソイ26、スクンビットから入って割とすぐ。駐妻御用達のデパート、エンポリアムから歩いて、レストランに行くためにここの前を通ったことがある……。バンコクって、アチコチにこういう場所があるのね。

駐車スペースの奥の扉を入ると、先日のソイ31のラブホより古い部屋。建てつけの悪いドアは、鍵が閉まらない。チラと覗いたバスルームは、ゴキブリが出そうな感じ。ちょっと悲しくなる。

部屋に入ると、薄暗い照明に円形のベッド。ベッドに腰かけると、ビニール地にシーツをかけただけのチープなベッドだった。

先日はガチガチだったWも私も、かなりリラックスしていて、今日は少しキスをしたり、服を脱がせ合ったりとイチャイチャできてしまう。

Wがブラジャーのホックを外しながら「ラック ナー」（愛してる）と言い出した。

「チョーブ テー マイラック ナ」（好きだけど、愛してない）と振り向いて答える私。

振り向いた私の唇に軽くキスをして、「ラック クン マクマーク」（すごい愛してる）と言ってくれる。そう言われると女性としては嬉しい……。心が揺れる。

私をそっとベッドに押し倒し、Wの黒い手が私の白い乳房を弄る。

「んあっ」

丁寧だけど、どこか荒々しい愛撫。それでも、彼の手を、舌を待ち望んでいた私の躯は反応する。

「はぁん……」

乳首を舐められ、声が漏れる。ぺちょぺちょと音を立て、しつこくしつこく私の乳首を舐め続けるW。

「あぁ、そんなに焦らさないで」

「はうっ」

Wが私のクリトリスを一なぞりし、私の中に指を挿れる。

「あああっ……イイッ」

夫は決して指を挿れたりしない……そんなことをふと思う。Wの指が、私の中をグリグリと強く刺激する。

「気持ちがイイ……」

「ああん…」

腰をくねらせ、Wの指に翻弄され、声をあげる私。クチュクチュとWの指が出入りする度に音が聞こえるほど私は濡れてしまっている。

「指じゃなくて……。Wの硬いオチンチンが欲しい。私のトロトロになったオマンコにブチ込んで欲しい……」

「W……カム……」

思わず自分から催促してしまう。

「挿れて、お願い。早くっ」

「う……あはぁ……イイ」

主人のより大きくて硬いモノが入ってくる。Wがズンズンと激しく腰を動かす。

「あああああんっっ」

力強い動きに軽く悲鳴が漏れる。

「W！　W！」

思わず運転手の名前を叫んでしまう。はぁ、はぁ……私、イキそう……「イクよぉイクぅ！」

こんな簡単なことだけど言葉が通じない。少しもどかしい。

「ん…あ…あぁぁぁぁあっ」

Wの動きがどんどん速くなる。

「そんなに激しくしないで！」

「アァァァァ！！」

と情けない声を出しながら私に倒れこむW。

え、まさか、まさか!!

「セッ　レーオ」（おわり）とバツの悪そうな表情で私を見る。絶頂に達する前に、置いてきぼりを喰らった私。ベッドに寝転び、胸元を指さして「おいで」と私を誘う。

「オクサン、僕のどこが好きなの？」

と聞かれるが、

「一番身近な男だからね……」

とは答えられず、タイ語が分からないふりをしてごまかす。申し訳ないけど、ホントＳＥＸしたかっただけなの。

自分の出身地の話や、サシミが好きだとか勝手にしゃべりだすW。言葉が分からない上に、くだらない話。どうでもいい。どんどん醒めてくる私がいる。

「どうしてこんなのに手を出しちゃったの？　緊急時とは言え、もう少し他の方法があったのでは？」

と今さらだが思う。

話していてもつまらないので、ここを出ようと促し、シャワーを浴びて服を身につける。でも、私の躯は納得してない……。愛撫を受け、目を覚ました躯は、もっとペニスで掻き回されたいと望んでいる。

ズボンを履いているWの前まで行き、彼の目を見たままベルトをカチャカチャ言わせながら外し、ズボンのジッパーを降ろす。その場に跪き、ヨレヨレのパンツをずり降ろす。小さく萎んだペニス。さっき私の中に入ってた時はあんなに大きかったのに。

「もう一度大きくなって……」

Wのペニスをそっと口に含み、舌の上でゆっくりと転がす。そっと吸いついたり、強く唇でペニスをしごく。

「オクサン、メダイ……」（もうダメ）

そう言いながら軽く引き離そうとするけど、構わず私はしゃぶり続ける。が、柔らかいペニスは柔らかいまま大きくならなかった……。

○月×日

運転手の前で裸になり、脚を広げてアソコを濡らして。それでも足りなくてペニスを咥えて。ここまで堕ちても私の疼きは止まらない。

暇つぶしにGダイアリーをペラペラとめくる。目についたのは女性ライターのＩさん。彼女のＨＰを見ると、色々な依頼ができるようだ。

「大変お恥ずかしい話ですが、昼間遊べる男性を紹介して頂くことはできますでしょうか？」

恥も外聞もなく、彼女にメールを送った。

「もう誰でもいいから、この爆発してしまった躯を、性欲をなんとかして欲しいの。お願い」

カナのメッセージ●私の躯を満足させて

127 G-DIARY

【かな】3×歳。バンコクで駐妻（駐在員の妻）として暮らし始めて2年目。セックスレスから激しい性的欲求不満に陥る。趣味はテニス。

大反響だったカナさんの「バンコク駐妻 今日もマン開」（第93号より）

不倫ブログは急速に人気となった。

やがて男たちからメッセージが舞い込むようになる。私もバンコク在住です、一発いかがでしょうか。こんど日本から出張に行った折、ぜひクンニいたしたく存じます……そんなもんやれるわけねえだろ、と思うのだが、カナさんは相手をいちおう厳選したのち実際に会って、やってしまうんのである。で、その顛末をまたブログで報告する。そこに読者は食いついた。つくりとは思えないリアリティに満ちていたからである。

バンコクで乱れた性生活を送っている日本人は誰もがGダイを知っているわけだが、カナさんもそのひとり。そしてブログ読者と運転手だけではチンポが足りないと、ハメに行ったゴーゴーボーイで客をアテンドしていたイヌマキと出会うのだ。

「ムロハシ君、面白い駐妻がいるからどう？　Gダイ向きだよ」

イヌマキにそう紹介されて会ってみれば、これがインテリ知的美人なのである。女子アナ的な印象だった。上品で気位の高い、身につけているものもいちいち高そうな、こんなハイソな奥さまが……。

「イヌマキさんと一緒にGダイに書けたら、本当に嬉しいです」

なんて妖艶に微笑まれ、予算のことも忘れて僕は連載開始を即決した。実際に書いてもらうと、ブログ以上にエロスと、そして駐妻の視点で描写したバンコクとが盛り込まれ、あっという間に人気コーナーにノシ上がったのであった。

そして「俺もやりたい」という無茶な要望が編集部に押し寄せることになる。横倉氏や春原氏などGダイのライターたちも職権を濫用して「会わせろ」としつこい。読者からのメールも殺到する。それだけカナさんは「俺でもやらしてくれそう」という空気感を記事の中で漂わせていたのである。

しかし彼女はエリート駐在員の奥さまというカタギの顔も持っている。ダンナの会社はけっこうな有名どころだ。エロブログとは別にリア充キラキラ駐妻ライフを書いた表ブログも運営しているのである。素性を明かすわけにはいかない。カナさんが望むならともかく、ライターでも関係者でもカナさんとは基本的には面会謝絶で通していた。

同時に寄せられていたのは「あんなもんウソ記事だろう」というもっともな声であった。ネット上でもそれはさんざん書かれていたし、単なるオヤジの妄想を記事にするなと読者からの批判もよく届いた。そう誹謗されても無理はない。駐在員の若奥さんが実はとんでもないヤリマンだというのである。ブログの読者とハメ狂い、ダンナの運転手を誘惑し、ゴーゴーボーイを買ってしまう。エロ漫画の設定かよ、と僕だって思う。

しかし、すべては真実なのであった。いや、原稿に書いていたのはカナさんの淫らな日常のごく一部であったとさえいえるかもしれない。どうしてそう断言できるのかといえば、僕は何度もカナさんの夜遊びにつきあっているからだ。

あるときはスリウォン通りのゴーゴーボーイに行きたいというから驚いた。タニヤがすぐそばなのである。

「今夜はダンナ、チョンブリーの工業団地泊まりだから」

なんて言うが、タニヤを中心としてシーロムもスリウォンも日本人だらけなわけで、どこで誰が見ているかわからない。僕だってライターから「室橋さんこの前アーリーの駅でぼーっとしてたでしょ」なんてメールが来るほどに、バンコクの日本人社会は狭かった。

それなのにノースリーブで胸元のぱっくり開いたいやらしいワンピースをまとい、

「おまたせ♪」
なんて現れるのである。スレンダーな肢体からむんむんとフェロモンを発散させている。もう顔は火照り、上気していた。エロすぎる。その格好でゴーゴーボーイの並ぶソイ・トワイライトを練り歩き、ランニング・短パンのマッチョたちに笑顔を振りまき、なじみのボーイと談笑する。貫禄すら漂っている。

傍らに付き従うのはやはり日本人女性の西野風代女史であった。この女もまたおかしい。日本語フリーペーパーやら日本の雑誌やらで記事を書いたり編集業務を請けたりしているようだが、来タイの目的はズバリGダイであった。恐ろしいことに世界でふたつしかないGダイ編集者の席を狙うためにタイに殴りこんできたという話であった。編集長は不動であるから、つまり僕の座を虎視眈々と伺っているようなのだ。

見た目は女だ。美人であった。が、平然とナナプラザを徘徊し、買春男に混じってゴーゴーバーに入店、嬢を侍らしたかと思えば、タニヤのカラオケでジジイのごとくセクハラに励む。しかしビアンというわけでもなく、パタヤのホストにハマッてもいる。ではバイなのかと聞けばそうでもないようだ。要は性の垣根を越えて節操がないのであった。良く言えば博愛主義者である。

彼女は日本での記者、編集経験もあるし、確かにタイの夜を泳ぎGダイをつくるにはいい人材なのかもしれないが、残念ながら編集部に来たのは僕のほうがひと足先だった。だからことあるごとに「私がGダイやるはずだったのに」とブーブー文句を言うので、外注スタッフとしていくつかページを任せていたのである。

そこに乱入してきたカナさんを、僕は西野女史に預けた。忙しかったこともあるが、カナさんがあまりに性的すぎて間違いを犯さずに担当を務める自信がなかったのである。

「やる！」

目を輝かせて担当編集を請けた西野女史は、G史に残る下劣な連載タイトルを命名し、仕事の枠を越えてカナさんとともにバンコクの夜を遊び歩いているようだが、ときに僕もお呼ばれすることがあった。

この夜は何軒かゴーゴーボーイをハシゴした。巨大水槽の中を鯨《ゲイ》いやゲイが泳いで交尾するショーであるとか、勃起したチンポを激しく鉄柱に打ちつけるパフォーマンス、3連ケツするアニキたちの様子に手を打って喜び、唇をなめるカナさんだが、この店では過去に、つい発情してしまいトイレでボーイたちと3Pに及んだという伝説も持っていた。

ダンナはこうして妻が不貞を重ねていることを夢にも思わないのだろうか。連載が好評なのは嬉しい限りだが、カナさんの家庭が気にもなった。Gダイの存在はきっとダンナも知っている。そこで妻がまさかの不倫ヤリマン連載なのである。バレれば離婚必至であろう。爆弾のような案件に加担している恐ろしさもあった。

世の奥さんたちのなかには、カナさんみたいな変態女が実は多いのだろうか。男にとっては夢があるような、恐ろしいような話である……とかなんとか考えつつ、平静を装いながらも、僕はカナさんのおっぱいを背後からもみしだくという異常事態に襲われていた。カナさんはパンイチであった。つい勢いあまってブドウのごとき乳首をつまむと、「あん」とか鳴く。僕は心の中で般若心経を唱えて、聖人のごとく衝動に耐えた。

僕の両手にカナさんの両手が重ねられる。そこへ、バシャバシャとストロボの雨が降る。一眼レフを構えているのは西野女史だ。この日は、連載コラムに添えるための写真の撮影会なのであった。

カナさんはまた、撮られることで悦んでしまうという性癖も持っていた。原稿には毎回、無数のエロ写真を添えて送りつけてくるのだが、これが思いっきり本人の自撮りなのである。もちろん顔を晒すわけにもいかないので、トリミングしてからレイアウトに回す。僕のPC内には厳重に秘匿された「カナさんフォルダ」がその容量を増しつつあった。が、そのストックもだいぶ減ってきたから、今度は自撮りじゃなくて、室橋さん、新しいのを撮ってくださらない？　ということになったのだ。これもリッパな仕事なのである。

「でも、男優が必要で」

なんて言うではないか。

「オトコとのカラミがあったほうがいいじゃない。協力してくれないかしら」

ホテルを奮発した。アソークに新しくオープンしたシャレオツな物件である。経費で落ちなくても構わない。相棒にはたいへん申し訳ないが、この日ばかりはカメラは西野女史を指名した。シマくんとカナさんの3人で現場にいたら、良からぬ事態に発展してしまう可能性があると判断したからだ。

BTSの線路がよく見える部屋だった。メイクを終えたカナさんがガウンを脱ぐと、純白のレースの下着姿だった。スケスケである。息を飲む。パンツはTバックだった。ベッドの上で肢体をくねらせ、さまざまにポーズを撮る。これがモデルでもない素人だというのだろうか。

やがてジャーブラを外すと、控えめな膨らみがあらわとなった。コレが、読者が夢にまで見るというカナさんのおっぱい……とはいえ、タイの雑誌でその姿を出せないことはカナさんにも伝えてある。

「だからさ、オトコの骨ばった手で胸を隠したら、すごくセクシーだと思うの」

僕はそのために呼ばれた「手ブラ」要員なのであった。よくそんなこと思いつくよ……とは思うが、これ以上ない役得であった。カナさんをどうか紹介してくれと頼み込んでくる読者と関係者に心の中でワビを入れ、僕は温かな膨らみを背後から抱きしめた。

僕のひざの上にカナさんが座り、ときに対面座位のような格好になり、さらには「室橋さんも」なんて言ってジーンズを脱がされ、担当編集者としてはあるまじき姿と化したわが子に手を添えてくる。カナさんそれはまずい。パンツの上からだって誌面には載せられない……それをまた西野女史が狙う。「ステキ」「すごいえっちー」とか言いながらシャッターを切って盛り上げる。女性ふたりに嬲られるという、とんでもないシチュエーションなのであった。このまま3Pか……と覚悟を決めたときであった。

「あっ、電話」

バスタブの中で僕とペッティングに及んでいたカナさんが、我に帰ってスマホに走る。

「ハイ……そうなの。うん、うん！」

戻ってきたときには顔の表情はまたひとつ変わり、ガウンを羽織っていた。

「ごめんなさいセフレからで。いまから調教するから来いって。けっこうカット撮れたと思うし、大丈夫よね。それじゃまた今度」

唐突にカナさんは去っていってしまったのであった。いまだ天を突く愚息とともに、取り残される。西野女史もぽかんとしている。

滾った血液のやりどころに困り果てた僕は、つい傍らの西野女史の肩を抱くが、

「おひとりでどうぞ」

するりとかわされてしまった。

彼女たちに限らず、Gダイに関わってくる日本人女性はけっこういた。突破記者マキコも同様だ。猫さんの写真と原稿に惚れこんだと告白してくる在タイ日本人女性もいた。読者も少ないながら、体感としては5％くらいが女性だったのではないだろうか。ときどき感想も寄せられたし、「ぜひGダイで書きたい」と原稿を送ってくる女性もいた。残念ながら掲載のレベルにはほど遠くお蔵入りとなってしまったものがいくつかあったのだ。

そして「Gガールになりたい！」と日本人女子がやってきたこともある。モデル志望のバックパッカーであった。いきなり編集部に連絡してきて、Gダイの表紙を飾るのだと直訴してくるものだから、勢いに押されてついOKしてしまった。旅をしていたインドからバンコクにやってきて、シーロムのレストランで撮影となったのだ。

こうやって日本人女性がGダイに絡んでくるたびに、僕は自らの正しさに自信を深めた。Gダイがもし世間が言うような単なる風俗情報誌であるならば、女性はおそらく近寄ってもこない。Gダイは夜遊びも含めたアジアの総合エンターテインメント雑誌で、関わっているたくさんの人々がそれぞれにおかしな情熱を傾けてくれているからこそ、男女関係なくたくさんの人を引き寄せるのだ。この頃のGダイは、誌面に力があった。人を集めるふしぎな磁力があったのだ。

身元絶対秘匿のライターはカナさんだけではなかった。とくにスギヤマさんが何人も抱えていた。たとえば「バンコク湯遊記」である。バンコク都内のマッサージパーラーを巡るきわめてお下劣な入湯記は、泡姫のレベルから施設の細かなチェック、アクセスまで網羅し実用的かつコミカルな筆致で読者に支持されてはいたが、あまりの品のなさから当然、匿名での掲載であった。それも「曼谷ハメ太郎」という投げやりなペンネームだった。

こういうライターがかなりいて、スギヤマさんがマンツーマンで担当し、いったい誰がどんな人間であるのか、いちおう副編集長・デスクたる僕が聞いても、ちっとも教えてくれないんである。そのあたりの口の堅さがスギヤマさんの信用につながったのであろうか。しかし僕だってカナさんはじめ何人かの書き手の身元はスギヤマさんにも明かさなかったわけで、そこはお互いさまだ。要は面白い記事が載ればそれでいいのである。

プノンペンのスワイパーに突撃！

カンボジア、プノンペン。

かつて僕はこの街で、銃声におびえ、重苦しく腹に響く爆発音に天を呪い、安宿のおんぼろベッドで震えていたことがある。

あのときに比べれば、街はだいぶ明るくなった。それでもやはり、緊張を覚えた。夜になるとまだまだ街灯ひとつない暗黒の路地があり、たむろす正体不明の男たちが不穏である。ぼろぼろの木造小屋が立て込み、ごみが散乱し、そこを通りすぎるだけでガンを飛ばされ、なにやら挑発的な怒声が飛び、ときには「レディ？　ユーウォン？」とか凄まれる。見ればスラムの片隅にぽつりと裸電球が灯され、ミニスカの女が幽鬼のように立っていた。アレを買えと言うのだろうか。

「5ダラー」

片手を広げて男がニヤニヤ笑う。近寄ってきて、肩をつかまれる。マリファナの香りが漂う。うろんな目つきの連中がのたのたと集まってくる。これはいかん。シマくんに目配せをして、小走りで裏路地を抜けた。中心街のモニボン通りまで出ると、交通量もあるしカタギらしき人々も歩いていて、ほっとする。

手近なオープンエアのレストランに入って、牛肉鍋チュナンダイを注文した。アンコールビールは、氷を詰めたでかいバケツの中に入れられてやってきた。

「まだちょっと怖いね」

氷を満載したグラスにビールを注いで、シマくんとぶつけあう。彼は僕が入社する以前、やはりカンボジア取材で拳銃強盗に襲われ、命からがら逃走するという目にあっている。そのときはサトーン君も同行していた。

僕がはじめてプノンペンを訪れた1996年は、ほぼ北斗の拳ワールドであった。内戦がようやく終結し、UNTAC（国連カンボジア暫定統治機構）は去ったが、そこらで銃声はするし、市場では堂々とマリファナが売られ、スラムでは幼児売春が横行していた。アンコールワットはまだ地雷だらけで、遺跡によってはポルポト派の残党の拠点となっていた。凄惨なまでに貧しく、空気はピリピリと尖っているのだが、妙な活気がある。人々は殺気立ちつつも、とにかく元気なのである。誰もが目をらんらんとさせていた。これが戦地かと思った。

就職活動を放り投げて香港に逃走した、あの旅の続きである。とにかくお金がなかった。だから泊まっていたのは当時のプノンペンでも最底辺の安宿キャピトル・ゲストハウスだった。1泊2ドル程度だったように思う。そんなボロ宿ですら強盗に襲撃され、隣の部屋の日本人バックパッカーは館内に忍び込んでいた賊にハンマーで額をカチ割られ、サイフを奪われたという。一方で幼稚園児みたいな少女に化粧をさせて手をつないでいる白人のジジイもいた。併設の食堂はマリファナの煙が立ち込めていた。

夜は危険すぎて宿に閉じこもっているしかないので、僕は日本人旅行者たちとひとつの部屋に集まり、トランプで負けたやつが銃声の轟く夜のプノンペンに出て、ビールを買ってくるというゲームに興じていたものだ。幸い僕は一度も負けなかったが、ビールを抱えて泣きながら宿に逃げ帰ってくるやつを見てみんなで腹を抱えて大笑いしたものだ。

そんな時代だったなあ、と思いだす。

プノンペンは、カンボジアは急速に変わった。治安はどんどん改善されて地雷の撤去も進み、アンコールワットは国際的な観光地として発展し、プノンペンは首都として経済成長をはじめた。人の目はずいぶんと穏やかになって、東南アジア本来のゆるやかさが戻ってきた。

同時に夜の世界も一挙に華やかになったのだ。で、あるならば、我が最強マップのラインナップにプノンペンも加えるべきであろう。僕とシマくんは編集長からそんな指令を受けてカンボジアに飛んだのだ。2007年末のことだ。

チョイスしたのはもちろんエアアジアである。このLCC網がインドシナ全土の距離感を急激に縮めたこともまた、各国の経済成長につながったように思う。そしてヘタするとバスより安いLCCは、予算の乏しいGダイ取材班の遠征には大いに役に立った。

で、プノンペンに降り立ったわけだが、まず驚いたのは街の東部、シェムリアップ河に沿った一角が「リバーサイド」なんて呼ばれてシャレオツになっていることであった。コロニアルなフランス風のホテルやレストランやカフェが並んで、裕福そうな白人の夫婦がカフェオレなんか飲んでいるのである。乞食みたいな日本人旅行者は姿を消し、さわやかで身ぎれいなバックパッカーたちが闊歩する。装甲車と軍用バイクが走り回っていたガタガタ道はきれいに舗装されて、日本車とドイツ車が目立つようになった。近くの寺院は荒廃していたはずだが、すっかりリフォームされていた。もはや別世界であった。

リバーサイドから路地に入れば、今度はソイ・カウボーイみたいなネオン街が広がる。シマくんがバシャバシャと撮りまくる。いやがることもなく無邪気にポーズを決めているのは「戦争を知らない世代」ではあるが、たぶん国際的にもOKな年齢の女子たちだ。もちろんまだまだ貧しさはあるのだろうけれど、歓楽街が明るく歩きやすくなり、殺伐さが減ったことを体感した。

これならなんとか、読者も遊べるだろう。危険なエリアやスラムも残ってはいるが、それもマッピングすれば注意喚起もできるし、見ているだけでスリルを満喫できる、まさに最強マップになろう。加えて日系企業の急増で日本食レストランも増え、中国からの投資によってカジノや大型ホテルも人気となっている。ずいぶん賑やかな地図になりそうだ。

僕たちは2度に渡ってプノンペン出張をカマした。昔はなかったビアガーデンという施設ではビールを飲みながらカンボジア演歌のステージを楽しみ、リバーサイド裏手のバーエリアで女子を侍らした。そうして最強マップ群のなかでも特筆すべき超詳細プノンペンマップが完成へと向かっていたのだが、取材が佳境を迎えていた頃、僕たちはウサン臭いバイクタクシーに捕まった。

「フフフ……知っているだろうスワイパー。連れてってやるぜ」

ベトコン帽をかぶった貧相なオヤジである。アジアを旅するものであれば、もちろんスワイパーは知っている。幼児買春で名を馳せた暗黒の村であった。僕がはじめてプノンペンを訪れた当時が全盛期だったのではないか。キャピトルの食堂にたむろす日本人の変質者たちは、子どもを陵辱したヘドが出るような話をさも武勇伝のごとく自慢しあっていたものだ。こいつらみんな死ねと思った。

とはいえ、あの無法の時代はもう遠くなった。1発1ドルで知られた治安最悪な置屋ストリート70番通りが壊滅していたことも今回の訪問では印象的だった。再開発で封鎖され、銃器ではなく重機が暴れていた。大きなモールや高層ビルの建設も進む。まさに発展の槌音響くプノンペンなのである。いまさらスワイパーなんて……とは思ったが、いまどうなっているのかが気になった。

オヤジに仲間のバイクを呼んでもらい、2台でプノンペンの北郊へ。30分ほどでたどりついたスワイパーは、よくあるスラムのひとつという感じで、危険な様子はない。ボロシャツをまとった素足の子どもたちがじゃれあっている。昔は村の入り口に英語フランス語中国語そして日本語などさまざまな言語で「コンドームを使いましょう」というコピーが踊る恥ずかしい看板がゲートのごとく掲げられていたと聞くが、それも撤去されたのか見当たらない。バイタクのオヤジはスラムの中へと入っていくが、このぶんならごく普通の置屋に変わっているだろう。

しかし、現れたのは全身イレズミ、顔面の大きな傷跡も大迫力の危険人物であった。一気に場の空気がドス黒くなる。

「オイ、カメラ」

シマくんの一眼レフをジロリと睨み、短く言う。慌ててバッグにしまうシマくんの顔も緊張している。ぬかるんだ路地を伝って、バラックのすきまからほかにも男たちが顔を出す。やべえなあ。

「女か。どういうのがいいんだ。日本人は若いのが好きだろう」

ぼろぼろの歯をむきだして笑う。英語だった。

「いいえ、あのボクたちもう帰りますんで、おかまいなく、はい」

だが、頼んでもいないのにすかさずアンコールビールの小瓶がやってきて、手渡される。

「どうぞ」

睡眠薬かなあ。それとももっとやばいものだろうか。だが、断れる雰囲気はみじんもない。震える手で受け取る。もちろん口はつけない。

「呼んでこい」

そう命じられた下っ端が連れてきた「女」を見て、僕とシマくんは慄然とした。さっきそこで遊んでいた子どもたちじゃないか。いちばん大きな子でも10歳にいくかいかないか。小さな子はどう見ったって幼稚園児くらいだ。並べられた5人の子どもたちはきょとんとしている。

怒りが込み上げてきた。夜の世界に食わせてもらっているGダイスタッフだって、これを許せるわけがない。だがしかし、この場で倫理を説いたところでなんの意味もない。これが彼らの商売であり、生きる術なのだ。

「ムロハシ君、まずいよね」

シマくんが言わんとしていることはわかる。現代のカンボジアは国際社会に指弾され、とりわけアメリカに名指しで幼児買春を叩かれ、撲滅に乗り出していた。取り締まりは全土で厳しく行われていると聞く。また日本や欧米のＮＰＯがパトロールを重ね、自国の変質者を見つけ次第、通報するという活動も行っていた。この現場を押さえられるだけで言い訳不能だろう。

「これ、ビール代」

不相応な50ドルを押しつけると、僕たちは逃げるようにその場をあとにした。スラムの外で待っていたバイタクに駆け乗り、プノンペンへと帰った。

その日の晩メシは、ふたりとも重い気分のままだった。あんな場所がこの世に存在していいわけがない。アジアの各地でいろいろなものを見てきた僕たちだが、あまりの残酷さに打ちのめされていた。

「スワイパーのことは、記事ではいっさい触れないようにしよう」

そう話し合い、扱う場所はあくまで新しいプノンペンを象徴するような、明るく合法的なところだけにした。

僕たちの訪問からまもなく、スワイパーも無事に壊滅したとの報を聞き、少しだけほっとした。だが、あの子どもたちがどうなったか、それは少し気になった。

そしてこのあたりからGダイは、アジア各地の最強マップを続々と掲載するようになる。シンガポール、ヤンゴン、ビエンチャン……さらにタイ国内ではチェンマイ、チェンライ、コラート、ノンカイ、そして日系工業団地の要として発展を見せていたシーラチャーまでも網羅し、アップグレードを重ねた。もはやタイのみならず、インドシナ半島を制圧したといっても過言ではないだろう。

サイアムホテル、最後の夜

第96号（2007年11月号）のプノンペン特集号ではもうひとつ、思い出深い記事も担当した。バンコクのペッブリー通りに立つサイアムホテル閉鎖の話を営業スタッフから聞き、その最後の1日に密着したのだ。

バンコクに数あるレトロなホテルのひとつだった。開業は1966年。顧客として狙ったのは米兵たちだった。その頃タイは激化するベトナム戦争の後方基地として米軍が駐留、大量の軍属が押し寄せ皮肉な好景気に沸いていた。

1967年にはアメリカとタイとの間で「Rest & Recreation」条約が締結。これを受けて米軍が休息する街として開発されたのがパタヤだ。もちろんRestは単なるお題目に過ぎず、Recreationを全面に押し出した開発が進んだ結果、世界でもっとも下品なビーチができあがったのだ。パタヤは国際社会容認のもとにつくられた赤線地帯なのである。

同時にバンコクでは、パッポン、ナナプラザ、ソイ・カウボーイの3か所がゴーゴーバーゾーンと化し、米兵たちで賑わうようになる。ゴーゴーバーというスタイル自体がアメリカが持ち込んだものであり、カウボーイとは米兵たちのことなのだ。そしてこの時期は、米兵がRestし、女たちを連れこむためのホテルも増えた。アメリカンスタイルの内装で、洋食を出すコーヒーショップが併設され、狭くてもきちんと陽光の降り注ぐプールがある。フロリダホテル、マンハッタンホテル、マイアミホテル……そしてサイアムホテルだ。どのホテルも米兵目当ての女たちで賑わった。

ベトナム戦争が終わり、米兵が去っても、サイアムホテルのまわりは自然発生的にフリーの娼婦が集まる場所となっていた。ホテルの周辺や裏手の路地も、立ちんぼスポットとして最強マップにも記載されていたのである。だから彼女たちを求める男たちのなかには、日本人のおじさんも少なからず混じっていた。

しかし時代は移り変わる。娼婦たちで賑わったサイアムホテルは、この一帯の再開発のために取り壊されることになったのだ。スワンナプーム新空港と、都心とを結ぶ高速鉄道、エアポートリンクの工事のためだった。

とはいえ、だ。いくら40年以上の歴史があるといってもしょせんは連れ込みホテル、最後の日だってたいしたもんでもなかろう……と思って取材に行ってみれば、僕は自らの不見識さを恥じた。スタッフは誰もが勤続30年、40年といったベテランで、ホテルマンとしての誇りを胸に、涙を浮かべて最後の勤務に励んでいたのだ。

「ここで34年働いて、息子を大学まで行かせることができたの。サイアムホテルは私の人生そのもの」

と涙声で話してくれるキャッシャーのおばちゃん。フロントのおばちゃんたちも30年選手で「ホテルのスタッフはみんな、家族だった」と声を詰まらせる。ベルボーイも、ヤームも、みんなが同じことを言う。ホテルに出入りして15年になるという立ちんぼまでもが「ここは従業員も優しいし、来れば誰か知った顔がいて、私の居場所だった」と泣き笑いの顔を見せた。

第96号（2007年11月号）の表紙

タイは転職社会で、よりよい待遇を求めてぽんぽん会社を渡り歩いていくスタイルが普通だ。一方で、職場に居心地の良さ、働きやすさを感じて、長いこと勤め続ける人だっているのだ。いつしか家族のようになり、日本の高度経済成長期の会社のような団結力や温かさをまとうようになる。スタッフみんなで地方の寺を訪れ、地域の貧しい小学校に文具を送るタンブン（寄進）旅行をするのも定番だ。サイアムホテルもそのひとつのようだった。たかが連れ込み宿ではないのだ。たくさんの人の人生が詰まっている。

僕とシマくんはそのサイアムホテルの最終日に宿泊させてもらい、最後の客となった。ピシリと胸を張って接客するスタッフたちに見送ってもらったことが何よりの思い出となった。

「ムロさん、ヤクいるかぁ」

ホテルの記念グッズをいただいて会社に帰り、ブワさんのどこか抜けた声を聞くと落ち着く。ブワさんも確か10年以上、この会社に勤めているはずだ。経理のブンちゃんや、営業のメッタさんたちも長い。

　そしてみんな仲が良かったのだ。誰かの誕生日は社長のポケットマネーでピザやらタイ料理やらたくさんデリバリーを頼んで、社内パーティーとなった。日本人もタイ人も関係なかった。いつも意味不明な言い訳をしては眉間に深いシワを刻み、経費が出ないとか今月の給料は遅れるとかふざけたことを抜かす社長も、こういうときだけは気前が良かった。

　僕もその輪の中で、居心地の良さを感じていた。経営の闇はたぶん深いし、そのことは誰もがわかっている。それでも社内は10年選手のタイ人スタッフたちがつくる柔らかな空気があった。

　この第96号では、日本初のプノンペン風俗マップに加えて、サイアムホテルのしっとりとしたレクイエム、さらにGガール・エマちゃんも花を添えた。タイ人ではなかなか珍しいショートカットの美人で、バンドのボーカルもやっており、とにかく元気だったのだ。そのエネルギーや、タイ人女子ならではの明るさを、伝えることができたように思った。

　エマちゃんはラチャテウィー駅前のオープンモールでは仲間同士でパブも持っており、その後はときどき僕たちも飲みに出かけた。そんなことを巻末のGダイ取材日誌やブログに書いたら、遊びに行く読者もけっこういたらしい。

　あれこれと詰め込んだこの号は、僕のGダイ生活のなかでもとくに思い出深い一冊となった。

タイの生活に息づくタンブンの心

僕とシマくんはパッポンにいた。午後3時である。

「こんなでかい倉庫があったんだ……」

シマくんがファインダーをのぞきながら言う。僕も知らなかった。ゴーゴーバー通りにして観光客向けの土産物屋台がぎっしり並ぶパッポン通りの、スリウォン通り寄りの一角だ。船倉を思わせるような、深く薄暗い倉庫で、男たちが汗まみれになって働いていた。巨大な鉄の箱を台車に載せて、どかどかと表のパッポンへと運び出していく。親方が大声で指示を飛ばし、台車同士が荒々しくぶつかりあい、怒鳴り声が響き、さながら戦場だ。ガタイのいいマッチョが100人ほどだろうか。なかなかに壮観な眺めだった。

彼らは台車から鉄の荷を降ろすと、パッポン通りの所定の場所に次々と並べていく。重そうな蓋を開けると、鉄製の骨組みやテーブルがぎっしり詰まっている。

ほほお……と見ている僕の脇に、どかん、とまた別の鉄箱が置かれる。中身は土産物だ。タイの観光地をモチーフにしたTシャツや、少数民族風のバッグ、レモングラスなどのハーブを使った石けんなんかが入っていた。

男たちに続いて慌しくやってきたのはおばちゃんたちだ。僕やシマくんよりよっぽどたくましい腕っぷしでもって、鉄骨を組み立ててテーブルと組み合わせ、布を敷いて商品を並べていく。スコールが降ってもいいようにビニールのひさしも取りつける。こんな人々がパッポンを埋め尽くしていた。世界中からの観光客を迎え入れるパッポンの屋台街は、こうして毎夕、人力で組み上げられているのだ。壮観だった。

「この後、深夜1時過ぎまで営業するだろ。それから今度は片付けさ。毎日のべ4時間くらいの作業かね。それで日当は400バーツ。土曜も日曜も関係なしだね」

あれこれ教えてくれる親方に礼を言って、僕たちは取材を終えた。そのまま最強マップのチェックをしながらスリウォン通り、シープラヤ通りと歩き、地下鉄のサムヤーン駅までやってきた。なんとなく、駅前の寺に足が向いた。黄金をベースにした極彩色の甍が青空によく映える名刹、ワット・ホアランポーンである。

週末とあってけっこうな人出だ。誰もがマリーゴールドの花輪や線香を買い求めて、仏前に供え、手を合わせる。線香の匂いは気持ちを落ち着かせてくれるものがある。

鳥かごを売っている人もたくさんいた。いかにも出勤前のタニヤ嬢みたいなケバいのが、ひとつ買っている。そして空にかごを掲げて、扉を引くのだ。小さなスズメが空に舞っていった。女は満足げな顔をして売り子にかごを返し、去っていった。あれもタンブンなのだ。

喜捨《きしゃ》、と訳されるだろうか。功徳《くどく》を積む行為だ。寺に寄進をすることも、乞食にお金を渡すことも、囚われた鳥を空に放つことも、すべてはタンブンなのである。徳を積むほど、よりよい来世があるとされるが、それよりもタイ人は善行をすることで気持ちを穏やかに保っているように見えた。誰だって世間で良いとされていることをすれば、気分は少し晴れるものであろう。

スズメはあらかじめ弱らせてあり長くは飛べず、再び捕獲されて哀れ鳥かごに戻るのだ……なんて話もおまけについてはくるのだが、タイ人にとって日々のタンブンはそれはそれは大切な習慣だ。

だからこの猥雑なメガロポリスでも、早朝には僧たちの托鉢《たくはつ》の列が見られた。寺から出てきて、鮮やかな袈裟をまとって近所を回るのだ。僧の到着を待ち構えていた人々が、食料やお菓子や果物、ミネラルウォーターなどを次々に寄進する。毎朝、手づくりの料理を捧げる人も珍しくはない。スラムでもビニールに入った米を僧のかごに入れる姿を見る。

とはいえ深夜が職場のGダイスタッフ、托鉢に出くわすのは朝まで飲んでしまった帰路である。熱帯でもいくらか空気の澄んだ、涼しい朝方に僧列を見ると、ここはやはり敬虔なる上座部仏教の国であるのだなあと実感する。先ほどまで酒に溺れ半裸の女を侍らしていた身を恥じる。

会社でもよく「タンブン袋」が回ってきたものだ。どこそこの寺が新しくお堂を建てるから、会社のスタッフの子どもの出家式のため、僧院に寄付をするからと寄進を集めるのだ。ほとんどの日本人スタッフはスルーされ、タイ人だけでわいわいやっていたが、なぜか僕のところにはいつも回ってくるのである。

そこでせいぜい100バーツ札を入れる程度ではあるのだが、毎回タンブンさせていただくのだ。Gダイで穢《けが》れた魂を浄化する意味もあったし、なにより「タンブンをすると心が休まる」と話すタイ人の気持ちがなんとなくわかる気がしたからだ。

それに僕たちの庭でもある夜の歓楽街では、乞食は欠かせない登場人物のひとりである。立ちんぼの傍らにうずくまる子どもの乞食はスクンビットにもたくさんいた。たいていがカンボジア人だというし、背後には子どもをダシにした巨大な乞食ビジネスがあるともいう。それでも子どもにバーツ札

タイで暮らしていると上座部仏教の文化に触れる機会は多い。日本の煩悩に満ちた仏教とは違い心が洗われる

を手渡すと、むしろこちらが救われる気がするのだ。

屋台街の雑踏を這い回っている下半身のない乞食はよくテーメーの前を行き来していたが、僕も立ちんぼたちと一緒に彼の持つトレーに小銭を投げ入れた。僕だっていつ、施される側になるかわからないのだ。だからいまこうしてタンブンをすれば、いつか自分が困ったときに誰かが手を差し伸べてくれるかもしれない……要は自分の安心のためなのである。いいことをしている錯覚に陥っているだけの単なる自己満足と言われれば、その通りだと思う。でもタイ人の生活に浸透しているこのタンブンの習慣はなかなかすてきだなと思ったのだ。僕もいつしか彼らの真似をするようになっていた。

それに寺の中はけっこう落ち着くのだ。静謐さもあるけれど、休みになると友だち連れ家族連れでタイ人が訪れ、賑やかになる。日本の寺はもはや人を寄せつけないところすらあるが、タイの寺は地域の社交場であり遊びに行くスポットであり、タンブンの場でもある。いきいきとしていた。このときも寺でひと休みしてから地下鉄で会社に戻るべえか、とワット・ホワランポーンに立ち寄ったのだが、

「あーっ！　シマ！　ムロ！」

驚いた声に振り返ると、社長秘書ヤムちゃんだった。いつものスーツ姿ではない。すっぴんで、ださいジーンズにヨレたTシャツはむしろ新鮮だ。友だち連れだった。

「私、ここよくタンブンに来るんだ。シマとムロは？」

「仕事仕事。俺らはあんま、休みとか関係ないから。これから会社だよ」

日本人はホント仕事ばっかね、と呆れながらも笑って手を振り、ヤムちゃんはお堂のひとつに友だちと入っていった。タンブン用のバケツを買うのだろう。山と積まれた黄色いバケツには、洗剤とかタオル、歯ブラシ、水、インスタント麺、塩などの日用品が入っている。これを買って寺に納めるのだ。本堂にお参りするだけでなく、僧に直接、祈祷してもらうときに買い求める感じだろうか。神社での正式参拝的なものかもしれない。このタンブンセットは納めたそばから次の参拝客に再利用されてしまうわけだが、それを見て無意味とか見事な錬金術とか皮肉を言うのは上座部仏教徒ではない外国人であり、タイ人がそれで納得しているのだから良いのである。

ヤムちゃんもバケツをぶら下げて、僧のもとに跪き、目を閉じてワイをしている。「休日だから寺に行く」といったって、日本の女子が興じるパワスポ巡りなんてヌルいものではない。たっぷり半日をかけて、真剣に仏と対面するのである。お堂を巡ってひとつひとつに線香を供え、仏像に金箔を貼り、時間をかけてじっくりと手を合わせて、僧の説法を聞き、ともにパーリ語のお経を唱えて、聖水

をかけてもらう。

そうやってしばらく寺で過ごすと「さっぱりする」のだとタイ人は言う。心のシャワーのようなものかもしれない。

［第6章］

Gダイ絶頂！アジアの伝説となる

「100号記念永久保存版（2008年10月別冊）」の表紙。ソイ・カウボーイで雄叫びを上げるゾウの姿はGダイそのものである

ついに到達！ 第100号

「大丈夫ですスギヤマさんムロハシさん。ミャンマーはなんでもありません。ノープロブレム」

とはいいながらも、ひどく狼狽し、ものすごいプロブレムであることは一目瞭然であった。いったい何ごとかはわからないが、社長はいきなりGダイ編集部にやってくると、ミャンマーの政情について深刻そうに話してきたのだ。

隣国で巻き起こっていた反政府デモは世界中で大きく報道されはじめていた。先頭に立っているのが僧侶たちだったからだ。袈裟をまとった僧の列が軍政に反旗を翻し、民主化を叫ぶ姿は多くのミャンマー人の心を揺さぶった。民衆が僧を支え、合流し、デモ隊は10万人を超えて膨れ上がった。各国から報道陣が馳せ参じ、かの国の長い軍政もいよいよか、というムードも漂うなか、日本人ジャーナリストが射殺される事件も起こった。

その後も混乱が続き、Gダイの誇る「ヤンゴン最強マップ」もいったい誰が使うのだろうかという状況である。そんな折に社長はなにごとかを言い訳するかのように、ミャンマーは大丈夫だと繰り返して、去っていくのだった。

「……スギヤマさん、なんですかね」

「さあ。まったくわからん」

社内では、社長はタイだけでなくミャンマーでもビジネスを展開しているようだ、とウワサされていた。詳しいことはいっさい闇の中であるのだが、社長はほとんど毎週末ヤンゴンに飛ぶのだ。もちろん会社の経費である。それとなく聞いてみても、現地でなにをしているのかまったく教えてはくれない。しかし、

「ムロハシさん。最近のヤンゴンはナイトライフも賑やかになってきました。取材に行くならいいホテル紹介しましょう」

とか、ロクに取材費も出さないくせに言うのである。近ごろでは、ヤンゴンに代わってミャンマー中部に占星術師のお告げによって軍が建設したとかいう新首都ネピドーに、そこいらの報道陣よりも早く乗り込んだようだ。ということは軍政とパイプがあるのだろうか。だから民主化を前にして慌てているのだろうか……ナゾは深まるばかりであったが、僕たちの不満はGダイの利益がどうもミャンマーに流れているらしいという一点であった。

「まあ、そんなことよりも、ちょっと話そうか」

スギヤマさんはいつになく引き締まった顔つきだった。話すといったって僕がイスをくるりと回転させてスギヤマさんと対面するだけなのだが、こうやって会議っぽいことをすること自体がまれであった。

「会議に意味はない」

それがスギヤマさんの持論で、僕たちはほとんど話し合いを持たずにGダイの誌面をつくり続けてきた。よほどのことがなければ事前に次号について打ち合わせなどはしない。僕もスギヤマさんも互いに了承は取らない。お互いに「これが面白い！」と思った企画を相談なし忖度《そんたく》なしに、誌面でぶつ

けあうスタイルだった。全体の方向性などについて、ある程度の指示はあったが、基本的には僕はきわめてフリーダムに動かせてもらっていた。

もしあらかじめ会議をして「今度こんな企画を考えていまして」とか話し合えば、感性の違う人間同士だ。そこはこうしたほうがいいんじゃないか、こっちのネタのほうが反応がいいだろう、なんて、僕たちが仕事熱心でマジメなぶんだけ本来の企画からはズレていく。それでうまくいくこともあるだろうけれど、元ネタが尖っているほど丸みを帯びてしまう。それではGダイではないのだ。だったら編集者としての感覚を信じて、そのまま出してしまえ、というのが僕たちのやり方だった。

僕がいた頃のGダイは、連載が20本ほど、それに最強マップとGガールが基本の構成だった。毎号変化するのは巻頭以下、3～4本ある特集だ。これは常連ライターもいたし、連載ライターがとっておきのネタをぶちかますこともあったし、単発の方もいた。毎号の入稿が近づくと、僕はスギヤマさんに次に載せたい特集の内容と、だいたいのページ数を伝える。あとはスギヤマさんが特集の位置を割り振って台割を切る。僕の担当記事が巻頭に配置されると、やはり嬉しかったものだ。掲載場所はさまざまだが、僕が決めたことにスギヤマさんが口を挟むことはなく、ボツになったことは一度もない。

もちろん互いにゲラのチェックはするし、誤字脱字や不明瞭な文脈、あるいは仏教王室関連のNG項目については赤も入れるが、内容について文句は言わない。そのほか細かい連絡事項は酒の席で話せば済むことだった。

そんなスギヤマさんがいきなり話し合おうと言うから、こちらも少し緊張した。テーマはわかっている。僕たちはGダイアリー100号記念の特別号をつくるべく、準備をはじめていたのだ。

感慨深かった。

およそ10年をかけて、１００冊をつくり続けてきたのだ。ただでさえ雑誌が売れない上に、ネットに押されてしまう昨今である。新しく創刊される雑誌は3号もてばいいほう、なんて言われ、業界の景気は冷え込むばかりだ。そんな時代に１００号を目前にしているのである。

その偉業を前にして、社長は「スペシャルエディションをつくりましょう！」と言い出したのである。これまでの歴史が詰まった永久保存版を出せば、きっと売れるに違いないと力説する。僕だってそう思う。しかし、ふだんの業務だってけっこう忙しい。加えて同時進行でもう一冊、しかもゴッツリ内容の詰まった特別号を制作せよ、との命なのである。ほとんど寝る間もないのではないか。それで給料は通常通りなのだろうか。ただでさえ給料は遅配や分割払いが続き、明らかに社内の経済は悪い。そこで１００号スペシャルでの逆転ホームランというわけなのだろうか。

そんな思いがわだかまってはいた。しかし、僕たちだって栄光の１００号を記した特別号は是が非でもつくりたい。そこでGダイ編集部は社長に団交をカマした結果、臨時ボーナスについては考慮、さらにスタッフを増員してこの一大事に臨むべしという回答を得た。

その指令によって、お隣バンコク週報からレンタル移籍してきた男が、マックス君であった。

とはいえ日本人である。イギリス留学帰りで英語が堪能という秀才は、自らをマックスと称していたのであった。留学を終えたならおとなしく日本に帰って一流企業に入ればいいものの、帰路に立ち寄ったバンコクに引っかかってしまった理由は、ズバリ女であった。ゴーゴーバーのめくるめく世界にハマってしまったのであった。まだ20代なのに買春おじさんの仲間入りを果たし、さらにバンコクの夜を探求すべく職を探し、バン週に記者として潜りこんだのであった。当然のことながら、Gダイ班に接触すべく機を伺っていたところにこの話ときて、渡りに船。念願のGダイに関われるとあって、マックス君のモチベーションは高かった。

そんな彼にどういう仕事を割り振っていくか、誌面の構成はどうするのか。そんなことを我々は話し合った。

核となるのは、過去に話題となった特集の再収録である。編集部が入居するRSタワーが完工するはるか前、ラチャダーピセーク通りの温泉街をはじめて日本人に紹介し大反響を呼んだ号（第20号・2001年7月号）であるとか、Gダイスタッフがインドシナ半島各地を旅してプノンペンで集合するという記事が評判となった号（第9号・2000年5－6月号）などはいずれも売り切れ、在庫がない。編集部に数冊が残るばかりであった。「もう一度見たい」という声があってもお届けしようがなかったのだ。Gスタが戦火のアフガニスタンに潜入した記事（第36号・2002年11月号）、それに、ホームレスの「社長」の記事（第63号・2005年2月号）もやはり在庫はわずかだ。

こうした過去作を掘り起こそうではないか。そして現在のラチャダーやプノンペンやアフガンと比較し、タイやアジアの歴史の変遷に思いを馳せる。「社長」はその後どうしているのか読者からの問い合わせが多い。これも続編と合わせて載せたい。ネタは山のようにあった。

問題は昔のデータが散逸していることである。原稿や写真をレイアウトし、印刷できる状態にしてまとめた入稿データは、デザイナーが管理していた。最終データをまとめる役どころだからである。律儀な性格のミネタさんがデザイナーとして入社してからのものはきちんとDVDに整理整頓されているのだが、それ以前はもうメチャクチャであった。膨大な数のCDに焼いたデータがいちおう残されてはいるのだが、例えば30号のデータと24号がごっちゃになっていたり、27号だけごっそり抜け落ちていたり、写真はあるけどテキストがない、前半部分だけあって後半が行方不明とか、そんなのばかりなのである。

さらに古い号になると写真がデジタル化されておらず、当時のポジフィルムが社内の穴蔵のごとき奥まった場所にあるロッカーにゴミのように詰め込まれて放置されていた。

それなら印刷会社に聞いてみれば、という案も出たのだが、創刊当時から何社か移り変わり、もっともコスパが良くムリの利く会社に落ち着いていた。それ以前の会社ではデータを保管していなかった。残っている誌面をそのまんまスキャンして載せてしまうという手もあるが、どうしても見た目が荒くなるしミネタさんもいじりづらく、できれば最終手段にしたい。やはり社内で捜索するしかない。

これらのデータのサルベージを、マックス君に任せることにした。根気のいる作業である。加えて過去データを封印した前任者のデザイナーは社内でもマッドサイエンティスト的な危険人物として恐れられていたとかで、データにはナゼか厳重なプロテクトのかかったフォルダが紛れ込んでいたり、スパイウェアやウィルスが仕込んであるというウワサも流れ、マックス君としてはファラオの呪いを恐れながら遺跡発掘に挑む考古学者のごとき気持ちだったかもしれない。僕としても、なにが潜んでいるかわからないデータを触りたくはなかったので、彼に押しつけたのであった。

こうして復活させたデータをスギヤマさんが再編集し、僕は新しくスペシャル号に載せるための取材にシマくんとともに奔走した。在住日本人が増加しタニヤ的な歓楽街が形成されつつあるベトナム・ハノイを旅し、タイ・ロックのカリスマデュオ、アサニーワサンの故郷ルーイ県に飛び、つかさちゃんには連載１００回記念のインタビューを行った。過去のラチャダー特集と現在とを比較する記事では、マッサージパーラー界のドン「ポセイドン」オーナーの大迫力にビビりながら取材をした。

とりわけ強烈だったのは、手コキ和尚とのコラボであった。Gダイウェブ上限定の不定期連載で、カルト的な人気を誇っていた怪人を誌面に召還したのである。彼はその名の通り、風呂屋に行こうが置屋だろうが本番はせず手コキもしくは嬢にオナニーを見てもらうだけで済ませるという性癖の持ち主であった。加えてデブ専、前立腺マニアなどいくつもの病を併発している合併症であり、しかも度を越した熟女フェチでもあった。Gダイの最終兵器といえるかもしれない。

その和尚がどうしても、１００号を機に「バンコクの熟女世界を極めたい」という。タイも風俗界の主役は当然、若い女子である。大昔のような幼女は業界から表向き消え去って、故郷にせっせと仕送りをする苦労人も少しずつ減りつつあり、いまや現役ＪＤが遊ぶ金欲しさに風呂屋やゴーゴーで働く時代となった。押されるように、苦界に長く身を沈めた熟女たちは、まるで役目を終えたかのように華やかな店からは身を引き、場末に流れていく。古式按摩、置屋、寂れた古いマッサージパーラー……どれもこれも、日本の田舎町の裏路地のスナックのごとき味わいがあった。それに地元の爺さんにとっては大事な遊び場で、昼から通いつめる男たちは優しくもてなし、一発抜くだけではなく一緒にごはんを食べたり、グチを聞いてやったりと、ほとんど介護施設のような一面も持っている。タイの包容力とホスピタリティとがあふれる物件であるともいえるのだ。

その温もりが好きなのだ、と和尚に力説され、ページを確保することにした。こうした物件はほぼタイ語オンリー、タイによほど慣れてタイ社会に通じていないと遊びづらく、日本からやってきた観光客にとってはきわめて難易度が高いが、それでもタイの性のあり方を世に知らしめるべく取材を敢行した。

和尚にくっついて古式按摩35歳にはじまり、同じく古式41歳と少しずつハードルを上げていく。かつて鳥人・ブブカは自らの持つ棒高跳びの世界記録を、あえて1センチ単位で更新していった。自分の能力なら、さらなる高みを目指せることがわかっていながら、観客と世間を盛り上げるため、自身を鼓舞するために、刻むように世界記録を生んでいった。

そんなブブカのごとく、和尚はさらに雑居ビルの薄暗がりの奥に潜む古式按摩を目指した。こんな店、Gダイスタッフの誰もが知らなかった。うやうやしく店員に案内されて、女たち居並ぶひな壇を見て、僕は絶句した。そこに嬢は誰ひとりおらず、しわくちゃの婆たちがペチャクチャ喋りながらお茶を飲んでいた。朝の市場の物売りたちと変わらない。スーパーのパートのおばちゃんの休憩風景にも見えるが、和尚は舌なめずりをすると、もっとも上座らしき奥地に潜む最年長と思われる巨漢を指名。場内が軽くざわつくなか、ふたりで手をつないで上階に消えていくのであった。後から聞けば孫がいる56歳であった。

さらにプラカノン駅のそばには、夜になると若いチンピラがたむろしてスプレーで落書きしたりヤーバー（覚せい剤）をキメたりして青春のエネルギーを発散させている廃墟群があって、再開発を待っているのだが、そのなかに一軒だけ稼動している店があるのだと和尚は言う。行ってみれば見た目は全焼した建物のように黒く汚れ果てて、ほとんどオバケ屋敷なのだが、確かに明かりが点っている。ヌアット（按摩）と看板もかかっている。沈鬱な感じの店内に入ると、そこは天上界か獄界か、平均年齢50代と思しき未踏の地。が、そんなラインナップには目もくれず、和尚が指名したのは掃除婦か用務員のような皺くちゃのお婆さん。あれ按摩嬢だったのかよ……慄然《りつぜん》する僕をよそに、和尚はうきうきで婆さんの手を取った。こちらは御年70歳。タイ風俗に挑んだ日本人としてはバッケンレコードではあるまいか。

その後は老舗のマッサージパーラー「チャオプラヤー2」で、取材のご褒美、お疲れパーティーとして、和尚には3Pをプレゼントした。混浴相手は51歳と53歳。ふたり合わせて104歳、100号記念にふさわしい、世紀を超えた3Pだと企画はキレイにまとまった。最後は3人でオナニーを見せ合って果てたらしい。

つるんつるんのツヤツヤになって風呂から上がった和尚だが、感激した様子で言うのだ。

「最高だった。ふたりとも苦労のぶんだけ優しくて、かいがいしく世話してくれて。俺は寝ているだけで完璧にもてなしてくれた。これが熟女の愛だよ」

絶賛であった。それなら僕も試してみようかな……と少し心が動いたが、和尚の境地に達するにはまだまだ人間修行が足りなそうだ。

ミスGダイアリーはどのコ!?

そんな和尚の場末行脚や、ほかのさまざまな取材と平行し、同時に社内全体で進めていたのは、100号を記念した一大パーティーであった。

なんと言っても足かけ10年の一大イベントなのである。しょぼいパーティーにはできない。しかし予算は乏しい。

そこで弊社の誇る優秀な営業スタッフが活躍したのである。広告主や、関係各所、在タイ日系企業からさまざまな利益供与をいただき、アサヒビールからはビールサーバーとビアガールちゃんまで派遣していただく交渉をまとめ上げたのである。

そして会場はシーロムを睥睨する高級ホテル、パンパシフィック・バンコク（現クラウンプラザ・バンコク・ルンピニパーク）の大広間に決定！ テーメーを貸しきろうとかソイ・カウボーイを占拠しようとかいう意見もあったのだが、Gダイは風俗だけはないから100号まで達することができたのだ。やはり世間の表舞台、日が差す場所で堂々パーティーを開催すべきであろう。

そして、この大舞台を盛り上げるべく、僕はどうしても歴代Gガールを呼びたかった。きっと華やかになるに違いない。もちろん、通常通りのモデル料金がかかるが、それでも何人か来てほしい。というのも100号特別記念号では、栄光の巻頭ページにてG史に残る壮大なミスコンの結果を発表する計画であった。これまで登場してくれた総勢134名（創刊間もないころ、一部の号では複数のGガールを掲載していた）のGガール。そのなかから「あなたの心に残る過去最高の女の子は？」「特別記念号でもう一度会いたいのは誰か？」と数号前から投票を受けつけ、ウェブでも大募集していた。その結果、ナンバーワンの「ミスGダイアリー」に輝いた子に100号記念号で再登場してもらおう。そう考えていた。

投票は続々と集まってきていた。びっくりするほどの量だった。読者からのメールやハガキだけではない。広告主や出版関係の知人、バンコクに住むたくさんの友人が、我も我もと一票を投じてくれる。嬉しかった。スケジュールの都合もあろうが、ミスGダイアリーは絶対に押さえたい。100号特別記念号だけでなく、パーティーにも来てほしい。そのため、極秘裏に投票の集計を終えると、モデルエージェンシーとの交渉に入った。

あれやこれやのドタバタのなか、通常号も制作しなくてはならない。いくらか四季らしき移り変わりがあるとはいえ、年がら年じゅう暑い国で走り回り、稼働し続けるのはこたえるものだった。タイ人が日本人ほど労働に意欲を見出さないのも当然だと思った。この暑さのなかテンパった顔で慌ただしくしているのは、日本人くらいかもしれない。気候とのギャップに身体がついていかないと感じることもあった。暑さそのもの、気温の高さよりも、息苦しくなるほどの湿気がつらい。バンコクは都市部独特のヒートアイランド現象によって熱気がこもり、東京のような不快な暑さになるのだ。そして大気汚染もひどいため、上空に滞留するスモッグがこの熱を閉じ込める。

そんな暑さから逃げるように、僕たちはつかさちゃんの部屋に駆け込んだ。相変わらずのゴミ屋敷で、飲み物だって絶対に出てこないが、とりあえず冷房だけはキンキンだ。

「ねえねえ今度のパーティーなんだけど、ちょっとお願いがあって」

シマくんのストロボを浴びながら、つかさちゃんが甘えた声を出す。

「それはいいけど、つかさちゃんなんか変わってない？　あれ？　目？」

「もう、そういうことは言わないの！」

「つかさちゃん、もっとワキ見せて、ワキ。そうそう。いいね、舐めたい」

「やだあ、ねえムロハシくん。タケオどうにかならないの？」

「あっ、これつかさちゃんの靴下。これ持ってかえっていい？　うん、まだ匂いがする」

「やめて、嗅がないで！」

本気なのか和ませようとしているのか判別のつかないシマくんのセクハラであったが、毎度毎度のお約束みたいなところはあった。

「で、なにしたいのさパーティーで」

「あのね、私、歌いたい」

まっすぐに見つめられる。

「すっごくカワイイ衣装を着てくし、がんばるから、ステージに上がらせてほしいの。いいろいろ予定あると思うけど、私に時間ください」

そうだ。Gガールだけではない。つかさちゃんもGダイのアイドルなのだ。100号を支え続けてきたニューハーフが、パーティーで歌う。いいと思った。

僕は会社に戻ると、営業スタッフが中心になっているパーティー特命班にかけあった。お偉いさんのご挨拶やら、豪華商品の抽選会、Gガールお披露目&臨時撮影会などの合間につかさちゃんオンステージをネジ込むと、メールを入れた。速攻で返信が来る。

「ありがとう！　当日、楽しみにしててね！」

100号を目前に、準備は粛々と進められていった。

哀愁酒場カフェーで思う

2008年の乾季だった。100号を前にした仕事に疲れ果ててると、僕はときどき「カフェー」に行った。断じて「カフェ」ではない。ステージで歌う歌手の歌声を聞きながら飲む店だ。タイ独特のパブというか、飲み屋のようなものだ。

流れているのはおもに、ルークトゥンというイサーンの演歌。女性歌手たちが、情感たっぷりにしっとりと歌いあげる。だけど、その服装は野暮ったい。ボディコンとかラメの入ったワンピースとか、ふた昔くらい前の格好なのだ。スカートからほつれた糸がぴょこんと飛び出ていたりする。

店内は広々としているが、たいてい老朽化が進み、ほとんど廃屋のような店だってある。客はまばらで、ほとんどが地元のおっさん。若者はいない。ステージのバックにはペンキ職人による一枚絵が描かれていたりするが、安っぽく、やはり色あせてしまっている。音響設備もぼろぼろだ。

だけど僕は、カフェーが大好きだった。ルークトゥンのゆったりした、のびやかな声を聞いて飲んでいると、心底から落ち着いた。滞っている企画のことも、締め切りをブチ破っているライターのことも忘れて、優しい気持ちになれた。

「今日は疲れてるね」

ステージを終えたマイが隣に座った。カフェーでは、ナクローン（歌手）を同席させることができるのだ。

「なんか仕事忙しくて」

マイは微笑して、僕のグラスに氷を入れ、ビールを注いだ。

「うちはいっつもヒマなんだよ。忙しいのはいいことです」

タイ人らしからぬことを言う。ゴーゴーやタニヤの女と違い、カフェーの歌手は自分から酒をねだることはまずない。なので、

「ヒマなら一杯どうですか」

と水を向けてみる。「まだステージあるし、ソーダだけいただくね」とグラスを取りに席を立つ。

もともと彼女は、リケーというタイ伝統の大衆劇の一座にいたという。両親の楽団だった。宮廷調の衣装を着て、民話などをモチーフにしたコミカルな劇を演じ、歌い、踊る。祭りやイベントに合わせて、タイの各地を旅して回るのだという。しかしタイ人は移り気で新しモノ好きだ。ルークトゥン以上に、リケーはポップスや映画に押され、ユーチューブに圧倒され、廃れていく。在タイの日系メディア「ニュースクリップ」によれば、1970年代に1000近くあったリケーの楽団は、いまや数えるばかりなのだという。存続を危ぶんだユネスコによって世界無形文化遺産に指定されはしたが、マイの両親は廃業に追い込まれた。

「でもねえ、私は歌うことを諦められなくって」

音楽を続けたかった。音楽教師という夢も考えた。そのためにもまずは、稼がないといけない。マハーサラカム県の田舎からバンコクに上京してきたマイは、カバンの工場で働いているときに友人からカフェーの店に誘われた。ここなら歌いながら暮らしていける。

はじめにアユタヤ郊外の店に勤め、それからこの「ノックノーイ」にやってきた。都心部からはチャオプラヤー河を挟んだ左岸のトンブリー地区だ。

「店員もほかの歌手も、みんな家族みたいで居心地が良くて」

と歌っているうちに、いつしか夢は褪せて、生活に埋もれていく。もう彼女も30歳だ。これからどうするのだろう……それが何度か通い、飲みながら聞き集めたマイの半生だ。

カフェーは確かに、アットホームで過ごしやすい。見た目はガタピシで薄暗くとっても入りづらいのだけど、扉をくぐってしまえば笑顔で大歓迎してくれる。外国人はまず来ない、完全なタイローカルの世界だけど、てんやわんやしながらどこかから英語のわかる人を連れてきてくれたり、汗をかいて翻訳アプリを駆使してくれたりする。タイ語で話すと、驚きながらも満面の笑みが返ってくる。ぼったくられるようなことは、少なくとも僕は一度たりとも遭遇していない。

そしてどのカフェーもだいたい、やはりタイとは思えぬてきぱきとした接客で、ボーイたちはきびきびしており、ビールがなくなればサッと注いで氷を足し、退屈そうにしていたらすかさずマネージャーが寄ってきて話し相手になる。ひとりでぼーっとしたいときには放っておいてくれる。

それにカフェーはどこも料理がいけるのだ。ちょっとしたつまみから、ガンガン湯気を立てるモーファイ（火鍋）までタイ、イサーン料理が揃い、美味い。くるくると変わる歌手たちの歌声と、料理を肴にしばらく過ごす。いい飲み場所だった。

しかしこういう遊びに若いタイ人はまったく興味がない。無理からぬことであろう。どう見たってオヤジ趣味、トラッドというよりもはやカビ臭く、昭和の哀愁が漂う。時代にすっかり取り残されてしまったのだ。だから客はどんどん減り、店は片っ端からつぶれ、バンコク都心からはほぼ姿を消した。このトンブリーと、東郊のウドムスックにわずかばかり残るにすぎない。地方都市に行けばまだ人気の店もあるけれど、シャレオツなパブやカラオケに食われ、やはり地元のオヤジがなじみの歌手にグチをこぼす、場末のスナックのような感じとなっている。

そんなうらぶれ感も好きだった。

タイの暮らしが長くなるうちに、外国人の遊び場へと足を運ぶことは少なくなっていった。取材のときか、日本から来た客を案内するときくらいだ。ああいう場所は、たまに旅行で行くから楽しいのだ。

僕はカフェーが大好きだった。よくトンブリーにある場末のカフェーで飲んでいた

それに比べるとタイ人の遊び場、カフェーやタワンデーンのようなところは、誤解を恐れずに言うならほっとする土の匂いがした。歌手たちも席に着いたとたんに「コーラ」とか無愛想に言うような女とはまったく違い、温もりがあった。僕にはこちらのほうが合っていると思った。

それにカフェーは深夜未明まで店を開けているのが助かった。むしろ夜11時を過ぎたあたりからやっと歌手が出勤してきて、客が入ってくる店ばかりなのだ。夜遅くまで編集部でゲラと格闘し、それから飲みに行くにはちょうどよかった。

「じゃあ、次あたしの番だから」

マイは僕の肩に手を置いて立ち上がった。イナカの体育館みたいなステージに上がると、高らかな声を響かせる。ときどき、僕のほうに視線を送って微笑む。

彼女の歌声を聴きながら、よくもまあ100

号までもったもんだ、と思った。創刊当初は、すぐに潰れると言われたらしい。日本に進出したときも、誰もが失敗すると思った。幾度も廃刊の危機があった。50号記念でもパーティーを行ったのだが、「これが最後だろう」とみんなが言った。僕もそう思った。

それがとうとう100号なのである。その節目を、このバンコクで、スタッフのひとりとして迎えることができる。長年アジアを旅し、アジアを書き続けてきた人間として、これほどの喜びはない。

作業はもうすぐ終わりだ。どうにか無事に入稿できそうだ。パーティーも近い。「もうひとがんばり」と呟き、僕は店員を呼ぶ。

「マライを200バーツ」

店員はキャッシャーのあたりにまとめてかけられている花輪を手にした。ジャスミンの花で編みこまれている。それをステージの下から、歌っているマイの首にかけるのだ。胸元が華やかになる。僕に向きなおってステージからワイをする。

マライといわれるこの花輪の売上げが、歌手たちの収入のほぼすべてなのだ。給料はない。歌って聴かせて、客からマライをもらわないと生活ができない。そして客のほうは、マライをプレゼントすることで歌手を同席させる権利を得るのだ。ときどきオヤジ客同士が張り合い、マライの贈答合戦が繰り広げられたりもする。基本的に連れ出しNGのカフェーだが、そこはマライ次第、気分次第ともいわれ、足しげく通って稼ぎをマライに溶かしているタイ人は多かった。懇意にしている歌手の誕生日に、トヨタの新車の鍵をつけたマライを送ったやつがいるなんて話も聞いたことがある。

「クルマはないけど、アパートには扇風機しかないって言ったら、安いエアコン買ってくれた人はいたよ」

とマイは笑っていたことがある。それに比べたらたった200バーツの外国人客に、その後のチャンスは少なかろう。こうして飲み相手になってくれるだけで十分なのだ。

2冊同時進行の荒業も山を越し、とりわけ特別記念号はいいデキになる手ごたえがあった。

「センソム、もうひと瓶ね」

いい気分だった。今夜はもう少しマイの声を聴いていたい。

100号記念パーティー

「ムロ、どうしたの⁉　いつもと違う！」

会社のタイ人女子たちが目を丸くしていた。僕は恥ずかしながら、一張羅のスーツに身を包んでいた。ネクタイを締めるなんぞいつぶりだろうか。いつもは汚い中年フリーター丸出しのだらしない格好をしているだけに、自分としても着ているというか着られているようでぎこちない。照れくさい。

そう言うみんなも、パーティースタイルに着飾り、いつもよりさらにきれいなのであった。

とうとうこの日がやってきたのだ。僕はパンパシフィック・ホテルの大広間入口にて、Gダイアリー100号記念パーティーの受付業務に当たっていた。

どれだけの人が足を運んでくれるか心配だった。会場は広大なのだ。お客がまばらだったら悲しいではないか。

しかし、杞憂だった。

はじまってみれば、続々とGダイアリー関係者が集まってきて、賑わいを増していく。執筆陣のなかには、このためにわざわざ日本や他国から来てくれた人もいた。現在や過去の広告主も次々にやってくる。Gダイスタッフそれぞれの友人知人、過去に取材させてもらった人々、日系メディア、バンコク週報の関係者、Gダイを販売している日系書店、人づてに聞いてきた在タイ日本人やタイ人の皆々さま……気がつけば200人を超える人々が一堂に会していたのだ。熱気と喜びが渦巻いていた。ちゃあんとプロの司会者だって呼んでいる。日本人の女性だ。いまやそんな人材まで在タイ日本人社会では揃うのである。

「それでは紳士淑女の皆さま、これよりGダイアリー100号記念パーティーを開催いたします」

淀みのないアナウンスと盛大な拍手に見送られて壇上に上がったのは、あの増崎氏である。放っておくとまたモテたいならどうしろこうしろ、チップを出せとか演説をはじめかねないので、担当営業が急かすと、高らかに音頭をとったのだ。

「Gダイアリー100号おめでとう！　かんぱーい！」

その瞬間、ほうっと肩から力が抜けた。すみっこのほうで会場を見渡して、シマくんと静かにグラスを合わせた。報われた気がした。

だがゆっくりしている場合ではない。今夜の僕たちはホストなのだ。いつも世話になっているライターや広告主、少しでも顔を知る人ひとりひとりに挨拶し、乾杯する。わざわざ来てくれたことが本当に嬉しかった。

会場には豪華な食べ物やスイーツも並ぶ立食パーティー形式で、もちろん酒だっていくらでもある。

上／100号記念パーティーで受付を務めてくれた美人社員たち　左下／ステージで熱唱する山崎つかさ　右下／ミスGダイアリーに選ばれたニンちゃん（左）とGガールたち

飲んでナンボのホストは皆さんとがしがしグラスをぶつけて飲み干し、また次の人に謝意を述べては飲み、誰だかわからない人とも乾杯を重ねる。あの「社長」が猛然と食べている姿もあれば、早くもビアガールにセクハラをしているライターもいる。僕は妙な緊張と不慣れなテンションのなかでがぶがぶ飲んでいたから、

「ねえ、室橋クン。ヘンじゃないかなあ」

なんてつかさちゃんが恥ずかしげにフリフリミニスカドレス姿で現れると「すごいきれいだよ。かわいい」なんて心にもないことを真顔で言ってしまう。

そのつかさちゃんがプレゼンターとなって行われたのは、営業スタッフの頑張りの賜物、一大抽選会であった。

「一等はなんと、タイ－日本往復航空券です」

との発表に場内がざわつく。さらに司会の女性が顔を赤らめながら「ぽぽ、ポセイドンの特別入浴券も当たります！」と叫べば、男たちからはウオオンと地鳴りのような声が上がった。さらに広告主ご提供の飲食チケットなどなど豪華商品の抽選会は大いに盛り上がり、満を持したところで登場したのはミスGダイアリーであった。第88号（2007年3月号）のGガールを飾った現役モデル、ニンちゃんは、胸の谷間もエッチなパーティードレスをまとい、さっそうステージに上がって美貌を振りまく。ポセイドンをはるかに越える歓声が会場を包んだ。なんといっても134人から選ばれトップ得票を獲得したGガールの頂点なのである。

ニンちゃんとはチャイナタウンを散歩しながらゲリラ撮影したことを思い出す。暑いなか、文句も言わずに終始笑顔で長い撮影につきあってくれた。ツーショットをせがむと、小さな頭をこつんとぶ

ミスGダイアリーに輝いた第88号のGガール・ニンちゃん（100号記念永久保存版より）

つけてきて、ぴったりくっついてくれたわけだが、そこに忖度して投票にゲタを履かせたわけではない。その後、彼女はモデルとして、またキャンギャルや司会などを担う「プリティー」として頭角を現し、巨大イベントでもあるバンコク国際モーターショーでは一流メーカーを担当、知られた存在となりつつあった。しかし気さくさは以前のままで、Gダイに登場したことを黒歴史なんかにはせず、ミスに輝いたことを伝えると喜んで再びの撮影とパーティー参加を快諾してくれたのであった。しかもあんなエロい衣装で……。

感激している時間はない。続けて90号パイちゃん、92号ジョイちゃん、そして僕の大好きな96号エマちゃんが、連れ立ってステージに上がると会場の盛り上がりは最高潮に達した。美しくドレスアップした4人のGガールは、場の空気を一気に華やかなものにした。モデルの力というのはすごいなと改めて思った。誰もがケータイを構えてGガールたちに夢中になる。男たちだけでなく、女性たちもGガールの美貌に見とれ、声を上げる。誰もが楽しそうだった。会社に無理を聞いてもらってよかった。

ただしあまりにGガールが人気になってしまい、みんなが次々に一緒に写真を撮りたがるものだから、お偉いさんの挨拶なんぞ誰も聞いていないのであった。

そしてステージに上がったつかさちゃんが滔々と歌ったのは、松浦亜弥「青春宣誓」。ところがこっちも、ゲストはGガールに釘付けで、つかさちゃんに注目する人は少ない。泥酔した頭でも、まずいと思った。シマくんに合図をする。せめて僕たちだけでも声援を送ろう。つかさちゃんにとっても、そして僕たちにとっても、タイでの生活とGダイアリーでの日々は、青春そのものだったのだ。

それからのことは、あまり覚えていない。怒涛のように、そして大成功のうちに終わったパーティーのあと、スギヤマさんやシマくんや、カワノさんやつかさちゃん、それにおおぜいのライターや関係者と飲みに出かけ、ずいぶん酔った。これほどに、ひとつのことをやり遂げた達成感と、満足感とにあふれた夜もなかったように思う。最良の日だった。

１００号記念特別号も好評だった。ニンちゃんの巻頭グラビアにはじまり、Gダイの歴史とアジアのいまを詰め込んだ魂の266ページだった。もちろん売上げはすばらしいものだった。

カオサンで創刊号を見たときのことが、ありありと思い浮かぶ。それから異様な熱を放つこの雑誌に夢中になり、一方で僕はライターとなって、いつかこの誌面に名を連ねるのだと誓った。その夢は、想像よりもはるかにいい方向で実現した。外注のライターから、いつしか内部スタッフとなって、主力として書いて書いて、書き続けてきたのだ。

僕たちがアジアから吹かせる熱風は、確実に日本に届いていた。例えば、かの「噂の真相」では何度か「日本のメディアが触れないアジアの話が刺激的」「風俗ガイドでありながら硬派なルポも。雑誌の『雑』とはこういうことかと編集者の気概に感動する」なんて紹介されているのだ。月刊「編集会議」の「企画に役立つ専門誌ベスト１００」では54位にランクインしたことがあった。「東京人」「裏モノＪＡＰＡＮ」「ムー」「週刊東洋経済」などを上回る順位であった。さらに僕が一時期お世話になった「週刊文春」や月刊「文藝春秋」でも書評が掲載され、やはり風俗にとどまらない雑多な内容に注目していただけた。

バンコクの片隅のマイナー雑誌が、日本のメジャーを揺り動かしたのだ。１００冊の歴史を重ねて、我がGダイアリーは生ける伝説となった。

相棒シマくんの恋

「ムロ！　シマから聞いたよ、あんたバングラデシュ行ったんだって！」

ヤムちゃんが目を輝かせながら聞いてくる。変わり者であった。タイ人にしては珍しいタイプだと思う。経済力をつけた中間層たちが北海道に行って寿司をたらふく食ったとか、大阪で食い倒れたとか、オーストラリアのリゾートで楽しんでまーすとか、フェイスブックで自慢しあっている昨今にあって、「私ね、いつかエベレスト・ベースキャンプまでトレッキングしたいんだ」とか遠い目をして言うガチのバックパッカーであったのだ。

一方で僕は、バンコクに移住してきてからというもの、若いころの旅熱がぶりかえしていた。かねて旅を重ねてきたアジアのド真ん中で暮らすようになったわけで、まわりはどこも行きたい場所だらけなのだ。日本から飛行機でやってくる必要もなく、さくっと旅できるとあって、取材以外でもヒマさえあればタイや周辺インドシナ諸国をうろついていた。

年末年始と、タイ正月ソンクランはとくに長い休暇を勝手にブン取り、少し遠出をする。インドや中国、ウズベキスタン、オマーン、そしてこの前はバングラデシュに行ったのだ。

「でもでも、イスラムの国って女子ひとりでも大丈夫かなあ？　うちの会社にもムスリムの女子社員いるけど、バングラデシュはまた違うだろうし」

なんて聞いてくる。弊社の秘書であり、社長との会話は僕なんかまったくついていけないレベルのぺらんぺらんの英語でこなす才媛だ。もともとはアメリカ系の企業に勤めていたらしい。バンコク北郊ラップラオのどこそこに実家があるというが、そのあたりは確か高級住宅街だ。そんなカースト違いのお嬢様が、社内の禁足地・不浄の地とされるGダイ編集部にたびたびやってきては、愛嬌のある大きな目をくりくりさせて「ねえねえエジプト行ったことある?」「私ミャンマーの安宿でさあ」とかバックパッカートークをカマしてくるのである。

だから、そんな彼女が会社を辞めてしまうと聞いたときは、正直さみしいものがあった。

長年勤めているタイ人社員もたくさんいるが、数年で、ときにはほんの数か月で転職していく人も多い。なかには入社1週間くらいでいきなり蒸発してしまうタイ人もいたが、職場を渡り歩いたり、若くても起業をするのはごく普通の社会だ。

これまで何人もの同僚を見送ってきたように、ヤムちゃんのフェアウェル・パーティーが社内で開かれたのだが、活発で親しみやすい人柄の彼女が去ってしまうことはさすがにみんな悲しいようで、誰もが笑顔ながらもしんみりした空気があった。

「ムロ、いい。わかってる?」

でかいピザ片手にブンちゃんが耳打ちしてくる。

「あんた、ヤムにちゃんと話さなきゃダメよ。毎日メールと電話しなさい。元気かって。新しい会社はどうかって。こっちは今日こんなことがあったよって。毎日だよ。返信なくても毎日。フェイスブックでもつながってるでしょ。そっちでも連絡すること。女はね、ぐいぐい押されると弱いんだから」

がんばりなさい、といかにもワイドショーを見てほくそ笑んでいそうな、いやらしいオバサンの顔で僕の腕を叩く。

それを世間ではストーカーというのではないか。そもそもブンちゃんはなにか誤解している。ヤムちゃんはあくまで趣味の合う同僚に過ぎないし、向こうも同様だったろう。しかしタイ人は日本人以上にウワサ好き詮索好き恋バナ好きなのである。ときに下世話であった。経理のおばさん連中は勝手にラブストーリーをつくりあげ、盛り上がっているようであった。

だいたい、僕はタイで働くゲンサイである。日本に帰れば国民年金しかない根なし草だ。タイで勤めていたなんてロクな職歴としても認められないし、世間から見れば遊んでいるだけのキリギリス。タイの裕福でしっかりしたご家庭の女性なんて、身分違いなのである。でも、そんな両者がひとつの会社にいるのは、まだまだ大きな両国の経済格差ゆえだろうか……。

なんてことを「いろは」でシマくんと話していたのだが、彼はいつになく元気がなかった。考えてみれば、このところずっと様子がおかしい。仕事はこなしているが、どこか上の空という感じなのだ。どうしたのかと思っていると、いきなり頭頂部を押しつけるように見せてきて、言う。

「いま10円ハゲ、どのへんにある?」

イガグリ頭を見渡してみると、10円玉ほど大きくはないが、ひとさし指の先ほどの面積で、毛の生えていないツルツル地帯があった。頭頂部のやや左側だ。指で押さえて指摘する。

「このへん」

「やっぱり。動いてる」

ため息をつく。

「後頭部も見て」今度は振り返る。3か所ほど穴が空いている。ケータイで撮って見せる。

「動いてるなあ」

シマくんは豪胆に見えて、実は繊細な性格である。ときには僕以上に、ちょっとした出来事でくよくよするし、心配性だ。それを満面の笑みで覆い隠そうとする。しかし不安や心の乱れは正直で、彼の場合は頭皮に反映される。10円ハゲがあちこちに出てくるのだ。しかもストレスが大きいほど、ハゲはひんぱんにテレポートするのだという。ほとんどミステリーサークルであった。

「ストレスよりも、ロクに風呂も入らずシャンプーもしないからだ」と彼の不潔を指弾する友人も多かった。しかし普段から、広告をもっと取らなきゃとか、ソイドッグに舐められたんだけど狂犬病が怖いとか、カードの支払いがやばいとか、いちいち心を痛め、そのたびに額のM字が深くなっていることを僕は知っている。

それでも今回はいつもより深刻そうだ。なにがあったのか問いただしてみれば、あまりにも意外な答えが返ってきた。

「……恋に落ちちゃった」

思わずビールを噴き出しそうになる。が、考えてみればシマくんと行動をともにしたこの数年、そういう話がないほうがおかしいくらいだった。シマくんはモテたのだ。

悩み多き一面があるとはいえ、彼は基本的に明るく前向きで、優しい。人の輪にどんどん飛び込んで、誰とでもぶつかっていける強さもある。僕と対比して「Gダイの陰と陽」とはよく言ったものである。だからタイ人女子からも日本人女子からも、誘いはいろいろあった。そのすべてをシマくんはやんわりと断り続けていた。たぶん、自分が惚れなければ恋愛をしないタイプなのだろうと思っていた。そんな彼がいきなりの告白であった。

「なになに？」

　とか寄ってくるチョンプーを遠ざけて事情聴取してみれば、お相手は某日系企業の営業のタイ人女性、プーちゃんであった。Ｇダイやバン週のＯＢがタイでつくった会社はいくつもあるが、そのひとつに勤めていた。

「たまに会社に遊びに行っててさ。その子が前から勤めてるのは知ってたんだけど、最近どうも気になっちゃって」

　どうにかデートに誘いたい。気持ちを伝えたい。そう言われたところで、ロクに恋愛経験もなくタイ人女子とはつきあったことすらない僕にできるアドバイスはなにもないのだが、相棒の苦悩を見て座しているわけにはいくまい。僕なりにプーちゃん攻略のアイデアを練ろうではないか。

　そう気勢を上げたのだが、寂しくもあった。何年もほとんど毎日ずっと行動をともにしたシマくんが、仕事の相棒であり飲み友だちでありあらゆることの相談相手であったシマくんが、まっとうな人間世界に行ってしまう……取り残されていくような気分だった。

新人巨根記者マックス

　１００号という大きな山を越えた編集部は、いくらか仕事が落ち着き、しかもラクになっていた。

特別記念号限定という話で、バン週からレンタル移籍していたマックス君が、そのまま居座ったからである。彼の意向か、バン週から帰還を拒まれたのか、そのあたりはよくわからなかったが、僕やスギヤマさんは細かい雑事や面倒な仕事をマックス君にやらせ、コキ使っていた。

特別記念号の制作にあたってはジミな作業を任せ、記事を書くより先にまず、Gダイの歴史と重みとを知り、勉強しろという僕とスギヤマさんの無言の圧。だが、さすがイギリス留学帰りの秀才とあって、黙々と作業に取り組み、グチひとつ言わない。それが不気味でもあった。なにせ彼の見た目は、オラオラ系のチンピラであったのだ。茶髪ロンゲにヒップホップ系のファッション、ただならぬ目つき。基本、温厚草食なGダイスタッフにあって、彼は野獣のようであった。そのあたりを恐れてバン週も放牧したのかもしれない。

実際、彼は捕食動物であったのだ。

「ムロハシさん、この前あの女と会ったんスけど、あんまりうまくいかなかったです」

「えっ、あの女」

「この前ゴルフ場で撮影した、あいつですよ」

Gガールに手をつけているのであった。知らなかった。そういえば最近は、クソ暑いなかレフ板を掲げる作業を彼に任せていた。レフ板係は自然とGガールに接近するわけで、リラックスしてもらうためにもあれこれ話しかけたりする。ときには日傘を差したり荷物を持ったり、おつきのジャーマネのごとく美女にかしづく非常においしい立場であるのだが、最近は炎天下での撮影がなんだかきつくて、マックス君にやってもらっていたのだ。その立場を利用し、あろうことか職権を濫用し、連絡先を交換し、あまつさえデートに及んでいたのである。

「き、キミィ！　Gガールちゃんはモデル会社にとって大切な商品だよ？　それにねえ、Gガールは僕たちのモノ、読者のモノ、みんなのモノであって……」

とか言うが、内心では唇を噛んでいた。こいつ、僕やシマくんが長年、理性をもってセクハラにとどめておいたGガールとプライベートで会いやがった……。ヨーロッパで揉まれた男はやはりアグレッシブなのであろうか。幸い、彼がコマしかけたのは僕の好みの清純おしとやか系ではなかった。たまたまその月はコレといったモデルがいなかったので、Gガールのイメージとは外れるが、こういうのが好きな読者もいるだろうとケバいギャル系を選んだのである。それがマックス君的にはストライクゾーンであったらしい。

そういえば普段から「やっぱ『ｅｇｇ』のデルモみたいなのがいいっすよね」と豪語していたのを思い出す。僕だったら間違いなくキョドってしまうパツキンのヤリヤリ系女子が彼のタイプであったのだ。

とにかくGガールが犯されなくて良かった……と胸をなでおろす。というのもマックス君は常日頃から、とある悩みを抱えていたのであった。

「ムロハシさん、いつもコンドームどこで買ってますか？」

「もりもり」で飲んでいると、いきなり聞いてくるのである。隣でこの前ちょっと僕が記事を書いた「ＦＬＡＳＨ」のグラビアページを眺めているジューン相手に使用したいところではあるが、そんな予定もない。ほかになんとなく気にしている女の子はいても、まったく進展はない。風俗だって取材のほかはほとんど行かないのだ。聞く相手を間違えている。

「コンビニでもゴム売ってるじゃないですか。でもあれ小さすぎて、無理にハメると痛いんです」

俺は巨根である、との告白であった。自分からチンポのサイズを申告してくる人間にははじめて会った。たじろいでしまい「お、おう」と返す。巨根はちっちゃな身体のジューンをジロリと一瞥するので、反射的に肩を抱いてかばう。彼女の日本語がまだまだ未熟でよかった。

「エンポリにスペシャルサイズのコンドームが売っているので、それを使っているんです。ファランの客が多いからだと思うんですが」

スクンビットを睥睨する高級モール、エンポリアムにはどうやらキングサイズを売る店があるらしいが、そんなことを眉間にしわを寄せて、困った顔で話してくるから、自慢しているわけでもないらしい。いちおう悩みではあるようだ。だから、「マックス」とはチンポのことを自称しているのかと思ったが、そういうことではないようだ。むしろ彼の態度がマックスであったのだ。

僕たちパイセンに対してはおとなしく従順で、よく働く後輩なのだが、こと女性を前にすると極めて尊大であった。一般女性でもゴーゴー嬢でもだいたい上から目線で接する。このご時世にあって恐るべき男尊女卑の思想を貫く古風な日本男児であったのだ。だが人種・外見・年齢・職種を問わず、女であれば誰でもとりあえず下に見るという徹底ぶりは、ある意味で平等、博愛精神の表れなのかもしれない。

そんな彼は泥酔すると自らの性癖をさらけ出し、僕たちに同意を求めてくるのである。

「シマさん！　シマさんはクンニとかしないっすよね！　あんなことする男の気持ちがわからないんすよ！」

「するに決まってんだろ！　顔全体を使うよ俺は。ツバとマン汁でべっちょべちょになってこそ男だろ！」

「なんでっすか！　なんで女を気持ちよくさせる必要があるんですか？　ムロハシさんはわかりますよねボクの気持ち」

そう怖い顔で問い詰められるが、僕だって顔面大クンニ派なのである。お互いに五感でもって味わい、慈しみあうのがマナーではあるまいか。だが彼は納得せずに、「前戯なんぞ女にはいっさい必要ない」と断言するのである。

「こっちのチンポしゃぶって、入れさせとけばいいんすよ女は」

Gダイ編集部らしい議論と言えなくもなかったが、マックス君が妙に荒れるのもストレスからかもしれない。与えている仕事は小間使いやら資料探しやらゲラのチェックばかりで、確かにこちらは助かるが、もっと記者としても活動したかろう。いちおうジャーナリストを志してバン週に入ったはずである。そろそろ編集記者としても働いてもらう時期かもしれない。

そこで熟考を重ね、スギヤマさんとも密談した結果、彼にはカンボジア・シェムリアップ紀行を任せてみることにした。本来の目的は、最強マップの拡大にある。世界遺産アンコールワット観光の拠点として、ほとんどシムシティのごとく発展を続けるシェムリアップの街には、赤ムラサキのネオンが瞬くようにもなっていた。インドシナ半島では、いまや日本人旅行者が特段に多い街のひとつだ。となれば、最強マップをつくり、Gダイの支配下に置かねばならない。

従来であれば僕とシマくんでなにもかもこなしてしまうのだが、マックス君には記事を担当してもらうことにした。マップは僕がひとりでつくる。シマくんにはマックス君のサポートをしてもらおう。メイン記事はあくまで彼ひとりに任せるのだ。貴重な巻頭記事を預けて、力量を測ろうと思った。

ただ、3人ぶんの取材費である。経理にも社長にもシブい顔をされた。この頃もう給料の遅配は常態化し、何度かに分けて振り込まれたりするものだから、本当に規定通りの額なのかチェックしなくてはならなかった。たった数千バーツのライターのギャラも、できれば先延ばしにしてくれと頼まれる。僕の担当しているなかには、生活に困っているライターはいなかったので、話せばすぐに納得してくれたが、それでも約束の期日を破っている後ろめたさと申し訳なさがつきまとう。気楽なタイ暮らしのはずが、どうして板ばさみのストレスに悩まなくてはならないのか。

ときどき頭にきて、黒字であるはずのGダイがなぜ経費を絞られ給料が出ないのかと、社長を問い詰めることもあった。だが、

「一日、一日。その日をどうやって過ごすか。乗り切るか。これが中小企業なのです」

とか言われて、会社の詳しい内幕や出納は教えてもらえない。そのうちなにを聞いても、

「これからは映像で勝負しましょう。Gダイウェブをさらに活用して、一緒に危機を乗り越えましょう」

とか言われる。危機だったのかよ、と思いつつ、

「じゃあ、新しく取材用のビデオカメラ買ってもらえますか」

と言うと、

「おっと約束が。その話はまた後でムロハシさん」

なんてマンガみたいな言い訳をして、どこぞへ去ってしまうのだ。そんな不満を誰もが抱えていた。

だからこのところ、なるべく経費は使わずにいた。ライターとの打ち合わせは自腹、Gガールはもっと値段を上げて選択の幅を増やしたかったがそれも中止し、「ばんこく麺遊記」「ミッドナイト・グルメ」「Gの曼谷夜話」といった都内取材ものにかかるお金はすべて僕とシマくんのワリカンであっ

た。

つまり、そろそろ出費が許される頃だろう。なんとなくそんな呼吸を読んで、見事3人分の経費を勝ち取った。とはいえLCCのチケットとホテル代程度のものだが、出ないよりはずっといい。

これで久しぶりの国外取材か……と、うきうきしていたのだが、暗雲が立ち込めてきたのであった。

空港閉鎖事件

「我々はスワンナプーム国際空港の占拠も辞さない！」

テレビではデモ隊が叫んでいた。誰もが黄色いシャツを着込み、黄色いバンダナを巻いて、黄色の旗を振っている。タクシン氏の顔写真にバツを書き込んだビラを掲げている人もいる。反タクシン派、PAD（市民民主化同盟）だ。イメージカラーは黄色である。

剣呑であった。

バンコクでは2008年に入ってから、赤と黄色の衝突が激しくなっていた。

なぜか。タクシン氏を首相の座から追い落としたあのクーデターを受けて総選挙が行われたのだが、タクシン派である「国民の力党」が第1党となったのである。反タクシン派は、タクシン派の地盤の固さ、支持層の多さを改めて思い知らされることになったわけだ。つまり選挙では、黄色は勝てないのである。

そこで戦術が変わった。ＰＡＤは全国に動員をかけ、大人数でもって政権に圧力をかけはじめたのだ。8月にはサマック首相の退陣を要求して、首相府にＰＡＤの大規模デモ隊が突入。占拠する事態となった。テレビ局や地方空港なども制圧し、各所で交通が遮断され、国会もデモ隊に包囲されて政治は空転。

その混乱のなか、タイ憲法裁判所はサマック首相の失職という判決を出す。首相という立場でテレビ番組に出てギャラを受け取ったことが憲法違反とされたのだ。

ピンチヒッターとして首相に立ったのは、タクシン氏の義弟ソムチャイ氏だった。対してＰＡＤは、タクシン派そのものの崩壊を目標に、バンコク都内でデモを繰り返し、各所で警官隊と衝突。10月には国会を包囲していたＰＡＤ部隊に警察は催涙弾を発砲、双方に死傷者が出る事態となった。赤と黄色の対立は、いよいよ血に染まりはじめていたのだ。

取材に出発する前日のことだった。

ＰＡＤは「ソムチャイ首相の帰国を阻止する」と宣言し、占拠していた首相府からスワンナプーム空港への「進撃」を開始した。チリで行われていたＡＰＥＣ（アジア太平洋経済協力）首脳会議から、首相が戻る予定だったのである。

青くなった。明日はスワンナプームからシェムリアップに飛ぶのである。デモ隊が空港に雪崩れ込んだら、当然フライトはキャンセルだろう。僕たちだけではない。タイはいまや国際的な観光地であり、自動車産業をはじめとする製造業の世界的な拠点なのだ。その空港が占拠されれば、大混乱になることは必至だった。

デモ隊もそのあたりを躊躇しているのか、さすがに気が咎めるのか、バンコクの各所を分散して東進しているようだが、動きは鈍い。本当にやるのか、脅しだけなのか。

在タイ日本人社会では、「デモ隊には近づかないように」「空港を利用するときはフライト時間に関わらずなるべく早く」などと大使館から通達が出された。会社によっては駐在員の家族の外出を禁止し、日本人学校も休みとなった。

「僕たちもできるだけ早く行こう。チェックインしてしまえば、そうそう飛ばさないなんてことはないんじゃないかな」

という目論見は、非常に甘いものだったのである。

翌朝、空港に向かうタクシーの中で、僕はPADがまず管制塔を占拠したことを知った。これで飛行機の離発着ができなくなったのだ。ラジオを聴いていた運転手が顔をしかめて振り向いた。

「これがタイだよ。このくそったれの国がタイだ」

スワンナプーム空港はPADのデモ隊が完全に制圧し、封鎖された。出入りもできないらしい。僕はシマくんとマックスくんに連絡をし、急ぎホアランポーン中央駅に移動するよう伝えた。空路がダメなら陸路である。東部アランヤプラテートにまず向かい、そこから至近のポイペト国境を経由してカンボジアに入る。あとは国道6号線を突っ走れば3時間足らずでシェムリアップだ。エカマイ東バスターミナルを使うことも考えたが、デモ隊が都内各所で暴れている。それに空港へ向かうはずが、行き場を失ったツアーバスや、観光客を乗せたタクシーが右往左往しており、道路は大渋滞していたし不測の事態も予想された。鉄道のほうが良かろう。

こうしてマックス君のGダイ編集記者としてのスタートはさんざんなものとなってしまった。

取材自体は陸路で問題なく済ませたし、力作の「シェムリアップ最強マップ」を制作した。さらに行きがけの駄賃、転んでもタダでは起きないとばかりに「ポイペト最強マップ」もばっちりつくったわけだが、売上はいまひとつ伸びない。

当たり前である。

外国人旅行者の数が大きく減ってしまったのだ。スワンナプーム空港に加えてドンムアン空港も占拠され、一国の首都の玄関口が機能停止するという異常事態が10日間も続いたのだ。誰だって、くそったれの国だと思うだろう。観光客だって減る。封鎖が解かれてもツアーのキャンセルは相次ぎ、かきいれどきの年末年始でも回復することはなかった。

日系企業の多くも、出張を取りやめたり減らしたりする。生産をベトナムやインドネシアなどの工場に移す動きも広がった。

タイに来る日本人が減る。それはすなわち、タイ側でGダイが売れなくなるということに直結する。広告主だってきつい。Gダイの広告主はそのほとんどが、タイにある風俗店や飲食店やホテルなどだ。来タイ日本人が減れば経営は厳しくなる。収入が少なくなるのだから、支出を減らそうと考えるのはごく自然なことで、そういう場合まず対象となるのは広告費なのである。

売上げと、広告費。僕たちはそのどちらにも大きな打撃を受けることとなった。

空港占拠の結果、タイ憲法裁はひとつの判決を出す。先の総選挙で、「国民の力党」に選挙違反があったとして、解党を命じたのだ。これによりタクシン派ソムチャイ政権は総辞職、崩壊した。そして反タクシン派による新政権が発足する。

ＰＡＤは「これが〝タイ式民主主義〟だ」と勝利に喜んだが、思いっきり不利益と大迷惑を蒙った僕は腹が立って仕方がなかった。どこがどう民主主義なのか。空港占拠という大規模テロ行為で、政権や憲法裁や、国家を脅したように僕には見えた。それに屈してしまうほうも民主主義を貫く気がない。

ではタクシン派を支持するかと言えば、やはりそれも違った。日々接しているタイ人はどちらかというとタクシン派の赤い人々が多く、心情的に応援したくはあったが、やはり暴力的なデモと身勝手な主張を繰り返すばかり。どちらも支持するに値しなかった。

そもそも外国人には参政権がないのだ。政権なんぞ、なんだっていい。とにかく平穏無事に、また観光客が戻ってほしい……それが願いだった。しかしこの事件以降、Gダイは政治的混乱に大きく巻き込まれていくことになる。

Gダイvs北朝鮮！

さまざまな浮き沈みはありつつも、Gダイは会社の基幹部門として存在感を放っていた。しかし全社的な経営難は相変わらず解消されず、その元凶たる社長室はもはや誰も関与できないブラックボックスのようになっており、長年勤めている右腕のようなタイ人のおばちゃん以外にはもはや社内の血流の全体像はつかめていないのではとウワサされていた。

それでも、やはりノンビリ漫然と日々が過ぎていくのがタイなのだ。誰もが不満を持っていながらも、ストをカマすわけでもなく、切迫した危機感を持つでもなく、まあしょうがないかと問題を先送りにしつつ、今日もRSタワー階下に広がる屋台街で買ってきたお菓子をキャイキャイ食べて、定時にキッチリ帰っていく。タイ人のこのあたりのナアナア体質はどこか日本人的だと思った。

　とはいえ座しているわけにもいかない。なにか手を打たねばならない。そこではじまった業務のひとつが、Gダイのグッズ販売であった。Gダイの読者層は浅く広範囲なライト層というよりも、むしろ特定少数のマニアであった。彼らが毎号欠かさず買ってくれていた。カルト的ですらあった。そんなファンの皆さまならば、きっとグッズも買っていただけるに違いない。読者のコレクター魂を煽り、収益を少しでも上げようではないかと目論んだのである。

Gシャツ販促のためにモデルとなってくれた女子社員。おかげさまで売れました

　そこで出来上がったのは特製GダイTシャツ、略してGシャツであった。鮮やかな白とダンディな黒の2種類には、我がGダイのキャッチフレーズ「旅はいつもアジアから始まる」のバックプリントも輝かしいストレートかつ安直なデザインで、なかなかの出来栄えであった。

　しかし考えてみれば、これを着用すると、Gダイ読者であることを告白するに等しい。日本でならまだしも、バンコクであれば異様に目立つ。在タイ日本人約5万（2009年当時）と、その数倍の出張ビジネスマンの大半がGダイを、Gダイがいかなる雑誌であるかを、ようく知っているのだ。「俺は風俗記事じゃなくて下川さんのファンだから」という言い訳は通じまい。買春男と後ろ指を指される危険があった。

だが毎号毎号Gガールにも着てもらい、販促したのが良かったのか、けっこう売れたのだ。社内や関係者にも人気で、「表には着て歩けないけど寝間着に」とタイ人、日本人がどんどん買っていく。

「ムロさん、ムロさん！」

いつものスーツを脱ぎ捨てGシャツ姿になったタイ人の新入社員の女子たちに誘われ、みんなに囲まれてハーレム的写真を撮ったりもした。どうしても自慢したくて、その写真を誌面やGダイブログに載っけて、Gシャツ絶賛販売中をアピールしたこともある。

このGシャツを着て、旅をした顛末を書いてくるライターもいた。川流河童氏である。彼はもともと、巻末不定期企画「読者の突破稿」に原稿を送りつけてきた一読者であった。

このコーナーはひそかな人気を持っていた。読者のお便り欄に投稿するだけでは飽き足らず、俺もGダイライターになりたいという猛者から、自信作を募集していたのだ。メールも来るし、ずっしり詰まった封書も届く。自ら体験した紀行文であるとか、タイ人風俗嬢との性日記、タイのB級アイドル追っかけ記録だとかタイ国鉄全制覇みたいなマニアックな記事がばんばん送られてくるのだ。ブログやSNSで発信するのではなく、Gダイにぜひ載せたい。俺の世界を読んでほしい、知ってほしい。そんな熱情ほとばしる作品が寄せられる。こうしたエッセイ、エロ小説、ルポなどを、僕とスギヤマさんとで審査し、これぞと思うものをときどき掲載していたのだ。

川流河童「北とGシャツと私 ビエンチャンの乙女と戯れよう」（第126号より）

そのひとりが川流河童氏で、彼の専門分野はアジア各地にその拠点を広げつつあった北朝鮮レストランであった。

世界からの経済制裁に苦しむかの国が、あの手この手で外貨を獲得しようと躍起になっていた時期だ。ニセドル札やら麻薬やらを生産しているともいわれた。カンボジアで売っているセブンスターは北朝鮮が密造して陸路で流れてきたブツであるというウワサもあった。

その一環として、北は関係の深い中国やベトナム、カンボジア、ラオス、ミャンマーといった国々に合弁会社をつくって、半ば公営のレストランを運営するようになった。売りは朝鮮料理と、北朝鮮からやってきた美女たちによるステージであった。

将軍様の喜び組とも囁かれた彼女たちであるが、その実態はともかくいずれも平壌の芸能、文化関連の大学で学び、出身成分もよろしいお嬢様。歌声は高らかに伸び、ダンスはいきいきと躍動感たっぷりで、朝鮮の伝統的な民謡からポップスまでもこなしていく。ときにはエレキギター片手に英語で敵性音楽を披露したりもする。

そして彼女たちはステージの合間に客席を舞い、焼き肉をサーブしチヂミを切り分け、ソジュ（焼酎）が空いたらお酌をし、ウエイトレスとしてもけなげに働く。もちろん話し相手にもなる。ヴェールに閉ざされた独裁国家からやってきた美女とお話できちゃうのである。その物腰は資本に汚染されてしまった国々の女とはまったく違い、清楚にして純朴、昭和の学級委員長的な朗らかさに満ちているのであった。完璧すぎる接客と張りついた笑顔が逆に怖いという意見もあるが、なんといってもレアな存在、北朝鮮女子。その未知なるエロスに触れたいと「北レス」を訪れる人々が増えていたのだ。

客はおもに在住の韓国人であり、板門店を越すに越されぬ南北が、東南アジアで交流するというハートフルな光景が垣間見られるのだが、泥酔した韓国人のおじさんが、つい北の乙女のケツをまさぐり、「こらっ」とたしなめられては喜んでいる姿もある。僕も各地の北レスでそんな様子を見ては、南北融和に思いを馳せた。

こんなわけで北レスは当初、東南アジアに進出している敵国・韓国資本にターゲットを絞っていたのだが、日本人も目をつけた。北のレア美女とコンタクトできる場所であり、もはや風俗と大差はないと日本男児も大挙したのだ。そのなかに川流河童氏もいた。

彼は東南アジア各地を旅しては名所旧跡を無視し、各地のおいしい料理にも目をくれず、ただ北レスを目指すのだ。そのピンポイントさはまさに「突破稿」にふさわしいと思った。

このためだけに朝鮮語を学習したという河童氏はGシャツを着て北レスに乱入し、乙女の生い立ちを根掘り葉掘り事情聴取し、平壌商業大学の実習生だとか、親戚が新義州にいるのだけど水害が心配なの、なんてプライベートを聞き出しては悦に入る。なかには日本語の歌もばっちり教育されている乙女もいるので、ふたりして「時の流れに身をまかせ」なんてデュエットし、♪いまはあなたしか愛せない……なんてサビを潤んだ目で見つめられて歌ってもらうという快挙まで成し遂げているのである。そんな河童氏は乙女に冷麺をハサミで切ってもらう瞬間、その音で絶頂してしまうという異常性癖の持ち主であった。

この原稿を読んで僕は即座に採用を決め、その後は準レギュラーとしてGダイ執筆陣に加わってもらった。

しかし、河童氏はやりすぎた。

あるときは中国・瀋陽の北レスで、祖国を愛する乙女にあろうことか拉致問題の話題をフッかけてしまうのだ。なにも知らない乙女は、将軍様がまさかそんなご無体をなさるわけがないと激しく動揺し、それならチョッパリはどうなのよと過去の歴史問題をあげつらい、日朝会談は座礁した。

さらに河童氏は各地で乙女とツーショット写真を撮りまくり、僕は僕でその写真をGダイに載せまくった。これを真似する読者も出る。なんだ、写真撮ってもいいのかと北レスを訪れる日本人は誰もがスマホを構えてばんばんブログやSNSにアップしたのだ。結果、とうとう北レスはどの国でも写真撮影厳禁になってしまったのである（一部、まだOKなところもあるが）。偉大なる共和国の婦女子を好奇な目で見るとはなにごとか、あまつさえネットで拡散するとはけしからんと、やたら警戒されるようになり、店内でスマホを手にしただけで乙女や係員がすっ飛んでくる始末で、こんな風潮にしてしまった発端はもしかしたら、Gダイと河童氏かもしれない。

思えばGダイが北朝鮮にケンカを売ったのはこれが初めてではなかった。2004年9月号では、

北朝鮮のファミリーマートに陳列されたGダイアリー。のなかあき子「世界のワンダーランド北朝鮮で売りたい！」（100号記念永久保存版より）

のなかあき子さんが北朝鮮に潜入し、売店にこっそりGダイを陳列し置き去ってくるという暴挙に出た。万引きならぬ万置きである。

当時ソウルから催行されていた金剛山陸路ツアーに参加し、ガイドという名の監視役の目を盗んで、北朝鮮に初進出を果たしたファミリーマート（現在は撤退）に2冊のGダイを並べてきたのだ。

北の店員は突然に現れた見知らぬ雑誌を見て、なにを思ったろうか。ミニスカ姉ちゃんが微笑むけがらわしい資本主義の権化のような広告や、買春を煽る記事はきっと、大きな問題になったことだろう。しかし国際問題になることもなく、Gダイ陳列事件は黙殺された。我々に恐れをなしたのかもしれない。

高野秀行「イスラム飲酒紀行」

そんなふざけた記事を満載しつつも、イラク戦争であるとか、インドネシアの伝統的捕鯨文化、タイに数百万人も暮らすミャンマーの移民労働者の実態など、シリアスなルポもどんどん載せていった。「そんなもんよりエロ記事を出せ」というお便りお叱りもけっこうあったけれど、なんと言われようとGダイはアジア総合情報誌なのだ。誌面には風俗記事や広告やお姉ちゃんの微笑む写真の数々が圧倒的に目立つし営業上も欠かせないのだが、一方でアジアの文化や旅や現状を探る記事がなければGダイではない。

雑誌の「雑」にはいったいどういう意味が込められているのか。スギヤマさんはそんなことを泥酔するとたまに力説したものだが、僕もGダイはできるだけ雑多で、雑然としている、乱雑きわまりない雑誌であり続けたかった。

そう思いつつも、長年続けていれば当然、雑誌の色も変わってくる。営業スタッフだけで、手探りでつくっていた99年の創刊当初。日本での編集経験が長いスギヤマさんが入り、プロらしい誌面になりつつも企画はムチャクチャで、スタッフが遊び狂っていた初期。日本上陸を果たして知名度が上がり、書き手が一気に増えていった2005年前後。東南アジア全域に取材と最強マップを広げ、読者も部数も伸びた2008年の100号記念のあたり。そしてこのあたりから、日本でもよく知られた

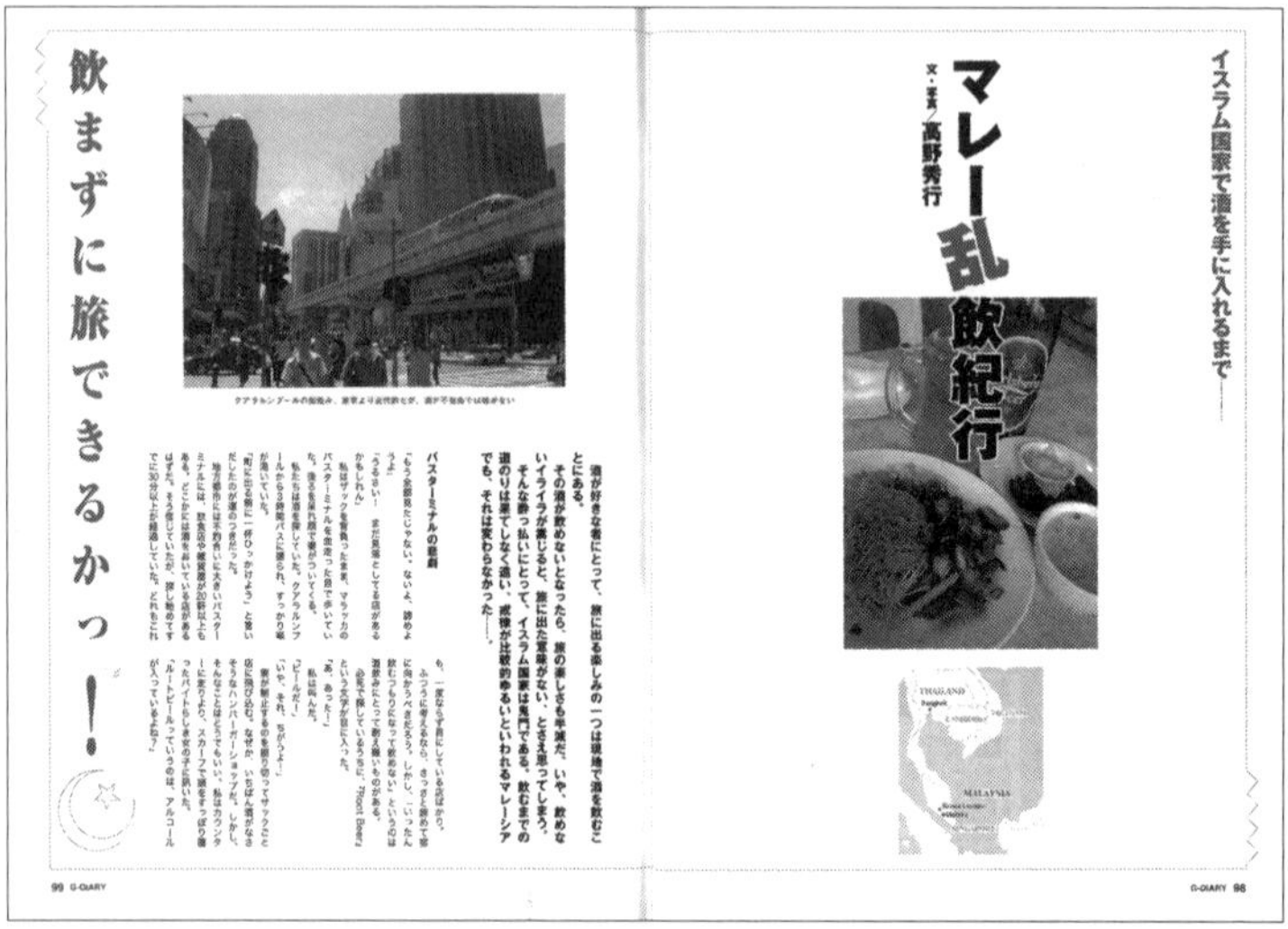

高野秀行「マレー乱飲紀行」（第75号より）。のちに『イスラム飲酒紀行』として書籍化された

著名な人々も寄稿してくれるようになった。

そのひとりがノンフィクション作家の高野秀行さんだ。「誰も行かないところへ行き、誰もやらないことをやり、それを面白おかしく書く」Gダイのキャッチフレーズにもどこか似た匂いがあると言ったら失礼だろうが、そんなモットーのもとに世界を駆け、ミャンマーの武装少数民族とアヘンを栽培し、古代シルクロードをたどってインドへと密入国し、アジア各地で納豆の源流を探る。もはや旅や辺境を書かせたら日本一だろう。

そんな高野さんは我らがGダイに、イスラム諸国でも酒を追い求める紀行や、アジアから離れるが謎の国家ソマリランドへの潜入記を寄せていただいた。まさに光栄であり、Gダイのメジャー化、カタギ化を象徴する出来事でもあった。

さらに報道カメラマン横田徹さんも、アフガニスタンでタリバン掃討にあたる米軍に従軍した迫真のルポを掲載。彼は後に、かのイスラム国に潜入したことで名を馳せ、一躍ときの人となる。もともとバンコクに住んでいたこともある横田さんは、僕がGダイに入る前から編集部とは仲が良く、中東に決死の取材に行く前後タイに寄り、命の洗濯をしていたのである。

　高野さんもやはりインドやらアフリカ取材へのゲートウェイとして、よくバンコクでトランジットし、サトーンの暗黒バーでスギヤマさんやカワノさんと飲んでいた。僕もニート時代にはそんな場に誘われたものだ。

　北朝鮮ネタでは、夕刊フジなどで暗躍していた北朝鮮ウォッチャー・金正太郎氏もたびたび書いてくれた。北朝鮮のナゾグッズを集めたり漂着してくる北のゴミを日本海で待ち受けたり、果ては竹島に上陸した記事は大評判となった。

　ほかにもさまざまな書き手がアジア取材の折に、ついでに編集部に足を運んでくれるのだ。「週刊文春」や「ナックルズ」や、いろいろなメディアの方が取材や遊びにやってくるようにもなった。Gダイ編集部はそんな皆さまのバンコク支局でもあった。

　アジア専門のマニアックな書き手たちに加えて、著名なジャーナリストや作家も加わったGダイは、100号を突破して2009年から2010年のあたりで、円熟期、完成期を迎えていたのかもしれない。

シーラチャーの悲喜劇

「やーん、嬉しいっ！」

ドリンクのおかわりをOKしただけで、居酒屋のウェイトレスが抱きついてきた。おっぱいの柔らかなふくらみに我を忘れそうになる。

「はい、あーん」

ご褒美として僕には、天ぷらが与えられた。だらしない顔で差し出されたエビにぱくつく。シマくんもエプロン姿のウェイトレスといちゃつきご満悦だ。

キャバクラではないんである。居酒屋なのである。純和風で入り口には赤提灯と暖簾なんかがかかり、畳の座敷で和食をいただける居酒屋だが、問題はウェイトレスとの距離があまりに近いことであった。

タイ東南部チョンブリー県シーラチャー。この町の和風居酒屋は、日本の居酒屋がどんな店であるのか勘違いしているフシもあったが、これも取材であると僕たちはウェイトレスたちと飲んで飲まれて、なんだかほとんど合コンのようになっていた。

バンコクでも、Gダイスタッフはこの手の店の常連ではある。「もりもり」にも、ほとんど毎日のように行っている。店員たちが空き時間に同席して、一緒に飲めて仲良くなれる業態を、我々は「ち

シーラチャーのちょっかい居酒屋の娘たち。たくさんの日本人のお父さんたちが癒された

ょっかい居酒屋」と呼んで愛してきたのだが、シーラチャーの場合は度を越していた。隣のテーブルでも、工場服をまとった日本人のおじさんが、きっと娘くらいの年であろう居酒屋娘の肩を抱いてご満悦だ。バンコクのちょっかい系はあくまで居酒屋の範疇であり、だからこそ気軽でいいのだが、ここまでシーラチャーの店をいくつか調査したところ、どこもけっこうセクハラに特化しているのであった。なかにはお持ち帰りができる店もあると聞く。

「はい、おまたせー」

シーラチャー名物イカそうめんが運ばれてきた。ここはタイ湾を見晴らす海辺の街だ。沖合に出ればキスだのアジだのがガンガン釣れるが、なによりイカが特産だ。タイ人は茹でてサラダにしたり、トムヤムや炒め物に入れたりするが、日本人相手の店では刺身を出す。なかなかにいけた。

このまま泥酔していたいところではあるが、

我々の戦場たる夜は短い。そしてやることは山積している。きわめて勤勉なGダイスタッフは「えーもー帰るのー」なんて声を振り払ってチェックビン（お会計）し、パトロールを続ける。

「すごい店増えたよね。前に来た時よりも居酒屋もスナックもかなり多くなってる」

夜の街にレンズを向けながらシマくんが言う。どれもこれも、日本人相手の店なのだ。バンコクではない。タイの小さな地方都市の一角が、完全に日本人向け風俗街へとバケているのである。

「イラッサイマセー！」

「アナター！」

恥ずかしい声が飛ぶ。ミニスカの姉ちゃんが行く手を遮り、腕を絡めてくる。「イッパイダケ」「サミシイ、コイシイ」。よくもまあ、そんな日本語覚えるよと思いつつも、しがみつかれればおじさんは嬉しい。つい路上で両手の花を抱き寄せてしまう。そこをシマくんがバッシバシ撮影する。こんなみっともない写真だが、載せればきっと誌面を楽しく彩るだろう。

なんとか女どもを振り払って歩き出すと、またスナック嬢とエンカウントする。「チョットダケー」。キリがないんである。

どの店も間取りは小さく、在籍しているギャルもせいぜい4、5人だろうか。スナック、カラオケとあるがその垣根はよくわからず、どこも歌って飲んで騒いでセクハラに励み、気に入った子がいればお持ち帰りというスタイルだ。小規模だがそんな店が、もはやタニヤを上回る数あるのではないだろうか。しかもどんどん増殖しているのだ。

シーラチャーは2005年頃から異常なスピードで発展を続けている街だ。円高や、安い人件費を求めて日系製造業の進出が激しく、日本人もどんどん増えている。この国を象徴するような街かもし

おでんの屋台と象とが同居しているのがシーラチャーなのである

れない。

その理由はシーラチャーのすぐ南にあった。タイ最大の深海輸出港レムチャバンである。この周辺に立ち並ぶ巨大工業団地に、日系企業が続々と拠点を構えるようになったのだ。やはりタイ最大のアマタナコン工業団地をはじめ、アマタシティ、ピントン、ロジャナ、イースタンシーボード……四輪二輪関連の諸業種に加えて、電機、精密機械、化学、繊維、食品加工などなど、実に多彩な日本の企業群が、タイ東南部に押し寄せたのだ。

で、そこで働く日本人はどこに住むのか。各工業団地からバンコクまでは、高速道路を使っても2、3時間と、通勤圏内にするにはキツい。チョンブリー県には「世界で最も下品なビーチ」パタヤがあるが、さすがに自社の社員を住まわせるのには大いに問題がある。そこで、そのパタヤとレムチャバンのやや北にあるシーラチャーに白羽の矢が立ったのだ。

かくしてチョンブリーののどかな田舎町だったシーラチャーには、突如としてタワマンがニョキニョキと乱立する異常事態となった。これらの住民のほぼすべてが日本人なのである。あれよあれよという間にタワマンは増えていき、日本のレストランや居酒屋や食材店や日本人学校などが整備され、漫画喫茶やスーパー銭湯や学習塾や習いごと教室やゴルフ用品店までもがシノギをけずるようになる。すべて日本人相手なのである。

となれば当然、激務に疲れた企業戦士を癒すためのエッチな施設も出現する。需要か供給かどちらが先だったかはわからないが、スナック・カラオケ・マッサージが爆発的に増え、Gダイとしてはもはや放置しておくわけにもいかないので、もちろん最強マップを制作し、ときどきパトロールに来ていたのである。

「あっ、これかな。問題の店」

「やばい事件があったとは思えないね。静かだ。普通の居酒屋に見えるけど」

急激に発展する日本人社会は当然、さまざまな軋轢を伴いつつ膨張してきた。日本人客の奪い合いによる対立も起きる。とある居酒屋同士はなにが発端かはわからないが諍いを起こし、片方の店がタイ人のマフィアだかチンピラだかを雇って、ケンカ相手の店にショットガンをブチ込んだのだそうだ。ヒットマンの腕が良かったのか悪かったのか、幸い負傷者は出なかったと聞くが、玄関先に散弾をバラまかれたほうの店は平然と営業してるのであった。事件を知っているのかどうか、お客も入っている。チョンブリーは巨大港湾を擁する地が世界のどこもそうであるようにマフィアの力が強く、さらにアジア最大級の赤線地帯パタヤを抱えていることもあって、なかなか荒っぽい県なのだ。サッカーのチョンブリーFCサポーターもガラが悪いことで有名らしい。

シーラチャーのさらなる問題は、子どもの教育であった。当初は単身赴任の駐在員だけの街だったのだが、嫁子どもを同伴して腰を据えてタイで暮らすパパが急増したのだ。だから日本人学校も建設されたわけだが、問題は学校教育のことではなかった。

「街のどこもかしこもいかがわしくて、子どもをつれて歩けない！」

と奥さまたちが悲鳴を上げたのだ。クレームはもっともであった。家族で食事をしようと中心部のナコン6通りに行けば、ショーパン・ミニスカのギャルたちがカタコトの日本語で下品にお客を呼びまわってるのである。それならと街一番のショッピングモール「ロビンソン」に行けば、カラオケ嬢と日本人のお父さんが腕を組んで歩いている。タイスキチェーンMKに入っても、夜の臭いを振りまいたお姉ちゃんと鼻の下を伸ばした日本男児のカップルに出くわすわけで、子どもには見せたくない光景ばかりが視界に飛びこんでくるのだ。

ため息をついてタワマンに帰れば、家族連れと買春カップルとが同じエレベーターに乗り合わせてしまうという不幸もたびたび発生するに及び、ママさんたちは立ち上がった。単身赴任あるいは独身で自由を謳歌し、たびたび自宅にギャルを連れ込む日本男児の玄関ドアに、

「夜のお店の女性をマンション内に立ち入らせることはご遠慮ください。子どもの教育への配慮をお願いします」とかなんとか、ばっちり日本語で貼り紙したのだという。なにも犯罪を犯しているわけでもないのに、自らの性癖を監視され非難された氏の屈辱はいかばかりであったろう。だがここは性急すぎる発展に、システムが追いつかない街シーラチャー。生き方の違う者同士でも互いに妥協して共存しなくてはならないのだ。

とあるタワマンでは自治会によって、二台のエレベーターの使用者がわけられたというウワサも聞

いた。ファミリー専用と、一人暮らし専用である。もちろん、おひとりさまサイドは香水の匂いが染みつくほどに、夜の天使同伴のGダイ読者が乗り込んでいたことだろう。そんな汚らわしいエレベーターをママさんたちは「エンジェルリフト」と侮蔑もあらわに呼ぶのだという。

それほどまでに、製造業の最前線で働く工場マンたちはお盛んのようなのだ。タニヤやスクンビットのカラオケ屋がどこも不景気でお客が少ない、来てもみんなセット料金1時間で帰っちゃうと嘆いているのに、シーラチャーはどこもそこそこ賑わっており、がなり立てるようなカラオケのシャウトが響く。まるでストレスを叩きつけるかのようだった。僕たち現地採用は好きでタイにやってきて勝手にこっちで就職したわけだが、駐在の皆さまは社命で赴任しているのだ。本意ではない人もいるだろう。東南アジアのテキトーさが性に合わない人だっている。彼らはタイ語もほとんどわからないのだ。しぜん、こういう店に入り浸り、カタコトの日本語がわかるギャル相手にクダを巻き、ネンゴロになる。単身だったら、そりゃあ自宅に連れ込む人も出る。望まぬ異国暮らしの、せめてものウサ晴らしなのかもしれない。

「でねでね、M社のエライ人っていうのが、そのスナックのいちばん人気のコに惚れちゃったんだって」

聞いてもいないのに下世話な話を耳元で囁いてくるプラーちゃんは、現役JDであった。シーラチャーの北に位置するバンセンの街にあるブラパー大学2年生は、太モモあらわなミニスカでぴったりくっついてくる。シーラチャーは近辺の大学や専門学校の女の子がナイショのバイトをする街としてもひそかに知られていた。シマくんはそんな若い子たちを無視して熟女のママの手を取り、なにやら語り合っている。夕方からシーラチャーを重点的にパトロールして回ったが、最後のシメと思って入ったスナックだった。客は僕たちのほか、猛り狂ったようにオザキとナガブチを熱唱する作業着姿のたぶん30代。

「あのヒトたちも自動車関係。おじさんは？」

「僕らはまあ、そのなんだ。ナンスー・サラカディ（ガイドブック）」

Gスタの常套手段であった。取材とバレたくない場合、よくこう擬装した。ガイドブック制作会社を称すれば、根掘り葉掘りあれこれ聞くのも写真をバッシバシ撮るのも自然である。それにGダイはガイドの一面も持っているのだから決してウソではない。

「へえ、いろんなトコ行けていいなあ。私もつれてってー」

とか信じているので若くみずみずしい太ももを撫でてやれば、小さな頭をちょこんと肩に乗せてくる。かわゆい。

「で、M社のおじさんはどうしたの？」

「そうそう、M社もクルマでしょ。その店にはね、やっぱクルマ関係で、S社の人も常連だったんだって。でね、S社のエラいおじさんも、人気の看板娘目当てだったの」

「両社のおじさんで、同じ女の子を取り合いか」

「そう。で、そのコがすっごい悪いコだったんだって」

もう女性週刊誌に食い入るおばさんの顔であった。タイ人もこういう話が大好きなのだ。ちょっと突つけばペラペラペラペラ止まらない。

「S社のおじさんの前で、M社のおじさんといちゃついてみたり、かと思ったらM社のおじさんが見てるのに、S社のおじさんにお持ち帰りされたり」

競争心を煽ったのだろうか。気が気でない両社がひんぱんに来店してくれる効果を狙ったのかもしれないが、コトは剣呑な方向に流れていくのであった。両社のおじさん同士、いがみあうようになったのだ。当然といえば当然であった。

そしてある日、とうとう日本を代表する自動車産業の両雄は、互いにブチ切れてその店で乱闘騒ぎを起こしたのだという。

「コワイネー」

プラーちゃんは日本語で言って、くっくっくと嬉しそうに笑う。そして、いい年こいて大立ち回りを演じたおじさんたちの処遇を決めるため、それぞれの支店長が出張ってきたのだという。この騒動に対する裁断は、

「M社は偶数日、S社は奇数日。店に行く日を分けて、ケンカはしないように」

こうしてトップ会談によって和平協定が結ばれ、両社の頭文字から取った「シーラチャーSM戦争」は終結したのだという。この顛末が実に面白くて、Gダイだけでなく僕はあちこちの媒体に書きまくってしまった。

シーラチャーの日本人人口は、いまや7000人とも、短期長期の出張者も含めれば1万人ともいわれる。早すぎる発展の裏にはきっと、まだまだたくさんドラマが隠れているのだろう。

デッドラインを守れ！

毎月の頭になると、ミネタさんが編集部にやってくる。入稿スケジュールをどかんと表記した紙を貼りに来るのだ。日本語と英語が併記されている。

僕たちの言う「入稿」とは、日本側の印刷所にデータを送る日のことである。だいたい毎月25日前後だった。それまでにミネタさんが、入稿用のデータをまとめあげるのだ。なるべくこの期日に間に合わせようとは思う。思うが、こぼれることもたびたびあった。僕は比較的キッチリしているほうなのだが、スギヤマさんや営業スタッフは平気で破る。とにかく決められた納期は守るべきだろうと考える日本人タイプの僕。期日よりも書き手によりたくさんの時間を与えたほうが内容が洗練されると考える職人タイプのスギヤマさん。そして営業スタッフは完全にタイ人化しており、さらに半数以上はタイ人なので、そもそも入稿期限を守る気がない。ぎりぎりまで待てば新規広告の契約が取れるかも……というケースもあっただろうが、たいていのんびりしているだけだったように思う。

で、キレるのはミネタさんである。ときには半分くらいのページをすっからかんのまま入稿するわけだ。で、1週間後くらいに、日本の印刷所から色校が郵送されてくる。実際にデータを紙に出力した見本のようなものだ。ここで最終確認的に色味をチェックするから「色校正」なのだ……ということになっているのだが、そんなのお題目に過ぎないのは日本の編集部も似たようなものだろう。色校に指示を入れて、印刷所に戻すこのタイミングで、ぎりぎりデータの差し替えや修正が間に合う。だから色校戻しの日が入稿日、締め切りの日であると、勝手に受け取っているスタッフだらけだった。

つまりミネタさんはその色校戻しの直前に大量のデータをブン投げられ、デザイン、その校正、入稿データ作成に追われる。広告の場合、広告主のチェックも入るわけだが、相手もタイ人もしくはタイ化した日本人だと、さくさく進まないことも多々ある。あれやこれやの作業が集中して、ときにミネタさんはパンクした。だから入稿スケジュールを記した紙には、「デッドラインを守れ！」「進行は早めに！」と、ときに怒りのメッセージが日本語、タイ語、英語で添えられるのだ。

入稿を管理するミネタさんが日本側の印刷所と連絡して、スケジュールを確定させて、この貼り紙を掲示してから、僕たちは本格的な制作作業に入っていく。

断じて色校戻しの日ではなく、入稿日を目指して走りはじめるわけだが、このところ困っていたのはGガールだった。いつも入稿ぎりぎり、ヘタをすると色校戻しにずれこんでしまう。Gガールはグラビアページだけではなく、表紙にだって使う。それに目次とか「読者の声」とかバックナンバーとか定期購読の案内とか、よく見てみるといろんなところにGガールの笑顔がちりばめられているのだ。楽しげな誌面を演出する大事な要素だった。だからこそ早め早めの作業を心がけてはいるのだが、撮影場所がなかなか決まらない。「旅やタイの文化を感じられる場所」といつも考えてきたのだが、ネタ切れを感じていた。カオサンや中華街やローカル市場でのゲリラ撮影も、もうやり尽くした感があった。広告主にもだいぶ協力してもらっていた。ゴルフ場、邸宅を利用したマッサージ屋、タイの古民家風のレストラン……。

どこにもアテがなかったり、アポを取るまでに時間がかかりそうなときは、公園を使った。おもにバンコク最大のルンピニー公園なのだが、このところ僕たちは明らかに目をつけられていたのだ。公園内での商業目的での撮影は禁止なのである。レフ板やら脚立やら日傘やらあれこれ広げ、明らかに芸能人オーラをまとうGガールと、ときにはそのジャーマネも付き添い、バッシバシ撮っているのである。どう見たってSNSに載せるためではないわけで、警備員が飛んでくる。正規の撮影許可を得てその書類を持ってこいと言われるのだが、手続きは煩雑だったし、そもそも媒体がGダイでは許可が下りない可能性が高かった。今回だけだよと見逃してくれた警備員も、僕とシマくんのメンが割れてからは厳しかった。またお前らかと怒られ、ルンピニー公園を追い出されて、仕方なく近くの屋台街を使ったこともある。これはこれでタイらしい風景で実によかった。

撮影場所だけでなく、Gガールのセレクトも難しくなっていった。モデル会社を営むキティポンから送られてくるリストが、どんどんしょぼくなっていったのだ。前にも撮っている子とか、何度も却下しているのに写真を送りつけてくるやつも混じる。どうもほかのビジネスが忙しく、モデル業は片手間になっているようなのだ。

そこでタイ人スタッフに別のモデル事務所を開拓してもらうよう頼み、いくつかの会社を使うようになっていたが、上昇し続けるタイの経済と物価とは、モデル代金にも反映されていく。そういえばタイに来たばかりのころは屋台の麺や、カオマンガイやガパオもだいたい20〜30バーツだったよなあ、と思いだす。いまや40バーツでも安いかもしれない。時代は変わったのである。

そんな理由が絡み合い、Gガールはつい遅れがちになる。結局、色校になってしまうと、なんだか敗残感を覚えた。

こうして色校を日本に戻すとき、ようやく全データがそろう。このデータを、今度はタイの印刷所にも入稿するのだ。ここでもミネタさんの手間がある。印刷所もタイと日本では使っているソフトやフォントが異なるため、入稿データも2種類つくる必要があった。

それに、タイ版と日本版では誌面の内容にも微妙な差がある。例えば表紙まわりでは、まず会社の所在地が違う。日本発売版は日本側の窓口の住所、タイ発売版は我がRSタワー19階の住所が印刷されている。これは奥付も同様だ。奥付とは発行所や発売所、印刷所など雑誌に関する情報が記載された欄だが、これもタイと日本の2パターンある。さらに言うとタイは性表現が厳しいので、乳首を出しているのは日本発売版のみ。タイ版はモザイクなどをかけるか、写真そのものを差し替えていた。ついでに言うとバーコードは印刷所でつけるものだが、これも当然タイと日本では違う。

そんなことをいちいちチェックしていた読者もいるようだった。日本側の窓口に、唐突に電話がかかってきたのだという。

「いま日本で売っているGダイは、タイで印刷したものですか、それとも日本で印刷したものでしょうか?」

電話を取った人も混乱したことであろう。意味がよくわからないのだ。

「タイで売っているものと、日本で売っているもので、内容がわずかに変わっていることはわかっています。知りたいのは、紙なんです。日本で売っているGダイに使われているのは、日本の紙かタイの紙か」

思わず絶句したという。しかし日本側の印刷所では当然、日本の紙を使っている。それを伝えると満足したのか、

「ありがとうございます。ではタイで買います。タイ版の紙の手触りのほうが好きなもので」

と言って電話は切れたそうだ。そこまでこだわるのか……話を聞いたときに僕は、その読者氏の情熱に頭が下がった。タイと日本ではなるべく似た質の紙を使ってはいたが、日本のほうがやや厚みがあった（号による）。タイのほうがペラッとしていた。しかし微妙な差なのだ。なかなか気づかないもんである。

こうしてタイと日本、細かいけれどけっこう大事なポイントを変えていく。日本版の次はタイ版をタイの印刷所に入稿し、その色校を戻して、ようやくすべての作業が終わるのだ。それからミネタさんが次号のスケジュールを貼り出すまでのほんの数日は、編集部にも弛緩した空気が流れる。

乾季のビアガーデンの空に思う

こんな作業を年に12回。

慌しくはあった。それでも、週刊誌のサイクルに比べるとずっとゆとりはあった。なによりタイのぼんやりした、気張らない空気のなかにいることが、いつも気持ちにある程度の余裕を持たせてくれる。

そのゆるやかな流れのなかで、今年もまた季節が巡る。タイにだってちゃんと四季はある。1月や2月はカラリと晴れて快適な日が続く。3月から5月くらいの猛烈な暑季。4月のタイ正月「ソンクラン」のときには水かけ祭りも行われるが、いまや本来の仏教的な意義を逸脱して国際的ウォーターバトル・フェスティバルになりつつあった。その後は僧が寺院に籠もり、取材もきつい雨季がやってくる。だいたい夕方に猛烈なスコールとなり、街を洗う。スクンビットは高級住宅街でも冠水した。帰宅ラッシュとぶつかれば大渋滞だ。それでもタイ人はあまり傘を持たず、1時間でも2時間でも雨宿りをする。地下鉄の構内、カフェやモール、雑貨屋の軒下……そんなタイ人に混じって雨が止むのを待って空を見上げる。

10月の終わりごろに雨季が明けると取材のシーズンだ。3月くらいまでの乾季の間は、国内外をどんどん旅し、取材して回るのだ。そして年が押し迫る12月に入ると、ときに涼しさすら感じるほどに気温が下がるのだ。とはいえ20度は上回っているし、日本から来た観光客は気づかないかもしれない。しかし僕たちは普段、30度オーバーのなかで暮らしているのだ。ちょっと堪える。だから長袖を着込んだり、ソイドッグがバイタクの連中にシャツを着せられたりもする。女の子たちは少しだけ厚手の服を着て、暑季とは違うファッションを楽しむ。なんでも冬場に日本へ旅行することがタイ人に大人気になっている理由は、雪を見たいということもあるけれど、冬の装いをしてみたいからなのだそうだ。

そしてこの時期はビアガーデンの季節でもある。モールの前やオフィスビルの合間などの広場にテーブルが並び、大きなビールサーバーを立てたカウンターがつくられ、各ビール会社がのぼりを立ててアピールする。ステージが設営されてバンドが演奏するところもある。仕事帰りの人たちがどんどん吸い込まれていく。もう雨を心配する必要はない。外で飲もう。そんな空気があふれるタイの12月の風物詩だ。

ビアガーデンはシマくんが大好きで、僕たちは乾季のさわやかな空の下、よくタワーを立てた。4、

5リットルはあろうかというビールが注がれた円筒形のまさに塔のような容器で、中心部に氷が詰められている。これをどのテーブルでも頼んでいて、ビアガーデンはまるで林のようになる。

「やっぱさ、この季節はひとり1本タワーを飲まなきゃダメだよな。でさフルヤはどうすんだよ年末年始」

横倉氏がタワーからどばどばとビールをジョッキを注いで鯨飲する。

「台湾と香港を回ろうかなーって思ってるんすよ」

「あのさ香港ではさ、中環の奥のほうにある飲茶の店なんだけどさ、あそこは行かなきゃダメだよ。あとで場所メールしてやるから。フルヤお前どうせいっつも汚い屋台ばっかだろ。それもいいけどそれだけじゃあダメなんだよ。あの店はな……」

ウンチク王の講義がはじまる。よくまあこれだけ引き出しがあるものだと皮肉ではなく感心するが、話が長くなるので横槍を入れるタイミングはつきあいも長くなるなかでわかっていた。

「横倉さんはどうするんですか」

「え、俺はちー坊と日本に帰るよ。タケオは？」

いつの間にかシマくんは、ビアチャーンのブースの前でビアガールにポーズを取らせてバシバシ撮影をしているのであった。仕事ではない。純然たる趣味だ。各社どこも美女を配しており、しかもたいてい写真を撮らせてくれるので、在住日本人のおじさんたちにもビアガーデンは人気だった。

それにしても、また年が暮れるのか。あっという間の一年だった。先輩たちがよく言うことだが、時間の経つスピードは年々その速度を増しているように思う。

僕は自分のなかで少し、熱が冷め、温度が下がっているのを感じていた。

ルーティンのように毎月Gダイを入稿していく日々。充実しているのだ。生活になんの不自由もない。この国にいる限りは、それなりにいい暮らしをさせてもらっていると思う。100号の栄光にも当事者として立ち会った。やりたい企画だってまだまだある。それでも、以前ほどの熱量でもってぶつかれない。高テンションで走り続けるのではなく、安定飛行に入ったのかもしれない。あるいは、マンネリというやつなのかもしれない。

この先、僕はどうするのだろう。どうしたいのだろう。そんなことをぼんやりと考えるようになっていた。Gダイをつくり続けて、およそ5年が経っていた。

アジアンフェチのアンドリュー

「やっぱさ、花らしいんだよ、花」

「えっ！　でもなんか、クサくない？」

「いやそう思ったんだけどね、それって日本人の、いや日本の男の感覚であって、女の子は花を贈られたら嬉しいらしいよ、誰でもどこの国でも」

「まじ？」

僕とシマくんは中学生男子のように、夜な夜なプーちゃん攻略のアイデアを練った。おもしろいことに花作戦は、タイ人男女、海外経験の長い日本人女性、そして欧米人たちに聞いてみても、満場一致で「絶対に贈るべき」という声が返ってきた。「それ、ちょっと相手も困るんじゃない？　引かないかな？」という意見を言うのは、日本人男性だけだった。

「なぜだ？」

オーストラリア人のアンドリューはそう言って大げさに両手を広げた。

「なぜ日本の男は女に花を贈らないのか？　信じられないよ。紳士ではない」

なんでも、狙っているタイ在住の日本人女子に花を贈ったら、えらく驚かれた上に感激されたのだという。日本では花をもらったことなんて一度もなかったから、と涙すら見せたのだという。その後の展開は想像がつくが、アンドリューはタイ人や日本人の女子を片っ端から食い散らかすアジアンフェチであった。サトーンの暗黒バーの常連で、よく顔を合わせるからなんとなく話すようになったのだが、聞いてみれば住んでいるのは真ッ隣にあるボロアパートというではないか。

「家で飲みなおそうぜ、いい酒があるんだ」

というのでついていってみたら、廃病院みたいな暗黒の物件で、床も廊下もゴミだらけで、当たり前のようにマリファナの臭気が漂う。

「ここだぜ」

と促されて彼の部屋に入ってみれば、狭い部屋の9割をベッドが占める空間であった。エアコンなし扇風機のみ、水シャワーが便器の上からチョロチョロ流れ出ている。家賃は2500バーツというからバンコク最下層であろう。そんな彼の仕事は英語教師であった。しかし訛りのきつい彼の英語で教師が務まるだろうか。だからなのかフルタイムではなく、週に2、3度、小さな語学学校で教えているのだという。それでワーパミが取れるのだろうか。日本人がタイで働く場合の最低月収は、職種や業態にもよるが5万パーツと法律で定められている。オーストラリア人だってきっとそういう決まりごとがあるだろう。しかし彼は毎晩浴びるように飲み、タイ人や日本人の女を弄び、ろくに働きもせずにだらだらと暮らしている。こういう人物もタイの物価上昇とビザの厳格化もあって少しずつ減ってはいたが、それでもまだまだたくさんいた。暗黒バーは彼らのたまり場でもあった。

イスもなにもないのでベッドに腰かけて注がれたバーボンを舐めていると、アンドリューはいきなりねっとりとした手を僕のフトモモに置き、撫でさすってきたのである。

「アイノウ。わかってたよ。キミはいつも目が違っていた」

肩を抱かれる。両刀使いであった。やはりバンコクに住む外国人に多いタイプである。そして僕は、そんな彼らからきわめてナチュラルに「仲間」だと思われる性質を持っていた。またか……。うすうすそんな雰囲気を感じていながらも部屋までついてきてしまった自らの尻の軽さを恥じ、申し訳ないのだがとお断りをする。アンドリューは心底から落胆し、悲しそうな顔をしたが、それは彼の手であろう。僕は廃アパートを出て、カフェーで飲みなおそうとタクシーをつかまえた。

タイの女の子とつきあう

花の効果があったかどうかはわからないが、シマくんの恋は確実に進展していた。

最初のほうはグループデートというのがタイ人流である。いきなり一対一ではなく、男女何人かで出かけるのだ。ＳＮＳを使ったひんぱんな連絡は必須であろう。いつかブンちゃんが言っていたように、毎日毎日スマホを眺めてメッセージを送りあい、電話をして、好意をぶつける。日本人の感覚からすると面倒なのだが、タイ人は実にマメであった。

しかしプーちゃんは、タイ人にしては珍しく、そこまで相手にべったりするタイプではなかった。むしろシマくんのほうがひんぱんに連絡をしていたようだ。僕もこの頃には何度も彼女と会っていたが、さばけた性格で、つきあいやすいと思った。シマくんと並んでいるところが、とても自然に見えた。そしてプーちゃんもまた、タイ人の女性独特の花のような笑顔を見せる人だった。

ふたりがはじめてサシでデートしたのは、確かマングローブ林の植樹ボランティアではなかったか。プーちゃんがそんな活動をしていて、シマくんを誘ったのだ。

それからふたりは、急速に距離を縮めていった。

当然、僕はシマくんと飲む時間がめっきり減った。それでも取材のときはコンビを組むわけで、まわりからは「シマは彼女よりもムロとよく一緒にいる」なんてからかわれたが、僕は内心、相棒を奪われた寂しさをつのらせていた。

そして僕自身、タイに長年住んでいながら、タイ人とつきあえない、一歩を踏み出せないことがある種のコンプレックスだった。

なぜだろう、と自分でも思う。

ひとつは言葉の壁だったろう。タイ語もだいぶわかるようになったとはいえカタコトの域は出ない。シマくんに比べるとレベルはずいぶんと低い。ただまわりには、タイ語が僕よりもさっぱり喋れないのにタイ人と結婚している人はけっこういた。パートナーが日本語を勉強してはいるが流暢というほどでもない、なんて人も多い。どちらもタイ語日本語英語のちゃんぽんで謎言語をつくりあげ、案外うまくやっているのだ。だけど例えば、Oビザ（配偶者ビザ）の手続きのときとか、タイ人の親戚とのつきあいとか子どもの進学とか、そういうヒザを詰めてしっかり話し合わなくてはならない場面ではどうするのだろうと、いらぬ心配をしてしまう。

プーちゃんは例外だったが、一般的にタイ人女性は嫉妬深く束縛してくるタイプが多いというのも見ていてゲンナリしていた。スギヤマさんの奥さんは中部ラチャブリー出身の美女であるのだが、一緒に飲んでいると必ず、絶対、間違いなく、ダンナに連絡をよこす。それも2、3時間の間に何度も何度もスギヤマさんの電話が震える。内容はいつも変わらないのだ。

「そうそう、シマと、ムロハシと一緒にいる」

「タニヤのいつもの居酒屋だよ」

「ああ、ああ、帰る。もうすぐ帰るから」

「だから帰るって！」

ほとんどコントのように毎回まったく同じやりとりをするのだが、毎日毎晩これにつきあうスギヤマさんの根気、我慢強さはとうてい僕には真似ができない。一度は「本当にムロハシやシマと一緒なのか、女じゃないのか確かめる」と言い出して、居酒屋に乗り込んできたことがある。思えばそれがスギヤマさんの奥さんとの初対面だった。

「タイ人の男は必ず、絶対、間違いなく浮気をする、とタイ人の女は確信してる。男ならタイ人も日本人も同じように浮気するだろうと思っているんだよ」

そうスギヤマさんは言うのだ。別の知人は、飲んでいると必ずタイ人の彼女に連絡をし、動画を撮って報告をする。ぐるりと周囲を撮影し、やましいところのないフツウの居酒屋であり女子は参加していないことを証明するのだ。ときどき電話を渡される。

「アア！　ムロさん。久しぶり。いつも彼氏と遊んでくれてありがとう。でもふたりの時間があるから早めに終わらせてください」

なんて言われるたびに、僕はタイ人とは無理だなあと感じるのだ。その執着のぶんだけ、きっと情は深く、一緒にいれば安心感に包まれるのだと思う。それでも、良くも悪くも全身でぶつかってくるタイ人女性を受け止めるだけの器が僕にはなかった。小さなお猪口のような僕の器量では、タイ人のなみなみならぬ愛情は納まりきらない。何人か心にひっかかるタイ人女性はいたが、お友だち止まりだった。

そもそも日本人とだってうまくいかないのだ。タイに5年も住んでいれば在住日本人女子ともいろいろあるものだが、それよりもGダイの仕事をしているほうがはるかに楽しい。

しかし……このままタイに住み続けるなら、独身という選択肢は恐らく、ない。

もっとも理想的な形は、スギヤマさんのように信頼できるタイ人パートナーと結婚することだろう。プーちゃんの会社の社長も、日本人男性とタイ人女性の夫婦だ。会社を立ち上げるにも、不動産を買うにも、なにをするにもタイ人の名義が必要なのだ。タイに住み働く日本人もまた、ずっと雇われのままという人は少数派なように思う。日本に帰らずタイでずっと暮らすなら、いずれ独立起業してゲンサイから社長を目指す。そのためにはなんでも相談できて家族ぐるみで力になってくれるタイ人が絶対に必要だ。僕たちはあくまで外国人であり、タイの社会では弱者なのだ。細かな法律上の手続きも、近所づきあいや社内の調整も、タイ人同士のほうがうまくいくに決まっている。そこに日本人は乗っからせてもらっている。キタカタさんもタイ人の彼女と結婚して、会社を立ち上げた。二人三脚でがんばっている。

カワノさんのように日本人同士で結婚してタイに住んでいる人たちもいた。これは夫婦どちらも語学堪能、実務優秀で、恐ろしく仕事のできるパターンである。そのまま日本に帰っても成功する人々であろう。

そして独身男というのはタイ社会においても底辺であった。タイ人とも日本人とも結婚しないままこの国で暮らしている日本人男性は、僕も含めてウダツの上がらないやつばかりである。

このままでは、前進はないのではないか……。そんな焦りを感じつつあった。タイ社会の中でもう一段ステップアップしたいと、元ニートらしからぬ殊勝なことを思うようになっていた。そのためにもタイ人のパートナーが必要なのではないか。それだけまわりがどんどん人生をしっかり歩き、積み重ねていっているのだ。

ちなみにこの場合のタイ人パートナーとは、決して夜の世界には関わっていない、一般的なタイ人のことだ。夜のお姉ちゃんとつきあったり結婚してうまくいっている例は、僕はひとつも知らなかった。その前に、意外かもしれないがGダイスタッフやその近くで、タニヤ嬢やゴーゴー嬢とつきあっている日本人はひとりもいなかった。マックス君もあくまで遊んでいるだけだ。僕も取材がてらときどきは行くものの、まったくハマりはしない。営業スタッフも同様だ。広告を取りにエロマッサージ屋やゴーゴーバーに出入りし、嬢たちとも打ち解けて仲良くなってはいても、あくまで仕事なのである。彼らがつきあっているのもまた、一般のタイ人女性だ。こっそり社内恋愛している人もいる。

Gダイスタッフは風俗という文化や街が大好きだったが、風俗嬢とつきあう気はまったくなかった。

彼女たちはあえていえば仕事仲間という感覚だった。

つかさちゃんの告白

いよいよかあ。

僕は腹をくくった。

「ちゃんとお話したいことがあるの。時間とってください」

つかさちゃんからのメールだった。

前々からそんなことを言われてはいたのだ。だいたい想像はついた。普段から接していて、あんな目で見つめられて、気づかないやつはいない。

そうとわかっていながら、避けてきた。忙しいからと言い訳をして誘いを断り続けていたのだけれど、さすがにもう失礼だ。いいかげん、ちゃんと結論を出さなければならない。

待ち合わせはアソークだった。

ソイ・カウボーイからも近い、とあるイングリッシュパブ。この手の店がスクンビットやシーロムには多かった。ウッディで広々とした内装で、プールテーブルが置いてあり、テレビでは欧米のスポーツチャンネルが流れる。ばかでかいハンバーガーやフィッシュアンドチップスやカリーブルストなどがメニューに並ぶ。僕はときどきギネスビールを飲みに来ていた。客はおもにバンコク在住のファランで、日本人は比較的少なく、客席同士の幅は大きく取られていて照明はやや暗めだ。密談をするにはいい場所であった。

「おまたせー」

いつもより少しおしゃれをしている様子のつかさちゃんが現れた。ちょっと緊張してしまう。

「よく来るのお、ここ？」

「たまにね。取材が終わったあととかに。ぼーっとできるから」

「いつもぼーっとしてない？」

そう笑って座る。遠くの席からファランがチラ見をしていた。やはりつかさちゃんは目立つのだ。ネットではいろいろと叩かれもするが、僕より3つほど年上の「元・男」とは、とうてい思えない。その上ナゾの業界人オーラを発しているので、バンコクの街ではけっこう注目された。やはりひと目の少ないこの店でよかった。

「もうすぐだねえ、タケオの結婚式」

しみじみと言う。

「いいなあ、私も結婚したいなあ」

別にプレッシャーをかけているわけではない。昔からつかさちゃんは結婚願望が強かった。その気持ちは女性よりも大きかったように思う。なにか寄る辺がほしい、認めてくれる人にそばにいてほしいと誰だって感じているものだけど、彼女は苦労のぶんだけ余計に温もりを必要とした。

いつも誰かをそばに置きたがった。日本人の女の子と長いこと同居もしていたし、一人きりという状態を嫌った。初対面のときはなんてキツイ強気なやつだろう、と思ったが、それはすべて鎧のようなもので、本体は弱々しいさみしんぼうだった。

タイは日本より、だいぶLGBTが社会に受け入れられているといわれる。それでもニューハーフたちが外見と性を売り物にし、観光資源となっている国でもある。自らをコミカルに道化とすることで食っているLGBTもたくさんいる。きっと心を削ってすり減らして、どんどん小さくなっていって、いよいよ無くなってしまうのではないかと脅えている人も多いのでは、と想像する。常に心細さを感じているから、パートナーを求める気持ちは僕が理解できないほどに強い。

5年ほどのつきあいのなかで、そんなことがなんとなく伝わってきてはいた。でもつかさちゃんはほとんど、そういった話をしたがらない。僕にも過去の話は聞かない。それよりも、いま楽しいことを話したい。刹那的だった。だから自然と会話はGダイのことやシマくんのことになる。

「でもタケオがまさか結婚なんてなあ。ねえねえ、彼女どんなコ？」

「タイ人らしくないかもしれない。さばさばしてるというか。シマくんと飲んでても彼女から連絡あることってあんましないし、珍しいタイプかもね。だから逆にシマくんが、もしかしたら俺、嫌われてるのかも……なんて泣いてたこともあったんだよ」

言わなくてもいいことをつい口走ってしまうのは僕の悪い癖だが、つかさちゃんは「やだー、でもタケオっぽいかもー」と笑う。

「でもきっと、タケオはちゃんとやっていけるだろうね」

「そうだろうね」

ふたりして、ちょっとしんみりとした。

Gダイの特攻隊長は型破りな変態に見えて、きわめて常識的な男なのだ。日本では大家族に囲まれて生きてきたシマくんのまっすぐさが、Gダイに芯を与えていたようにも思う。その性格はもちろん、撮る写真によく現れた。Gガールを撮っても夜のお姉ちゃんを撮っても淫靡にならず、さわやかに明るい。誰でもすぐに笑顔にさせることができる。彼はその写真で、Gダイを10年彩り続けてきた。それは僕やつかさちゃんが持っていない、そしてこの先も持ち得ないものだ。それが羨ましくもあった。

ふと、話が途切れる。

意を決したように、つかさちゃんが声を出す。

「……あのね、今日はお話があって来たの」

「うん」

彼女の目を見ると、もう涙がたまっていた。

「私が大好きなのは、あなただよ」

ひと息に言って、じっと見つめてくる。

答えははじめから決めていた。

「ありがとう。でも、ごめんね」

「うん、わかってた」

泣き笑いの顔だった。

「でもさ、ずっともやもやしてたから、ちゃんと伝えたかったの。でないと先に進めないでしょ。ごめんね」

店を出ると、いつものようにつかさちゃんは笑顔で手を振ってタクシーに乗り込んだ。たぶんまた明日から、次の撮影や原稿からはいつも通りに接してくれるだろう。僕のほうもそう切り替えないと、と思った。

それでも、ひとりの人間の気持ちを傷つけて、彼女を殴ってしまったような後ろめたさは消えなかった。その夜は久しぶりに痛飲した。

シマくんの結婚式

やがて、100号記念と同じくらいに嬉しい日がやってきた。

バンコク郊外の結婚式場で、シマくんとプーちゃんの結婚式が催されたのだ。よく晴れた乾季の穏やかな日だった。

Gダイ関係者だけでなく、タイや日本からシマくんの家族や友人がたくさん集まり、新しい門出を祝う。

タイの式場の様子もなかなかに興味深かった。伝統的な建築様式の民家が再現されていて、古式での結婚の儀が行われるのだ。新郎新婦が民族衣装姿で、手に聖なる糸を巻きつけたり、僧侶から祝福の祈りを授かったり、あるいはベッドにふたりで横たわることで、子宝に恵まれるように祈願したりもする。

一方で西洋風にお色直しもする。そして会場に展示されるのは、ふたりのラブラブ写真の数々であった。新郎新婦がこれまでどうやって愛を育んできたのか、どこでどんなデートをしてきたのか、そのときの写真をでかでかとパネルに引き伸ばし、あますところなく招待客に披露するという嬉し恥ずかしコーナーであった。これがタイの結婚式の定番である。そのためにシマくんたちは結婚が決まるとあちこち旅行に出かけ、写真を撮りためてきた。

さらにスーツとドレスとでばっちり決めた姿でプロカメラマンに撮影してもらった写真も、当日に展示する。フォトショでイジられまくり妙に顔が白くなったシマくんの顔が会場を埋め、まさに一世一代の晴れ舞台。

彼がタイに来たきっかけは卒業制作だった。

若い頃からカメラマン志望だった彼は学校で写真を学んでいたが、同時に格闘技ファンでもあった。そこで卒業制作として、タイのムエタイを撮ろうとやってきたのだ。そこでタイの空気に惚れこみ、思い切ってこの地で働こうと考えたのだそうだ。面接にはどういうわけだか蝶ネクタイを締めて現れたという。イガグリ頭にちんまりとした蝶ネクタイはほとんど芸人、その姿を見てこいつは営業に向いていると判断した上司は慧眼であった。

その後は広告営業にしてエースカメラマンとして、Gダイを引っ張ってきたのだ。

僕も彼なしではGダイ編集者という仕事は務まらなかった。僕の拙いタイ語をカバーしてくれて、なにかと引っ込み思案の僕の背を叩いてくれて、一緒にたくさんの現場を踏んでくれた。そんな彼に助けられたのは僕だけではない。ときどき沈み込むこともあったけれど、シマくんはGダイスタッフを、社内を照らす太陽のような存在なのだ。言い過ぎではないと思う。5年間に渡って苦楽をともにしてきた彼の晴れの日が、本当に嬉しかった。

［第7章］

バンコクのいちばん長い日

Gダイスタッフがふだん接する夜の世界のタイ人たちは、赤シャツ＝タクシン支持が多かった

タイ式民主主義とは

結婚式が終わったが、シマ家はいきなりピンチに立たされていた。給料が通常通りに支給される月のほうが珍しくなり、家計を直撃したのである。

それでも当初は、社員を「まだ耐えられる組」と「困窮組」にわけて、生活苦に直面している人から優先して支給しましょう、というような優しさもあった。新婚のシマくんもなにかと物入りだろうと困窮組にカテゴライズされていたのだが、そんな余裕もいよいよなくなりつつあった。基本給の高い日本人社員は分割払い、もしくはいつになるか判然としない後払いとなっていった。こんな状態で果たしてGダイの存続は可能なのだろうか。

ライターへの未払いの原稿料はだいぶ溜まっている。日本の印刷所の支払いも先延ばしにしているらしい。確かに政治的な混乱もあり、Gダイの売上は落ちていた。とはいえGダイ単体であれば、商売として成立するのではないか。社内のよくわからないカネの流れこそが元凶ではないのか。僕は不満を募らせていた。

しかも最近はなにやら、唐突にコンサル業務を開始し、迷走の度を深めていた。タイに進出してくる日系企業のアシストをするというものだ。手はじめに取ってきた客はどこぞのお菓子メーカーなのか飲食店かは知らないが、店舗の契約やらビザの代行まであれこれ請け負うようで、それはいいのだが社内は同時に商品の倉庫と化し、常に甘いバニラの香りが満ちるようになったのであった。

確かに進出日系企業はどんどん増えていた。日本の不景気、失われた何十年だかを反映するように、逃げるようにアジアに出てくるのである。製造業や飲食だけでなく、このところはＩＴや人材会社、法律関係など多種多様な業種がやってくる。そんな企業がまず足がかりとするレンタルオフィスも盛況だった。２０１５年のＡＥＣ（アセアン経済共同体）の発足を見据えて、インフラやロジ、倉庫といった需要も高まっていた。関税の撤廃によって輸出入が盛んになると考えられたからだ。大企業もあれば社員ほんの数人の零細もあり、小さなところはタイで会社をつくったりビザを取るノウハウもないので、コンサル業も引く手は多いようだった。

とはいえ、だ。経験もない弊社がいきなりコンサル業界に参入して、うまくいくのだろうか。同業他社はいくらでもいるのである。首脳陣はおそらく必死に打開策を考えた上でのことなのだろうけれど、それならばこのスイーツの香りでいくら儲かるのか、会社の経済はどうなっていて、Ｇダイやバン週やナゾのミャンマー案件の収支はどのくらいなのか、ざっくりでも教えてくれたっていいではないか。具体的な数字を示されず、一方的に給料が遅配され取材費が出なくなるということが納得できなかった。

この頃5万人に迫っていたとはいえ、それでも在タイ日本人社会は狭い。会社の状態はすぐに知れ渡るものだ。まわりからは、大丈夫なのか、まさかの廃刊なのかといった心配だって寄せられる。そう言われたところで当の本人が事情を聞かされていないのである。適当にお茶を濁し、言い繕っていた。

僕以上にスギヤマさんのところには、さまざまなオファーがあったようだ。ズバリ「独立すればいい」という誘いだった。協力を申し出る人もけっこういたらしい。しかし、そのすべてをスギヤマさんは断っていた。僕やシマくんにも多くは語らない。あくまでウワサで聞くだけだ。ある人はそんなスギヤマさんのことを評して「サムライ」だと言った。君主のために黙して尽くすのが武士の本懐というものだろう。いまのボスはどんないきさつがあろうとGダイを生んだ現社長であるのだから、座して耐えるべきだと思っている……その人はそう見たのかもしれない。

僕たちも、かねてからの鬱積があったこと、まわりからなんとなく言われることもあって、少しずつ「独立」を意識するようになっていった。タイで長く働いている日本人は、理由はそれぞれだがひとつの会社に長く勤める人はあまりいない。より給料のいい会社にステップアップするか、起業するか、あるいは帰国するか……。環境を変えつつ人生を進めていく友人たちを見ていたから、なおさらいまが岐路なのではないかという気になってくる。

僕たちにとって君主はスギヤマさんである。社長に仕えているという意識はほとんどなかった。スギヤマさんが決断するときは、ついていこう。そう思っていた。

だが、ストレスはそれだけではなかった。

2010年に入ってからというもの、バンコクは赤シャツ軍団に占拠されたかのようになっていた。僕たちの生活圏にも取材先にも、あらゆるところにタクシン派の赤い軍団がいるのだ。

ひとつのきっかけは、僕たちも思いっきり巻き込まれたあの空港占拠事件だった。

反タクシン派であるPAD（民主市民連合、黄シャツ軍団）が、どう考えたって不法に空港を制圧し人や物流をシャットダウンし、タイは機能不全に陥った。これはかなわぬと、憲法裁判所は政権与党タクシン派の正当性を剥奪したのであった。結果、タクシン派政権は崩壊し、反タクシン派の新政府が誕生した。首相には郷ひろみ似のイケメン、アピシット氏が就任し、おばちゃんたちからまさに黄色い声援が飛んだわけだが、選挙も経ていないのに占拠で政権交代しちゃったのである。いちおうこの国も民主主義陣営の一角だと思っていたのだが、近代的な投票システムよりも、まかふしぎなタイ式民主主義とやらでいともあっさり権力の座が入れ替わった。なんでも、

「選挙をなんぼやったところで、タクシン派の連中が当選するだけで、タイの国益にはならない。それよりも政治や経済、教育など各界から専門家を呼んで国民の代表としたほうがよっぽどタイのためになり、民主的だ」

というこ とらしい。

それならば、とタクシン派も同じ手法を取るようになる。アピシット政権の誕生以来、赤いシャツを着たデモ隊がバンコクのあちこちでデモをぶちかまし、各所に大人数で居座って、交通を遮断するようになった。ただでさえ渋滞のひどいバンコクはこのおかげで混乱し、どこへ行くにも時間が読めなくなったのだ。もはやデモのレベルを超えた、社会インフラの破壊行為だと思った。

赤シャツの要求は民主的な選挙の実施だ。基盤の厚さであれば、地方の大きな人口を支持層に抱えるタクシン派がはるかに上回る。選挙をすれば圧勝しちゃうのだ。民主主義なら赤が勝つ。しかしそのために、非民主的な手段で選挙を要求するという矛盾。

赤も黄色も、このどうしようもない争いに終始するようになる。首都のあちこちを封鎖して大迷惑をかけ、これ以上の損害がイヤなら俺たちの言うことを聞け……と社会を脅迫する。このムチャクチャなやりかたを、赤黄色問わず、けっこうな数のタイ人が支持していることが驚きだった。ただのテロリズムではないか。

赤シャツがまず大挙したのは、バンコク西部の民主記念塔の周辺だった。これぞ我らが民主主義の象徴ということで選んだのだろうが、すぐそばに愛するカオサン通りがあるのだ。僕が20年近く移り変わりを見てきたバックパッカーの聖地であり、Gダイ創刊号との出会いの地でもある。いったいどんな状況になっているのかと、よく猫さんとデモ見物に出かけた。

するとなかなかに感心させられるのである。周辺地域から、デモ隊が占拠する封鎖部まで、まずバイタクが走っている。無料で行ってくれるやつもいるのだ。タクシン派支持のボランティアもいたろう。そしてデモ隊を指揮するＵＤＤ（反独裁民主戦線）の組織力と資金力で、雇われている人がおおぜいいたのである。

日当をもらって参加している「プロのデモ参加者」は、バスで続々とイサーンや北部から都心へと運ばれてくるのだ。そんな人々が支給される赤いシャツを着込んで、このクソ暑いなかビニールシートを敷いて座り込む。あそこはどこそこのジャンワット（県）の、どのアムプー（郡）の人たち、のように区分けされているようだ。みんなピクニック気分か、なかなか楽しげである。

「こんなことでもなければクルンテープ（バンコク）に来ることもなかったからねえ」

と笑顔で話すおばあちゃんもいた。タクシン氏の旗を振り、選挙開催を叫ぶ人よりも、むしろイサーンからはるばるやってきたほのぼのグループが目に付いた。

「ムロハシ君、あれ」

猫さんに促されてテントが立て込む一角に行ってみる。鍋がいくつも置かれて、たくさんの人が並んでいた。辛い湯気が目にくる。炊き出しだった。

「どうぞー。報道の方も食べてってねー」

王宮前広場を埋め尽くす黄色い軍団。テレビ中継用の設備も完備されている

見ればなかなかメニューも充実しているではないか。クイッティオ、ガパオ、ラートナー（あんかけ麺）、野菜炒め、ムー・カイ・パロー（卵と豚バラの煮込み）など、プラ製の容器に入れてもらって、ミネラルウォーターまで手渡される。すべて無料である。ファランの旅行者にも笑顔で食事を振る舞っている。赤シャツ、いいじゃん。

速攻で買収されそうになるが、これは赤も黄色もデモ拠点ではよく見られる光景だった。なにせ街角を占拠するのだ。そこで数千人、数万人が生活してしまうのだから、最低限のインフラは必要だった。

医療班が待機するブースもある。仮設トイレも並ぶ。さらにはさまざまなデザインの赤いTシャツやタオル、バッヂ、ポストカードなど、趣向を凝らしたデモグッズの販売も行っている。せっかくだからと、つい買ってしまう。僕の給料すなわちGダイの売上げ、つまり読者の皆さまのお金が、赤シャツの活動資金へとバケていく。

「マッサージまで出てる」

猫さんがカメラを構える。ふだんはクルマの行き交う路上に簡易ベッドが並び、デモに疲れた人々が横になっていた。足をマッサージしているのは、プロの按摩師もいれば、心得があるというだけのボランティアもいた。

「ヌキとか、あるのかな」

そのあたりも気にはなったが、参加者への日当は1日1000バーツともウワサされており、デモ全体では毎日7000万バーツの費用がかかっていると言われていた。2億円以上が日々バンコクに流れ込むのだ。飲食、小売など、デモ景気に湧く人たちも一部でいたようである。

とはいえ、だ。

民主記念塔は交通の要衝でもある。近くにはチャオプラヤー河を挟んで対岸のトンブリー地区とを結ぶ大きな橋もあるのだが、ほとんど閉鎖状態となっている。トンブリーは地価も安く、首都の労働人口を支える巨大な住宅地だ。東京23区に対する多摩地区的なエリアかもしれない。例えるならば多摩地区と都心をつなぐ結節点である荻窪とか中野あたりにデモ隊が居座り、中央線を止めているようなものなのだ。その悪影響は計り知れない。

それにカオサンだって明らかに大ダメージを受けていた。バックパッカーたちが激減し、ゲストハウスやレストランはガラガラなのである。当たり前だ。いまは牧歌的なデモに終始しているが、いつ不測の事態が起きてもおかしくはない。なにせ首都の主要幹線道路を不法占拠しているのである。軍が出張って強制排除するという憶測はずっと囁かれ続けている。

バンコク最大の観光名所の王宮もそばにあるが、こちらも客は減るばかりだ。スクンビットを歩く旅行者も心なしか少ない。東京堂書店をのぞいてみても、Gダイの販売は芳しくなかった。平積みにされたまま、ちっとも減っていない。

スクンビット封鎖!

そして僕たちにとっては、激震ともいえる動きが起こった。

赤シャツ軍団はとうとうバンコク都心部に雪崩れ込んできたのだ。スクンビットを封鎖して、大量の車両でもってデモ行進をカマしたのである。

ジープやピックアップトラックやバイクなどに分乗して、気勢を上げる赤い軍団。低速でじわじわと進んでいく。僕たちの職場でもあるテーメーカフェやナナプラザのすぐ前が赤く染まる。デモ隊は僕がいま住んでいるソイ8の前を通り過ぎ、途切れることなく続く。何万という人々がタクシンの名を叫び、プラカードを掲げ、アピシットを非難した。

スクンビットと平行して走るBTSも運行が規制された。地下鉄も同様だ。スクンビットから締め出された車でほかの地域も大パニックだろう。会社に戻る手段を失った僕は、さらにアソークからプロンポンまでデモ隊の行進に同道し、撮影を続けた。

感じていたのは、自分たちの住む生活圏にまで政争が近づいてきたという恐怖だった。ふだん通勤や取材に使っている電車が動かない。いつものスーパーマーケットにモノが少ない。毎日店を出しているパクソイのカットフルーツ屋台がいない。どこか浮き足立った、ピリピリした空気に包まれている。

イサーンから来た赤シャツたちにとって、きらびやかなスクンビットはある意味で憎悪の対象なのだという。伝統的な木造の家で暮らし、田をつくり畑を耕し、昔ながらの生活を営む地方の人々からすると、この国で唯一の巨大都市であるバンコクは別世界であり、BTSで通勤して高層ビルにある会社勤めをしている中間層やインテリ層は、自分たちの富を奪う存在と考えているようだった。

そのスクンビットを、俺たちはいま踏みにじっている……そんなカタルシスをデモ隊からは感じた。怖いと思った。

彼らはその勢いのまま、バンコク都内の「占領地」をさらに拡大させた。スクンビットの起点でもあり、バンコク最大級のショッピングスポットでもあるラチャプラソン交差点を占拠したのだ。

日本人の生活を直撃した。

交差点に面した巨大モール、セントラルワールドには、伊勢丹が入っている。無数の日本食レストラン、食材店、日本語フリーペーパーも豊富な紀伊國屋書店などがあり、よく足を運ぶ場所だ。最近オープンしたメイド喫茶が入っており、取材しようと思っていたのだ。

日本人観光客も多い。パワースポットとして人気のエラワン廟、いくつもの日系旅行会社のオフィス、「ピンクのカオマンガイ」と親しまれている食堂、プラトゥーナム市場、日本人のオタクがやってくる電脳ビル・パンティッププラザ、高級ホテル……。カオサン通りはしょせん、金もないバックパッカーが滞在する場所にすぎないが、ラチャプラソンあたりはツアー客や出張者、そして在留邦人のコミュニティにとって大切なエリアだ。日本人社会はにわかに緊張した。大使館から次々とデモ情報がメールで送られてくるようになった。

問題の交差点に行ってみれば、例によって膨大な数の赤シャツが座り込み、露店が並んで、臨時マーケットのように盛況である。交差点のド真ん中にでっかいステージを設営し、もちろんアジ演説もカマすが参加者のための慰労ライブだってやる。タクシン派のバンドが現れてコンサートを開き、喝采を浴びたりもするのだ。しかし、そこにときどきなにやら爆発物が投げ込まれたり、どこぞから銃撃が浴びせられたりすることもある。もうめちゃくちゃであった。

こうなると取材に困った。

客が減って、夜の店のなかには休業するところも出てきた。レストランなども同様だ。マッサージパーラーやゴーゴーバーに行っても嬢がさっぱりいなかったりする。危険を避けるため、しばらく田舎でゆっくりするよ、という子がけっこういたのだ。デモ隊に同調し参加する嬢もいたと聞く。Gガールの制作も手間取った。デモを案じて都内での撮影に難色を示す子もいた。撮影場所の確保はそれ以上に苦労した。もちろん広告営業は不振だ。

これはもう、ロクに給料も出なくなるのでは……ピースサインを決めるデモ隊を取材しながらも、お前らのせいだからなこのテロリストが、と腹の中で毒づく。

さらに赤シャツは政権を挑発するかのように、またも進撃を開始した。ラチャプラソンに結集した大群衆からアメーバのごとく分裂した一団が、南下をはじめたのだ。なんという動員力なのか。バンコクはいまや赤一色に染め上げられようとしていた。

彼らは僕がたまに遊びに行っていた競馬場を通り過ぎ、ラチャダムリの駅を制圧すると、バンコク最大のグリーンスポット、ルンピニー公園へと侵入した。

「おいおいおい！」

編集部は騒然となった。テレビやネットに釘付けになる。

「あいつら、キャンプみたいなの設営してるぞ……」

公園にテントやステージを立て、バリケードをめぐらせ、要塞化させていた。拠点を築くつもりだ。ちょっと待てよ。ルンピニー公園の目の前はシーロムなんだぞ。たくさんの日系企業がオフィスを構えるビジネスの中心地というだけではない。日本人歓楽街タニヤがあるのだ。夜な夜な日本男児が群れ集うクラブやスナックや居酒屋が密集する、Gダイのナワバリ。その目と鼻の先にデモ拠点が現れたら……。

ゾッとした。タニヤを押さえられたらGダイは終わる。それに首都各地がここまで封鎖されて、この国の経済はもつのだろうか。僕たちの暮らしはどうなってしまうのか。もういいかげんにしてほしい。生活が政治に振り回される。それは想像以上にストレスで、重たい気分の毎日だった。

聖地タニヤ、墜つ

考えられない光景だった。

週末の夜10時。ふだんであればタニヤがもっとも賑わう時間帯なのだ。下品なネオンの下で、酔っ

武装警官隊によって封鎖されたシーロム通りの入り口。タクシン派デモ隊が拠点を築いたルンピニー公園をにらむ

払った日本人のお父さんがタイ娘の肩を抱き、客引きのママたちの声が響く。観光客のおじさんたちに群らがり、腕を取って、店へと誘いこもうとするタニヤ嬢。日本人の怪しげなポン引きまでいて「さ、どすか」とか話しかけてくる。自転車の荷台でスルメを焼いている簡素な屋台が行き来し、宝くじ売りのおばちゃんたちがタニヤ嬢と笑いあい、Gダイの営業班の姿もちらほら見かける、あのさんざめくタニヤ。

それがどうだ。

目の前に広がるのは廃墟のように真っ暗となってしまった通りだった。ネオンはほぼ落ちている。通りに出ているタニヤ嬢も客引きも、皆無だった。大半の店が、営業をやめてしまったのだ。店を開けたところで客が来ないからだ。光熱費や人件費をかけるよりも、いっそ一時的に閉店したほうがいい。そう判断する経営者がほとんどだった。

デモ隊に業を煮やした政府はとうとう、警官隊を大量に投入した。夜間になるとルンピニー公園の周辺を封鎖し、武装した警官を配置するようになったのだ。シーロム通りの入口にも、盾を持ちへルメットをかぶった真っ黒な警官隊が陣を敷く。通りを埋め尽くしていた屋台はどこかへ逃げ去った。日本人もよく訪れるモール、シーロム・コンプレックスは無期限休業となった。そのモールからシーロム通りとBTSサラデーン駅を挟んでトイメンに位置するタニヤにも、ついに警官隊がやってきた。

そして警官たちはやがて、軍隊に変わった。

タニヤの入口には車止めが置かれ、あちこちにバラ線をぐるぐる巻きにしたバリケードが設置され、軍用の真っ黒なトラックが停まる。なかには冷たい目をした兵士たちが満載されていた。

いつもタニヤ嬢たちがひらひら飛び交う街は、いまやライフルで武装した兵士が警戒する場所へと成り果ててしまった。これがタニヤなのだろうか。イラクやアフガンじゃないんだぞ。

それでもかろうじて営業している居酒屋で飲んだ僕たちGダイスタッフは、嘆きながらタニヤを歩いた。スギヤマさんがため息をつき、シマくんは黙々と兵たちにカメラを向ける。撮影を拒まれたり怒られるようなことはなかったが、緘口令が敷かれているのかコメントはいっさいもらえなかった。それでもよく見れば、彼らはどこかまだ幼さすら残る顔立ちだった。若いのだ。高層ビルやBTS駅を物珍しげに眺めて、イサーン語でひそひそ話している兵もいる。地方から招集されてきた部隊なのだろうか。だとしたらデモ隊も兵士も、同じイサーンの人々が、この首都で対峙していることになる。

タニヤはいまや、デモ隊と警官・軍が顔を付き合わせる、まさしく最前線となってしまったのだ。デモ隊が拠点を築いたルンピニー公園まで200メートルほどなのである。対する軍が陣地をつくって待機・警戒する場所として、タニヤは格好のポイントであるようだった。そりゃあ誰も遊びに来る

タニヤ通りに配置された兵士たち。日本人客は消え去り、タニヤ最大の危機を迎えた

わけがない。
　タニヤの西側、パッポン通りも同様だった。
びっしり並んでいた土産物の屋台はすべて姿を
消した。ゴーゴーバーも真っ暗だ。得意げに通
りを闊歩していたオカマたちもいない。なんだ
か悔しくなって、涙がにじむ。それでもチラシ
を手にした名物のソープランドおじさんは健在
であった。20年くらいまったく変わらぬエロチ
ラシを手に、ボッタクリソープを斡旋するサギ
師なのだが、
「マッサー？　スペシャルサービス」
　とかけてくるその声も、どこか元気がない。
こんな人々が群れ、トゥクトゥクが並び、オー
プンバーから音楽が轟くシーロムは、静寂の暗
渠となってしまった。
　こんな状況が、1か月以上も続いた。
　各所でデモ隊と治安部隊が衝突を重ね、日本
人ジャーナリストにも死傷者が出た。BTSは
昼間だけの運行となり、いくつかの駅は封鎖さ

れた。ルンピニー公園、ラチャプラソン交差点を押さえられたバンコクは交通がマヒ、観光客は寄りつかなくなった。

　そしてタニヤのカラオケや居酒屋のなかには、とうとう経営が立ち行かなくなるところが出てきた。1か月まったく収入がないのに、家賃だけは消えていくのである。中小零細企業なんて弊社も含めて自転車操業のところばかりなのだ。たったの1か月というが、その1か月を乗り切るために世の社長は毎日苦労をしている。広告主もかなり厳しい状況だという話が営業班から寄せられる。Gダイアリー最大の危機かもしれない。

　そして日々、あちこちで小競り合いが起き、死傷者が増え、外国人は逃げ、いよいよ緊張は高まりつつあった。衝突の陰でアピシット政権とUDDは交渉を重ね、妥協点を探っていたのだが、決裂。さらにルンピニー公園で演説をしていたUDD幹部が狙撃され死亡する事件をきっかけに、衝突は激化した。

「もう決壊する。軍が強制排除に乗り出すのは決定的だ。あとはそれが、いつかということだけだ」

　日系マスコミの人々はそんな話をしつつ、日本の本社に増援を頼んでいた。フリーランスの記者やカメラマンも集まってくる。見知った顔も多い。欧米のメディアも続々とバンコクに乗り込んできて、軍事力がデモ隊に行使されるときを待ち構える。まさかこの街が、国際的なニュースの最前線になるとは想像だにしなかった。こんなことで僕の大好きなバンコクが世界中から注目されるなんて、望んではいなかった。

バンコク炎上

2010年5月19日。

雨季に入っているとはいえ、その日は朝からよく晴れ渡った。

その青空の下で、掃討作戦が開始された。

軍はルンピニー公園とラチャプラソン交差点に突入。装甲車が土嚢やドラム缶や木材で築き上げたバリケードをなぎ倒し、完全武装した兵士がデモ隊の強制排除に乗り出した。

対して赤シャツ軍団も銃火器で抵抗をはじめているようだった。タイは簡単な審査で銃の携帯ができる国だ。軍の武器庫が襲撃される事件だって起きていた。デモ隊もまた武装していたのだ。

負傷者や火災のニュースがテレビやネットで流れる。どこも前線各所からライブ中継をしている。

現場に行きたい。痛切にそう思ったが、僕はゲラをどっさり抱え、編集作業と原稿書きとに追われていた。Gダイの入稿が近いのだ。しかしこんな情勢だからか、いつもよりもはるかに進行は遅かった。デモに阻まれバンコク取材モノがまったく進まなかったこともある。バンコク在住のライターも原稿が遅れている。広告の穴はもう自社のものや定期購読の案内などでごまかすしかないだろう。そして僕自身、デモに気を取られて仕事が手につかなかった。

加えて間の悪いことに、日本からの依頼もどっさりあったのだ。この情勢についてのマジメなルポから、お気楽なタイ料理ネタ、さらには「アジアン王」のブルーレット奥岳氏も、デモ下の夜遊び事情はどうなっているのか原稿をよこせと催促してくる。

そして僕の出版稼業の原点ともいえる『バックパッカーズ読本』のリニューアルも重なっていた。肝心のタイがこんな有様ではあるが、それでもなお版元は企画を進め発売を決めてくれた。およそ300ページに渡る膨大な分量だが、間に合わせなくてはならない。

仕事は山積みだったが、会社は万が一を考えて休みとなっていた。弊社だけでなくバンコクのかなりの企業がこの日を見越してあらかじめ休業を決めていた。しぶとく営業していたソイ・カウボーイもナナプラザも、どうやら陥落するらしい。

この先どうなるかはわからないが、まずは目の前の原稿だ。スクンビット・ソイ8の奥にあるコンドミニアムの自宅にこもって、ニュースを見ながらも黙々と作業をしていたときだった。

フッと灯りが落ち、エアコンとテレビが消えた。反射的にマウスを探るが、ネットも切断されている。

停電だった。何度スイッチを入れても電気は点かない。慌てて階下に降りようとしたが、エレベーターが動かないのだ。もどかしく階段を駆け下りた。

小さなプールもある吹き抜けのロビーには、すでにコンドの住人たちと、管理人の中華系の家族が集まり、深刻そうな顔でなにやら話し合っていた。僕にも声をかけてくる。

「軍に追われて散り散りになったデモ隊が、あちこちで放火を繰り返しているらしいの」

電柱や電線が破壊され、変電設備が燃やされ、都心のそこかしこが停電や火事になっているというのだ。

スクンビット・ソイ8にあった自宅マンションの屋上にて。四方から煙が上がりバンコクが燃えた

「ラチャプラソンからうちのあたり、それにアソークにかけて全部」

管理人のおばちゃんはもう涙声だった。

「スクンビットはあちこちで略奪もはじまっているらしい」

そんなことをウワサする人たちもいる。いますぐこのコンドに暴徒が雪崩れ込んでくるような気がした。現実感がなかった。ほんの5分で一気に暗転するものなのか。思考がついていかない。

「燃えてるよ！　すごい煙だ！」

誰かが叫んだ。

「屋上、屋上」

その声につられて、今度は階段を駆け上がる。住民たちと12階の屋上まで息を切らせてたどりつく。ふだんはメーバーンが洗濯物を干したり、子どもたちが駆け回る場所だ。アソーク近辺の高層ビルから、遠くクロントイの港まで見渡せる。ここでひとりで飲むのが好きだった。

しかしいまや、あちらこちらから黒煙が立ち上っているのだ。息を呑んだ。Gダイの母なる都バンコクが燃えている。炎と煙に四方から攻められているような圧迫感を覚える。とりわけひどいのは南の方角だ。

「あれ、シリキットセンターかな」

「クロントイ市場かもしれない」

住民がひそひそと話し合う。携帯でタイのニュースを見ると、どうもラマ4世通りのようだ。暗黒バーのあるあたりじゃないのか。ルンピニー公園を追われた連中と、軍の間で激しい銃撃戦になっているらしい。次々と黒煙が上がり、青空へと立ち上っていく。

さらに大きな煙が、今度は北西の方角に立ち上った。でかい。禍々しいほどに黒い。セントラルワールドが放火され炎上中だという速報が流れる。

「サイアムでもいま、ショッピングモールや映画館が燃えはじめた模様です」

「各所でATMが破壊されています」

「ランナム通りで銃撃戦となり、多数の死傷者が出ています」

「落ち着いて、自宅から出ないようにしてください」

次々に入るニュースに危機感を煽られる。でも、手もとのこの機械があるから、まだ平静を保っていられるのだ思う。もし情報が遮断されたら、闇の中だ。政府がネットを遮断するか、暴徒が通信施設を破壊する可能性もある。

逃げよう。

そう決断した。まず優先すべきは命だ。そして情報を確保し、仕事を続けること。

「僕はいったんホテルに避難します」

管理人のおばちゃんに告げると、不安なのだろう、唇を噛みしめ、手を取ってくる。僕だってこわい。だけどここは、スクンビットのど真ん中なのだ。襲撃や破壊の対象になる可能性が高いと思った。電気もそうそう復旧しないだろう。まずはこの都心を離れることが大事だ。

部屋にとって返し、ノートパソコン、ハードディスク、ゲラ、パスポート、財布と携帯のバッテリーをバッグに詰め込み、また階段を走り降りる。もう汗びっしょりだ。コンドを出て、ソイ8をさかのぼる。観光客はとうにいなくなっていたが、住民たちが不安そうに外に出てきていた。みんな、のんびりしていていいのかよ、と思った。

スクンビットは、西のラチャプラソン方面から逃げてくる車でいっぱいだ。大渋滞している。とはいえまだ略奪の様子はない。商店は軒なみシャッターを下ろしているが、暴動というような雰囲気はない。いつもより早足で行き来する人々がいる。

電車はBTSも地下鉄もストップだ。東に行ってアソークの交差点まで行けば走っているタクシーがいるだろうか。いや、アソークも交通の要衝だしでかいモールはあるし、暴徒のターゲットになっているかもしれない。南のラマ4世通り方面は炎の海だ。

となれば、北しかなかろう。

ふだんは観光客が行き来するソイ11を北に小走りで進み、奥のほうに入っていくと、渋滞は途切れる。運よくタクシーを見つけて両手を上げ、その前に立ちふさがった。よくぞ営業してくれていた。

「いま家まで逃げるとこなんだ、乗せられねえよ！」

「家はどこなんだ、そこまで乗せてってくれよ！」

むりやりに乗り込んだ。押し問答より一刻も早い避難を選んだ運転手が、しぶしぶ車を発進させる。

「パタナカンまでだ。そこで降ろすけどいいよな」

「ありがとう。本当に」

後部座席から運転手の肩をつかんだ。助かる。パタナカンなら暴動から一気に遠ざかることができる。狭い路地からソイ3に抜け、やはり混み合うペッブリー通りをジリジリと少しずつ進み、パタナカンまで抜けると、案の定だった。いつも通りの、のんびりとしたバンコクがそこにはあった。タクシーを降ろされて西のほうを見ると、黒煙はずいぶん遠くなっていた。

ここまで来れば大丈夫なのではないか。

少し歩くと小さなホテルが見つかった。聞いてみれば部屋は空いているそうだ。

「停電はしていません」

さわやかな笑顔の青年が、にっこりと笑って言う。ほっとした。同じように郊外まで逃げてくる人がいるのだろう。

部屋に落ち着き、ぐったりと横になる。我が家はどうなったろう。全焼してもいいように最低限必要なものは持ち出してきたが、毎日顔を合わせている人々が心配だった。タイ人も日本人もファランもいる。みな無事だろうか。

だが、あまりのんびりもしていられない。ひとつひとつ仕事を片付けていかなくてはならない。気合いを入れてはね起き、パソコンを立ち上げてみる。ホテルのＷｉＦｉはビンビンだ。メールを見ると、スギヤマさんから巻頭記事の修正が送られてきている。スギヤマさんの自宅は隣県サムットプラカーンだ。被害はなかろう。シマくんからは麺遊記の写真が届いていた。みんなこんな状況でも働いている。Gダイスタッフは勤勉なのである。

負けじと、黙々と机に向かった。やがて日が落ち、夕方になると、政府からは夜間外出禁止令が発令されたが、あまり関係はない。外に出ているヒマはないのだ。ゲラに赤を入れ、ラフを切って写真と原稿を整理してミネタさんに送信し、他誌の原稿を書いていく。『バックパッカーズ読本』の台割について日本とやりとりをし、スギヤマさんが担当の記事がまとめて送られてきたのでどんどん校正する。やることは山のようにあるのだ。僕は徹夜で作業を続けた。そもそも気持ちが昂ぶり、目がさえて、まったく眠くならなかったのだ。

最悪の結末

外出禁止が明けた、翌朝。

停電はもう大丈夫、とコンドから連絡があったが、念のためもう1泊このホテルで過ごすことにした。急ぎの原稿は書いたし、素材は片っ端から編集してミネタさんにブン投げあとはデザイン待ちだ。ちょっと街を見てみるか。

まず大炎上したラマ4世通りに行ってみると、予想以上の有様だった。アスファルトが焼け焦げ、道路は延々と真っ黒焦げになっていた。悪臭がきつい。目にしみる。日本人旅行者もちらほらといるマレーシアホテルの周辺がもっとも被害が大きかったようで、古いビルや商店が焼け落ちていた。反タクシン派に資金援助をしていると言われていた銀行は重点的にガソリンでも撒かれたか、消し炭のようになっていた。あとから聞いたがこの界隈の裏手にある暗黒バーだけはサムの方針により営業を続け、いつも通りに酔っ払いがクダを撒いていたのだそうだ。避難民を受け入れたりもしつつ、外の炎上など関係ないとばかりに古い洋楽をかけ続けていたようだ。

そのすぐそば、ルンピニー公園の周辺では多数の報道陣が負傷した。ここが最大の「戦場」になると誰もが読んだ通りの展開だったわけだが、猫さんは間一髪で被弾を回避し、逃げのびた。しかしそばにいたイタリア人記者は亡くなったそうだ。

バンコク全域で発表されただけで１００人前後が死亡、２０００人近くが負傷する最悪の結末だった。僕がこの国ではじめて住んだランナム通りは、無差別に狙撃する連中が混乱に乗じて暴れ、多数の人が殺された。また別の場所では、寺院に逃げ込んだ人々にまで銃撃が浴びせられたという。

ラチャプラソン交差点では、まだ煙を上げるセントラルワールドが、まるで墓標のように見えた。建物が大きくえぐれて崩れ落ちている光景は、どこか９・11を連想させた。

その様子を撮影しに早くもたくさんの人で賑わい、彼らを目あてに水や食べ物を売る屋台が集まってくるのは、いつもながらのタイ人のしたたかさではある。

その様子を見て、いままでだったらすかさず売り子に声をかけて今回の件について話を聞いたかもしれない。しかし僕は、なにかが自分のなかでぷつりと切れてしまったことを感じていた。もう、いいんじゃないか。政争はもう懲り懲りだ。こんな不安定な街で働き、暮らすのは、もう終わりにしないか。タイを離れる潮時だよ。

シマくんやスギヤマさんやミネタさんのように、タイ人の家族がいるなら別だ。この地が新しい故郷なのだから、ここで暮らすべきだろう。でも僕は結局、7年ほどこの国にいて、家族として深くつきあえるタイ人はできなかった。これ以上タイに暮らす理由が見当たらなかった。

Gダイでは十二分に思い出をもらい、スタッフとして最高の働きができたと自負している。ならばその誇りを胸に、凱旋してもいいのではないか。

そろそろ帰ろうか。

僕はまだくすぶり続けるセントラルワールドの残骸を前に、そう思った。

［第8章］

さらばGダイ、さらばバンコク

取材に行ったサメット島にて（撮影：嶋健雄）

敵はGダイアリーなり！

そろそろ潮時なのだと、ぼんやり思いはじめたときだった。2010年の雨季だったろうか。

山が動いたのである。

スギヤマさんがとうとう独立を決断した。とある営業スタッフの、長年の知人の出資を受けてのものだった。僕たちも腹をくくった。グチばかり言っていた日々は終わりだ。新しい伝説のスタートだと思った。

スギヤマさんと僕、シマくん、マックスくん、それに話を持ち込んだ営業スタッフの5人で、ひそかに社外に集まり、会合する日々がはじまった。Gダイをつくりながら、独立に向けて僕たちは動き出したのだ。

新会社の設立、オフィスの確保、新雑誌の内容決定、各ライターへの通達、それに社内に残るミネタさんとの連携……やることは山のようにある。

恐ろしさのようなものも感じていた。

アジアを旅している、暮らしている者なら誰もが知るGダイアリーをつくってきた僕たちが、そのGダイを捨てるのだ。屋号を持っていくわけにはいかない。それは会社の財産である。だけど僕たちはほかのビジネスモデルを知らないわけだから、当然新しく雑誌を立ち上げて、Gダイにぶつけることになる。戦争をふっかけるわけだ。クーデターのようなものである。

勝てるのだろうか。相手は自分たちが育ててきた怪物なのである。それにGダイという大きな看板をなくしてしまう心細さ、不安もある。背中が寒いような気分だった。

それでも、新しいチャレンジなのだ。日本に帰ろうと思っていた矢先に独立話が舞い込んできた。タイミングに、宿命を感じた。これは僕に課せられたタイでの最後の仕事だろう。

「新しい会社が軌道に乗るまで、タイにいるよ」

シマくんにはそんなことを言った。もう少しこの国にとどまる理由ができた。なんとしても成功させて、花道を飾るのだ。

と、自分のことだけを考えていればいい僕とは違い、みんなはもっと重い覚悟で臨んでいたと思う。なにせそれぞれ家族がいるのだ。マックス君もこの頃、社内の営業女子をコマして結婚していた。はじめはほとんど強姦のように彼女をオモチャにしたというマックス君だが、だんだんと主従は逆転、いまや彼女の支配下に置かれ、飲んでいる席でも「そう、シマさんと、ムロハシさんといて……」とか言い繕っている。このあたりの制圧力はさすがタイ人女性であった。

そんなマックス君も含めて僕以外はみんなタイ人の家族がいる。結婚生活の形はさまざまだろうが、嫁が生まれ育った国で暮らすことがいちばん自然だろう。スギヤマさんもシマくんもマックス君も、タイで伸ばした根が誰かと絡みつき、枝葉を広げて大きく育っていっている。タイという土壌に根づいたのだ。そこで新しいビジネスをはじめるなら、失敗はできない。僕は自分ひとり食っていければそれでいいが、みんなは家族を養っていかなくてはならない。

独立心旺盛なタイ人女性、プーちゃんは家族と一緒に会社をつくり経営は順調なようだったし、マックス君の彼女はステップアップを求め転職した。スギヤマさんの奥さんも昔からいろいろビジネスに手を出し稼いでくる人だ。誰もがいざとなればダンナを食わせることくらいはできるだろうけれど、日本人はそこに安心できるほど気が大きくはない。みんな、新会社にかける悲壮感のようなものがあった。

苦しかったのはライター各氏への説明だった。

誰もが驚きながらも、「とうとう来たか」という反応でもあった。そんな彼らライター陣を、僕たちは根こそぎGダイから奪う目算だった。雑誌の誇る強力な武器であり、売りは、執筆者たちなのだ。編集部で書く記事もたくさんあったけれど、それよりも採算度外視で取材をして、面白がって書いてくれるライターたちがなによりの財産だった。Gダイだから書いているんだ、お前だからつきあっているんだという書き手が何人もいた。読者の皆さんだって、俺はGダイを買ったらまずイヌマキから読む、ゴーゴーバーのページを最初にチェックする、バカ大将が載っていれば買う……という人がたくさんいた。書き手はそれぞれ固定ファンを持っていた。

その財産まるごと、こっちへ引っ越してきてもらう。雑誌の核ともいえるライター陣を失ったGダイがどうなるのか、わかりきっていた。それでも成功するためにはどんな手段でも使わなくてはならない。打倒Gダイが目標なのだ。

ライターたちは、少なくとも僕が担当していた人々は、誰もが戸惑った。「Gダイから恨まれる」と迷う人もいた。よけいな心配をさせていることに加えて、大きな問題となったのは原稿料だった。

すでにGダイからほとんど原稿料が支払われなくなっていたのだ。のらりくらりと逃げる社長を問いつめてもなお、わずか数千バーツをシブる。ひとりぶんの原稿料を勝ち取ることも困難を極め、つい社長室で声を荒げてしまうこともあった。

財政は確かに逼迫しているようで、会社がナゼか所有しているパタヤのさらに東のラヨーン県の土地が売りに出されたりもしたのだが、タイ人スタッフに聞くと、

「湿地帯でなにも建てられないし畑にもできない、誰が買うのか」

と首を傾げていた。売るならこのRSタワーのフロアではないかと思うが、それはしたくないらしい。こんな状態が続き、ライターによっては半年ぶんほどのギャラが未払いのままだった。

そして僕たちの動きはすぐ社長に察知された。すると、よけいにライターへの支払いを拒まれるようになる。予想したことではあった。「あいつらについていって独立を手伝うなら、たまったギャラの清算はしない」というライターへの圧力だった。

こちらとしては、まずGダイ側の原稿料をすべてクリアし、きれいサッパリして気持ちよく新雑誌に移ってきてほしかった。しかし現実は真逆の泥沼であった。払う払わないの押し問答は続き、なかには業を煮やして会社に乗り込んできて、社長と直談判するライターも現れた。すべては僕たちの独立問題に端を発した社内紛争だった。

それでも、結果としてすべてのライターが僕たちを支えてくれることになった。感謝しかない。これでGダイと戦える、と思ったが、こんなドタバタで、飛ぶ鳥あとを濁しまくるスタートで果たしてうまくいくのだろうかという疑念は渦巻いていた。

社内は僕たちの持ち込んだ空気でギスギスするようになった。会社の行く末を案じて辞めるタイ人も出るし、社長は僕たちに近寄らなくなった。長らく会社の経営に寄与してきたGダイの、スタッフがすべて消え去るのである。僕たちも居場所のなさを感じながら、申告した退職の日を待った。

さすがに全員が一気に辞めることは避けた。新しいスタッフを入れ換えるにも時間は必要だ。ひとりずつ順に、ある程度の間隔を開けて辞めることにした。

新しい編集長はスギヤマさんが日本で編集者だった頃の後輩で、すべての事情をわかってなお引き受けてくれるらしい。僕もGガール以下、過去のデータや取材のノウハウなどを彼に渡した。

僕たちの新しい会社はシーロムに誕生した。

暴動の傷も癒え、少しずつ旅行者や出張者も戻ってきたビジネス街。タニヤからは歩いて10分ほどの場所だ。行き来するBTSを見下ろすロケーションは気持ちが良かった。すでに退職したシマくんとマックス君を中心に準備が整えられ、机やロッカーや複合機を揃え、タイの求人サイトで総務や経理を募集し、坊さんを呼んで商売成功の祈願を行い、この新しい会社でのビザとワークパーミット取得に向けて動きはじめていた。

日本側では印刷会社やキョーハンブックスとの交渉を重ね、Gダイ時代と同じ条件で毎月の発行と印刷、流通をお願いした。雑誌の定期購読サイトや電子版の販売元とのやりとり、新しい書き手の発掘など、やらなくてはならないことは山積みだった。

そして僕たちひとりひとりが、それぞれ大きな額を会社に出資した。このシーロムのオフィスで、Gダイを越えるものをつくっていけば、投資は大きなリターンとなって返ってくるはずだ。

僕たちの新しい舞台のタイトルは「アジアの雑誌」と決まった。

そしてGダイアリー第139号をもって、僕は会社を辞めた。

ブワさんやブンちゃんたちタイ人スタッフとの別れは、やはり堪えた。会社のゴッドマザーであったブワさんに挨拶するときは、少し涙腺が緩んだ。タイ人も日本人もなく、いつも温かく接してくれる人だった。きつい取材の後に会社に帰り、ブワさんに出迎えられると心底ほっとしたものだ。この会社に勤めた日本人の全員がきっと、ブワさんに感謝をしていると思う。

世話になったのは社長も同様だ。最後はいざこざばかりであったが、なんといってもニートの僕を拾ってくれたのだ。Gダイに入ってからも僕はずいぶんと気を使われていたと思う。取材費や外注費では揉めに揉めたが、そのぶんなのかよく昇給してくれた。まあ分割払いや遅延ばかりではあったが、それでもGダイスタッフはほかの部署に優先されることが多かった。すべては社長の采配だろう。

なにかとエキセントリックな人で、ミャンマーのナゾもとうとう解けなかったし、いかにもワンマンな中小企業のオヤジであるのだが、やっぱり憎めない人なのだ。

何度も激しく言い合いをした社長室に入る。今日も葉巻の煙で充満している。僕を見ると最近は顔がこわばっていた社長も、今日はぎこちないが笑顔だった。

「ムロハシさん。これ見てください」

机からなにやら取り出したのはどういうわけだかレントゲン写真であった。

「これ、私。私の体内。シンガポールの病院でいつも定期健診してます。これ、わかりますか。どこにもおかしな影がない。健康。とても健康だと医者に言われました」

わざわざお金かけてシンガポールに行かずに、バンコクの病院でいいじゃないスか、社員は健診ひとつないのに……と思ったが、

「ムロハシさんも前よりはお酒、減ったと聞いてます。でもね、なにをするにもまず、健康であることが大事です。これからも、元気で」

にんまりと手を差し出されたとき、また僕はじんわりときた。社長と握手を交わし、およそ6年に

渡る感謝を伝えた。

ジェントルマンズ・ダイアリー。略してGダイアリー、紳士の日記。生まれたばかりの雑誌にそう命名し、アジアの生ける伝説になるまで育て上げた社長と、僕は別れた。それから総務にワークパーミットを返却し、Bビザの失効手続きを取ると、会社を後にした。

「アジアの雑誌」創刊

「アジアの雑誌」創刊を2011年7月に見すえ、慌しく準備をしていたときのことだった。

「ムロハシくん、ニュース……」

スギヤマさんにそう言われて、なにげなくヤフーのトップを見る。緊急地震速報がでかでかと踊っていた。あわててNHKをチェックする。

「午後2時46分ごろ、東北地方を中心に大きな地震がありました。震度7は宮城県北部、震度6強は宮城県中部……」

でかい。僕の実家のある埼玉でもひどく揺れているようだ。反射的に電話をかけてみるが、すでに輻輳しているのかつながらない。

ふつうの大地震ではないことは、続々と雪崩れ込んでくる大津波警報によってすぐに知れた。やがて、宮城県沿岸が濁流に襲われる悪夢のようなライブ映像がバンコクにも届いた。声も出ない。インド洋津波のときは被災者が撮影した荒れた映像ばかりだったが、それよりもはるかに鮮明な空撮で、家や橋や畑や人が刻一刻と、淡々と、津波に飲み込まれていく。

畳みかけるように、福島第一原発の危機が報じられる。だけど現実感がないのだ。ここは揺れひとつないバンコクで、外は乾季の明るい晴天で、会社の近所のライサップ市場はいま時分、近隣のOLたちで賑わっている。しかしおよそ4600キロ離れた故郷がいま、天変地異に見舞われている。とてつもない惨状をネット越しに目の当たりにして、まず思った。雑誌の創刊どころではない。

「アジアの雑誌」創刊号（2011年9月号）

どう考えたって、タイに遊びに行こうなんて人は減るだろう。企業のタイ進出も同様だ。景気全体が冷え込むことは確実なわけで、この状況下で販売と広告で生計を立てる雑誌が成り立つのだろうか。単なる震災ではないのだ。

翌日からは放射能パニックとなり、知人の記者やカメラマンは続々と福島に入った。横田さんも僕が文春にいた頃のカメラマンたちと原発に向かっているらしい。被曝しながら取材を続ける彼らを見て焦燥感も覚えたが、それよりも生まれたばかりの会社だった。なんというタイミングなのか。

最悪の船出となった「アジアの雑誌」の創刊号は、それでもよく売れた。実売は70%を大きく超えて、上々のスタートだった。ライターたちも移籍第1回目の原稿をよく書き上げてくれた。

しかし、広告は苦戦を強いられた。

新生Gダイアリーの猛攻だった。

ライターたちを奪われて、僕たち以上に厳しいリニューアルとなったGダイアリーは当初、すかすかの内容で読者からの怒りを買った。そりゃあそうだ。書く人がいないのだ。そして書店を見れば、Gダイのすぐ隣に「アジアの雑誌」が並んでおり、そちらにいままでのGダイ執筆陣が顔を連ねている。詳細なマップも特集のテイストも、かつてのGダイそのままで、しかも内容はみっちりと充実している。「アジアの雑誌」創刊号にはすべてを叩き込んだという自信があった。となれば、誰だって「アジアの雑誌」のほうを買うのだ。2号目、3号目くらいまでは、こちらが圧倒していると思った。

しかし、Gダイは大胆な方針の転換を図るのだ。ライターがごっそり抜けたことを機に、誌面を全面的に見直し、完全なる風俗雑誌へと変貌したのである。僕たちがつくりあげてきたGダイは、政治やテロなどの硬派なルポもあり、タイやアジアの文化、旅を全面的に打ち出してきた。風俗記事はよく見ればむしろ少なく、エロいところは広告だけという号も珍しくはなかった。そのスタイルを「アジアの雑誌」でも踏襲している。

しかし新Gダイは、タイ風俗の一点突破で勝負をかけてきた。

ギラギラに塗り固められ、清楚なGガールではなくケバい風俗嬢がハバをきかせる新Gダイを見て、少し悲しくなった。これが僕の愛したGダイアリーのいまの姿なのか。我が娘が苦界に落ちた気さえした。しかし、その原因をつくったのは僕たちなのである。

新Gダイは当初、読者からずいぶんと叩かれたらしい。旧G読者はどんどん「アジアの雑誌」に流れてくる。しかしそのぶん、夜遊びマニアのような人たちが新規読者としてたくさん入ってきたのだ。

彼らは旧Gダイに不満を持っていた人たちだったかもしれない、と思う。Gダイによけいなルポなんか要らない、漫画だってテーマが旅行じゃ読む気がしない、とにかく買春に特化しろよという意見は確かに一部で寄せられていた。でもそれをやっちゃあGダイじゃないだろうと思っていた。僕たちがつくっていたのはエロ本ではないのだ。

新Gダイにもその葛藤はあったろうが、彼らは生き残るために大きな決断を下した。そしてその戦略は、正しかった。

広告主は、「アジアの雑誌」ではなく新Gダイを選ぶようになっていったのだ。とくにマッサージ、ゴーゴーバー、クラブなどの風俗店である。広告主からすれば、誌面がエロ路線のほうが助かるのだ。ターゲットとしての読者がより明確になる。僕たちがつくってきた旧Gダイの読者は、風俗に興味がない人もたくさんいた。風俗という文化に面白さを感じていても、実際に遊びに行くわけではないという タイプも多かった。しかし風俗に特化した新Gダイを手に取るのは、タイでがしがし夜遊びをしたい人だろう。そこへ広告を打てば、この震災後の不況下でも効果が見込める。

新Gダイは次々と広告とタイアップした企画を打ってきた。それに僕たちが確保していた広告主の切り崩しも進めていく。こちらがライターを根こそぎ奪ったように、彼らは広告主を僕たちから引き剥がしていった。広告のダンピング合戦もあり、なんだか消耗戦の様相を呈してきたところに、両軍に大打撃を与える出来事が起こった。

大洪水がタイの全土を覆ったのであった。創刊年の10月、東日本大震災に続けての、まさにダブルパンチだった。

この雨季は確かにひどい雨だった。台風がいくつもインドシナ半島に上陸し、チェンマイから南部まで大雨をもたらし、ダムをあふれさせた。そして中部平原の水を集めるチャオプラヤー河は満々と、各所で決壊しながら下流に流れこんできた。

世界遺産アユタヤは洪水に消えた。この街の周囲には、多数の日系製造業が操業している工業団地がずらりと並ぶ。このほぼすべてが濁流に没したのだ。度重なる政治危機に加えて、洪水と来て、日系企業のダメージは計り知れなかった。やがてドンムアン空港も沈み、日本でも大きく報じられると、観光客もビジネスマンもバンコクにはやってこなくなる。デモ隊ではなく今度は、工業団地を破壊し化学物質を大量に含んだ汚染洪水がバンコクの四方を取り囲んだのだ。

コンビニやスーパーでは買い占めが起きる。水が品薄になり、ミネラルウォーターをボッタクリ価格で販売する悪徳業者も現れた。駐在員もどんどんバンコクから逃げ出し、雑誌はまったく売れないのだが、それでもGダイとの耐久戦は続いた。毎日毎日シマくんと洪水の現場に出かけて取材し、週刊誌に売りつけてはその原稿料を「アジアの雑誌」の運営に回した。すでに僕たちは予算に困窮し、給料は当面半額と決めてはいたが、取材費や外注費に事欠くありさまとなっていた。

これじゃあ、僕たちがやめる頃のGダイと同じじゃないか。ライターたちに原稿料を催促されて、申し訳ないのだがと頭を下げる日々。だいたい彼らはGダイとも紛争を抱えさせられている。僕たちのせいでGダイの原稿料は不払いが続いている上に「アジアの雑誌」でも出ない。生活に困っている人はいないとはいえ、信義の問題だった。

どうなっているのかと問い詰められて、僕には答える言葉がなかった。この頃、弊社の社長すなわちスギヤマさんは金策に回り、ほとんど出社をしていなかった。原稿料について聞ける雰囲気ではない。そこで僕は貯金を切り崩してライターの原稿料にあてることにした。幸いにも日本の雑誌やネット記事の仕事はあれこれとあり、給料が出ずとも十分に暮らしてはいけた。

しかし、なぜスギヤマさんはなにも話してくれないのか。たいへんな状況だということはよくわかっている。それなのに相談もなく、ひたすらになにか出資者たちと走り回っている。編集者としての仕事はほとんどできていないようで、スギヤマさん担当ライターの原稿が無言で次々と転送されてくる。だからほぼ僕ひとりで「アジアの雑誌」を編集する状態になっていた。

部下に余計なことは言わない。心配はかけない。それがGダイの頃からのスギヤマさんの考えだ。よくわかっている。でも、場合が場合だろう。このままでは雑誌は、会社はもたないのだ。このディスコミュニケーションもまた、Gダイ時代に社長たちに抱いた不満と同じじゃないか。

だんだん僕は自暴自棄になっていった。編集長とほとんど連絡がつかない。給料はなし。取材は自腹、外注ライターの原稿料も自腹。誌面についての打ち合わせもない。シマくんもマックスくんもふさぎこんでいる。だったらもう、好き勝手につくってしまえ。

僕は趣味に走った。誰からも需要がないであろうインドのド辺境に行ってきて、きわめてマニアックな旅行記を書き飛ばした。カンボジアの僻地をバイクでかっ飛ばし、やはり勝手紀行を載せた。読者の需要を無視してハチャメチャな誌面にしてしまうのはGダイの頃からの伝統芸ではあるのだが、僕の場合は旅オタクのマスターベーションであって、ぜんぜん人気も出ない。

そこで風俗記事をがんばってみても、広告主はエロに特化した新Gダイに集まってしまっており、あまり効果はない。記事で広告を呼ぶこともできない。僕の原稿はお金にならないのか……。

僕はGダイのときも「アジアの雑誌」のときも「エロからテロまで」と、その誌面の雑多さを誇り、偉そうに吹聴していた。しかしそんな贅沢なつくりが許されたのは、売上と広告に恵まれていたからなのだ。僕はしょせんGダイの先達たちがつくりあげてきた土台の上であぐらをかいていたに過ぎないと、ようやく悟った。なにがアジアの伝説か。

雑多な誌面のなかにもスジが通っていたかつてのGダイと違って、「アジアの雑誌」はどうこねくりまわしても、ばらばら感が拭えなかった。記事ひとつひとつは質が高かったようにも思う。ライター諸氏も不満を抱えながらいいものを上げてくれた。その素材を調理するこちらの腕が足りない。雑誌に魂を入れ、芯を通すのは、僕には荷が重すぎた。しょせん僕は一兵卒に過ぎなかったのだ。

あらゆる意味で、限界だった。

「アジアの雑誌」は23号（2013年7月号）をもって、休刊となった。

僕たちの新しい会社は、わずか2年ほどで解散した。Gダイとの生き残り競争は、僕たちの惨敗だった。ケンカをふっかけ、書き手を根こそぎ引っこ抜いて、それでも負けたのだ。情けなかった。だけど、これが現実だった。

今度こそ、帰ろう。

敗残感にまみれて、僕はそう決めた。凱旋ではない。タイで会社をひとつつぶし、日本に逃げ帰るのだ。

それにしても、だ。

Gダイスタッフが束になってかかっても、Gダイアリーは倒れることはなかった。形を変え体裁を変えスタッフを変えて、時代やタイの政権がどうあろうと、廃刊の危機を何度も越えて生き延びる。あのエネルギーとしぶとさはなんなんだろう。

僕たちはGダイそのものが持つ生命力の前に、敗れたのかもしれない。

夢破れて……

爆散した「アジアの雑誌」とともに、僕たちスタッフはちりぢりとなった。

いち早く人生を立て直したのはマックスくんだ。彼は英語力を生かして日系の商社に転職した。シマくんはGダイの先輩が興した会社から引き合いがあったが、どうにも悩んでいるようだった。「アジアの雑誌」に広告を出してくれていた人々に対する申し訳なさもあっただろう。

僕は僕で、書き手の皆さんに謝り、言い訳を並べ立てる胃の痛い日々を過ごした。あんなに大見得切って、Gダイを越えるとか言っておいて、たった2年でこのザマかよ。誰もはっきりそうとは言わないが、殺伐とした空気は伝わる。針のムシロのごとき毎日に耐えかね、久しぶりに酒量は増えた。

ワーパミを失い、再び在タイ無職に落ちぶれた僕は、シマくんとともにホイクワンの安食堂で飲んだくれていた。このあたりにはおんぼろのアパートが立て込み、夜のお姉さんたちがたくさん住んでいる。住民のけっこうな部分を占めるタニヤ嬢やゴーゴー嬢やそのヒモたちのライフスタイルに合わせ、彼らの仕事が終わった深夜1時くらいから朝にかけて街は活気づくのである。安い飲み屋やイサーン料理屋にも事欠かなかった。というのも、「アジアの雑誌」にも広告を出してくれていた「いろは」や「もりもり」に顔を出すのは気が引けたのだ。

「そういえば、チョンプーやっぱり男に逃げられたらしいよ」

ビアシンのグラスを飲み干して、シマくんが言う。やっぱりか。僕が「アジアの雑誌」の忙しさと、悪い方向に向かっていく流れを止められない焦りのなかで、チョンプーを相手にしなくなっていたのだが、その間に彼女はタイ人の男と付き合い、久しぶりに会ったときはお腹が大きくなっていたので仰天した。相手は誰よと聞いたのだが、バチが悪そうに「どっか行っちゃった」と寂しそうに笑うのであった。

「男にヤリ捨てされてシングルマザーになって、子どもはイサーンの実家に預けてバンコクでそのまま働く。典型的だけど、昔から知ってる子がそうなっちゃうと考えるよね」

なんて他人の心配をしている余裕はないのである。世間では、といっても在タイ日本人社会と、アジア旅行ファン、アジア風俗マニアという狭い世界ではあるが、「アジアの雑誌」の轟沈は大きな話題となっていた。なぜ突如としてGダイに反旗を翻した挙句、2年で潰れて消え去ってしまったのか。スクンビットの居酒屋でも、SNSやネットの掲示板でも、あることないことウワサが飛び交っていたが、話はシンプル、つまるところゼニ金の問題だった。

不透明な財政に、何年もずっと不満を抱えていたから、みんなでGダイをやめた。そして新しい媒体をつくってはみたが、売り上げも広告も伸びず、生活ができないので手を引いたのだ。

「アジアの雑誌」は、なにもかもが、びっくりするほどうまくいかず、驚くほどの勢いで坂道を転がり落ちていった。そして僕は、社内のゴタゴタや債務や、「アジアの雑誌」休刊の恥も屈辱も、すべてスギヤマさんにひっかぶせる形で退社したのだ。

それから僕がスギヤマさんと再会し、わだかまりはありつつもまた一緒に飲めるようになるまで、およそ3年の月日を必要とした。その間スギヤマさんは抵当に入れた自宅を失い、一家はたぶん僕の想像もつかない苦労をした。

だがスギヤマさんも僕も、「アジアの雑誌」編集部はあくまで加害者である。ライターたちのなかにも、いまだに支払いをしてもらっていない人が何人もいる。Gダイ時代のギャラも未払いなのだ。僕の担当ライターは個人的に清算したが、それでも、当時の編集部に納得いかない思いを抱えている人は多い。

Gダイ、その後

一方のGダイは、しぶとかった。

僕たちが去った後、数年は買春情報誌のようになってしまっていて、風俗店の広告は集まったが、「それでいいのかGダイよ」という声は強かったようだ。

そんな誌面を一新し、改革に着手したのは、3代目の編集長・西尾康晴さんだった（2013年8月に就任）。西尾さんが精力的に動き、タイに住む新しい世代の日本人をどんどん巻き込んで、再び活気ある、そして風俗だけではない誌面をつくりあげていった。ぼろぼろになったGダイに、また魂を吹き込んでくれたのである。

西尾さんはその後、僕にも「なにか書きませんか」と声をかけてきてくれた。Gダイと「アジアの雑誌」の過去のいきさつはどうであれ、僕と西尾さんの間にはなんの諍いもないのだ。またGダイに書けると思った。ムロハシは節操がなさすぎると叩かれもしたが、僕にとってGダイは特別な、思い入れある雑誌なのだ。「アジアの雑誌」がなくなってしまったならば、なおさらGダイには生き残ってほしい。アジアが好きな書き手と読み手にとって、Gダイはいまやただひとつ残った受け皿なのだ。

僕は西尾さんのGダイに、タイ国境をめぐるマニアック紀行だとか、ベトナムからタイまでインドシナ南部経済回廊を旅する話（これは記念すべき第200号に掲載された）などを書き、また外注ライターとして関わるようになっていった。僕のほかにも小林ていじ君など「アジアの雑誌」に移った何人かのライターが、Gダイに復帰した。

その間、シマくんはかねてから誘いのあった会社に就職を果たし、3人の子宝に恵まれた。イヌマキは変わらずエネルギッシュに生きている。タイ人のダンナと旅行関係の仕事をしており、Gダイ時代のように記事を書く機会はあまりないようだ。

つかさちゃんはその後、紆余曲折あった。それこそ本一冊にできるくらいの物語なのだが、日本を経て彼女はいま東南アジアの某所に住んでいる。結婚をし、カタギの仕事についている。ときどきはバンコクに遊びに行くと聞く。

春原承氏も横倉長州氏もバンコクを離れ、それぞれ別の任地で働いているが、やはりアジアから足は洗えないようだ。

カメラマンの猫巻トオル氏はバンコクでジャーナリストとしての仕事を続けている。タイで大きな出来事があるたびに、きっと陰で動いているのだろう。いまも僕がタイを取材したり記事を書くときにアドバイスをもらっている。

「タニヤのドン」増崎さんはお亡くなりになった。火災による不慮の死だった。僕たちも葬儀に出かけたが、参列者の誰かが「タニヤのひとつの時代の終わりだね」とつぶやいたことが忘れられない。

キタカタさんもすっかりお父さんで、自ら興した会社を運営している。やはり僕のアドバイザーであり、取材に協力してくれたことは数知れない。

そういえば「もりもり」のジューンはカラオケ嬢になってしまった。日系居酒屋から日本人向けカラオケに移っていくのはよくあるコースなのだが、上京したての頃から知っている彼女の転身はなんだか複雑だった。「遊びに来てね」と言われたが、足が向かずにいる。

デザイナーのミネタさんは独立して起業し、シーラチャーで日本語フリーペーパーを立ち上げた。タイ人の奥さんとともに発行を続けている。僕もお手伝いさせてもらうことがある。

「アジアのバカ大将」柚平幸紀さんは漫画を描くことは減ってしまったが、ときどきアジアを旅して回っている。

突破記者3名も健在だ。梅ちゃんもサトーンけいたろう君も引き続きバンコクで暮らしている。小林ていじ君は悲惨なことにタイ人嫁に浮気され離婚、さらに子どもの親権も奪われ孤独となってしまった。日本に帰りついたいまは、各地を流浪しながら、ネットカフェ難民のような暮らしを送り、なんと地道に小説を書き続けている。これが読ませる内容なのだが、「誰も見向きもしてくれない」と嘆いている。興味のある方は彼の名前でググッてみてほしい。

僕たちを支えてくれたタイ人のスタッフも、それぞれ職場を移っていったが、フェイスブックで近況を伝えてくる。みんな元気そうだ。ブワさんは年齢もあってか体調がおもわしくなく、故郷のムクダハンに帰ったと聞いた。いつか遊びに行きたいと思っている。

下川さんは旅行作家としてなお活躍中だ。苦境に陥ったスギヤマさんに手を差し伸べ、なにかと助けているようだ。Gダイアリーの陰の立役者は下川さんだろうと思う。

バンコク週報とGダイアリーは完全に分離し、いまではまったく別の組織となっている。どちらの会社にも、僕がいた当時から在籍する人はもう数えるばかりだ。

さらばバンコク

そして2014年1月。僕は、スワンナプーム空港にいた。

日本に帰国する当日を迎えていた。空港には、シマくんとマックスくんが見送りに来てくれた。10年を過ごしたタイを引き払うのだ。

考えてみれば、30代のすべてをタイに捧げたことになる。ひと言で言うならそれは、遅れてきた青春であったのだ。相棒や仕事仲間とタイを飛び回り、ジェットコースターに乗っているような、夢を見ているような感覚で月日が乱れ飛んでいく。

その暮らしが結局は楽しくて仕方がなかったのは、Gダイアリーという最高の職場にいたこと、そしてなによりタイ人のつくる緩くて穏やかな空気に包まれていたからだ。たいていのことはマイペンライ（大丈夫）と笑ってやり過ごす。屈託のない、気の置けない笑顔。どんなに仕事が慌ただしくても、なんとかなるさと思わせてくれる。追い詰められることがない。イイカゲンさにため息をつくことも多いけれど、生きやすい社会だと思った。だからこそ、Gダイスタッフとして思う存分、暴れられたのだ。

下を向いて、逃げてきたはずのタイだった。それから10年、僕はいくらか前を向けるようになった。あのときもいまも、明日が見えないことに変わりはないけれど、なんとかなる、どうにかなるさと思えている。

タイとGダイアリーがくれたその気持ちはきっと、この夢が覚めても変わらないだろう。

あとがき――Gダイアリーは死なず

２０１６年の6月頃だった。僕はバンコクで、Gダイ編集長の西尾さんと飲んでいた。日本に帰国後も、幸運なことにアジアの記事を書く機会に恵まれ、タイもたびたび訪れていた。

そのときはタイからラオスに入り、中国・雲南省のシーサンパンナまで取材しながら北上する予定だった。シーサンパンナはタイ族の故郷ともいわれている。いまもタイの文化がかろうじて残り、年配の方は古タイ語とでもいうような言語を話すという。そんなことを西尾さんに話すと、

「ぜひGダイでやりましょうよ！」

と言っていただき、僕はGダイアリー第２０４号に「中国雲南省・シーサンパンナを旅して」という記事を書いた。Gダイの母なる国タイの、そのまた故郷なのである。気合いを入れて取材し、自分が在籍していた頃を思い出し、熱を込めて書いた。

その号をもって、Gダイアリーは長い歴史にひとつの区切りを打った。紙媒体としての休刊を発表したのだ。雑誌文化の衰退の波はバンコクにまで押し寄せていた。印刷費や流通費用を賄えるだけの力は、もうGダイアリーに残されてはいなかった。

それでも１９９９年から続いたのである。よくもったほうだと思うのだ。雑誌を生き物と考えれば、17年という寿命は大往生ではないだろうか。僕はその生命体の、青年期から壮年期あたりまで（第77

号〜139号）、内部スタッフとして関わったことになる。

これだけ長く続いたのは、雑誌がある種のおかしな熱を発していたからだと思う。本当に生き物のようだった。

そんな雑誌があったこと、しかもタイ・バンコクから発信していたことを、どうにかして後世に残したい。その思いから僕は本書を書きはじめた。あの白昼夢のような、熱に浮かされた毎日を、Gダイスタッフとして過ごした月日のことを伝えたい。そして熱狂的に支持してくれた読者の皆さんに、当時のちょっとした裏話を知ってもらいたい。

とはいえ、だ。「アジアの雑誌」の独立から轟沈に至るまでのいきさつは、はっきり記述できないことがたくさんあった。関係した人々の傷はまだ生々しく、しこりは残ったままだからだ。

それでもGダイのバックナンバーを改めて読み返しつつ書いていくと、その面白さに我ながら唸った。よくもまあ、これだけむちゃくちゃでエネルギーあふれる誌面をつくっていたものだ。雑誌文化のほんの片隅かもしれないが、僕たちはしっかり存在感を示せたと思うのだ。

そしてGダイは死んではいない。

ウェブ版だけになったが、まだ生き残っている。満艦飾のナイト情報のなかに、タイの文化や旅や世相の情報も盛り込まれている。単なる風俗サイトではない。Gダイイムズは健在なのだ。

そんなGダイを産み育て、僕がやや遅い青春を過ごしたバンコクでは、日本人社会がまだ膨張を続けている。いまや在住邦人は7万人を超えた。この地に夢を賭け、あるいは日本に疲れて、やってくる人が後を絶たない。バンコクは、日本人が気軽に夢を見られる街なのだ。僕も日本の暮らしに行き詰まったら、またタイに舞い戻るだろう。

心からそう思える、第二の故郷とも感じられる場所を与えてくれたタイの人々、Gダイアリーの制作に関わったスタッフとライターたち、そしてGダイアリーを手に取ってくださった多くの読者の皆さま、本当にありがとうございました。

２０１９年10月　タイ・パンガン島にて

※本書に登場する人物名・店名の一部は仮名です。
また本書の記述は、現在のバンコク週報インターナショナル社とは関係がありません。
構成の都合上、出来事の記述は時代が前後している箇所があります。

タイとGダイアリーの歴史

1999年

1月○Gダイアリー創刊
3月○ムエタイの人気オカマボクサー・パリンヤー選手が性転換して芸能界入りすることを表明
6月○86年に発生した美少女殺害事件で「パッポンのゴッドマザー」と呼ばれるスウィブン・パッポンパニット被告に無罪判決が言い渡される
8月○ブルネイで行なわれたスポーツの祭典「第20回東南アジア大会（シーゲーム）」でタイは参加国中で最多の金メダルを獲得
10月○ミャンマー人過激派がバンコクのミャンマー大使館を占拠
11月○日本で児童買春・ポルノ処罰法が施行。日本国外で18歳未満の子供を買春した場合も、日本の法律で裁かれるようになる
12月○BTS（高架鉄道）開通
○タイを訪れる日本人観光客が年間100万人を突破
○在タイ邦人2万1400人（在留届提出者のみ）

2000年

1月○Gダイアリー、雑誌コード申請も低俗すぎる内容のため却下される
3月○レオナルド・ディカプリオ出演の映画『ザ・ビーチ』公開。タイ南部の美しい自然を求める旅行者が増えるが、撮影時に環境破壊があったと問題になる
○97年10月に発効した新憲法下での初の国政選挙となる上院議員選挙の投票が行なわれる
5月○ジュライロータリーで砲弾を解体しようとした廃品店従業員が爆死
7月○バンコク都知事選。国民の力党サマック氏が圧勝
9月○シドニー五輪で重量挙げのゲサラーポーン・スダー選手が銅メダルを獲得。タイ人女性初のメダリストとなる
○第1回タイ・フードフェスティバルが東京・代々木公園にて開催
11月○チュアン首相、下院を解散
○Gダイアリー、月刊化

2001年

1月○下院総選挙。タイ愛国党が圧勝。党首のタクシン・シナワット氏、首相に就任
2月○Gダイアリー、雑誌コードを申請するも下品すぎる内容のため却下される
3月○タクシン政権、18歳未満の青少年が午後10時以降ナイトスポットへの立ち入ることを禁止すると発表
○タクシン首相が搭乗する予定の飛行機が爆発
4月○カンチャナブリ県で、旧日本軍が隠した財宝が発見されたと騒動が起こる
5月○チャイナタウンで「ロリコンのアイドル」と呼ばれ売春を強制されていた11歳の少女が保護される
6月○サイアムホテルのコーヒーショップが摘発される。フリーの売春婦20名を逮捕
7月○チェンマイでハーレム生活を送っていたことが問題となり国外追放処分を受けていた玉本氏が、偽造パスポートでタイに入国したところ逮捕される
8月○ナイトスポットの深夜営業規制が徹底化される
9月○チャトゥチャック公園で凶暴な犬が52人次々と噛む
10月○ワールドカップ予選試合のタイ—バーレーン戦が火事で中断
11月○ルンピニー・ナイトバザールがオープン
○タクシン首相、訪日。小泉首相と会談
12月○映画「ハリーポッター」が公開。タイ全土の映画館で長蛇の列ができる
○外国人旅行者数が年間1000万人を突破
○アメリカ同時多発テロが経済、観光に打撃

2002年

1月○バンコク郊外で象2頭と野良犬数匹が乱闘、野良犬が勝つ
2月○ソルトレイク・オリンピックにてタイが初の冬季五輪に参加
3月○円谷チャイヨー社、ウルトラマン原画使用権をネーショングループに譲渡
4月○伊勢丹バンコク店が開店10周年を迎える
5月○アサヒビールの「スーパードライ」がタイで発売を開始
6月○日韓ワールドカップ。タイ国内ではサッカー賭博の加熱が問題となる

7月○JAL（日本航空）、バンコク―東京路線を1日3便に増便
8月○タイ初の国産ゲームソフト「マジカル年代記」が発売
9月○パタヤで発生した銀行強盗事件で、洋上に逃亡していたロシア人3人を逮捕
10月○イギリスの旅行専門誌の調査で「長期バカンスで滞在したい国」としてタイがオーストラリアに次いで2位にランクイン
11月○歌手の浜崎あゆみが来タイ。ウボンラタナー第一王女と謁見
12月○タイのスラムの子供たちに援助を続けていたシアトル・マリナーズの佐々木主浩投手に、タイ外務大臣が感謝状を授与
○深南部3県でのテロ活動が活発に
○イースタン・シーボードが工業団地として急成長。シーラーチャーの日本人歓楽街としての開発が進む

2003年

1月○タイの女優が「アンコールワットはタイのもの」という発言をしたとカンボジアの新聞が誤報。これをきっかけに両国関係が悪化。プノンペンのタイ大使館が放火され炎上するなどの騒動となる
2月○スクンビット・ソイ10の「スクムビット・スクエア」で、バー、土産物屋など約200軒が事前通達なしに取り壊される
○プラチャイ副内相がバンコク都内のマッサージパーラー「モナリザ」「プラザ」「ポセイドン」などを警官隊とともに抜き打ちで視察
3月○タイ初の国際ブックフェアが開催。ノーベル賞作家の大江健三郎氏が来タイ
4月○ソンクラン最終日のタニヤ通りで、泥酔したタイ人の男が拳銃を発砲
5月○ソープランド王チューウィット・ガモンウィシット氏がスクムビット・スクエア事件で逮捕
6月○沢井鯨が「ブラックマネー詐欺」のおとり捜査に協力、アフリカ人容疑者の逮捕につなげる
7月○北朝鮮からの脱北者10人がバンコクの日本大使館に駆け込む
○チューウィット被告が、警察の不正や風俗業界との癒着などを克明に記述した暴露本を出版
8月○プラチャイ副首相が「風俗目的の観光客はタイに来なくていい」と発言、ナイトスポットに対する取締りが強化される
9月○タイ国日本人会が発足90周年を迎える
10月○アジア太平洋経済協力会議（APEC）首脳会議がバンコクで開催される
11月○日本人の客室乗務員がタクシー運転手に撃たれ重傷
12月○Gダイアリー、雑誌コードを申請するも、谷口狂至の記事が雑誌流通関係者を激怒させ却下される
○経済成長率6％を超える好景気
○新型肺炎SARS

2004年

1月○Gダイアリー、念願の雑誌コード取得
○タイ厚生省、鶏インフルエンザの人間への感染を確認と発表
2月○タイ・エアアジアが就航
3月○カオサン通り、石畳敷きの通りに化粧直し
4月○Gダイアリー本部、ラチャダーピセーク通りに移転
5月○由紀さおり&安田祥子、初のバンコク公演
6月○フィリピンで暗躍する人々をルポした沢井鯨の記事を読んで激怒したマニラ在住日本人に手を回され、Gダイアスタッフのフィリピン渡航に障壁が発生する
7月○バンコクに地下鉄が開通
○タイ航空傘下の格安航空会社ノックエアーが就航
7月○ムエタイバトル映画「マッハ!!!」が日本公開、大ヒットとなる
8月○アテネオリンピックで、タイは8個のメダル（金3、銀1、銅4）を獲得
9月○バンコク都知事選。民主党のアピラック氏が勝利
○オリエント・タイ航空機、通常ルートを逸れて東京タワー

にニアミス

10月○第1次Gダイアリー廃刊危機。「女子大生の制服を脱がしたい」という記事がタイのお役所の逆鱗に触れる

11月○元ソープランド王・チューウィット氏、チャートタイ党副党首に就任

12月○インド洋巨大地震・津波。タイもプーケット、ピピ島、カオラックなどで1万人の死者、行方不明者を数える

○Gダイアリー創刊50号を迎える

○Gダイアリー50号記念パーティーが挙行される

○タイ在住邦人（在留届提出者のみ）がはじめて3万人を突破

○日本茶が爆発的な売れ行きを示す

○タイ深南部のテロ活動、無差別化・残虐化が進む

2005年

1月○津波被害の支援、復旧に向けてタイ国民の輪が広がる

○地下鉄が衝突事故。200人以上の重軽傷者を出す

2月○下院総選挙。タイ愛国党が圧勝、チャートタイ党から出馬したチューウィット氏も当選、風俗業界との絶縁を宣言

3月○第2期タクシン内閣発足

○プーケット沖合で定員オーバーのフェリーが転覆、10人が死亡

4月○8番らーめん、タイで50店舗達成

5月○エアアジアなど格安航空会社も燃油サーチャージの徴収を開始

○第2次Gダイアリー廃刊危機。広告に女子大生の制服姿の写真を掲載したことがタイのお役所の逆鱗に触れる

6月○サッカーワールドカップ・アジア最終予選の日本対北朝鮮戦の無観客試合がバンコクで行なわれる

○谷垣生の小説『バンコク楽宮ホテル』の舞台となった楽宮旅社が閉鎖

7月○テロが激化するタイ深南部に対して非常事態宣言が発令

8月○日本政府、クロントイスラムの支援を発表

9月○ラチャダーピセークに開店予定だったマッサージパーラー「エライナ」がオープン10日前に営業許可を取り消される

10月○タニヤプラザの新館「BTSウイング」オープン

11月○チェンマイに世界最大のナイトサファリがオープン

12月○大型商業施設「サイアム・パラゴン」がオープン

2006年

1月○市民デモ隊、タクシン首相の退陣を求め政府庁舎に乱入

2月○タクシン首相一族が株式売買で上げた巨額の利益に対して、課税が正しく行なわれていなかったとされる問題に端を発し、反政府集会が激化する

3月○日本国パスポートがICチップ内蔵型に切り替わる

4月○タクシン首相の下院解散を受け下院総選挙が行なわれる。野党の選挙ボイコット、膨大な棄権票、愛国党の支持票の急落を受けてタクシン氏は首相就任を断念

5月○総選挙をやり直すことを発表

○犬巻カオルが「ライブドア」を叩く原稿を発表。あやうく告訴されかける

6月○プミポン国王陛下即位60周年

7月○米国の旅行雑誌「トラベル&レジャー」の調査で、バンコクがベスト観光地部門の第3位に選ばれる

8月○タイ深南部の4県139か所で、広域同時テロ事件が発生

9月○第3次Gダイアリー廃刊危機。「ベッドの上から観たタイVSミャンマー」という記事がタイのお役所の逆鱗に触れ、廃刊と社員の強制送還を通告されるも、クーデターでうやむやになる

○クーデター勃発、タクシン政権崩壊

○スワンナプーム新国際空港が開港

10月○軍部主導の暫定政権が発足

○ノービザ滞在が、初入国6か月間で合計90日までと制限される

11月○在バンコク日本大使館がルンピニーに移転

12月○大晦日から翌年1月1日未明にかけ、バンコク都内9か所で同時爆破テロ。3人が死亡

○タイ在住邦人（在留届提出者のみ）がはじめて4万人を突破

2007年

1月○チェンマイで開催中の国際園芸博で「ジャパンフェスティバル」が行われる

2月○第2回日本語スピーチコンテストの優勝者が、壇上で「体は男、でも心は女」とカミングアウト

3月○ドンムアン空港が国内線専用空港として再開

4月○「モスバーガー」バンコクに初出店

5月○ニューハーフの美人コンテスト「ミス・ティファニー」が10周年を迎える

6月○タクシン前首相、拓殖大学の客員教授に就任する

7月○日系企業にもバーツ高の影響が出はじめる

8月○新憲法草案が国民投票で承認される

○**「ゴーゴーバーマップ」ライター羽井根健太郎氏がバンコクで偽1万円札を掴まされ、帰国した日本でさんざんな目に遭う**

9月○プーケット国際空港で格安航空会社ワンツーゴーのOG269便が着陸に失敗し炎上、外国人観光客56人を含む90人が死亡

10月○サイアムキリンビバレッジ、無糖本格緑茶の販売を開始

11月○日タイ経済連携協定（JTEPA）が発効

12月○下院総選挙。タクシン派の「国民の力党」が勝利

○バーツ高が進む

○日タイ修好宣言の調印120周年を記念して、日本・タイ双方でさまざまなイベントが催される

2008年

1月○女性客室乗務員の恋愛バトルを描いたドラマが、その内容と過激なコスチュームで批判を受ける

2月○Gダイアリー創刊100号を迎える

○**Gダイアリー100号記念パーティー開催**

○空調設備のある店での全面禁煙が施行

○連立政権が発足。「国民の力党」党首のサマック氏が首相に就任

4月○タイで初となる日本人高校が開校

5月○Gダイアリー社主がミャンマーでサイクロンに巻き込まれる

5月○日本人男性がナナプラザのゴーゴー嬢を殺害後に自殺する事件が発生。Gダイアリー編集部マックス記者が記事にする

6月○サッカーワールドカップ・アジア3次予選の日本対タイ戦がバンコクで行なわれ、在タイ邦人2万人以上が観戦に訪れる

○カオプラヴィハーン遺跡の世界遺産登録を巡り、タイとカンボジアが対立

7月○タクシー料金が16年ぶりに値上げされる

8月○タクシン氏、イギリスに亡命

○「外こもり」の日本人が事件に巻き込まれ殺害される。現場はGダイ編集部のそば

11月○反タクシン派がスワンナプーム空港を占拠

2009年

1月○エカマイ通りの人気クラブ「サンティカ」で火災。日本人1名を含む67人が死亡。Gダイアリーは現場で心霊写真の撮影を行い、批判される

4月○タクシン派のデモによりASEAN（東南アジア諸国連合）の会議が中止に

8月○バンコク・エアウェイズがサムイ島の空港着陸時にオーバーラン事故

8月○トヨタがタイでハイブリッド車の生産を開始

10月○「ばんこく接待講座」増崎義明氏が死去

2010年

3月○プロンポンに大型ショッピングモール「Kビレッジ」開業

4月○タクシン派のデモ取材にあたっていた日本人ジャーナリストが銃撃され死亡

5月○バンコク各地を占拠したタクシン派デモ隊を軍が武力鎮圧。100名以上の死者を出す。猫巻トオルが巻き込まれ、すんでのところで被弾をまぬがれる。セントラルワールドが炎上

8月○エアポートリンク開業

2011年

3月○Gダイアリー旧スタッフ退社。誌面リニューアル

7月○タイ総選挙。タクシン派が勝利。タクシン氏の妹（美熟女）インラック氏が首相に就任

○**「アジアの雑誌」創刊**

9月○ユニクロ・タイ1号店がセントラルワールドに開店

10月○アソークに大型ショッピングモール「ターミナル21」が開業
10月○タイ大洪水。日系企業が多数入居する工業団地が軒並み壊滅。インラック氏が責任を問われて泣く

2012年

3月○日タイ両国首脳は「戦略的パートナーシップ」に関する日タイ共同声明を発表
4月○ナイトバザール「アジアティーク・ザ・リバーフロント」開業
6月○皇太子殿下（徳仁天皇陛下）がタイを訪問
7月○大型ショッピングモール「ゲートウェイ・エカマイ」開業
10月○タイ航空が札幌に就航
○在タイ日本人が5万人を突破

2013年

1月○安倍総理が就任後初の外遊先のひとつとしてタイを訪問
5月○「アジアの雑誌」廃刊
8月○ミャンマーがタイとの陸路国境を外国人にも開放
9月○パッポン通りで路上強盗、タイ人ガイド2人が逮捕
10月○タクシン元首相と安倍首相が東京で会談
11月○24億円の使途不明金を出した厚生年金基金の男が国際手配され、タイで逮捕される
○国際司法裁判所がタイとカンボジアが領有を争うクメール遺跡カオ・プラウィハーンについて、カンボジア領であるとの判決を下す
12月○訪日外国人観光客がはじめて1000万人を超える。記念の1000万人目はタイ人夫妻
○インラック首相、下院を解散
○タイ人観光客に対し日本はビザなし入国を認める

2014年

1月○反タクシン派が「バンコク・シャットダウン」と称して都内各所を占拠
2月○下院総選挙
4月○ソイ・カウボーイの人気ゴーゴーバー「バカラ」で火災
5月○軍部によるクーデター発生。プラユット陸軍総司令官が首相に就任
9月○タイで日本人男性が19人の子どもを代理出産でもうけていたことが明らかになる
9月○LCCエアアジアXが成田・関空に就航
9月○バンコク在住日本人男性バラバラ殺人事件
10月○「アジアン王」休刊。以降は「アジアン王国」となる
12月○セクシー女優・蒼井そら出演のタイ映画「ファイン・サンキュー・ラブユー」が公開
○在タイ日本人が6万人を突破
○訪日タイ人観光客が50万人を突破

2015年

7月○セクシースポーツバーのアメリカ「フーターズ」がバンコク、プーケット島、サムイ島に進出
8月○バンコクのパワースポット、エラワン廟で爆弾テロ発生。145人が死傷する
○日本のテレビ局バンコク支局長の男性が、タイメディアのLINEグループに自らの性器写真を投稿、大炎上する
○北部チェンマイで象が暴走し象使いを殺害
10月○シーラチャーにイオンモールがオープン
12月○アセアン経済共同体（AEC）が発足
○タイを訪れた観光客が2950万人と過去最高に達する

2016年

1月○日本人に人気のタイ双子アイドル「ネコジャンプ」の妹ヌーイがタイ版プレイボーイでセミヌードを披露
8月○BTSの新路線パープルラインが開業
8月○タイ南部のホアヒン、スラーターニー、プーケットで爆弾事件が発生
9月○Gダイアリー、204号をもって紙版の休刊を発表
10月○プミポン国王が崩御
○バンコク各地で屋台街の撤去が進む
○「ナタリー」「シーザー」「アムステルダム」など人気のマッサージパーラーが軒並み閉鎖
○在タイ日本人が7万人を突破

Gダイアリー 特集とおもな連載

創刊号（**1999年1－2月号**）

●カンボジア7月騒動のあと 取材・文／鳥川学●ミャンマー珍道中初体験ドタバタ騒動記 写真・文／臼井秀利●山崎つかさのバンコク日記●チェラドン雌狐物語 文／犬巻カオル

第2号（**1999年3－4月号**）

●スリランカ セイロン畑の娘に惚れ、ゴルフ場マネージャーに激怒する 写真・文／臼井秀利●激動のマカオでジャパニーズカジノ!? 写真・文／赤出古祐一●バンコク競馬に行こう 写真・文／トリ●編集部無責任不定期特集 パッポンへの道

第3号（**1999年5－6月号**）

●アジアのおバカな歩き方 ハノイから昆明へ 文・写真／杉山博昭●街で見つけた女の子 in BANGKOK●マレー半島3か国縦断鉄道キコキコ 文・写真／鳥川学●釣りに行こう 写真・文／赤出古祐一

第4号（**1999年7－8月号**）

●ベンガルの大地をゆく 写真・文／赤出古祐一●「ビール1杯1万円」ボッタクリの真実●お風呂DEパーティー●このまま海で眠りたいコ・シーチャン 文・写真／杉山博昭●タイ東北奥地に戦慄のキングコブラ村発見 写真・文／TORI●タイ女性の脚にハマって

第5号（**1999年9－11月号**）

●オウ！パキ・パキ・パキスタン超意味なしウロウロ日記 写真・文／TORI●ビールは娘で選びませうカンボジアの正しい夜の遊び方●カオサン通りで見つけた日本人の女の子●パタヤでムフフ パタヤンになろう！●ばんこく愚連隊 第1回

第6号（**1999年11－12月号**）

●インド人に勝ちたい 10億の民はどう変わったか 文・写真／杉山博昭●貧乏ギャンブラーが行く LAOS DE CASINO 写真・文／赤出古祐一●ザ・グレート・カオヤイ 写真・文／TORI●昔から有名な「スティサンの置屋」は現在でも存在するのか? エアロ原直の突撃体験

第7号（**2000年1－2月号**）

●俺達のプーケット●亜細亜桃源行 君はスンガイコロクを知ってるか 文・写真／近藤啓太郎●ミャンマーの夜大特集●怪しい王様のレストラン 文／長州洋

第8号（**2000年3－4月号**）

●恐るべしフィリピン人 睡眠薬強盗と戦う●名古屋人、ナゴヤを歩く 文／TORI 写真／TORI・KASHI●インド人と一緒に、ネパールツアー 文／吉田君子●風俗解放戦線 第1回「ヤワラート主義者宣言」 文・写真／猫巻トオル

第9号（**2000年5－6月号**）

●インドシナ半島悶絶紀行 プノンペンで遭おう！●マスク氏、象さんとたわむれる！●アジアの女たちバングラデシュの売春窟 文／下川裕治 写真／菊池信夫●路地裏の傍観者 文・写真／高橋修史

第10号（**2000年7－8月号**）

●アジアお気楽ひとり歩き ボルネオの人たち 文・写真／高橋しゅうじ●亜細亜幻視行 ネパールで元気になる 文・写真／杉山博昭●チェンマイをかじる！ Gスタ3人娘が大暴れ●マスク氏、オオトカゲと戦う！

第11号（**2000年9－10月号**）

●大印度紀行 ゴアでまどろむ 文・写真／高橋しゅうじ●カンチャナブリーで日本の夏 3人娘が浴衣でシッポリ●旅のカラクリ 第1回「ジョイナス・フィー（バンコク編）」 文／麗仁●イヌが吠える！第1回「人妻不倫クラブ」 文／犬巻カオル●バンコク闇ナベ旅行 第1回「真夜中の散歩者」 文／藤井伸二●あじあじあ！ 漫画／てらかわよしこ●亜細亜電脳最前線 文／HIGASHI HITOSHI●オタクになりたい人のためのタイ芸能講座 文／日向葵

第12号（**2000年11月号**）※**月刊化**

●インドシナでいちばん熱い国 ベトナムがおもしろい 文・写真／高橋しゅうじ●ナイトライフに役立つタイ語講座●亜細亜桃源行 サイゴンで発見！ 文・写真／スワイパー郷

第13号（**2000年12月号**）

●徹底検証「メルボルンVSシドニー」

文・写真／吉川麻里子●世にもおバカな国境越え ポイペットに行こう！ 文／高橋しゅうじ 写真／嶋健雄●GREATFUL DISH 第1回「干焼蝦仁〜海老のチリソース〜」 文／横倉長州●亜細亜的 第1回「ジャズと夏の終わり」 文／平岡正明

第14号（2001年1月号）
●タイ南部大特集 サムイ〝パンガン島〞〝タオ島〞であそぼう！●国境の町ベトンからハジャイまで タイ最南部 闇ナベ紀行●タイを暴く 第1回「米不足に踊った悪党ども」 文／リン将軍●アジアン・スパイス漫画／トオジョオミホ

第15号（2001年2月号）
●インドネシア悦楽紀行 大都市ジャカルタで遊び、のんびり船旅に出る●ヤンゴンの夜 ディスコで燃えよう！ 文・写真／海岡進●女だってアジアが好き 第1回「魔がさす真面目男たち」 文・イラスト／のなかあき子●ばんこく麻雀物語 漫画／救夢人

第16号（2001年3月号）
●『項羽と劉邦』の史跡めぐり 文／後閑英雄 写真／浦充伸●国境の町がおもしろい サンクラブリーへ行こう！ 文／高橋しゅうじ 写真／嶋たけお●LL通信 ポイペットでカジノに挑戦 企画・脚本／救夢人 作画／Kikuchan

第17号（2001年4月号）
●アジア最後の純情 ラオス人になろう！ 文／杉山博昭 写真／嶋健雄 取材／柏原宗績・高橋修史●ギャンブル街道をゆく 文／山本健雄●日本の中のアジア 無国籍タウンを歩く 写真／浦充伸 文／土橋英治

第18号（2001年5月号）
●目指せサイゴン！ベトナムをバイクで縦断 文／高橋修史 同行隊員／門垣千春●『G－DIARY』VS『格安航空券&ホテルガイド』バンコク釣りバカ対決

第19号（2001年6月号）
●クアラルンプールの闇を歩く 文・写真／藤岡わこう●ギャンブル街道をゆく ミャンマー美人を追い求めて 文・写真／山本健雄

第20号（2001年7月号）
●バンコクのディープな夜を楽しもう！ ラチャダーピセーク大特集●時代に取り残された魔界 スティサンに未来はあるか 文・写真／猫巻トオル●バンコクの「奥屋敷」ラチャダーの湯治場で疲れを癒そう 文／麗仁

第21号（2001年8月号）
●『三国志』の史跡めぐり 文／後閑英雄 写真／浦充伸●香港の赤線地帯を歩く 文・写真／藤岡わこう●台湾フーゾクめぐり 文・写真／ゴルゴ内藤●Gの蔓谷夜話 第1回「バンコクにもイサーンがある」 文／モリモリ高嶋

第22号（2001年9月号）
●プーケットの夜が凄い パトンビーチの女に癒されて 文・写真／サンチョたけ●君はシャトー・ド・ルーイを知っているか 文／赤出古祐一 写真／嶋健雄

第23号（2001年10月号）
●ジャカルタの闇を歩く 文・写真／藤岡わこう●タイ北部偵察行 黄金の三角地帯でカジノ！ 文・写真／高橋しゅうじ●ばんこくナンパ道入門編 女子大生とお友達になりたいっ！ 文・写真／梅本昌男●私の場所私の時間 第1回 文／古林由香 写真／嶋健雄

第24号（2001年11月号）
●愛と情熱の快楽国家 やっぱりフィリピンが好きだ！ 文・写真／山本健雄●正義の味方が帰ってきた！ マスク氏、麻薬撲滅に立ち上がる 文・写真／高橋しゅうじ●ウィークエンド・マーケットで女心をつかむ贈り物を探せ!! 文・写真／梅本昌男

第25号（2001年12月号）
●カンボジアの夜は亜細亜最強である 文／杉山博昭 写真／高橋修史・嶋健雄●アジアでいちばん怪しい国 カンボジア暗黒体験 文・写真／高橋しゅうじ●〝グメールの微笑〞に魅せられて アンコール・ワットの女たち 文・写真／さんちょたけ

第26号（2002年1月号）
●越南おバカ紀行 メコンデルタで乾杯！ 文／高橋しゅうじ 写真／嶋健雄●海と太陽と快楽を求めて三千里 ベトナムビーチ放浪日記 文・写真／古林由香●「チェンマイ女性は本当に美人?」にお答えします 写真・文／フルユカ●ベトナム美人アンちゃんがエスコート 普段着の

ハノイを御案内　文・写真／古林由香

第27号（2002年2月号）
●ソウルの闇を歩く　文・写真／藤岡わこう●W杯10都市でアナ兄弟づくり！韓国フーゾクめぐり　文・写真／ゴルゴ内藤●ゴーゴーボーイズにハマッてもいいですか　文／竹野内美花　写真・イラスト／ユカリン

第28号（2002年3月号）
●ラオス幻視行 静寂につつまれた不思議の国　文／下川裕治　写真／安部稔哉●ばんこくナンパ道初級編 OLとお友達になりたい　文・写真／梅本昌男●ちょっとレズビアンしてみました もう男なんて、必要ない？　文・写真／森野ゆず●ヤンゴンは昼も夜も熱い　文・写真／海岡進

第29号（2002年4月号）
●彼女たちがバリに恋する理由「私たち、日本の男に見切りをつけました」　文・写真／フルバヤシユカ●たいわんナンパ道挑戦編 日本人がモテるって話は本当ですか!?　文・写真／梅本昌男●キャリーメン アジアの運び屋たち 第1回「サブマリン イミグレーションの死角」　文／李巧倭●どこかへ行きたい中年からの旅行術 第1回「シンガポールの居場所」　文／下川裕治

第30号（2002年5月号）
●アジア辺境紀行 中国・ミャンマー国境の桃源郷をゆく　文・写真／高橋しゅうじ●亜細亜幻視行 パキスタンの国境を歩く　文／下川裕治　写真／安部稔哉●ばんこくナンパ道修行編 オヤジだってこんなに変われる!?　文／梅本昌男　写真／嶋健雄●タイの物語は夜つくられる 第1回「したたかな女とマヌケな男」　文／谷屋志朗

第31号（2002年6月号）
●東洋のハワイ 海南島の謎を解く　文・写真／松本守弘●ホーチミンの闇を歩く　文・写真／藤岡わこう●部屋チラ！ Girl's Diary　文・写真／ウエダモモコ

第32号（2002年7月号）
●プーケット、マイトン島であそぼう！●タイ南部のあやしい世界を歩く　文・写真／高橋しゅうじ●悩ましい「アラブ人街」に酔う　文／松本守弘　写真／T先輩●本誌突破記者がおかまバーに潜入取材　文・写真／梅本昌男

第33号（2002年8月号）
●インド買い出し紀行 雑貨を売って儲けよう！　文・写真／室橋裕和●ヤンゴンの水祭り 外はビショ濡れ 中もビジョ濡れ　文・写真／海岡進●ミャンマーの精力剤 命懸けリポート　文／松本守弘●読者の突破稿「娼婦回想記」　文／春原カミユ

第34号（2002年9月号）
●チェンマイの闇を歩く　文・写真／藤岡わこう●アジア風まかせ紀行 モンゴルに行ってみよう　文・写真／馬場竹千代●まれーしあナンパ道挑戦編 親日的って噂は本当ですか!?　文・写真・イラスト／梅本昌男
●泰国LB列伝

第35号（2002年10月号）
●21世紀最初の独立国 東ティモールをゆく　文・写真／斎藤正行●国境赤線三角地帯 マレーシア男が押し寄せる　文・写真／サンチョたけ

第36号（2002年11月号）
●アフガン戦後記 ビンラディンは何処にいるの？　文／杉山博昭　写真／嶋健雄●パキスタンで痩せよう　文／盤谷一世　写真提供／高橋修史・嶋健雄●ヒゲと砂漠とナンの国アフガンで思ったこと　文／高橋しゅうじ　写真／嶋健雄●アジアのバカ大将　漫画／柚平幸紀

第37号（2002年12月号）
●アジア幻視行 ビルマにグルカ兵を訪ねて　写真・文／八木澤高明●ピンクラオへ行こう!! 川を超えればそこはパラダイス●梅ちゃんの俺が元祖突破記者だあ！　文・イラスト／梅本昌男

第38号（2003年1月号）
●世界一たのしいビーチリゾート パタヤであそぼう！●死せるインドネシア生けるアチェを走らす 独立の歌は聴こえるか？　文・写真／洲班羅仁●アジアやくたたず劇場　漫画／柚平幸紀●ネパール 毛沢東主義ゲリラに捧げる青春　写真・文／八木澤高明

第39号（2003年2月号）
●プーケットの闇を歩く　文・写真／藤岡わこう●日本の恥、Gダイアリーを撲滅せよ!?　取材・構成／古林由香●ばんこくナンパ道外伝 オヤジ梅、ストーカーになる!?　文・イラスト／梅本昌男●アジア各国の

お金はパーツに替えられるの？ サトーンけいたろう両替に行く

第40号（2003年3月号）

●ジャカルタ性戦記 文・写真／柏木健●パソコン持ってアジアを旅しよう！ 文／山谷剛史●「スケベ椅子&ローションプレイ」を徹底チェック!! 取材・文／モリモリ高嶋●キャリーメン 最終回「ある日本人蛇頭の死」 文／李巧倭

第41号（2003年4月号）

●虎の牙を手に入れろ！ 文・写真／沢井鯨 イラスト／ちゅーりっぷ●バンコクのハッピー・ロードへご案内 ウドムスックをあそび尽くす！●中華街に今も存在する売春窟 冷気茶室は本当に死んだのか!? 文・写真／猫巻トオル●亜細亜電脳模様 文／山谷剛史●タニヤ最強マップ&ゴーゴーボーイズ・マップ

第42号（2003年5月号）

●インドシナ半島マリファナ紀行 文・写真／谷口狂至●サイゴン→ホイアン→ダナン ベトナム中南部の夜と女 文・写真／サンチョたけ●深夜のルンピニ公園で何が起こるか!? バンコクひとり旅 文・写真／梅本昌男

第43号（2003年6月号）

●最後の毛沢東主義者 ネパールのマオイストたち 写真・文／八木澤高明●北ベトナムの夜と女 ハロン湾の孤島は置屋天国！ 文・写真／サンチョたけ●今月の看板娘●ばんこく接待講座 文／増崎義明

第44号（2003年7月号）

●台湾の休日 写真で綴るおバカ紀行 旅人／高橋修史・松本守弘・嶋健雄 文／高橋修史●タイ・ラオス国境地帯の夜と女たち 文・写真／サンチョたけ●日本人客ってどう思う？ タニヤ嬢に本音を聞いてみた 取材・構成／竹野内実花 イラスト／ちゅーりっぷ

第45号（2003年8月号）

●イラスームと対峙する仏教徒の最先端 ラカイン族の村 文・写真／下川裕治 写真／安部稔哉●タオ島でもぐる！君も〝海が似合う男〟になりたくないか？ 文／モリモリ高嶋 写真／嶋健雄●へこたれない女たち 第1回「カイの気骨」 文／春原承●センチメンタルな香港の夜景 文／小林ていじ

第46号（2003年9月号）

●いま世界で最も熱い国 北朝鮮を覗きたい！ 文・写真／タタミヤ・タケヒコ●SARSショックが最初に襲った街 香港は今どうなっているのか●平成のじゃぱゆきさん 黄金町の女たち 文・写真／八木澤高明

第47号（2003年10月号）

●ニューギニアの奥地をゆく 秘境イリアンジャヤ滞在記 写真・文／伊藤健司●祝・突破記者2号が誕生!! タイは何でも美味しいか？ 文・写真／小林ていじ イラスト／チューリップ●行って見て来て76県メーホンソンで〝首長族〟に出会った 文・写真／磯野三枝子

第48号（2003年11月号）

●昼と夜じゃ別の顔 スクンビットソイ33を暴く！●インドで修行してきた元祖突破記者の意地を見せてやるぜ！ 文・写真／梅本昌男●ギャンブル街道をゆく「バンコク競馬で勝負！」 文・写真／山本健雄●沢井鯨の人生相談 アジアDE敗者復活

第49号（2003年12月号）

●アフガンで吸おう！ 私は人間やめました 文・写真／谷口狂至●カンボジアの夜と女たち 文・写真／サンチョたけ

第50号（2004年1月号）

●日韓トンネルに潜入 2つの国に横たわる闇 取材・文・写真／泉水什器郎●ヤンゴンからの緊急リポート ミャンマーは今どうなっているのか？ 文・写真／海岡進

第51号（2004年2月号）

●タイで就職の鉄人になる 本誌突破記者が挑戦!? 文／小林ていじ イラスト／ちゅーりっぷ●タイ人女性の貞操観を探る セックスはお好きですか？ 取材・構成／竹野内実花 イラスト／ちゅーりっぷ●風俗解放戦線・第2部「泡の向こうに何が見えるか」 写真・文／前川健二

第52号（2004年3月号）

●秘境西ネパール探険記幻の売春カーストを探る！ 文／上原善広 写真／八木澤高明●パンガン島で踊り明かそう！フルムーンのビーチで狂喜乱舞 文・写真／アーイゲーオ●幻視する難民キャンプ 彷徨える民モン族を訪ねて 写真・文／八木澤高明●亜細亜懺悔行 灯篭流しで過去の罪を流せるのか 文・写真／猫

巻トオル

第53号（2004年4月号）
●地獄から生還した男がゆく 復讐のプノンペン 文・写真／沢井鯨●本誌50号記念パーティーの模様

第54号（2004年5月号）
●生きるよりも死ぬほうがお金がかかる!?インドネシア・スラウェシ島のお葬式 文・写真／中山茂大●まにら悪党列伝 ダーティー・ジャパニーズ 文・写真／沢井鯨

第55号（2004年6月号）
●ベトナムで修行してきた 突破記者1号の意地を見せてやるぜ！ 文・写真／梅本昌男●ブラックマネーに気をつけろ！バンコクの黒い詐欺団と闘う 文・写真／沢井鯨●ブラ紐へ20バーツ 文・写真・イラスト／ボンド槍屋

第56号（2004年7月号）
●イラクは今どうなっているのかバグダッド見聞記 文・写真／八木澤高明●金が欲しけりゃ働け！物乞いに芸を教えたい 文・写真／小林ていじ イラスト／ちゅーりっぷ●イスラムが逆襲する！戒厳令下のタイ南部を歩く 文・写真／小藪譲二

第57号（2004年8月号）
●本当にオレの子なのか!?中国の女に会ってきた 文・写真／猫目トラック●J-POPカバーを追え！アジアに流れるニッポンの歌♪ 文／トンチャイ苦慕多●アジアの風に吹かれて 第1回「負けるなパッポン」 文・挿絵／梶山立志

第58号（2004年9月号）
●世界のワンダーランド北朝鮮で売りたい！ 文・イラスト・写真／のなかあき子●ミャンマー人と闘う!?ヤンゴン週末滞在記 文／高橋しゅうじ 写真／嶋健雄●アジア最悪の赤線地帯 カルカッタの売春窟に潜入 文・写真／谷口狂至●駐妻レイ子の雄叫び 第1回「バンコク赴任歓迎会」 文／谷崎レイ子

第59号（2004年10月号）
●労働者の町から旅人の町へ 山谷「カオサン化」現象を追う 文／中山茂大 イラスト／水野あきら●奥さま風俗視察団がゆく うちのダンナがどんな所で遊んでいるか見てみたい！ 文／古林由香●堕ちた旅人のモノローグ ヤワラート漂流記 文／柔出高太郎●親父の孤独「オヤジが頭をそった理由」 漫画・文／梅本昌男

第60号（2004年11月号）
●アンヘレスは老人天国ザ・フィリピンバー 文・写真／福沢諭●アオザイ嬢と接したい！べとなむナンパ道 文・写真／梅本昌男●「玄人」と「素人」に違いはあるか？女子大生の制服を脱がしたいっ！ 文・写真／谷屋志朗●アジアで働く「オイル・マッサージ」 文／小林ていじ

第61号（2004年12月号）
●ミレニアムの謎を探れ！タイで生まれたウルトラマン 文・写真／井上岳則●Indian in Bangkok バンコクに豆売りインド人がいた日々 写真・文／八木澤高明●弘子ママのお水の花道

第62号（2005年1月号）
●アンダマンの旅 禁じられた民族を訪ねる 文・写真／谷口狂至●アジアンカバーハンターがゆく ミャンマーで中島みゆきを探せ！ 文・写真／トンチャイ苦慕多●カマダス「オヤジとオカマと純女」 文・イラスト／Kuma*Kuma

第63号（2005年2月号）
●タイで死にたい!?日本人を辞めてしまったある〝社長〟の生き方 文・写真／ゴラゴット藤井●騙された男の手記 トランプ詐欺に気をつけろ！ 文・釜堀コロッケ イラスト／ちゅーりっぷ●僕が愛した女たち「バンビエンで秋の収穫祭」 文・写真／谷口狂至●君はマハーチャイを知っているか？バンコク郊外の置屋村を訪ねて 文／ピンクロシア

第64号（2005年3月号）
●スマトラ沖大地震現地緊急取材 文／谷口狂至 写真／アーイゲーオ●俺にたかるな！チェンマイからの逆襲 文／鯨井沢 イラスト／ちゅーりっぷ●ミャンマー軍事政権の闇に迫る ヤンゴンの夜は変わったか 文・写真／海岡進

第65号（2005年4月号）
●日比混血児の逆襲 ザ・ジャピーノ 文・写真／福沢諭●南国の楽園が幽霊のメッカに?カオラックの闇を撮る 文／柏木健 写真／柏木健・小藪譲二●究極の合法ドラッグ カートで楽しむイエメン 文／高野秀行 写真／高野秀行・蔵前仁一・伊藤卓司

第66号（2005年5月号）

●史跡で辿る中国古典 水滸伝の旅 文／後閑英雄 写真／後閑英雄・浦充伸●コリアンカバーを求めて博多&釜山 二都物語 文・写真／トンチャイ久苦慕多●チェンマイからの逆襲 俺はまだ生きている！ 文／沢井鯨 イラスト／ちゅーりっぷ●三面記事で拾った怪事件 タイはどーなってるの!?「手コキ警官」

第67号（2005年6月号）
●彼女と一緒になりたい!!タイで結婚の鉄人になる 文／小林ていじ●カンボジアで「ピョンヤン娘」に逢いたい！シェムリアップ探訪記 文／サトーンけいたろう 写真／嶋健雄●タイに住む日本人男性100人に聞きました！性病に罹ったことがありますか？ 文・写真／麻田萌

第68号（2005年7月号）
●沖縄幻視行 風葬墓めぐりの旅 文・写真／酒井透●ボルネオ島に行ってきた コタキナバルなんば道 文・写真／梅本昌男●共産党の村をゆく森の戦士はどうなったか 文・写真／柏木健

第69号（2005年8月号）
●フィリピーナの挑戦 日本を目指す女たち 写真・文／八木澤高明●駐妻レイ子の雄叫び 最終回「帰国の辞令は突然やってきた！」文／谷崎レイ子

第70号（2005年9月号）
●タイで活躍する仮面ライダー 文・写真／井上岳則●中国なんば道・広州編 オヤジ梅の哀しみ 文・写真／梅本昌男

第71号（2005年10月号）
●将軍様が支配する国 北朝鮮に行ってきた！世界の果てはここにある 文・イラスト・写真／のなかあき子●旅先で飲む・打つ・買う！タイ周辺国境カジノ最強ランキング 文・写真／山本健雄

第72号（2005年11月号）
●ベッドの上から観たタイVSフィリピン 性の文化人類学・入門編 文・写真／のなか悟空（福沢諭）●同じ人類とは思えない!? ニューギニアの人びと 文・写真／中山茂大●パタヤなんば道 おやじ梅の純情 文・写真／梅本昌男

第73号（2005年12月号）
●少数民族はどこへ行くのか タイ北部「山の民」の激動を追う 文・写真／谷口狂至●新宿便り「タイ料理が家庭にある街」 文・写真／土橋英治

第74号（2006年1月号）
●首長族の村を訪ねて忘れられた山の民たち 文・写真／加藤剛●ミャンマーの闇に迫る ヤンゴンの夜はどうなったか 文・写真／海丘進●アジアで働く 最終回「身長計」文／小林ていじ

第75号（2006年2月号）
●カシミールを忘れないでくれ！パキスタン地震リポート 文・写真／谷口狂至●マレー乱飲紀行 イスラム国家で酒を手に入れるまで 文・写真／高野秀行●貧乏旅行者の楽園バンコク楽宮ホテル日没 文・写真／小林ていじ

第76号（2006年3月号）
●現代のシルクロード アジアハイウェーをゆく 文・写真／下川裕治 写真／阿部稔哉●バンコクからシンガポールまで1900キロを1週間で走破できるか!? 文・写真／小林ていじ●迷わず手に取れっ！沢井鯨の近況報告 文／沢井鯨 イラスト／RIO●風俗解放戦線・第2部「僕がハメ撮りできる理由」写真・文／前川健二

第77号（2006年4月号）
●着るだけでギャグになる!?日本語Tシャツを楽しもう 文・写真／井上岳則●行って見て来て76県 祝！76県ぜ〜んぶ制覇!! 文・写真／本誌編集部●知られざる海辺の日本人町 シーラチャーの昼と夜 文／高橋しゅうじ 写真／嶋健雄●僕が愛した女たち「カシュガル金玉事件」文・写真／谷口狂至

第78号（2006年5月号）
●タイから逃げたい!?女ストーカーには気をつけろ 文・写真／ゴラゴット藤井●ソープマスターへの道・入門編 バンコク漫遊記 文・写真／曼谷ハメ太郎●旅は道づれ 地方風俗漫遊記 第1回「イサーンの楽園ウドンタニに突撃」写真・文／股旅男●マッチョ峰沢のパタヤ海岸通り 第1回「夜のビーチ通りは要注意！」

第79号（2006年6月号）
●日本軍の戦跡を歩く 餓島ガダルカナル 文・写真／西村誠●ラオスで就職の鉄人になる 文・写真／小林ていじ●「ばんこく接待講座」増崎義明が吠える！タニヤ一代記 独

白／増崎義明

第80号（2006年7月号）

●僕の赤ちゃんは可愛い！タイで子育ての鉄人になる　文・写真／小林ていじ●タイでゲイになる　日本じゃダメな「男」たち　文・写真／竹野内実花●どこかへ行きたい「不法滞在17年の代償」文・写真／下川裕治

第81号（2006年8月号）

●チャイナ性戦記　売春島の実態を暴く　文・写真／本誌特別取材班●タイで見る聞く日本人の事件簿　チェンマイを騒がせた男その後の顛末　文／沢井鯨●反王政デモ現地取材　迷走するネパール　文・写真／八木澤高明

第82号（2006年9月号）

●プノンペンの日本人　オイラが出会った変態たち　文・写真／のなか悟空●どんな本が高く売れるか？バンコク古本屋めぐり●旅のカラクリ「旅行会社は客を騙せば勝ち？」文／麗仁

第83号（2006年10月号）

●ベッドの上から観たタイVSミャンマー性の文化人類学入門　文・写真／海丘進●シーチャン島　連載70回記念特別編文／横倉長州　写真／嶋健雄●アジアの風に吹かれて「年齢は水祭り」文・挿絵／梶山立志

第84号（2006年11月号）

●新空港からパタヤに行こう●現代のシルクロード　アジアハイウェーをゆく　文・下川裕治　写真／阿部稔哉●亜細亜懺悔行　ロップリー巡礼で救われるのか　文・写真／猫巻トオル●チェンマイの夜「テレサ・テンの幽霊が出るホテル？」

第85号（2006年12月号）

●アジアンカフェ　亜細亜的喫茶店事情　文・写真／青山誠●モテる男になるために出張ホストになろう　取材・文／竹野内実花●インドで盗難！イチから出直しマニュアル　文・写真／中山茂大　イラスト／水野あきら●親父の孤独「オヤジ梅の性春」写真・文／梅本昌男

第86号（2007年1月号）

●日本が失った光景が見える　韓国鉄道旅行　文・写真／塩塚陽介●君も月3万円で滞在できる！おやじのタイ貧乏生活　文・写真／梅本昌男●私が性転換した理由　ニューハーフにインタビュー　文・写真／竹野内実花

第87号（2007年2月号）

●私を日本に連れてって！タイから呼び寄せた妻　文・写真／井上岳則●亜細亜懺悔行ベジタリアン・フェスティバルで救われるのか　文・写真／猫巻トオル●カフェーに行こう〟タイの情緒あふれるローカルワールド　取材・文・写真／本誌編集部

第88号（2007年3月号）

●タイで死にたい!?　日本人を辞めた男その後の顛末　文・写真／ゴラゴット藤井●東アジア性共同体　ベッドの上から観た香港VS韓国VS台湾　文・写真／海丘進●メーサイに行ってきた　ビザ制度変更による影響は？　タイ・ミャンマー国境の場合　文・写真／沢井鯨

第89号（2007年4月号）

●僕の嫁はタイ人　結婚も援助交際と同じ？　文・写真／小林ていじ●バンコク素人ナンパスポットめぐり　文・写真／クワイヒデトシ●タイの夜は奥深い！バンコク裏風俗めぐり　文・写真／新居誇大●女だってアジアが好き「激安風俗『ビデオBOX』に潜入」文＆イラスト／のなかあき子

第90号（2007年5月号）

●ラオス観光ビザ免除記念　ビエンチャンで遊ぼう　取材／本誌編集部●貼り貼りされた街　バンコクのBNE●おじさんは負けない　45歳からの挑戦　文／沢井鯨●バンコク湯遊記　第1回「ビワ」文・写真／曼谷ハメ太郎

第91号（2007年6月号）

●クーデター後どうなったか　燃えるタイ南部　文・写真／小藪譲二●ファランなんぱ道　タイで白人女を食ってやる！　文・写真／梅本昌男●韓国2発3日格安色街ツアー　文・写真／イコマ師匠

第92号（2007年7月号）

●Cガール　コヨーテで見つけた女の子●さらばバンコク　オヤジ梅、タイから撤退します　文・写真／梅本昌男●バンコク郊外の置屋めぐり　港町のマリーさんに会いたい　文・写真／新居誇大●歩け!!　大人のバンコク「ナナ・タイでクレイジーホースに乗るニャ」漫画／猫島礼

第93号（2007年8月号）
●日本で暮らすためにタイからやって来た妻　文・写真／井上岳則●末期癌が消えた!?俺は今も生きている　文・挿絵／梶山立志●天空の秘境スピティ　写真・文／谷口狂至●タイの素人と遊べる!?　出会い系サイトめぐり　文・写真／下落合信彦

第94号（2007年9月号）
●古き良き日本が今も残る 台湾鉄道旅行　文・写真／塩塚陽介●タイ湾に浮かぶミステリー　謎の置屋船を探せ●風俗は原点に還れ！今さらパッポンされどパッポン　文・写真／狭短毎歩男

第95号（2007年10月号）
●日本人の男たちへ　タニヤ嬢からの伝言　文・写真／下落合信彦●上海で芸能プロにスカウトされた！日本人初の華流スター誕生!?　文・写真／リ・コウジ●ナイトクラブで濡れる ヤンゴンの女神たち　文・写真／海丘進●この本が好きだ！「女が見た戦時下のインドシナ」文／黒田信一

第96号（2007年11月号）
●プノンペンの今と夜を歩く 発展の進むクメールの首府●歴代No.1美女を選べ！Gガールコンテスト●41年の歴史に幕 さらばサイアムホテル●男ならやってみたいバンコク3P列伝　文／新井誇大

第97号（2007年12月号）
●シンガポールの夜を歩く 裏街道は別世界だ！　文・写真／中国好●ミャンマーの闇を歩く 軍事政権に明日はない　文・写真／海丘進●トルコなんぱ道 おやじ梅に弟子誕生!?　文・写真／梅本昌男●バンコク駐妻きょうもマン開「ブログ読者のS」文／カナ

第98号（2008年1月号）
●「毛沢東」の旅 中国では今も生きている　写真・文／八木澤高明●東西回廊を自転車で走る タイ〜ラオス〜ベトナム　文・写真／皿井タレー　漫画／猫島礼●ラオスの奇祭と寄食の旅　文／サトーンけいたろう　写真／嶋健雄●性懲りもない人たち「メイドは犬猫なのか？」文／内山安雄

第99号（2008年2月号）
●タイの男はウマイ!?ボーイにハマる女たち　写真・文／竹野内実花●少数民族街道をゆく　文・写真・漫画／小寺祐介●どうにも泊まれない!?　バンコクの怪しい名宿　文・写真／青山徹●シリアなんぱ道 オヤジ梅も愛が欲しい　文・写真／梅本昌男

第100号（2008年3月号）
●タイの男に生まれたい!?　浮気はオスの本能だ　文・写真／下落合信彦●インド獄中記 塀の中は無法地帯!?　文・写真・イラスト／マナリ亭楽助●革命の道を歩く 再び農村から都市へ　写真・文／八木澤高明●鮫島礼子のセクシャル占星術

第101号（2008年4月号）
●フィリピン最後の秘境裸族がいまも暮らす村　写真・文／湯浅浩和●エジプトなんぱ道 オヤジ梅も一花咲かせたい　文・写真／梅本昌男●「性交」するは器具にあり！大人のおもちゃで遊びタイ　文・写真／新井誇大●バンコク・ミッドナイトグルメ 第1回「テーメーカフェのチキンウイング」文／高倉叉焼　写真／嶋健雄

第102号（2008年5月号）
●フィリピーナを斬る アンヘレスの女たち　文・写真／のなか悟空●ブルガリアなんぱ道 オヤジ梅は最後に笑う!?　文・写真／梅本昌男●タイの尺八事情を探る 天使の唇で癒されたい　文・写真／新井誇大●あの日の僕に帰りたい「僕らの秘密基地」文・写真／黒沢哲哉

第103号（2008年6月号）
●体験宿泊15軒 バンコク連れ込みホテルガイド　文・写真／火田博文●派遣社員のオジサンは見た！やはり変だよ日本の会社　文／吉川徹　イラスト／ちゅーりっぷ●昼の人魚と夜の人魚に出会う旅　写真・文／湯浅浩和●旅は道づれ「突撃インドネシア」文・写真／股旅男

第104号（2008年7月号）
●性癖で見る文化人類学 日タイの痴漢事情を探る　文・写真／下落合信彦●アフガン戦争は終わらない 地獄の街カンダハルをゆく　文／横田徹●ポル・ポト派の闇をゆく 毛沢東の旅／八木澤高明●世界遺産の旅「カラート＝アル＝バーレーン」文・写真／加藤剛

第105号（2008年8月号）
●バンコクで男を磨こう タイの自慰事情に迫る　文・写真／新井誇大●サイクロン後のミャンマーを歩く

文・写真／海丘進●中東なんば道外伝オナジ梅、最後の挨拶　文・写真／梅本昌男●ナナ・ゴーゴー嬢殺害事件に迫る　文・MAX　写真／MAX&由比志郎

第106号（2008年9月号）

●珠海の遊び方中国4000年の伝統芸を味わう　文・写真／中国好●北朝鮮でショッピング　文・写真／金正太郎●白人男性の遊び方に迫る　文・写真／下落合信彦

第107号（2008年10月号）

●玄界灘極楽メタボ紀行釜山港で会おう！　文／高橋しゅうじ・火田博文　写真／嶋健雄●ラマレラの海 インドネシアの捕鯨文化を訪ねて　写真・文／湯浅浩和●もう一度モテたい！オヤジはタイで若返る　文・写真／止岡人生●ばんこく麺遊記「台湾ジャージャー麺」文／麺爺　写真／嶋健雄

第108号（2008年10月）※**100号記念永久保存版**

●Gガールコンテストの最終結果を発表●話題の特集を再掲載●100号記念パーティーの模様●執筆者が語る　Gダイはこう読め●ラチャダーピセークの歴史をたどる

第109号（2008年11月号）

●売春島の女に会ってきた●コスプレで萌えよう

第110号（2008年12月号）

●アフガン従軍取材●ヤンゴンの夜は今も面白い●ハプニングバーで楽しもう●ポッタクロー村に行ってきた

第111号（2009年1月号）

●レスキュー隊同行取材 バンコクの「現場」を走る●ラップラオで遊ぼう！

第112号（2009年2月号）

●サービスの本質は小姐にあり クアラルンプールで遊ぼう！●「毛沢東」の旅 ネパール編

第113号（2009年3月号）

●フィリピンパブの灯を消すな！●中国のオモチャがイケる●天使の手で弄ばれたい

第114号（2009年4月号）

●シェムリアップに行こう！●我らが日本の領土・竹島に上陸せよ！●タイの安宿と女たち

第115号（2009年5月号）

●購買力平価から見た バンコクVS東京●天使の都のゴーゴーバー

第116号（2009年6月号）

●香港&深セン 中国の夜がいま熱い●「サンティカ」で憑依された●タニヤ祭り開催決定のお知らせ

第117号（2009年7月号）

●格安航空券を使って世界一周●パキスタン奥地の辺境　異教徒の住む谷●BTS延伸記念 トンブリーを探検する●まだ諦めるのは早い！オヤジでもタイなら若返る

第118号（2009年8月号）

●タイ人という生き方●「毛沢東」の旅 弾圧下のチベットをゆく●ラオスでナンパしよう

第119号（2009年9月号）

●中央アジアの「北朝鮮」トルクメニスタンを往く●ミャンマーでGダイを売ろう●映画「花と兵隊」監督が語る●廃墟マニアの聖地 軍艦島に潜入せよ！

第120号（2009年10月号）

●漢人の支配はいつまで続くのか燃えるシルクロード●タイの犬を救え●ゴーゴーバーが熱い スティサンで遊ぼう！

第121号（2009年11月号）

●シーサイド3県の旅 タイ東南部の海と夜●色里とアジアの遊女たち●ミャンマーの女たち

第122号（2009年12月号）

●共産主義は死んだのか ニッポンの革命未だならず●歩け!! 大人の沖縄●アラフォー女のタイ欲望紀行

第123号（2010年1月号）

●祝エアアジアX羽田空港就航記念!!クアラルンプールの夜を歩く●北朝鮮国境から瀋陽へ 中国東北部を旅する●女だってアジアが好き 北の工作船を見学

第124号（2010年2月号）

●世界一不思議な国 ソマリランドの旅●オタク文化はアジアを席捲する タイは萌えているか●昔は良かったのか? 懐かしいタイを歩く

第125号（2010年3月号）

●謎の独立国家 ソマリランドの旅2●韓国のイサーンを旅する●ミャ

ンマーの秘宝をたずねて

第126号（2010年4月号）
●謎の独立国家 ソマリランドの旅3●ビエンチャンの乙女と戯れよう北とGシャツと私●蝦夷の大地に大鹿を追う 野獣死すべし！●ヤンゴンの広告が面白い

第127号（2010年5月号）
●少女たちが集まる楽園 下川島は終わったかのか?●美人を求めて8000キロ シルクロードの旅

第128号（2010年6月号）
●日本人に14億円を貢がせた女じゃぱゆきさんの輝ける星 アニータに会ってきた●史上最悪の「世界遺産」チェルノブイリをゆく●おばさんだって狂いたいの アラフォー女のタイ欲望紀行 パタヤ編

第129号（2010年7月号）
●最悪の危険地帯に突入！アフガン従軍取材●各パビリオンを査定する上海万博の歩き方●デモ会場に「ちょんの間」が? 赤シャツ軍団の性事情

第130号（2010年8月号）
●多民族国家ニッポン 小笠原～日米の狭間に揺れ動いた人々●やまざきつかさの懺悔録 堕ちたニューハーフ・アイドル●バンコクで若返る！おっさんだって美顔したい●鎌田奈津美インタビュー

第131号（2010年9月号）
●エアポートリンクを旅する やっと開業した空港線の沿線を探検●「毛沢東」の旅 タイを揺るがした赤い人々●バンコクでダイエット

第132号（2010年10月号）
●私も投資で「勉強」させられました お金は世界をかけめぐる●中国の貴州省に秘境あり 洞窟村に行きたい！●性盲腸トラベラーの手記 バンコクで緊急手術！

第133号（2010年11月号）
●超管理国家の遊び方 シンガポールの熱い夜●今まで見えていなかったアイヌ●アジアで唯一生き残った純真ミャンマーでやってみた

第134号（2010年12月号）
●知られていない「東洋の真珠」ペナン島の昼と夜●ダンノックの売春街道をゆく●バンコクでプチ整形しよう

第135号（2011年1月号）
●祝・エアアジア×羽田就航記念!!クアラルンプールの夜を歩く●北朝鮮国境 中国東北部を旅する●北の工作船を見学

第136号（2011年2月号）
●ワシらは女の探険隊!! 北ベトナムの夜を歩く●「毛沢東」の旅 黄昏のフィリピン新人民軍●中野ブロードウェイ探訪

第137号（2011年3月号）
●イスラム飲酒紀行－イスタンブールのゴールデン街●タイ＝カンボジア国境最前線－知られざるクメール遺跡を訪ねて

第138号（2011年4月号）
●シリア・ユーフラテスをゆくイスラム飲酒紀行●タイ西部国境ルポ ミャンマー移民労働者のいま

第139号（2011年5月号）
●ムスリムの造る幻の銘酒を求めてシリア飲酒紀行●厳冬の中朝国境ツアー 北朝鮮グッズを狙え●僕と右手と彼女たち●タイでオヤジは若返る

第140号（2011年6月号）※**リニューアル号**
●Gガールグラビア傑作選●天使の都 バンコク総力特集

第141号（2011年7月号）
●徹底紹介 チェンマイの夜●コース別ペイバーの達人●テーメー娘。[禁断] 生トーク

第142号（2011年8月号）
●男の楽園 パタヤ徹底紹介●保存版 バンコクMP大全●女子大生のお部屋紹介

第143号（2011年9月号）
●タイ発男旅 東南アジア赤線地帯●激安 置屋地帯を歩く●［新連載］タイで暮らしたい！

第144号（2011年10月号）
●美女の宝石箱 コラートの夜に溺れる●完全版 イサーンのすべて●キャンギャル紹介

第145号（2011年11月号）
●地方風俗 3大聖地巡礼の旅●タイ飯を食い尽くす!!永久保存版●バンコクで外国人と遊ぶ!!

第146号（2011年12月号）

●南部最大の歓楽街 ハジャイの女●スティサンGOGO特集●タイレストラン特集

第147号（**2012年1月号**）
●常夏の楽園 プーケット特集●日本人カラオケクラブ特集●メンズスパ特集

第148号（**2012年2月号**）
●幻の聖山 チェンダオ山を征服●ゴーゴーバー乱痴気パーティーに潜入!!●チャトゥチャック紹介

第149号（**2012年3月号**）
●南部最深 置屋地帯に潜入●シロウト娘を攻略せよ

第150号（**2012年4月号**）
●チェンライ特集 総勢30人の色白美人●タイ・スラム街を歩く

第151号（**2012年5月号**）
●タイ北部国境の街 純情娘と遊ぶ!●会員制クラブ、最高級MPたまには贅沢三昧!! 最高級店特集●［新連載］タイ温泉百景

第152号（**2012年6月号**）
●王室の避暑地 ホアヒンがアツい!●SM、3Pクラブ、口専バー、ストリップ 変態さんが集う店●和み系カフェ特集

第153号（**2012年7月号**）
●灼熱のアユタヤ夜遊び紀行●性格美人の宝庫バンコクバービア完全マップ

第154号（**2012年8月号**）
●究極の快楽はココにあった! エロ按摩大全●暗黒都市プノンペンを突破せよ!!●［新連載］月刊とっぴー

第155号（**2012年9月号**）
●東南アジア最後の楽園 ミャンマーの夜明け●タイの大解放区 パタヤ・ゴーゴーバー最前線●バンコク男のお稽古

第156号（**2012年10月号**）
●ミャンマーの政治と性事の最前線を往く●バンコクでおいし～い日本食が食べたい!●連れ込みホテル名鑑

第157号（**2012年11月号**）
●色白美少女の里発見!! チャチェンサオ●北朝鮮の現在を探る●遂に決定! Thai Sexiest Women 100

第158号（**2012年12月号**）
●立ちんぼたちの生態を追う アジアの街娼●バンコクで世界の料理を食べ尽くす●夜の蝶が集まるスイートスポット●［新連載］タイ国業界の深層

第159号（**2013年1月号**）
●タイ屈指のリゾート サムイ&パンガン島●奇跡の復興を遂げた街カオラック●タイ版ガールズバーの世界

第160号（**2013年2月号**）
●麗しきレディーボーイの世界●沖縄「裏風俗」今昔物語●タイ「街角美女図鑑」

第161号（**2013年3月号**）
●リバーサイドは男の天国 チャオプラヤー川ナイトクルージング●フランクフルトFKK完全ガイド●タイ・レースクィーン写真館

第162号（**2013年4月号**）
●テーメーラブストーリー●東莞風俗完全ガイド●ベストオブGガール2012

第163号（**2013年5月号**）
●ピエンチャン全方位的遊び方ガイド●ソイ・カウボーイ完全攻略

第164号（**2013年6月号**）
●裏パタヤの遊び方●タイ国「慈愛の精神」を探る●［新連載］ふくちゃんと行くローカルバスぶらり旅

第165号（**2013年7月号**）
●燃えるホーチミンの昼と夜完全ガイド●タイ女子大生徹底解剖

第166号（**2013年8月号**）
●タイVSマカオVS日本 3大ソープ徹底対決●ジェントルマンズマナー講座

第167号（**2013年9月号**）
●アンヘルスで生娘と戯れる!!●大東亜戦争の傷痕●チェリーは涙なんか流さない●タイ・ギャングの青春

第168号（**2013年10月号**）
●日本のアジアンパブで弾ける!●インド風俗の夜明け●屋台麺を極める!●［新連載］摩訶不思議な事件たち

第169号（**2013年11月号**）
●コンケンの甘い夜●インドネシアを歩く●日本人が日本人を騙す!?

ふんどしビジネスの実態●［新連載］恋愛が実るタイ語講座

第170号（2013年12月号）
●ニューハーフと遊んでみませんか?●フィリピーナと恋人になる方法●［新連載］PATTAYA×PATTAYA 世界一淫らなビーチで遊ぶ

第171号（2014年1月号）
●僕らはシーロムでもっと楽しく遊べる!●マレーシア↓シンガポール↓インドネシアを巡るアジア三国周遊記●パタヤ丸かぶり

第172号（2014年2月号）
●プーケット・パトンの夜●競馬、闘鶏、裏カジノ… タイのギャンブルを知る●香港合法風俗「141」に潜入!●［新連載］車椅子ケンタの風俗放浪記

第173号（2014年3月号）
●チェンマイで少数民族に出会いたい!●ボクたち立ちんぼ探険隊●あのデモはいったい何だったんだ

第174号（2014年4月号）
●Do you know?ラチャダービセーク●タイで罪を犯した者たち●タイ王国の政局と構造を知る

第175号（2014年5月号）
●バンコク 男のマッサージ店●世界中の男たちを虜にする性地 THE NANA PLAZA●混迷を続けるタイの政局とその構図（下）

第176号（2014年6月号）
●ビザ解禁で何が変わったのか…日本に渡ったタイ人女性たち●ソイLK&プアカオを検証●コンドームと性病とタイランド●［新連載］ずんこが突撃! バンコクローカル飯屋探し

第177号（2014年7月号）
●ペップリー通り風呂屋遊戯●タイで生きる漂流老人たち●性都プラハの「ショーパーク」とは●なぜ台湾で大規模デモが起きたのか

第178号（2014年8月号）
●置屋エリア最強レポート●カフェー遊びのススメ●ヤソートーン県の珍祭 ロケット祭りに行ってきた●［新連載］国境置屋を巡る旅

第179号（2014年9月号）
●ハノイと北ベトナムの秘境を歩く欲望紀行●MC G-D-Eがゆくラップラオで遊ぼうYO!●山岳少数民族カレン族の村へ

第180号（2014年10月号）
●タイ 底辺たちの闇と現実●やっぱり変だよチャイニーズ●パタヤ妖しいバーをゆく●奇祭への旅 ピーターコン祭り●［新連載］おれ、チヒロっす!

第181号（2014年11月号）
●ノンカイでメコン川に沈む夕陽が見たいんだ●イスタンブールのダークサイドを歩く●カオサンはバックパッカーの聖地ではなくなったのか●［新連載］リカの時間

第182号（2014年12月号）
●バンコク性転換物語●ろうそく祭りと夜の女とのetc●哀川翔&ヒロミのアジアクロスカントリーラリーへの挑戦●［新連載］とっぴー鬼嫁日記●［新連載］淑女たちの夜宴

第183号（2015年1月号）
●クラビは昼も夜もオモシロい!●パッポンについて語ろうじゃないか●ガイヤーンを食べ尽くせ!●［新連載］タカダ的タイ紀行

第184号（2015年2月号）
●東南アジアの"魔都"のいま 激変するプノンペン●アジア娼婦紀行●プーケット菜食祭り

第185号（2015年3月号）
●政府公認の赤線エリア シンガポール ゲイランを探る●バンコクのホストクラブに潜入した!●スリン県の象祭りでボクは変われるのか

第186号（2015年4月号）
●アナタはどっち派?高級VS格安MP●深南部の紛争を読み解くカギ タイのイスラム教●水かけ祭りソンクラーンを楽しもう!●［新連載］タイガールにも聴かせたいこの一曲

第187号（2015年5月号）
●タニヤ通りを極めろ●マカオ・香港オヤジ旅●ボクは離婚したんだ 文／小林ていじ

第188号（2015年6月号）
●タイ国境を巡る旅●全世界初!?御座BAR徹底ガイド●［新連載］たびる! 世界を歩く6弦楽器

第189号（2015年7月号）
●フィリピンのゴーゴーバー天国●日本人やめ

ました…。タイ人になるということ●ソウル588（オーパルパル）復活か!?

第190号（2015年8月号）
●タイ南部最大の街ハジャイの夜●タイ女性10代の性に迫った●パタヤのMPでひとっ風呂!

第191号（2015年9月号）
●ラオス最後の秘境 ロンチェンをゆく●フランクフルトのエロスセンター大攻略!●ピンクラオってピンクな街なんすか!?●［新連載］私は男の娘。●［新連載］ソリマチヲの大食い道をゆく

第192号（2015年10月号）
●中国深センで出会える 激安チャイナ娘たち●チャトゥチャックマーケットの真実

第193号（2015年11月号）
●ポイペトとシェムリアップ カジノと女と世界遺産●夜蝶とのお遊びに飽きたなら タイでプラトニックに出会う方法●パタヤのローカルタイ料理屋を食べ歩く

第194号（2015年12月号）
●エリア対決!奇数側ソイVS偶数側ソイ 男のマッサージ店●高田馬場に生きるミャンマー人たち●台湾の夜は寒かった 裏風俗の旅●［新連載］東南アジア暗黒風俗列伝

第195号（2016年1月号）
●バンコク カオマンガイ店30選●2015年Gガール投票ナンバーワン決定戦

第196号（2016年2月号）
●北ベトナムの裏風俗を巡る旅●中華街ヤワラー10の謎に迫った●シーラチャーで夜を愉しむ

第197号（2016年3月号）
●タイで国際結婚●スクンビットのカラオケが楽しい!●［新連載］亜細亜 麺通記

第198号（2016年4月号）
●チェンマイB級グルメ食べ歩き＋置屋最前線レポート●謎の男 大森氏を追え!●ウドムスックで遊ぼう

第199号（2016年5月号）
●スクンビット・ソイ33を攻略せよ●中国のアンダーグランド「舞庁」の遊び方

第200号（2016年6月号）
●シアヌークビルの魅力に迫った●インドシナ南部経済回廊の旅●マレー半島自転車縦断紀行

第201号（2016年7月号）
●タイの徴兵制度とは●男も女もなぜバリ島に魅せられるのか●タイ夜遊びブログ34選●［新連載］女ひとり郷愁のバンコク駄とりっぷ

第202号（2016年8月号）
●ジャカルタへの旅路と夜●ドイツの混浴サウナ「テルメ」潜入レポート

第203号（2016年9月号）
●食の町ピエンチャンでグルメを楽しむ!●タイの中古品ビジネスがアツい

第204号（2016年10月号）※休刊
●ジョージアという国を巡った 文／嵐よういち●中国雲南省シーサンパンナを旅して

室橋裕和（むろはしひろかず）

1974年生まれ。「週刊文春」記者を経てタイ・バンコクに移住。タイ発アジア情報誌「Gダイアリー」、「アジアの雑誌」デスクを務め、タイを中心にアジア諸国を取材して10年間を過ごす。帰国後はアジア専門のライター、編集者として活動。「アジアに生きる日本人」「日本に生きるアジア人」を取材テーマとしている。おもな著書は『海外暮らし最強ナビ アジア編』（辰巳出版）、『おとなの青春旅行』（講談社現代新書）、『日本の異国　在日外国人の知られざる日常』（晶文社）など。

バンコクドリーム
「G《じー》ダイアリー」編集部《へんしゅうぶ》青春記《せいしゅんき》

2019年12月24日　初版第1刷発行

著　室橋裕和《むろはしひろかず》

ブックデザイン　勝浦悠介
編集　圓尾公佑

写真協力　嶋 健雄

発行人　堅田浩二
発行所　株式会社イースト・プレス
東京都千代田区神田神保町2-4-7久月神田ビル
TEL:03-5213-4700
FAX:03-5213-4701
https://www.eastpress.co.jp

印刷所　中央精版印刷株式会社

ISBN978-4-7816-1846-3

The Best of G-girl
ミスGダイアリー
風俗解放戦線
ラオスの奇祭と奇食の旅
ボクはムシキングになった
Anxious People
The 3rd Best of G-girl
オ○ニーしないと眠れな